RELIGIONS

DE

L'ANTIQUITÉ.

PARIS. — DE L'IMPRIMERIE DE RIGNOUX,
Rue des Francs-Bourgeois-S.-Michel, n° 8.

RELIGIONS DE L'ANTIQUITÉ,

CONSIDÉRÉES PRINCIPALEMENT DANS LEURS FORMES SYMBOLIQUES ET MYTHOLOGIQUES;

OUVRAGE TRADUIT DE L'ALLEMAND

DU Dr FRÉDÉRIC CREUZER,

REFONDU EN PARTIE, COMPLÉTÉ ET DÉVELOPPÉ

PAR J. D. GUIGNIAUT,

Professeur-suppléant de Littérature grecque à la Faculté des lettres de l'Académie de Paris, Directeur des Études à l'École Préparatoire.

TOME DEUXIÈME,

PREMIÈRE PARTIE.

Religions de l'Asie occidentale et de l'Asie-Mineure; premières époques des Religions de la Grèce et de l'Italie.

PARIS,

TREUTTEL ET WÜRTZ, LIBRAIRES,

RUE DE BOURBON, N° 17.

A STRASBOURG ET A LONDRES, MÊME MAISON DE COMMERCE.

M DCCC XXIX.

AVERTISSEMENT

POUR LA SECONDE LIVRAISON.

Nous pouvons enfin offrir au monde savant, après un intervalle de quatre années, le tome deuxième d'un travail qu'il a bien voulu accueillir, moins comme une traduction que comme une édition nouvelle, faite en français, du grand ouvrage de M. Creuzer. Encouragés par cet accueil, nous n'avons épargné ni soins ni recherches, pour rendre ce second tome digne du premier. Il est également divisé en deux parties formant, à vrai dire, deux volumes, accompagnés d'un nombre de planches qui, avec leurs explications, peuvent passer pour un troisième volume. Peut-être l'étendue de cette seconde publication, plus considérable encore que la première, motivera-t-elle, si elle ne justifie complétement, aux yeux de nos lecteurs, le long retard que nous avons été forcés de laisser entre l'une et l'autre.

Nous avons poursuivi, avec liberté et fidélité, à la fois, le système de traduction qui, en donnant à ce livre l'allure d'un ouvrage original, ne lui a rien ôté, nous l'espérons, ni pour l'exactitude des idées, ni pour la couleur du style. Si aucune des parties dont se compose le texte du tome deuxième n'a été refaite entièrement, sauf le chapitre de la Religion de Carthage, à la fin du livre quatrième, et les chapitres de Mars, de Vénus et de Mercure, dans le livre sixième, toutes ont été plus ou moins refondues, disposées dans un meilleur ordre, tantôt réduites, tantôt développées, modifiées enfin de manière à former un ensemble clair et harmonieux. La plus importante de ces modifications est celle qui a rapproché, sous un même coup d'œil, les religions primitives de la Grèce et de l'Italie, dans les deux sections correspondantes du livre cinquième. Ces deux grands tableaux, ainsi placés l'un à côté de l'autre, s'éclairent mutuellement par la communauté des origines, et jettent une vive lumière sur les développemens qui suivent; développemens où les croyances grecques, étrusques et romaines continuent à marcher de front.

Par une distribution différente de celle du tome précédent, un livre entier et fort étendu de l'ouvrage, le sixième, renfermant huit des douze grands Dieux de la Grèce et de Rome, est compris dans la seconde partie. Cette différence, au reste, n'est qu'apparente, puisque la pagination se poursuit sans interruption. Il en résulte que les Notes et Éclaircissemens placés à la fin de ce volume, occupent beaucoup moins d'espace que dans le premier. Non pas qu'ici encore nous ne nous soyons imposé la loi de représenter l'état de la science, et d'analyser les opinions diverses qui la partagent sur un grand nombre de points, tant des religions de l'Asie occidentale que de celles de la Grèce et de l'Italie. Mais notre auteur s'étant lui-même ici beaucoup plus développé, il nous restait d'autant moins à faire pour le compléter; le sujet, d'ailleurs, devenant immense à mesure que nous avancions, et les questions se multipliant à l'infini, nous devions nous borner à résumer des discussions et des systèmes dont l'exposition détaillée eût demandé des volumes.

Les planches fort nombreuses, jointes à cette livraison, et qui forment le second des trois cahiers dont se composera le tome quatrième et dernier de l'ouvrage, sont tirées pour la plupart, ainsi que nous l'avions annoncé, de la Galerie Mythologique de feu M. Millin. Elles ont été retouchées avec soin, purgées de quelques monumens justement suspects, et enrichies de plusieurs morceaux d'un haut intérêt, sans parler des sujets relatifs aux religions phénicienne et carthaginoise, à celles de la Chaldée et de l'Asie-Mineure. Nous avons refait à neuf, et dans toutes ses parties, l'explication des planches, persuadés que l'archéologie est une des lumières les plus sûres de la mythologie, et que ces deux sciences ne peuvent se passer l'une de l'autre.

Si cette entreprise a paru languir depuis la publication de la première livraison, ce n'est pas que les encouragemens aient manqué à nos efforts, et nous nous plaisons à rendre ici un public hommage de reconnaissance aux savans français et étrangers dont le glorieux patronage est venu solliciter notre obscurité satisfaite d'elle-même. Mais les jours mauvais sont passés pour nous comme pour le pays; des devoirs impérieux ont succédé aux longs loisirs qui, pour nous du moins, tout entiers à nos libres études, eurent encore plus de charmes que d'amertumes. Nous les regretterions presque, si la plus ferme volonté de rester fidèles à la science ne venait nous rassurer contre les séductions de l'utilité qui a aussi les siennes, sous un pouvoir ami de tous les perfectionnemens; si d'ailleurs, l'alliance intime de la philologie, à laquelle nous consacre avant tout le devoir, et de la mythologie, notre étude de prédilection, ne devait tourner à l'avantage du travail que nous renouvelons ici l'engagement de terminer.

TABLE

DES CHAPITRES ET ARTICLES

CONTENUS DANS LA PREMIÈRE PARTIE DU TOME DEUXIÈME.

LIVRE IV.

RELIGIONS DE L'ASIE OCCIDENTALE ET DE L'ASIE-MINEURE.

Pages.

Chap. I. Introduction : Propagation des mythes et des symboles de l'Égypte et de la Haute-Asie ; coup d'œil sur l'Asie moyenne et antérieure. 1

Chap. II. I. Religion des Phéniciens ; ses sources ; Sanchoniathon. — II. Cosmogonie phénicienne comparée à celle des Chaldéens ; principales divinités des deux peuples. 8

Chap. III. Cultes dominans de la Syrie et de la Babylonie, de la Phrygie, de l'Arménie et du Pont : leurs caractères généraux et leur fond commun. . . . . 18—92
I. Bélus ou Baal, divers dieux de ce nom, Moloch et autres ; Baaltis, Mylitta, Astarté, la déesse de Syrie, Dercéto, Sémiramis, etc. ; Oannès, Dagon, etc., divinités-poissons et colombes, p. 19. — II. Thammuz ; mythe et fête d'Adonis ; Priape, p. 42. — III. Mythe de Cybèle et Attis, analogue au précédent, p. 56. — IV. Anaïtis, rapports de cette déesse avec l'Assyrie et la Perse ; dieux Lunus et Vénus ; mythe des Amazones, p. 76.

Chap. IV. Cultes de la Diane d'Éphèse et de l'Apollon Lycien, envisagés tant dans leur origine orientale que dans leur propagation en Grèce et ailleurs. . . . . 93 — 156

I. Ilithyia, Latone, Artémis, Hécate, etc.; leurs rapports avec la Haute-Asie, p. 96. — II. Apollon et Artémis en Lycie; pureté et simplicité de leur culte primitif, transplanté à Délos; analogie de ce culte avec ceux de la Médie et de la Perse, p. 106. — III. Apollon et Artémis dans l'île de Crète; leurs rapports avec l'Égypte; corrélation du système égyptien avec le système asiatique, p. 118. — IV. Retour sur l'Artémis d'Éphèse et ses différentes représentations symboliques; doctrine supérieure rattachée au culte d'Apollon et d'Artémis, et sa liaison avec les dogmes philosophiques d'Orphée, de Pythagore et d'Héraclite, p. 135.

Chap. V. Mythes de Persée et d'Hercule, considérés dans leur origine et dans leur passage d'Orient en Occident. . . . . 157 — 209

I. Élémens principaux du culte persan de Mithras retrouvés dans la légende de Persée, fondateur de Mycènes; le même Persée en Égypte, p. 157. — II. Hercule à la fois héros et dieu, même chez les Grecs; ses rapports d'origine avec l'Égypte et la Phénicie; son culte dans l'île de Thasos, en Phrygie et en Lydie; point de vue astronomique, calendaire et agraire, p. 166. — III. Hercule Mélampyge et les Cercopes, mythe analogue à ceux de Jupiter et des Arimes, et des dieux Paliciens, en Campanie et en Sicile; Hercule en Perse et dans l'Inde, aux extrémités de l'Orient comme à celles de l'Occident, en Italie et dans la Gaule : Idée commune partout, p. 181. — IV. Hercule en Grèce; analyse et explication succincte de sa légende; comment le héros solaire prend l'aspect d'un personnage humain; ses rapports avec Apollon et Bacchus, p. 194.

Chap. VI. I. Légendes et cultes de l'île de Cypre et de la Cilicie; les Tamirades et les Cinyrades;

Sandacus, Pharnacé, Cinyras, etc.; combinaisons diverses d'élémens orientaux et grecs. — II. La Vénus de Paphos, son origine, ses symboles et ses rites... 210 — 224

Ch. compl. Religion de Carthage. Origine, élémens divers et sources de cette religion. Divinités principales : Baal-Saturne, Astarté-Junon, Melkarth-Hercule; les Cabires et Esmun; le Dieu de la mer; Héros, Héroïnes, Génies, et divers autres objets du culte carthaginois; son caractère général.. 225 — 252

LIVRE V.

PREMIÈRES ÉPOQUES DES RELIGIONS DE LA GRÈCE ET DE L'ITALIE.

SECTION PREMIÈRE.

ORIGINE, CARACTÈRES GÉNÉRAUX ET DÉVELOPPEMENS PRIMITIFS DES RELIGIONS DE LA GRÈCE, JUSQU'AU SIÈCLE D'HOMÈRE ET D'HÉSIODE.

Chap. I. Sources diverses des institutions religieuses des Grecs, colonies d'Égypte, de Libye, de Phénicie et d'Asie-Mineure; établissemens étrangers dans la Thrace et dans les îles; rapports obscurs et primitifs avec la Scythie, le Caucase et la Haute-Asie; nature et portée de ces influences extérieures. 253 — 274
Appendice. Abaris et Zamolxis, p. 266.

Chap. II. De la plus ancienne religion des Grecs, et du culte des Pélasges, particulièrement à Lemnos et à Samothrace....... 275 — 325
I. Premiers instituteurs de la Grèce confondus avec ses premiers dieux; Dactyles Idéens, Telchines, etc., p. 275. — II. Dieux Cabires; leurs rapports généraux avec l'Égypte, la Phénicie et la Haute-Asie, p. 283. — III. Cabires de Samothrace, leur nombre divers, leurs noms mystérieux diversement représentés par les Grecs, p. 288. — IV. Ana-

ces, Tritopatores, Dioscures, et leurs rapports avec les Cabires; représentations figurées de ces dieux, p. 302. — V. Différens points de vue et différens systèmes de la religion des Cabires; sa liaison antique avec les mystères de Cérès Éleusine et avec ceux de Bacchus; aperçus de l'histoire, de la doctrine et des rites des mystères cabiriques à Samothrace, p. 313.

Chap. III. Diverses personnifications relatives à la plus ancienne religion et à la civilisation primitive de la Grèce. Appendice au culte des Cabires; Esculape et Hygie. . . . 326 — 355

I. Jasion, Trophonius, les Aloïdes et les Molionides : symboles de la santé, de l'abondance et de la richesse; des obstacles et des travaux à dompter ou à subir pour maîtriser la terre et obtenir les biens de l'agriculture, p. 327. — II. Esculape, soit dans son rapport avec l'Égypte et la Phénicie, soit dans son caractère primitif chez les Grecs; Télesphorus, Hygie et autres divinités salutaires du cortége d'Esculape, leurs attributs et leurs images; liaison antique de la médecine avec la magie, les amulettes et l'adoration des serpens, dans le culte d'Esculape; point de vue historique; familles consacrées à Esculape chez les Grecs et les Romains, p. 336.

Chap. IV. Homère et Hésiode. . . . . 356 — 388

I. Analyse de la Théogonie d'Hésiode; fragmens des antiques cosmogonies; triple système des divinités de la Grèce, p. 357. — II. Rapports d'Homère et d'Hésiode avec les croyances primitives de la Grèce; influence de ces deux poëtes sur la religion de leurs contemporains, p. 371. — III. Notions physiques et morales, idées sur le monde, les âmes et les dieux, attribuées par Homère à ses héros, p. 381.

SECTION DEUXIÈME.

ANCIENNES RELIGIONS DE L'ITALIE, PRINCIPALEMENT DANS LEUR RAPPORT AVEC LES RELIGIONS PRIMITIVES DE LA GRÈCE.

Pages.

CHAP. I. Coup d'œil sur la population et sur les premières époques historiques de l'Italie; sources diverses et caractères généraux de ses religions . . . . 389 — 401

CHAP. II. Religion des Étrusques, considérée soit en elle-même, soit dans son importation à Rome et dans d'autres parties de l'Italie. . . . . 402 — 429

I. Idées sur la civilisation de l'Étrurie, son caractère tout sacerdotal, sources et documens historiques; âges du monde selon les Étrusques, leur Cosmogonie et ses rapports avec l'Orient, p. 402. — II. Divinités étrusques en général, leur classification; doctrine des Démons ou des Génies, Lares, Pénates; Génies des dieux ou Pénates, tant publics que privés, leurs honneurs et leurs représentations figurées, p. 408. — III. Génies appelés Lares, leur nature différente de celle des Pénates; doctrine des âmes et des esprits, fond du culte des Lares; classification générale des Lares publics et privés, leurs attributs, leurs fêtes et sacrifices; Mânes, Lémures, honneurs rendus aux morts; diverses représentations figurées, p. 416.

CHAP. III. Suite du même sujet: Principales divinités des Étrusques et de quelques autres peuples de l'Italie en particulier. . . . . 430 — 457

I. Janus, ses élémens divers, ses rapports avec l'Inde, la Phénicie, l'Égypte, Dodone et Samothrace; ses différens points de vue, et d'abord comme dieu de la nature, ciel, année personnifiée, soleil, temps, commencement et fin; ses attributs, et entre autres la clef; médiateur et guide des âmes, père et dieu des dieux dans la haute doctrine,

TABLE DES CHAPITRES

Pages.

Patricius, Curiatius, etc., p. 430. — II. Janus héros, et sa sœur Camaséné, femme-poisson; analogies avec Saturne, avec Évandre et Carmenta, Porrima, Postverta, nymphes des eaux, Muses, prophétesses et Parques : nouveaux rapports avec la Grèce primitive, surtout avec l'Arcadie et Samothrace; Janus, Juturna et Fontus, leur fils, dieux des eaux, bons dieux, p. 439. — III. Janus comme dieu du premier mois, ses images; fête du premier de l'an, et origine des Étrennes, p. 448. — IV. Mantus ou Februus, dieu des enfers et du second mois (d'abord le dernier), mois de purification et de deuil. Diverses fêtes : Faunalia, Parentalia, Caristia; idées de joie et de mort, d'expiation et de réconciliation, rapprochées, p. 453.

CHAP. IV. Continuation .... 458 — 489

I. Tagès, dieu ou génie étrusque, enfant et prophète; auteur de la doctrine, des livres et des rites sacrés; intelligence divine en rapport avec la terre et l'agriculture; son élève Bacchès, et leurs analogies avec Bacchus, Silène, Hermès-Camillus, etc., p. 458. — II. Différentes espèces de divination chez les Étrusques; augures et leur empire dans toutes les affaires publiques et privées, p. 465. — III. Théorie des éclairs et des foudres, leur classification, distinctions infinies; influences politiques et morales, causes physiques et locales de toutes ces superstitions, p. 472. — IV. Dernier coup d'œil sur les divinités étrusques, et sur leurs rapports avec les cultes pélasgiques ou helléniques; caractères généraux des symboles et de l'art religieux en Étrurie, p. 483.

CHAP. V. Coup d'œil sur les cultes de quelques autres peuples de l'Italie ancienne, et récapitulation générale............ 490 — 528

I. Quelques divinités des Ombriens, analogie de leur religion et de leur civilisation en général avec celles des Étrusques; barbarie des Sabins; aperçu rapide de leurs nombreuses divinités, tant supérieures qu'inférieures et locales; fétichisme et sacrifices sanglans, usage du *ver sacrum*, oracle de Picus, p. 490. — II. Religion des Latins (y compris les Romains), ses élémens divers; caractère national de ces peuples, leur constitution, état de leur civilisation; Divinités du Latium, classées selon l'ordre de leur importance : Saturne, Jupiter-Anxur, Libitina, Anna Perenna, Palès, Picus, Faunus, Fauna et la Bonne Déesse, Marica, etc.; rapports multipliés des religions latines avec celles de l'Étrurie et de la Grèce; culte de la Fortune, originaire de Samothrace, p. 497. — III. Institution des prêtres Saliens, de même origine; leur organisation sous les rois de Rome, leur costume, boucliers sacrés; culte de Mars et sa fête, jadis l'ouverture de l'année et des combats; chants saliens, p. 507. — IV. Influence de la vie pastorale et agricole sur les religions du Latium; fête de Palès et ses rapports avec la fondation de Rome sous le signe du taureau; légendes relatives à cet événement, nom mystérieux de Rome, idée de la ville Éternelle, p. 515. — V. Considérations générales sur le caractère propre des religions de l'Italie ancienne, et spécialement de celle des Romains, dans leur contraste avec les religions helléniques; importation de celles-ci à Rome et leurs effets, p. 524.

FIN DE LA TABLE DES CHAPITRES.

FAUTES A CORRIGER

AVANT LA LECTURE.

PREMIÈRE PARTIE.

Page 103, note 3, 409-552, *lisez :* 409-452.
251, note 2, βουλαῖα, *lisez :* βουλαία.
252, note 5, Carthege, *lisez :* Carthage.
281, note 3, πομπίολς, *lisez :* πομπίλος.
497, ligne 16, la bonne déesse Marica, *lisez :* la Bonne Déesse, Marica,

RELIGIONS DE L'ANTIQUITÉ.

LIVRE QUATRIÈME.

RELIGIONS DE L'ASIE OCCIDENTALE ET DE L'ASIE-MINEURE.

CHAPITRE PREMIER.

Introduction : Propagation des mythes et des symboles de l'Égypte et de la Haute-Asie; coup d'œil sur l'Asie moyenne et antérieure.

Isis cherche dans Byblos son époux qu'elle a perdu[1]. La déesse nous met elle-même sur la voie des rapports certains qui existent entre les religions de l'Égypte et celles de la Phénicie et de la Syrie. En effet, les Phéniciens et les Syriens revendiquaient le dieu de l'Égypte; tous les ans, à la fête d'Adonis, une tête mystérieuse était, dit-on, portée par mer du rivage égyptien sur la côte de Byblos[2]. Les monnaies de cette ville phénicienne montrent encore la figure d'Isis[3]. Et les cultes et les divinités, et les idées et les images, tout cela au fond était identique chez les Égyptiens et chez les nations de l'Asie moyenne et antérieure. Voyons donc en quoi

---
[1] *Voy.* liv. III, chap. II, art. I, tom. Ier, p. 391.
[2] Lucianus de Dea Syr., cap. VII, tom. IX, p. 90, Bip.
[3] Eckhel, Doctr. num. vet., tom. III, p. 359.

consiste cette identité; tâchons de développer les conceptions fondamentales qui, étant communes aux religions de tous ces peuples, les ont conduits à rapprocher et même à confondre ensemble leurs dieux.

D'abord nous remarquons en général, dans les cultes de l'Asie occidentale, les deux sexes à côté l'un de l'autre, un principe actif et un principe passif, un dieu-Soleil, roi des cieux, qui a le pouvoir fécondant; une déesse-Lune qui conçoit de lui, et qui par fois se confond avec la terre fécondée. En second lieu, dans ces religions, une seule et même divinité réunit souvent les deux sexes; tantôt c'est un homme-femme, et tantôt une femme-homme, selon que l'un ou l'autre sexe domine [1]. Quelquefois enfin, l'une des deux personnes divines disparaît tout-à-fait dans le culte populaire; souvent, par exemple, c'est le principe femelle qui fait l'objet exclusif des adorations, mais non sans des rapports plus ou moins évidens avec un principe mâle. Si maintenant nous cherchons comment ces notions et ces combinaisons diverses peuvent se rattacher aux grandes divinités de l'Égypte, les noms réclament avant tout notre attention : Bel ou Baal, Belsamen, Moloch, Adon; Baaltis, Astarté ou Astaroth, Mylitta, Alitta, Lilith, Ma, Ammas, Mitra, tels sont les principaux [2]. Or, que nous représentent ces noms ? trois idées fonda-

---

[1] Par exemple, l'*Aphroditos* de Cypre, dont il sera question plus loin, chap. III, art. IV; et l'*Adagoüs* de Phrygie. *Voy.* Hesych. *s. voc.*; *confer.* Jablonski, de ling. Lycaon., Opusc., p. 64.

[2] *Voy.* Hérodot. I, 131. *Conf.* Selden de Diis Syris, particulièrement Syntagma II.

mentales : l'idée de l'empire et de la domination, l'idée de la nuit et celle de la lune qu'elle emporte avec elle, l'idée de la maternité. Toutes se retrouvent également dans les noms des dieux de l'Égypte, principalement dans ceux d'Athor et d'Isis [1], dans le surnom de cette dernière, *Moyth*, ou la mère par excellence, la mère du monde, comme s'appelait encore la lune chez les Égyptiens, selon Plutarque [2]; enfin, dans l'Osiris, dans le Sérapis seigneur et roi, dans l'Isis reine et maîtresse, attributions si générales, qu'il n'est presque pas un culte, pas une religion qui ne les ait consacrées [3]. Quant aux combinaisons de ces idées, Isis, le principe femelle, apparaît d'abord comme la grande déesse de l'Égypte, pendant qu'Osiris, bienfaiteur des humains, accomplit sur la terre les travaux, les souffrances et la mort, qui doivent lui mériter l'honneur de partager avec sa divine épouse les hommages des peuples. Voilà donc un dualisme qui se forme peu à peu, mais où le principe femelle est long-temps dominant. Un dualisme d'un autre genre se remarque dans les fêtes religieuses de l'Égypte, aussi bien que dans celles de l'Asie moyenne et antérieure. La fête de Thammuz dans la Syrie et dans la Phénicie, celle de Cybèle dans la Phrygie, di-

---

[1] *Voy.* tom. Ier, p. 512; *conf.* la note 4, p. 805, et surtout la note 6, p. 826 sq., qui renferme d'importantes modifications aux idées de notre auteur sur le personnage d'*Athor*. (J. D. G.)

[2] De Iside et Osiride, p. 531 et 508 sq. Wyttenb. *Conf.* Jablonski, Voc. Ægypt., p. 151. Ce titre de *mère*, appliqué aux grandes déesses, se rencontre partout. L'on en a vu, et l'on en verra par la suite de nombreux exemples.

[3] *Confér.* tom. Ier, p. 805, note 2; 808 sq., etc.

visées en deux parties distinctes, avaient leurs jours de deuil où l'on pleurait un dieu perdu, et leurs jours d'allégresse où l'on se réjouissait de l'avoir retrouvé; de même en Égypte la fête d'Osiris présentait ce double caractère, les larmes et la joie, un dieu perdu et retrouvé. Mais ce n'est pas tout : la religion des Égyptiens connaissait encore ce singulier accident dont nous avons parlé, les forces actives réunies aux forces passives dans un être unique mâle et femelle à la fois. Isis, ou la lune, se montre sous deux aspects divers, passive vis-à-vis du taureau générateur, du soleil fécondant; active vis-à-vis de la terre qu'elle féconde à son tour, en lui communiquant les germes producteurs qu'elle a reçus [1]. Ce rapprochement des deux sexes engendra partout, comme nous le verrons, un triple ordre de symboles. Faisait-on ressortir l'idée de la puissance virile, alors un dieu mâle présidait à la nature; dans le cas contraire, une déesse figurait comme la mère universelle des êtres. Imaginait-on de rassembler les deux propriétés dans une divinité unique, on la représentait sous la forme et avec les attributs d'un androgyne [2]. Les hermaphrodites ne sont pas moins fréquens dans les religions de l'Asie occiden-

---

[1] Tom. Ier, p. 407, avec les modifications qui peuvent résulter des Éclaircissemens, p. 830, 834.

[2] Les noms de *Baal* et *Baaloth*, ou *Baaltis*, rendus en grec dans la traduction des Septante, par ὁ Βάαλ, ἡ Βάαλ, avec le simple changement de l'article, suffiraient seuls pour attester, chez les Phéniciens et les peuples de la Syrie, l'existence d'un être divin considéré tour à tour comme mâle et femelle. *Voy.* plus loin, chap. III, art. I. *Confer.* Biel Thesaur. *v.* Βάαλ, et Beyer ad Selden. de Diis Syr., p. 137, 264.

tale que dans celles dont nous avons déjà traité [1]; seulement nous devons ajouter que cette figure bizarre qui, dans les systèmes théologiques de la Haute-Asie, renferme des idées sublimes, par exemple, celle de la toute-puissance divine se suffisant à elle-même, n'a pas, à beaucoup près, dans les cultes populaires dont il s'agit ici, un sens aussi relevé; elle exprime simplement l'union toute physique des deux puissances qui concourent à la génération des êtres.

Les religions de la haute et de la moyenne Asie se frayèrent de bonne heure un passage dans les contrées les plus occidentales de cette partie du monde. L'Asie antérieure, en y comprenant la Syrie, la Phénicie et la Judée, était comme la grande route par où circulaient continuellement et les caravanes et les armées des nations puissantes de l'intérieur. Les Assyriens les premiers firent de ces contrées le but de leurs expéditions guerrières; des peuples entiers furent transplantés par eux au delà de l'Euphrate et du Tigre. L'empire ayant passé dans d'autres mains, l'on vit les Babyloniens, les Mèdes et les Perses se succéder tour à tour sur le trône de l'Asie; tous ces vainqueurs envoyèrent des colonies dans les pays qu'ils venaient de conquérir, et avec elles s'y naturalisèrent des coutumes et des croyances ou assyriennes ou médiques, comme on les nommait dans l'antiquité. Vint ensuite la grande domination des Perses; les satrapes, suivis d'armées nombreuses, allèrent tenir leurs cours dans l'Asie-Mineure. Mais l'Europe parut

[1] *Voy.* tom. Ier, p. 73, et surtout le livre I, chap. II, *passim*. *Conf.* liv. III, p. 504, 520, etc.

sur la scène, et l'Asie bouleversée par des conquérans nouveaux, vit tour à tour les longues dynasties des rois grecs se perpétuer dans son sein, et, quand elles furent tombées, les armées romaines établir leurs quartiers en Asie-Mineure, en Syrie, et dans les contrées voisines. Ajoutez les relations si anciennes et si diverses que le commerce avait formées entre toutes les parties de l'Asie, et toutes les influences qui devaient en résulter sur les mœurs et les idées des peuples. Ici même, dans l'Asie antérieure, était le grand marché des esclaves et l'entrepôt général des marchandises de l'Assyrie, de la Babylonie, de l'Inde; les Phéniciens en furent les fondateurs [1].

De là cette multiplicité et ce mélange des langues que Strabon remarque en Asie-Mineure, au commencement de son douzième livre. De là aussi cette multiplicité de cultes et de religions, dont le mélange forme un tissu singulièrement divers. Toutefois, dans ce tissu merveilleux, l'on peut saisir comme une chaîne mystérieuse qui en unit les fils nombreux, et qui rattache à la fois aux religions du fond de l'Orient et les cultes populaires et les systèmes religieux des contrées plus rapprochées de nous. C'est ce grand ensemble des religions de l'Asie moyenne et antérieure, un dans son principe et dans son essence, que nous allons exposer en détail. Déjà nous en avons tracé les caractères généraux et constitutifs, en rapprochant ces caractères

[1] On peut voir le développement de ces faits généraux dans le grand ouvrage de M. Heeren, *Ideen über Politik und Handel der alten Welt*, Ier *Theil*. (J. D. G.)

de ceux que nous avait offerts la religion de l'antique Égypte; il nous reste à développer ces idées générales en les confrontant aux faits historiques, et en les vérifiant, pour ainsi dire, sur les lieux. Commençons par la Phénicie.

CHAPITRE II.

I. Religion des Phéniciens; ses sources; Sanchoniathon. II. Cosmogonie phénicienne comparée à celle des Chaldéens; principales divinités des deux peuples.

I. La Phénicie, dans le sens le plus étendu de ce mot, comprend tout le pays assez considérable qui touche d'un côté au défilé ou aux Portes de la Syrie, de l'autre au territoire de Péluse en Égypte; dans un sens plus restreint, elle se termine vers le sud au mont Carmel et à la ville de Ptolémaïs. Ses habitans étaient venus de la mer Érythrée, c'est-à-dire, selon toute apparence, du golfe Persique [1]; et lorsqu'après une longue migration ils se furent établis sur les côtes de la Méditerranée, dans la contrée étroite et montagneuse qui prit leur nom, ils commencèrent à se porter vers ces grandes expéditions commerciales dont ils firent un lien entre les extrémités les plus reculées de l'Occident barbare et les régions centrales de l'Orient civilisé [2]. Ils purent donc, avant maint autre peuple, puiser à la source pri-

---

[1] Hérodot. I, 1; VII, 89. *Confér.* Strab. XVI, p. 784, I, 42, Casaub.; Posidonii reliq., p. 112 sq. ed. Bakii; Justin. XVIII, 3. — Bochart Geograph. sacra, part. II, cap. XLIII; Faber dans la Biblioth. Hagana, nov. class. V, 1, p. 46 sqq., p. 65, s'élèvent contre cette opinion, soutenue et développée par Gesner de Phœnic. navigat., à la suite de l'Orphée, éd. de Hermann, p. 609 sqq., et par Schœnemann de geogr. Argon., p. 24. — *Voy.*, sur l'origine et les premiers établissemens des Phéniciens, la note 1re sur le livre IV, à la fin de ce volume (seconde partie), § 1. (J. D. G.)

[2] *Voy.* la même note à la fin du volume, § 2.

mitive de toute science et de toute religion. Cependant leur cosmogonie et leurs traditions religieuses ont l'analogie la plus frappante et la plus immédiate avec celles des Égyptiens et des Chaldéens.

Malheureusement nous sommes ici d'une indigence extrême en fait de documens : encore faut-il que la source à peu près unique que le temps n'ait pas tarie pour nous soit altérée et corrompue. Celui qui nous l'a transmise, l'évêque Eusèbe [1], place en tête de l'histoire phénicienne un législateur et scribe divin, *Taaut*, qui assiste Cronos ou Saturne (noms que les Grecs et les Romains donnaient au grand dieu populaire de la Phénicie), absolument comme Thoth ou l'Hermès égyptien assiste Osiris. *Taaut*, l'inventeur de toute écriture et de toute science, fit graver la loi sur des tables sacrées par les sept fils de *Sydyk*, les Cabires, et leur frère Asclépius. Après avoir été façonnée, interprétée, commentée par une suite d'êtres plus ou moins mythologiques, et s'être ainsi propagée durant nombre de siècles, la doctrine sainte, qui avait pris la forme de l'allégorie, fut en quelque sorte révélée une seconde fois par le dieu *Surmo-Bel* et la déesse *Thuro* [2] ;

---

[1] Ou plutôt Philon de Byblos dont Eusèbe cite les propres paroles, et ces paroles encore s'appliquent-elles à Sanchoniathon. *Voy.* Præparat. evang. I, cap. IX, ed. Colon. (al. cap. VI), et, pour ce qui suit, cap. X (7), p. 4 sqq., 38 sqq. Sanchoniathonis fragmentor. ed. Orellii, Lips. 1826. (J. D. G.)

[2] Ici Eusèbe transcrit Porphyre, probablement encore d'après Philon et Sanchoniathon, p. 42 Orell. Ce qui suit, sur les historiens humains, est peu authentique ou arbitrairement rattaché à ce qui précède, sauf en ce qui concerne le même Sanchoniathon. *Conf.*, sur ce dernier, Porphyre et Philon dans Eusèbe, I, 9, p. 2-4 Orell.
(J. D. G.)

et c'est d'eux enfin que la reçurent les historiens humains Mochus, Théodotus et Hypsicrates. Vint alors *Sanchoniathon* (c'est-à-dire l'*ami de la vérité*), de Béryte en Phénicie, qui consacra les travaux les plus assidus à ces antiques et sacrés monumens. Le fruit de ses recherches fut une histoire du monde primitif qu'il consigna dans un grand ouvrage. Cet écrivain vivait, dit-on, vers le milieu du treizième siècle avant notre ère. Philon de Byblos, qui nous a conservé la plupart de ces détails, traduisit en grec, dans la première moitié du second siècle, l'ouvrage de Sanchoniathon, et Porphyre en tira des armes contre le christianisme. C'est du quatrième livre de ce dernier que le savant Eusèbe a tiré lui-même, dans un dessein tout opposé, le fragment qu'il nous donne de la traduction de Philon de Byblos; en sorte que c'est de la quatrième main seulement que nous tenons les lambeaux de la mythologie phénicienne. On conçoit qu'à une distance d'époques aussi considérable, le texte du Phénicien Sanchoniathon avait dû être peu fidèlement rendu, peut-être même arbitrairement modifié et systématiquement interprété par son traducteur grec. Du moins paraît-il que cette couleur historique qui nous frappe aujourd'hui dans la cosmogonie phénicienne est en grande partie due à ce dernier. Néanmoins on y reconnaît encore assez le génie de l'ancien Orient, pour ne pas douter que le fond n'en soit parfaitement authentique. Tout ceci explique suffisamment l'extrême divergence des jugemens que les modernes ont portés sur les fragmens conservés par Eusèbe. Les uns trouvent, comme Grotius, dans l'étonnant accord de ces fragmens avec la Genèse, la meilleure raison de croire à leur authenticité; la conformité des noms vient, selon eux, à l'appui, et Mochus, cet ancien historien qui le premier recueillit les traditions phéniciennes, ne serait autre que Moïse. Les autres, avec Cumberland et Mosheim, n'y voient qu'une apologie préméditée et faite après coup de l'idolâtrie des Égyptiens et des Phéniciens; ces prétendues traditions antiques sont tout simplement, dans leur opinion, des dogmes de l'école stoïcienne, ornés à plaisir de noms orientaux [1].

Sans doute nous ne pouvons nous flatter de posséder dans toute leur pureté les monumens de la religion phénicienne. Mais il n'en reste pas moins prouvé, par les travaux des savans de nos jours, que nous en avons toutes les bases et les idées fondamentales. Déjà la comparaison de la Genèse, et bien plus encore l'examen des fragmens de la cosmogonie égyptienne et de celle des Chaldéens, autorisaient à le penser. Mais depuis qu'on a découvert les monumens vraiment originaux des religions de la Perse et de l'Inde, de nouveaux points de comparaison plus décisifs ont levé toute espèce de doute. Eusèbe et Damascius nous ont réellement transmis les principaux dogmes de la religion et de la philosophie des Phéniciens : un merveilleux accord éclate de plus en plus entre les systèmes religieux de l'Asie antérieure et ceux de la Haute-Asie, et en général, quant aux points essentiels, entre toutes les mythologies de l'Inde, de la Perse, de l'É-

---

[1] *Voy.*, sur cette question de haute critique, et en général sur les sources originales ou autres, écrits ou monumens, de la religion phénicienne, les résultats des recherches les plus récentes, dans la note 2 sur ce livre, fin du vol.   (J. D. G.)

gypte, de la Phénicie et de bien d'autres contrées ¹.

II. La cosmogonie phénicienne, dans la tradition rapportée par Eusèbe, est présentée comme une parole divine, conçue et exprimée par la suprême intelligence elle-même, puis gravée d'après ses ordres, en caractères célestes, par les divinités planétaires, révélée sur la terre par des dieux inférieurs à la caste sacerdotale, et enfin communiquée par cette dernière au reste des humains. C'est une incarnation graduelle de la loi, analogue aux incarnations successives dans lesquelles la divinité elle-même voulut se révéler aux hommes, et toute semblable à l'incarnation des Védas de l'Inde ². Quant au contenu de cette cosmogonie fort développée du reste, nous nous bornerons à en choisir quelques traits principaux, qui se rattachent au culte généralement répandu dans l'Asie occidentale, et qui ont eu une influence marquée sur la religion et les mystères des Grecs.

Le Temps, le Désir et la Nue étaient, au rapport de Damascius, les trois grands principes de toutes choses, selon les Sidoniens. De l'union des deux derniers naquirent Éther ou l'air mâle, et Aura ou l'air femelle, qui à leur tour produisirent un œuf ³. Chez Eusèbe, le Souffle

---

¹ *Voy.* Goerres, *Mythengeschichte der Asiatischen Welt*, II, p. 462 sqq. — *Confér.* liv. IX, vol. III, et notre Discours préliminaire, seconde partie.   (J. D. G)

² *Confér.* liv. I, tom. I, p. 140 sqq.

³ Damascius de Principiis (d'après Eudémus), dans J. Chr. Wolf Anecdot. gr. III, p. 259 sq. ; — et maintenant Damascii Quæstiones de primis principiis ad fidem codd. mscrr. nunc primum edidit Jos. Kopp, Francof. ad M., Broenner, 1826, p. 385. M. Creuzer comparant cette première donnée d'Eudémus avec celle du même auteur, qui suit immédiatement d'après Mochus, lit ᾠὸν pour ὅτον dans le texte

de l'esprit ou le Vent primitif, et la Nuit primitive, figurent comme principes des choses [1]. Sanchoniathon connaît aussi *Môt* ou le limon primitif. De là certains animaux d'abord dépourvus de sentiment, puis doués d'intelligence; de là le soleil, la lune et les étoiles. Le Souffle primitif et la Nuit enfantèrent Æon et Protogonos (la durée et le premier-né), qui mirent au jour Genos et Genea (genre et race). Vinrent ensuite la lumière, le feu et la flamme, de qui à leur tour le Casius, le Liban et l'Anti-Liban. Après bien des générations parurent *Sydyk* et les Cabires. On nous parle encore des éclairs et des tonnerres, dont le fracas épouvantable réveilla les animaux qui commencèrent à se mouvoir dans la mer et sur la terre, tant mâles que femelles.

Ici, comme dans le système égyptien, on voit l'esprit et la matière tous deux incréés et préexistant en Dieu. *Môt*

---

de Damascius; il paraît avoir lu également ἀιθέρα pour ἀέρα. Jusqu'à quel point ces leçons sont-elles fondées? c'est ce qu'il faut voir dans la note 3 sur ce livre, fin du vol., où nous avons exposé de nouveau, et avec plus de développement, d'après tous les fragmens qui subsistent, la cosmogonie phénicienne. (J. D. G.)

[1] Le vent *Kolpia* et sa femme *Baau*, est-il dit dans le texte de Sanchoniathon ou de Philon d'après lui. Bochart trouve dans le mot phénicien *Kolpia*, la *voix de la bouche de Dieu*, et dans *Baau* ou plutôt *Baaut*, la *Nuit*, traduction déjà donnée par Philon (Phaleg et Canaan sive de Colon. Phœn. II, 2, Oper. tom. I, p. 706). — Dans le fragment original, ce n'est point par ce couple mythique que débute la cosmogonie de Sanchoniathon, mais par un air ténébreux pareil à un souffle, à un esprit, et par un chaos confus, enveloppé de ténèbres. Ces deux principes existent de tout temps dans l'espace infini. Vient ensuite le Désir ou l'Amour, qui n'est autre que l'esprit se repliant sur lui-même, et la cause de la création. Le fruit de cette union mystérieuse est *Môt*, ou la matière première, renfermant dans son sein les semences de tous les êtres. *Voy.* le développement de

est un nom d'Isis pris dans son sens élevé [1]. Mais ce qu'il y a de plus important, c'est la ressemblance qui éclate dans la suite des puissances intelligibles et dans les incarnations. Le Protogonos phénicien répond au dieu égyptien Kneph, à la fois le serpent divin et le bon génie (Agathodémon); le *Chusorus*, dieu-ouvreur, dont il est question chez Damascius [2], représente le Phtha des Égyptiens, qui brise l'œuf du monde en deux parties dont l'une forme le ciel et l'autre la terre. Ici encore, comme en Égypte, de nombreuses divinités sortent de la sphère théogonique pour recevoir dans le culte public les hommages des mortels et prendre possession des temples. Malheureusement les noms qu'on leur donne sont en grande partie grecs. Uranus (le ciel) a de sa sœur Gê (la terre), *Ilus* ou Cronus, puis le Bétyle, puis *Dagon*, appelé encore Siton, puis Atlas. Uranus veut faire périr ses enfans, mais Cro-

cette cosmogonie, identique au fond avec celles que rapporte Damascius, et divers rapprochemens avec d'autres systèmes antiques, dans la note 3 déjà citée, fin du vol. (J. D. G.)

[1] En supposant que *Môt* soit le même que *Mouth*, ou plutôt *Moyth* (*ci-dessus*, p. 3, et tom. I, p. 512), ce qui est au moins douteux, il nous semble, comme à M. Gœrres (*Mythengesch*. II, 454), infiniment plus probable que *Môt*, la matière première, est identique à *Mahat*, *Mahabhouta* ou *Mahanatma*, le même que *Hiranya-garbha* nommé encore *Mout*, qui joue un si grand rôle dans la cosmogonie indienne, où il est représenté par le symbole de l'œuf, ainsi que *Môt* dans la cosmogonie phénicienne (tom. Ier, p. 269-271, 607 sq., 645). A la vérité, *matière* et *mère* (*mater*, *materia*) se rapprochent pour l'idée comme pour le son, dans la plupart des langues et des mythologies. *Conf.* note 3, fin du vol. (J. D. G.)

[2] *Voy*. la même note à la fin du vol. — Ce *Chousoros* est évidemment le *Chrysor* de Sanchoniathon, inventeur du fer, etc., et déjà comparé à Hephæstus ou Vulcain, le même que Phtha, par Philon, dans Eusèbe. *Conf.* Sanchon. fr. ed. Orell., p. 18 sq. (J. D. G.)

nus le détrône avec le secours d'Hermès, son fidèle conseiller, et d'Athène ou Minerve. Cronus prend successivement pour femmes *Astarté*, Rhéa, Dioné, ses sœurs; il a, surtout de la première, un grand nombre d'enfans, le second Cronus, Jupiter-Bélus, Apollon, Typhon, Nérée, père de Pontus. Un fils naturel d'Uranus, par conséquent frère consanguin de Cronus, *Démaroon*, met au jour *Melkarth* (Hercule). Cronus, devenu le souverain des dieux et le maître du monde, veut encore en être le bienfaiteur. Il bâtit la ville de Byblus, qu'il donne en présent à sa femme et sœur *Baaltis*, la même que Dioné. Il donne également Béryte à Poseidon ou Neptune, aux Cabires, aux laboureurs et aux pêcheurs. Et cependant *Taaut* poursuivait le cours de ses sublimes inventions : déjà il avait fait une image d'Uranus; il fit encore celles de Cronus, de Dagon et des autres dieux, lesquelles devinrent les caractères d'une écriture sacrée[1].

La cosmogonie chaldéenne, telle qu'elle nous a été transmise d'après Bérose[2], se rapproche sur tous les points principaux de celle des Phéniciens. A la tête figurent *Bel* et *Omoroca* ou *Omorca*, suivis de beaucoup d'autres divinités. Bel coupe en deux Omoroca, dont une

---

[1] Outre les développemens du chapitre suivant, qui se rapportent en partie aux cultes populaires des Phéniciens, le chapitre complémentaire placé à la fin du livre IV, sur la *religion des Carthaginois*, éclairera d'un jour nouveau tout ce sujet. On y trouvera les résultats principaux du grand travail de M. Münter (*Religion der Carthager*, 2e édit., Kopenhagen, 1821, in-4°).   (J. D. G.)

[2] *Voy.* les fragmens de l'histoire chaldéenne de Bérose, recueillis par Josèphe, Eusèbe et le Syncelle, dans le grand ouvrage de Scaliger de Emendatione tempor., Genev. 1629; — et maintenant Berosi Chaldæorum histor. quæ supersunt, ed. Richter, Lips. 1825, p. 47 sqq.

moitié forme le ciel et l'autre la terre. Du sang de Bel lui-même naît la race humaine. Suit la dispersion des ténèbres, la séparation de la terre et du ciel, l'ordonnance du monde. Une nouvelle race d'hommes sort du sang d'un autre dieu, qui s'immole de ses propres mains; alors paraît *Oannès*, l'amphibie homme-poisson; cet être mystérieux s'élève chaque jour de la mer Rouge pour enseigner aux Babyloniens la loi et la sagesse.

Voilà donc dans les deux pays une succession de Baals : en Phénicie, Bel-Uranus, Bel-Cronus, Bel-Zeus, et les déesses correspondantes, Gê, Astarté, Baaltis ou Dioné; à côté, Melkarth et le soleil incarné *Adonis*; puis d'autres divinités, les sept Cabires avec leur huitième frère *Esmun* (Esculape), et les dieux et déesses-poissons, à Babylone Oannès, chez les Phéniciens Dagon et *Dercéto*, identique à la déesse syrienne *Atergatis*. Telles furent les divinités dominantes et publiques, adorées en général dans la plupart des temples de l'Asie antérieure et moyenne, mais qui n'en avaient pas moins presque toutes, chacune en son particulier, leurs sanctuaires de prédilection où elles s'étaient, pour ainsi dire, établies à demeure; par exemple, Astarté avec son Adonis à Byblus, Melkarth à Tyr,

Confér. sur le système religieux des Chaldéens, considéré soit dans ses sources, soit dans ses points de vue divers, soit dans ses rapports avec les représentations des monumens, particulièrement avec celles des cylindres, les développemens de notre note 4, sur ce livre, fin du volume. Nous y avons mis à contribution, pour compléter ce chapitre et le suivant, non seulement les vues toujours ingénieuses de M. Gœrres, dans l'ouvrage cité, mais les recherches plus positives et plus récentes de Gesenius, dans son Isaïe, et surtout de M. Münter, *Religion der Babylonier*, Copenhagen, 1827, in-4°.

(J. D. G.)

Dagon à Azotus, Dercéto à Joppé, etc. Or, même dans cette multiplicité des cultes populaires, se manifeste partout une idée fondamentale qui a son principe dans l'antique sabéisme et dans la plus simple intuition de la nature : un roi et une reine des cieux (Bel-Baal, Baaltis-Uranie), le soleil et la lune, se retrouvant sur la terre comme générateur et mère suprêmes. Mais cette idée et celles qui s'y rattachent immédiatement ont été développées plus haut; il s'agit maintenant d'étudier à sa source et dans ses formes différentes ce culte de Baal, si répandu dans toute l'Asie occidentale.

CHAPITRE III.

CULTES DOMINANS DE LA SYRIE ET DE LA BABYLONIE,
DE LA PHRYGIE, DE L'ARMÉNIE ET DU PONT :
LEURS CARACTÈRES GÉNÉRAUX ET LEUR FOND COMMUN.

Nul doute que la plupart des peuples de l'Asie moyenne et antérieure n'aient eu, aussi bien que les Chaldéens et les Phéniciens, leurs cosmogonies, leurs théogonies riches de symboles et d'idées, leurs dogmes plus ou moins transcendans, en un mot, leurs systèmes théologiques d'un ordre supérieur. Mais les archives de ces peuples sont perdues; nous ne possédons pas même des fragmens de leurs livres, et nous en sommes réduits aux récits hostiles des Hébreux, aux relations récentes et superficielles des Grecs et des Romains. Des noms épars, quelques rites, des fables et des légendes populaires, la partie extérieure et grossière des religions, voilà ce qui nous reste aujourd'hui. Tout semble se rapporter au culte des astres ou au sabéisme, dans son sens le plus matériel. Le soleil, la lune, quelques planètes, certaines constellations, dans leurs mutuels rapports ou dans leurs rapports avec la terre, tels paraissent être les principaux objets d'adoration. C'est dans les étoiles qu'il nous faut chercher ces Baal, ces Moloch, ces Adon, etc., dont on nous parle. Mais la terre aussi et ses phénomènes, ses accidens, ont leur part dans les mythes religieux; l'aspect divers des localités revêt de couleurs différentes des légendes identiques au fond. La nature passionnée des hommes présente non seulement dans les fables et dans les symboles, mais dans les rites et les cérémonies, de frappantes oppositions; l'imagination en délire se porte aux excès les plus contraires. Ici, c'est Babylone épuisant la coupe des voluptés; là, c'est une discipline ascétique dont la rigueur sauvage frappe de mort les penchans les plus naturels. Une revue détaillée des divinités qui exigeaient de si divers hommages, nous montrera les causes de ces égaremens opposés [1].

I. Bélus ou Baal, divers dieux de ce nom, Moloch et autres; Baaltis, Mylitta, Astarté, la déesse de Syrie; Dercéto, Sémiramis, etc.; Oannès, Dagon, etc., divinités-poissons et colombes.

La pénurie et l'incertitude des documens anciens jettent particulièrement une grande obscurité sur les dieux et les êtres mythologiques du nom de *Baal* ou *Bélus* [2]. Il paraît que *Baal* ou *Bel*, chez les Chaldéens, les Assyriens et les petites nations syriennes, était une dénomination générique, signifiant, comme l'*Adon* des Phéniciens, *Seigneur* ou *Dieu*. Elle s'appliquait soit au soleil, soit à Jupiter, soit à quelque autre planète. Ce nom fut, dans l'antiquité, d'un usage aussi répandu que vague par lui-même. Tantôt il s'emploie isolément,

---

[1] Ce morceau de transition est tiré en partie des récentes communications que nous devons à l'auteur. (J. D. G.)

[2] *Voy.* sur ce nom et sur les suivans, *Moloch, Marnas*, etc., Selden de Diis Syris, prolegom., cap. II, syntagm. I, c. VI, II, c. I; Hyde de Relig. vet. Persar., p. 117; Hager dans l'*Asiatisch. Magazin*, IV, p. 295 sqq.

comme pour désigner l'idole principale des Sidoniens, chez les Hébreux[1]; ou, dans la langue punique, Cronos-Saturne, et le soleil[2]. Tantôt il se compose avec des noms déterminatifs de différens ordres. Le *Beelzebub* des Ébionites rappellerait, si l'on en croit quelques-uns, le Jupiter *qui chasse les mouches*, du Péloponnèse[3]; suivant d'autres, c'était une dénomination injurieuse donnée par les Israélites à la divinité que ses adorateurs appelaient *Baal-Samen*, le *dieu du ciel*[4]. Sous le nom de *Bel-Gad*, les Syriens paraissent avoir révéré la lune comme présidant aux corps sublunaires, soumis aux mouvemens aveugles du hasard; par conséquent une Fortune. Là vient se rattacher encore *Beelzephon*, divinité qui avait le Nord sous son empire. Les Moabites et les Ammonites adoraient *Baal-Peor* ou *Belphegor*[5]. Quelque étymologie que l'on donne à ce nom, il est certain que le phallus jouait un grand rôle dans le culte qui s'y liait, et que les phallophories étaient les céré-

---

[1] Regum lib. I (III), cap. XVI, 31.

[2] *Voy.* Servius ad Virgil. Æneid. I, 646, 729, et Münter, *die Religion der Carthager*, 2te *Aufl.*, p. 5 sqq. — Suivant Eustathe ad Odyss. XIX, p. 680 *infr.*, Basil., les Phrygiens, dans leur idiome, appelaient un roi Βαλλήν, terme étranger qui aurait été employé par Eschyle. Les habitans de Thurium, dans la Grande-Grèce, en faisaient autant, et l'on trouve en effet sur leurs monnaies de très-antiques symboles religieux.

[3] *Baal-Sebub*, Reg. lib. II (IV), c. I, 2, *le dieu des mouches*; Ζεὺς ἀπομύϊος, Pausan. V, Eliac. (I), 14. *Confér.* liv. VI, ch. I, art. II, et la figure qui y est citée, avec renvoi aux planches, vol. IV.

[4] Rosenmüller, *Altes und neues Morgenland*, B. II, n° 630, p. 210.

[5] Numeror. XXV, 3, 5. *Confer.* Etymol. Magn. *s. v.*; Selden de Diis Syr. I, cap. 5, et Beyer additam., p. 233-242; Biel Thesaur. *s. v.* βεελφ.; *Classical Journal*, vol. VII, n° XIV, p. 293, et vol. VIII, n° XVI, p. 265 sqq.

monies principales par lesquelles ces peuples fanatiques croyaient honorer leur dieu. Ce fait capital n'est nullement en contradiction avec celui que cherche à prouver Selden, quand il veut que *Baal-Peor* soit plutôt le souverain des enfers, auquel on offrait des sacrifices funèbres. On verra par la suite, et l'on a vu déjà que c'était précisément en l'honneur du dieu des morts que se célébraient durant la nuit ces orgies délirantes où le phallus était porté en procession [1]. Quelquefois le nom de Baal est simplement déterminé par un nom de lieu. Ainsi l'on trouve *Baal-Beryth*, le seigneur de Beryth, ville que le grand dieu des Phéniciens passait pour avoir fondée [2]. L'on trouve encore *Baal-Thares*, probablement le seigneur de Tarsus, sur plusieurs médailles phéniciennes [3]. Les Grecs sont dans l'usage d'unir le nom de Bel à celui d'une de leurs divinités nationales, pour le spécialiser par cette comparaison : c'est ainsi qu'Hérodote appelle *Zeus* ou *Jupiter-Bélus* le dieu du temple principal de Babylone [4]. Les noms de *Malach-Bel* et d'*Agli-Bel*, divinités de Palmyre [5], sont des compositions d'un autre genre.

Le premier de ces noms nous conduit à une série nou-

---

[1] Tom. Ier, liv. I, p. 148 sqq., 159 sqq.; liv. III, cap. II, *passim*, et les Éclaircissemens, p. 805, 810 sq., 880, 889, etc. *Conf.* tom. III, liv. VII, chapitres de la religion et des mystères de Bacchus, *passim*. — De là encore le phallus sur les tombeaux, et le culte de Vénus *epitymbia*, ci-après, p. 48.

[2] Stephan. Byz. in βερ. *Conf.* Sanchon. frag., p. 38. Orell.; Judic. IX, 46.

[3] Bellermann, *über Phœn. Münzen*, I St., p. 11 sqq.

[4] Herodot. I, 181. *Conf.* Creuzeri Meletemat., part. I, p. 19, n. 14.

[5] *Voy.* Van Capelle, disp. de Zenobia, p. 8 sq.

velle, celle des *Melech* ou *Moloch*. Également générique, le nom de Moloch signifie, comme celui de Bel, roi et seigneur. Chez les Ammonites, il paraît avoir été donné, suivant les anciens interprètes, à une idole du soleil, représentée avec une tête de veau, sur le front de laquelle brillait une étoile [1]. Il se combine aussi avec différens déterminatifs, par exemple, *Ana-Melech*, *Adra-Melech*. Les peuples transplantés par Salmanassar, de la Sippharène en Israël, immolaient leurs enfans à ces dieux comme les Phéniciens faisaient à Moloch [2]. Une autre dénomination, d'un sens non moins général, est celle de *Marnas* (seigneur), nom sous lequel les habitans de Gaza en Palestine adoraient un dieu que les Grecs identifièrent encore avec leur Jupiter [3]. Pour revenir aux divinités des peuplades transportées par les Assyriens dans le royaume de Samarie, les Cuthéens, originaires de la Perse, révéraient, à ce qu'on croit, le feu, sous le nom de *Nergal*, et lui donnaient pour symbole un

[1] Levitic. XVIII, 21; Actor. VII, 43. *Conf.* Münter, *Relig. der Carthag.*, p. 9 sqq.; Rosenmüller, *Alt. u. n. Morg.* II, n° 328, p. 202 sqq.

[2] Reg., lib. II (IV), c. XVII, 31. *Comburebant filios suos igni.*

[3] *Voy.* le passage remarquable de Marin, dans la Vie de Proclus, c. XIX, p. 16, éd. Boissonade, avec la note p. 108; Steph. Byz. *voc.* Γάζα; Damascius mscr. in Platon. Parmenid. apud Creuzer. Commentat. Herodot. I, p. 344, ex cod. Monac., n° 5, fol. 241 *verso*. — M. Kopp, le récent éditeur de l'ouvrage de Damascius περὶ τῶν πρώτων ἀρχῶν, præfat. p. XII sq., promet de publier bientôt ce second traité, qui en est une suite nécessaire, et qu'il ne faut pas confondre avec la continuation du Commentaire de Proclus sur le Parménide, attribuée à Damascius, et publiée par M. Cousin, vol. VI et dernier des OEuvres inédites de Proclus, Paris, 1827.

J. D. G.)

coq [1]. Peut-être y a-t-il quelque liaison entre ce fait et celui qui nous est rapporté par Lucien [2], que, dans le temple de la déesse de Syrie à Mabog, un coq était employé parmi les cérémonies divinatoires. On a aussi rapproché *Nergal* de l'*Anerges*, dieu de la guerre, dont il est question sur un monument de la Tauride, du temps de Philippe et d'Alexandre [3]. Ce qui est plus sûr, c'est que l'Astarté phénicienne s'y trouve mentionnée sous le nom d'*Astara*. Quant au *Succoth-Benoth* des émigrés de Babylone, les uns y voient les Pléiades, célébrées dans nombre de religions; les autres y découvrent une allusion au culte voluptueux de Mylitta, ou simplement le tabernacle, le petit temple portatif, qui renfermait l'image de cette déesse [4]. Remarquons encore *Nibchas* et *Tharthak*, dieux de la colonie d'Ava, espèces

---

[1] Reg. II (IV), c. XVII, 30. *Conf.* Selden, p. 317 sqq., et Beyer addit. 301 sqq.; Gesenius, *Hebr. Wœrterb.*, p. 752.

[2] Lucian. de Dea Syria, cap. 48.

[3] Kœhler, sur le monument de la reine Comosarye, Pétersbourg 1805. *Conf.* Heyne, de Sacerdot. Coman., Nov. Comment. Soc. Gott. XVI, p. 128. — Gesenius met en rapport non seulement *Nergal* et *Anerges*, mais l'un et l'autre avec *Nerig*, la planète de Mars, chez les Sabiens. Münter, *Relig. der Babylon.*, p. 16, 24 sq., est d'une opinion différente. *Voy.* au reste la note 4, sur ce livre, fin du volume, où sont indiqués de nouveaux rapprochemens.   (J. D. G.)

[4] Selon Gesenius (*Hebræisch. Wœrterb.*, p. 790), *Succoth-Benoth*, dans le passage des Rois, cité plus haut, désignerait ces espèces de tentes sous lesquelles les filles de Babylone se prostituaient en l'honneur de Mylitta. Conférez Amos, V, 26. Sur ce dernier passage, Rosenmüller (ouvr. cité, IV, p. 386) conjecture, avec beaucoup de vraisemblance, que *Moloch* et les autres divinités païennes adorées par les Israélites, étaient transportées à travers le désert sur les épaules d'hommes employés à ce ministère, dans de petites chapelles faites exprès, ou bien encore qu'elles étaient traînées sur des chars cou-

de Lares ou de Pénates, dont, suivant les rabbins, le premier aurait été représenté avec une tête de chien, le second avec une tête d'âne, et qui rappellent ainsi l'Anubis et le Typhon de l'Égypte [1].

Le nom de *Baaltis*, *Beltis*, ou plutôt *Baaloth*, est le féminin de *Baal*, et signifie par conséquent *reine*, *dame* ou *maîtresse*. Il est probable que ses applications n'étaient ni moins étendues, ni moins variées, quoiqu'il semble avoir été spécialement affecté à la grande déesse de Byblus, nommée aussi Dioné, dit Eusèbe, et qui était une Vénus-Uranie, une Isis-Athor [2]. Elle se rapproche singulièrement de la *Mylitta* des Babyloniens, de l'*Alitta* ou *Alilat* des Arabes, et de la *Mitra* des Perses, appellations diverses sous lesquelles différens peuples de l'Asie révéraient un seul et même principe femelle de la nature, résidant soit dans la lune, soit dans la planète de Vénus [3].

---

verts, absolument comme il arrivait chez la plupart des peuples de l'antiquité, dans les fêtes et les processions solennelles, particulièrement chez les Égyptiens (vol. I, p. 795, coll. 662 sq.). Il se pourrait donc que *Succoth-Benoth* ne fût pas autre chose qu'un pareil tabernacle de Mylitta. — *Conf.* la même note, fin du volume.

[1] Reg. II (IV), c. XVII, 31. *Conf.* Gesen., *lib. laud.*, p. 672 sq. et 1320; Creuzer, Comment. Herodot. I, p. 276. — Pour compléter la nomenclature de ces dieux assyriens importés en Israël, il faut ajouter *Asima*, révéré par les colons de Hamath, sous la figure d'un bouc, à ce que prétendent les mêmes rabbins. (J. D. G.)

[2] Euseb. Præpar. ev. I, 10, p. 38, ed. Colon.; Sanchoniath. fragm. p. 36 sqq., Orell. *Conf. supra*, chap. I.

[3] *Voy.* tom. Ier, liv. II, p. 346 et suiv., avec les développemens de la note 8 sur le même livre, p. 730 sq. — Le nom de *Mylitta* se traduit par γενέτειρα, épithète de Vénus. Ceux d'*Alitta*, *Alilat*, *Lilith*, paraissent avoir rapport à la nuit et à la lune, comme présidant à la génération, Ilithyia, Lucine, etc.

Mais le culte de cette céleste Vénus adorée encore à Ascalon en Syrie, sous une forme particulière que nous verrons plus loin, n'avait point partout les mêmes caractères : en Perse du moins, il paraît avoir été bien moins licencieux qu'à Babylone. C'est ici que les femmes devaient payer à la grande Mylitta, au moins une fois dans leur vie, un tribut de volupté, en se livrant à prix d'argent aux étrangers, près du temple de la déesse [1]. Cette coutume étonne au premier abord, et semble tout-à-fait contraire aux mœurs asiatiques, aussi peu tolérantes pour les étrangers que rigoureuses pour les femmes; mais quelles barrières ne saurait franchir le fanatisme religieux! Ce culte, en se répandant au loin, porta avec lui son caractère sensuel. Hérodote avait vu en Cypre les mêmes sacrifices de la pudeur, et nous en trouverons ailleurs de nombreux exemples.

Astarté semble tantôt se distinguer de Baaltis-Dioné, et tantôt se confondre avec elle. Nommée dans les livres hébreux *Ascherah* [2], plus souvent *Astaroth* [3], et donnée pour épouse à Bélus (Baal) ou à Adonis (Adon), elle avait son temple principal à Sidon [4]. Voulant parcourir la terre, elle se coiffa d'une tête de taureau, dit la tra-

---

[1] Herodot. I, 199; Strab. XVI, p. 745. *Conf.* Selden de Diis Syr. II, cap. 7.

[2] Gesenius *Hebr. Wœrt.*, p. 75 sqq.

[3] Samuelis lib. I (I Reg.), VII, 4, au pluriel; aussi les Septante, dans le livre des Juges, II, 13, traduisent-ils Ἀστάρταις. *Conf.* Biel Thes. I, p. 74.

[4] Aussi est-elle fréquemment appelée dans la Bible *déesse des Sidoniens. Conf.* Lucian. de Dea Syr., c. 4; Selden de D. S. II, 2, et additam., p. 284.

dition; de plus, elle consacra dans Tyr une étoile tombée du ciel [1]. Il est probable, en effet, que son nom veut dire une *étoile*, un *astre* [2]; et quant à sa légende, on y retrouve à la fois celle d'Isis et une allusion claire à l'une des formes de cette déesse égyptienne, souvent représentée avec la dépouille d'une vache pour coiffure, et accompagnée d'étoiles [3]. Il y a là évidemment un rapport astronomique à la lune en connexion avec la planète ou l'étoile de Vénus. On sait que la lune a son exaltation dans le signe du taureau, où Vénus fait en même temps son domicile. Sur les médailles phéniciennes, un savant croit reconnaître encore, dans une large face humaine, le type céleste d'Astarté comme pleine lune [4].

Au reste, dans les différens temples, et même à différentes époques, les mêmes divinités phéniciennes et syriennes eurent des figures et des attributs différens. Une déesse qu'on a confondue avec Astarté, mais qui en diffère essentiellement, soit par le nom, soit par les attributs, la grande déesse de Syrie, adorée principalement à Mabog ou Bambyce ou Edessa, plus tard Hiérapolis, dans la *Syria Euphratensis*, en fournit un exemple mémorable. Strabon la nomme *Atargatis*, et Ctésias *Der-*

---

[1] Sanchoniathon ap. Euseb. *ubi supra*, p. 34 sq., Orell.

[2] *Astara*, en persan, suivant M. de Hammer, Mines de l'Orient, III, 275. — Les Grecs font dériver Ἀστάρτη de ἄστρον; ils l'expliquent par σελήνη, la lune, et l'appellent encore ἀστροάρχη, le principe ou la reine des astres, absolument comme chez les anciens Perses *Anahid* est le feu *Guschasp*, principe souverain des étoiles, vol. I, p. 730 sq. *Conf*. Selden, p. 244, 248, etc.   (J. D. G.)

[3] Tom. Ier, p. 393, 812, et les planches, surtout LIII, 154 a.

[4] Bellermann *Bemerkungen über Phœnic. Münzen*, II, p. 26 sqq. — *Confer*. notre vol. IV, pl. LIV, 197-199, et l'explicat.

céto : le géographe ajoute que son vrai nom était *Athara*, ce que savait déjà le vieux Xanthus de Lydie [1]. *Dercéto* n'étant visiblement qu'une corruption d'*Atargatis* ou *Atergatis*, il est plus que probable que les trois noms désignent une seule et même divinité [2]. Cependant Lucien, ou l'auteur, quel qu'il soit, qui nous a laissé l'intéressant traité sur la déesse de Syrie, distingue expressément cette déesse révérée à Hiérapolis, de la phénicienne Dercéto, se fondant sur ce que celle-ci était représentée avec les extrémités inférieures d'un poisson, et l'autre au contraire sous la figure entière d'une femme [3]. Nous savons en effet, par divers témoignages, que Dercéto était adorée demi-femme et demi-poisson, à Joppé en Phénicie, à Ascalon, à Azotus chez les Philistins, et ailleurs [4]. D'un autre côté, maint vestige, mainte allusion au poisson et à sa forme, conservés dans de très-anciens auteurs, identifient les mythes d'Atergatis et de Dercéto, aussi bien que leurs noms [5]. Dans ces noms mêmes est renfermée l'idée de

[1] Strab. XVI, p. 748 et 785. Il faut lire dans ce dernier passage, d'après les mss., Ἀθάραν et non Ἀσθάραν, comme le veulent quelques-uns. Xanth. Lyd. ap. Hesych. in Ἀτταγάθη (Ἀτταργάθη, Alberti ad h. l., coll. Heyne de Sacerdot. Com. p. 108); *conf.* Creuzeri fragm. histor. Græcor. antiquiss., pag. 183. Ctesias ap. Eratosthenis Catasterism. cap. 38 (maintenant Ctesiæ fragm. ed. Bæhr, p. 393 sq.).

[2] Telle est aussi la pensée de Gœrres, moins d'après son livre (*Mythengesch.* I, p. 302 sqq.) que d'après une communication écrite à notre auteur. (J. D. G.)

[3] Lucian. de Dea Syria, c. 14, tom. IX, p. 96 Bip.

[4] Grævius ad Lucian. l. l. tom. IX, p. 380 Bip. *Conf.* Bellermann, l. l., II, p. 15 sqq., — et notre planche LIV, 201, vol. IV.

[5] Xanthus Lyd. ap. Athenæum, VIII, 37. ἰχθύς, *poisson*, fils d'Atergatis. — Saumaise (Exercitat. Plin., p. 405 A) avait déjà reconnu

poisson, de *grand*, d'*excellent poisson* [1]. Comment résoudre maintenant la contradiction qui existe, au sujet de la déesse de Syrie, entre Lucien, témoin oculaire, et des écrivains d'une date plus reculée, d'une autorité non moins forte que la sienne? Cela ne se peut guère qu'en distinguant les époques. Il est à croire que la déesse de Syrie appartint d'abord aux déesses-poissons. Une foule de circonstances tendent à le prouver; d'abord la scène où nous conduit sa légende, puis d'anciens usages qui subsistaient encore, au temps de Lucien, dans le temple d'Hiérapolis, tels que celui de porter de l'eau dans un gouffre sacré, celui de nourrir, au voisinage du temple, des poissons sacrés également, la défense de manger du poisson faite aux adorateurs de la déesse, etc. Ce fut la première période du culte d'Hiérapolis. Dans la se-

---

cette identité des deux déesses, tout en distinguant de l'une et de l'autre Astarté et la déesse de Syrie, qu'il confond ensemble. Schaubach (ad Eratosth. Caster. c. 38), au contraire, rapproche à la fois Astarté, Atergatis et la déesse de Syrie, représentées, suivant lui, comme femmes entières, et les oppose toutes trois à Dercéto, seule femme-poisson. Ni l'un ni l'autre n'ont su concilier d'une manière satisfaisante les témoignages des anciens. Mais, ce qu'il y a de plus faux, ainsi qu'on le verra tout à l'heure, c'est cette confusion d'*Astarté* et d'*Atergatis* chez le savant éditeur d'Ératosthène : Selden ne s'y était pas laissé prendre, *voy.* de D. S. II, 3, p. 266 sq., *conf.* additam., p. 287. — Tout récemment un jeune mythologue, qui ne manque du reste ni de profondeur ni d'érudition, est tombé dans la même erreur, par suite d'une tendance excessive à généraliser, qui le conduit à des rapprochemens singulièrement hasardés ; *voy.* Baur's *Symbolik und Mythologie oder die Naturreligion des Alterthums*, II, 1, 1825, p. 59. *Conf.* les notes 3 et 4, fin du volume. (J. D. G.)

[1] *Voy.* plus loin, p. 35, les preuves et développemens de cette étymologie.

conde période, la forme de poisson, donnée long-temps à l'idole du temple, tomba en désuétude; et la déesse commença dès lors à se rapprocher de beaucoup d'autres. Plus tard, les formes se modifièrent encore : l'idole devint une espèce de Panthée où les symboles et les attributs les plus divers se donnèrent rendez-vous. Aussi Lucien, qui l'appelle, comme on sait, *Here* ou *Junon*, ne peut-il s'empêcher de reconnaître qu'elle a des traits de Minerve et de Vénus, de la Lune et de Rhéa, de Diane, de Némésis et des Parques. Dans l'une de ses mains elle tient un sceptre, dans l'autre une quenouille; sur la tête elle porte une tour, et elle est environnée de rayons; elle est encore parée de la ceinture, ornement distinctif de Vénus-Uranie [1]. Mais alors même que la déesse eut revêtu cette dernière forme, et que Stratonice lui eut bâti un temple nouveau, les souvenirs de la forme primitive et des vieilles croyances qui s'y rattachaient, subsistèrent avec la mémoire de l'ancien temple. Le culte de la divinité syrienne, comme il sera facile d'en juger plus loin, avait surtout de nombreux et frappans rapports avec celui de la Cybèle de Phrygie. Aussi Lucien nous apprend-il qu'une opinion répandue de son temps identifiait les deux déesses, et cette opinion paraît même avoir trouvé accès dans l'art, puisque l'on a des médailles d'Hiérapolis, sur lesquelles est représentée la déesse de Syrie, assise sur un trône entre deux lions [2]. Les inscriptions témoignent également de cette identité [3]. En effet, à

---

[1] De Dea Syria, c. 32.
[2] De Dea Syr., c. 15. *Conf.* vol. IV, pl. LIV, 207.
[3] *Mater Deorum, Mater Syriæ. Confér. ci-après*, art. III.

Hiérapolis comme en Phrygie, existaient des eunuques sacrés et de sacrées orgies, où les dévots formant des danses sauvages, au bruit du tambour et au son des flûtes, se flagellaient mutuellement jusqu'à faire couler leur sang, et même, dans le transport frénétique de la fête, sous les yeux du peuple assemblé, portaient la main sur leur propre corps et se privaient de la virilité. Là aussi des femmes fanatiques, se passionnant pour ces eunuques volontaires qui leur rendaient un brûlant amour, avaient avec eux un monstrueux commerce. Là aussi le collége des prêtres était extrêmement nombreux, car l'auteur du traité déjà cité en compta plus de trois cents occupés à un sacrifice. Ils avaient des vêtemens blancs, et des chapeaux sur leurs têtes pour les garantir du soleil. Le collége était présidé par un grand-prêtre, qui restait pendant un an en possession de cette dignité, dont les marques extérieures étaient la tiare et une robe de pourpre. Le concours des étrangers qui venaient en foule de la Phénicie, de l'Arabie, de la Babylonie, de l'Assyrie et de l'Asie-Mineure, faire leurs offrandes à la déesse, grossissait incessamment le trésor du temple, non moins riche que celui de Cybèle. Beaucoup d'autres institutions communes, parmi lesquelles il faut remarquer la vénération pour les poissons et l'abstinence de leur chair, tendaient à rapprocher les deux divinités, soit entre elles, soit de plusieurs autres [1]; et nous savons que ce dernier usage se liait particulièrement au culte d'Astarté [2].

[1] Lucian. de D. S., §§ 22, 43, 50 sq., 42, 10, 15.
[2] Artemidor. Oneirocrit. I, 9.

Cette adoration des poissons et cette défense de s'en nourrir sont un des traits les plus caractéristiques des religions de la Syrie tout entière [1]. Toutefois il est à croire que ce commandement si général souffrait de certaines restrictions, que les prêtres seuls étaient tenus d'observer dans toute sa rigueur le précepte d'abstinence, tandis que le peuple avait seulement pour sacrés et inviolables les poissons nourris dans les étangs des temples. L'exemple des Égyptiens est une assez forte preuve en faveur de cette opinion, quoiqu'ils paraissent avoir attaché au poisson des idées différentes de celles des Syriens [2]. Ceux-ci tenaient également pour sacrées les colombes, les adorant et se gardant de leur faire du mal [3].

[1] Xenophon. Anab. I, 4, 9; Cic. de N. D. III, 15, p. 546 ed. Creuzer, etc. Ces témoignages sont un peu modifiés par les suivans: Hygin. Poet. Astron. II, 41; Clem. Alex. Protrept., p. 35, Potter. Chez Hygin, *complures* doit évidemment s'accorder avec *Syri*, qui précède, et non avec *pisces*, qui suit.

[2] Sur le culte des poissons chez ce dernier peuple, *voy.* encore Diodor. II, 4; Porphyr. de Abstin. II, 61, IV, 15, avec la citation du comique Ménandre. Il paraît que chez les Égyptiens, conformément à la mythologie nationale fondée sur l'histoire naturelle du pays, le poisson était un symbole de haine (Clem. Strom. V, 7): on se rappelle en effet l'histoire d'Osiris, tom. Ier, p. 392. Les prêtres, en Égypte, s'abstenaient, comme nous l'avons dit, de manger des poissons, *ibid*, p. 797, *coll.* Herodot. II, 37, et Plutarch. de Is., p. 449. Wyttenb. Ce que rapporte Athénée, VIII, 37, d'après Mnaséas, des prêtres d'Atergatis, ne saurait être regardé que comme une décadence de la règle antique. Les Pythagoriciens non plus ne mangeaient pas de poissons, parce qu'ils voyaient dans cet animal un emblème naturel du silence qui leur était prescrit.

[3] Broeckuis ad Tibull. I, 8 (al. 7), 18; Philo ap. Euseb. Præp. ev. I, 6; Hygin. fab. 197. *Conf.* Sainte-Croix, Recherches sur les myst. du pagan., tom. II, p. 113, avec les importantes remarques de M. de

A ces rites religieux se rattachent çà et là plusieurs mythes, soit légendes populaires fort courtes, soit récits développés, qui les motivent et contiennent le secret de ces dieux tant poissons que colombes, dont ils nous racontent l'origine. Un œuf, disait-on sur les bords de l'Euphrate, tomba jadis du ciel dans ce fleuve. Des poissons le portèrent sur la rive, des colombes le couvèrent, et Vénus vint à en éclore [1]. A Bambyce, suivant une autre tradition, un grand poisson sauva un jour Dercéto, tombée dans le lac qui est auprès de cette ville. De ce poisson naquirent deux autres poissons, comme lui révérés, et placés entre les astres, où le grand boit l'eau qui s'épanche de l'urne du Verseau [2]. Les Lydiens, d'après une version différente, racontaient qu'un de leurs compatriotes, Mopsus, précipita un jour la cruelle reine Atergatis, avec Ichthys (poisson), son fils, dans le lac près d'Ascalon, où ils devinrent la proie des poissons [3]. C'est aussi à Ascalon que le récit plus développé de Ctésias, conservé par Diodore de Sicile [4], place la scène de ces merveilleux événemens. Au voisinage de cette ville sy-

---

Sacy, rapprochées de celles de Rosenmüller, dans l'ouvrage déjà cité, *Alt. u. n. Morgenl.*, 4, p. 94. Il en résulte que cette vénération pour la colombe paraît avoir été commune à tous les peuples de race sémitique, et qu'elle se retrouve aujourd'hui encore chez les Arabes, où elle date d'une époque bien antérieure au mahométisme.

[1] Hygin. *l. c.*; Cæsar Germanic. c. 20; Theon ad Arat. 131. L'œuf d'Hélène était également tombé de la lune : Eustath. ad Odyss. XI, 298, p. 437, Basil.

[2] Eratosth. Cataster., cap. 38, d'après Ctésias. *Conf.* Hygin. Poet. astron. II, 41, *ibi* interpret.

[3] Mnaseas et Xanthus ap. Athenæum, VIII, 37.

[4] II, 4 et seq. *Conf.* Ctesiæ fragm., Bæhr, p. 393 sq.

rienne, près d'un lac, était adorée la déesse Dercéto, femme et poisson à la fois. Aphrodite (Vénus), offensée par cette déesse, alluma en elle une violente passion pour un jeune et beau prêtre dont elle eut une fille. Ne pouvant supporter sa honte, Dercéto tue son amant, expose son enfant dans un désert, et se jette elle-même dans le lac, où elle est changée en poisson. L'enfant est miraculeusement nourri par des colombes, jusqu'à ce qu'un berger nommé Simma le trouve, l'adopte et lui donne le nom de *Sémiramis*, qui veut dire en syrien *colombe*. Sémiramis devient une jeune fille de la plus rare beauté, bientôt après la femme de Ménonès, gouverneur du roi d'Assyrie, Ninus, qui l'épouse lui-même et la fait reine, par un bizarre enchaînement de circonstances. Ainsi, dans cette tradition, l'Assyrie et la Syrie se donnent la main. Une autre version vient y mêler encore les Amazones, dont nous développerons le mythe à la fin de ce chapitre. Le jeune père de Sémiramis aurait été Caystros, fils de la reine des Amazones, Penthésilée, et Sémiramis appartiendrait à cette race [1].

Parmi les dieux poissons se place l'*Oannès* de Babylone, dont parlait Bérose [2]. C'était un être monstrueux avec deux pieds humains, qui sortaient de sa

---

[1] Étymol. Gudian., p. 306, Sturz. Sueton. in Julio Cæsare, c. 22, *ibi* interpret.

[2] *Voy*. d'après lui Apollodori fragm., p. 408 sq., ed Heyn., et Alexandr. Polyhist. ap. Euseb. et Syncell., *ubi sup.*, p. 15 (Beros. ed. Richter, p. 48, 52 sqq.); Helladius ap. Phot., p. 874; Meursius ad Hellad. Chrestom., p. 24; Selden de Diis Syr. II, 3, p. 263 sqq. — La note 4, fin du vol., rectifiera en quelques points l'exposition qui suit. (J. D. G.)

queue de poisson. Chaque matin il s'élevait de la mer Érythrée, et venait à Babylone pour instruire les peuples. Il donna des lois aux Babyloniens, leur enseigna les arts et les sciences, entre autres l'astronomie, et fut pour eux l'auteur de la civilisation. C'est par lui qu'ils avaient appris l'histoire des anciennes divinités, celle de Bélus et d'Omoroca. Le même Bérose, à ce qu'il paraît, distinguait quatre Oannès, qui étaient venus dans quatre différentes périodes, comme précepteurs et bienfaiteurs, tous demi-hommes et demi-poissons : l'un d'eux, qui précéda le déluge, se nommait *Odacon*. Ce nom rappelle le dieu *Dagon*, adoré à Asdod ou Azotus en Palestine, et qui est cité dans les livres hébreux comme un être mâle composé de l'homme et du poisson [1]. Philon de Byblos parle aussi de Dagon ; mais en interprétant son nom par *Siton*, le dieu du blé, il semble écarter l'idée de poisson, qui, selon d'autres anciens, se trouverait dans le mot *Sidon* [2].

Il était tout-à-fait dans le génie de l'antiquité de confier à des noms significatifs les idées que l'on cherchait à consacrer, d'une autre part, à la faveur des symboles, des mythes et des rites religieux. Mais les Grecs, qui

---

[1] Samuel I (I Reg.), V, 4. Selden, *l. c.* Ce savant penche à croire que *Dagon* et *Atergatis*, ou *Dercéto*, étaient la même divinité, considérée tour à tour comme mâle et femelle, par conséquent hermaphrodite. *Confér.* la pl. LIV, 202, et l'explicat.

[2] Sanchoniath. fragm., p. 26, 32, Orell., et la note sur le premier de ces deux passages, où Philon est justifié d'après Beyer sur Selden. *Conf.* Isidor. Orig., I, 1; et Dupuis, qui, dans son système astronomique, cherche à concilier les deux interprétations. (Orig. des cultes, t. II, 1, p. 208, in-4°.)

nous ont transmis presque exclusivement les traditions de l'Asie antérieure, sont, comme l'on sait, de fort mauvais maîtres en étymologie. Aussi nous en rapporterons-nous plus volontiers sur ce point aux travaux des philologues modernes. Il n'est guère douteux que le mot *Dagon* vient de la racine *dag*, *poisson*, laquelle se retrouve intervertie, *gad* ou *ged*, dans les noms que nous avons déjà vus, *Atergatis* et *Derceto* [1]. Ce dernier, abrégé du précédent, rappelle le monstre marin *Ceto*, vaincu par Persée, suivant une tradition, près de Joppé, où était adorée Dercéto, la déesse-poisson [2]. Quant au nom de *Sémiramis*, Diodore lui donne positivement le sens de *colombe;* Hésychius, avec plus de précision, celui de *colombe des montagnes*, étymologie confirmée par Bochart [3]. Enfin, l'époux de la femme-colombe, *Ninus*, a trait au mot syrien *nuno*, qui exprime les poissons célestes, si l'on en croit Dupuis [4]. Nous voici sur la trace d'une célèbre interprétation astronomique de toute cette religion des poissons, interprétation qui trouve une nouvelle base dans la légende fort curieuse que Lucien avait apprise à Hiérapolis [5]. Deucalion,

---

[1] Selden, p. 263, 267; Bellermann *über Phœn. Münz.*, II, n° 28, p. 15; Gesenius *Hebr. Wœrterb.* I, p. 181 *ibique laud. Atergatis* identique à *Dercéto*, comme il a été prouvé ci-dessus, p. 27, se trouve encore écrit *Atargatis*, *Adargatis*, *Argatis*, *Arathis*, *Artaga*, etc., sans parler de *Athara*. Le nom véritable et complet serait *Addirdag* ou *Addirdaga*, le *grand*, l'*excellent* ou l'*éminent*, le *divin poisson*.

[2] Plin. H. N., V, 14. *Conf.* Vossius de Idololat. I, 23.

[3] Canaan, II, 740; *conf.* Selden, p. 274 sq.

[4] Orig. des cultes, II, 1, p. 210.

[5] De Deâ Syr., § 13. tom. IX, p. 95 Bip.

disait-on, avait été le premier fondateur du temple de cette ville. Il l'avait bâti sur un gouffre par où s'étaient écoulées les eaux du grand cataclysme. En mémoire de cet événement, les habitans de tous les pays circonvoisins avaient coutume de porter deux fois par an de l'eau de la mer dans ce temple, et de la verser dans une petite ouverture que l'on montrait encore aux étrangers du temps de Lucien.

Dans ces mythes syriens, dit maintenant Dupuis avec sa sagacité ordinaire, il existe évidemment entre Deucalion, le culte de Dercéto et l'adoration des poissons, la même connexité qui se remarque au ciel entre le Verseau où les anciens plaçaient Deucalion, et le poisson austral qui boit l'eau répandue par Deucalion-Verseau. Ajoutez que le signe céleste des Poissons est le lieu de l'exaltation de Vénus, comme le Taureau sur lequel sont les Pléiades est son domicile. Le même savant, adoptant l'étymologie donnée par certains Grecs qui font venir *pleias* (la Pléiade) de *peleias* (colombe), y trouve l'explication du récit fabuleux qui fait la femme-poisson Dercéto, mère de la femme-colombe Sémiramis. Ninus, l'époux de Sémiramis, est, comme nous l'avons vu, mis lui-même en rapport avec les poissons. Enfin, ces dieux-poissons, qui sont en même temps dieux du blé, Dagon et Siton, s'expliquent à leur tour par la liaison astronomique des Poissons avec la Vierge ou Cérès. L'homme-poisson de Babylone, Oannès, a son véritable sens dans le même ordre d'idées ou de faits : c'est le poisson austral qui, aux yeux des Babyloniens, paraissait sortir de la mer Érythrée, et précédait les deux solstices, celui d'été par son lever et son coucher du soir, et celui d'hiver par son lever héliaque [1].

Le savant interprète d'Ératosthène reconnaît, au contraire, dans ce merveilleux Oannès, le Verseau, qui, sur une très-ancienne sphère orientale, se voit figuré comme un monstre poisson, tel que le dépeint Bérose. Plus tard, les Grecs divisant ce composé monstrueux, en auraient fait les deux figures du Verseau et du Poisson [2]. Quelque vraisemblance qu'ait en soi cette idée, si conforme à la nature des antiques symboles, bizarrement compliqués d'abord, mais simplifiés et adoucis ensuite par le goût délicat des Grecs, il est certain que l'astronomie ne saurait suffire à rendre compte de tout cet ordre de mythes. Rien de plus ingénieux que cet ensemble d'explications empruntées du zodiaque par Dupuis; mais bien des questions restent encore sans réponse, quand même on passerait sur la liaison forcée établie entre Vénus et le symbole de la colombe au moyen d'une étymologie peu naturelle. Déjà les anciens avaient dit, avec une simplicité qui semble bien plus près de la vérité : la colombe fut consacrée à Aphrodite, de toute antiquité, à cause du tempérament voluptueux de cet oiseau [3]. L'Orient tout entier vient à l'appui de cette remarque; de tout temps la colombe couvant ses œufs y fut un emblème de la génération par la chaleur animale, par conséquent de l'Uranie assyrienne, feu

[1] Dupuis, Orig. des cultes, t. II, 1, ch. XVII, *passim*.
[2] Schaubach ad Eratosth. Catast., p. 119.
[3] Apollodor. ap. Schol. Apollonii, III, 593 ; *conf.* fragm., p. 396, ed. Heyne.

femelle, génératrice, mère qui vivifie tout. Cette déesse n'est autre que Sémiramis, qui non seulement avoit été réchauffée et nourrie par des colombes, mais s'était à la fin envolée sous cette forme [1]. C'était elle, disait-on encore, qui avait fondé le temple de Mabog en l'honneur de sa mère Dercéto : et l'antique idole de ce temple, portant une colombe sur les épaules, était, pour cette raison, appliquée par quelques uns à Sémiramis [2].

Mais de vieux souvenirs de l'histoire primitive de notre espèce ne se cacheraient-ils pas sous les voiles de ces symboles et dans ces récits fabuleux communs à l'Assyrie, à la Syrie et à la Phénicie? La mythologie indienne a aussi son dieu-poisson apportant, comme Oannès, le livre de la loi du fond de la mer; elle a ses incarnations de Vichnou en poisson, en tortue, etc., servant à désigner une succession de grandes périodes physiques auxquelles vient se lier une série de mythes historiques [3]. C'est dans cet esprit que le grand Gérard Vossius [4] a conjecturé que *Simma*, le père nourricier de Sémiramis, pourrait bien être un descendant, un homonyme de l'antique patriarche *Sem*; et que la colombe assyrienne se rattache au déluge comme la colombe de Noé. Le Deucalion d'Hiérapolis serait Noé lui-même, et les eaux versées dans le gouffre sacré marqueraient la fin d'une première période à laquelle

---

[1] Diodor. Sic. II, 20; Lucian. *lib. laud.*, § 14.
[2] Lucian. *l. l.*, § 33.
[3] *Voy.* liv. 1, chap. III, tom. Ier, p. 181 sqq.
[4] De Orig. et progr. Idololatr. I, 23, p. 90, ed. Amstel. 1668.

appartiennent les dieux à formes de poissons. La terre reparaît à la surface des eaux, et de la déesse marine Dercéto naît la déesse-colombe Sémiramis. Vient se placer entre elles l'être amphibie Oannès, premier auteur de la civilisation; et après lui Ninus et Sémiramis ouvrent la période historique des fondateurs de villes et des conquérans. Cependant il serait possible que les quatre Oannès, avec Dagon et tous les dieux-poissons, dussent se reporter à des temps antérieurs, à des époques cosmogoniques [1]. Quoi qu'il en soit, tout ici nous ramène à ce point mystérieux où l'histoire des révolutions terrestres, du déluge entre autres, s'unit aux premiers événemens de l'histoire des hommes. Mais les révolutions périodiques de l'année suivent d'un cours parallèle ces grandes révolutions cosmiques qui en sont comme les prototypes; elles s'assimilent symboliquement les unes aux autres [2]. Il se pourrait que l'eau portée dans le temple d'Hiérapolis, la procession de la déesse-colombe, et d'autres actions dramatiques, eussent trait au temps des pluies, à celui de la couvée, etc. [3]. Tout paraîtrait alors se réduire à un calendrier consacré par des cérémonies et par des tra-

[1] Il ne saurait y avoir de doute à cet égard, d'après les extraits qui nous restent de Bérose. *Conf. ci-dessus*, p. 33 sq., et la note 4 sur ce livre, fin du vol. (J. D. G.)

[2] *Confér.* liv. III, chap. IV, tom. Ier, p. 438.

[3] En Lycie on connaissait des prophètes par les poissons (ἰχθυο-μάντεις), lesquels rendaient des oracles d'après l'apparition de certaines espèces de ces animaux. *Voy.* Eustath. ad Odyss. XII, 252, p. 486, lin. 23; *conf.* Aristot. H. A. VI, 12 (11, p. 268 Schneid.), et sur l'une des espèces mentionnées, πρῆστις, Buttmann Lexilog., I, n° 27, p. 105-111.

ditions, tel que nous l'avons trouvé en Égypte dans le mythe d'Osiris, tel que nous le retrouverons dans le mythe d'Adonis et ailleurs.

Les religions de la Syrie se rapprochent encore de celles de l'Égypte par le culte du phallus. Dans l'avant-cour du temple d'Hiérapolis, on voyait d'énormes phallus; et des rites y avaient lieu, qui montrent combien la déesse syrienne à Mabog devait avoir d'affinité avec la voluptueuse Mylitta de Babylone [1]. Suivant la tradition populaire de la première de ces villes, Bacchus, à son retour du pays des Éthiopiens, c'est-à-dire de l'Inde, y aurait fondé ses brûlantes orgies, environnées de toute la pompe d'un luxe dissolu. D'un autre côté, la tradition indienne, si l'on en croit l'un de ses modernes interprètes, nous ferait voir le culte de Siva se propageant jusque sur les bords de l'Euphrate, et s'y naturalisant sous des formes entièrement semblables à celles que nous venons de reconnaître en Assyrie et en Syrie : les noms même seraient identiques [2]. Les récits des

[1] Lucian. de Dea Syr., § 28, tom. IX, p. 113 Bip., où au lieu de la leçon vulgaire τριηκοσίων ὀργυιέων, il faut lire avec Paulmier τριήκοντα ὀργυιέων, c'est-à-dire 180 pieds.

[2] On peut voir cette prétendue tradition indienne, qu'il est inutile de reproduire ici, dans l'un des trop célèbres mémoires de Wilford (*Asiat. Research.*, vol. IV, p. 363 sqq.). Elle avait été adoptée de confiance par Gœrres (*Mythengesch.* II, p. 615 sq.), d'où notre auteur n'aurait peut-être pas dû la tirer, Wilford ayant eu le courage d'avouer, depuis, les bizarres mystifications de son Pandit (*As. Res.*, vol. VIII, p. 250 sqq.). Les rapports des religions antiques de la Chaldée, de la Syrie et de la Phénicie avec celles de l'Inde, particulièrement avec le Sivaïsme, n'en sont pas du reste moins réels, et nous les rechercherons nous-mêmes avec soin dans le livre IX de cet ouvrage. (J. D. G.)

Syriens et ceux des Hindous s'accorderaient donc pour assigner une origine tout-à-fait orientale à ce culte sauvage de la nature qui poussa de si profondes racines sur le sol de l'Asie moyenne et antérieure.

Rival de la tradition, l'art a voulu immortaliser par lui-même, en des symboles expressifs, les antiques souvenirs des peuples de ces contrées. Sur les médailles d'Ascalon, du temps des empereurs romains, on voit encore une déesse sortant d'un vaisseau, la tête couronnée de tours, une lance terminée en croix dans la main droite; dans le champ se remarquent, d'un côté, une colombe, de l'autre, un autel. A ces attributs caractéristiques, le savant Eckhel a très-bien reconnu Sémiramis [1]. Un monument de ce genre nous montre la déesse, identique à Vénus-Uranie, debout sur sa mère Dercéto, femme et poisson [2]. Ce sont les deux époques successives du monde; c'est la sage et guerrière Sémiramis dominant, après le déluge, sur la terre rajeunie.

Nous verrons plus loin le culte de Vénus avec le poisson et la colombe, ses principaux attributs, avec les phallagogies et différentes représentations qui s'y rapportent, passer d'Ascalon en Cypre et ailleurs [3]. Continuons de le poursuivre dans ses origines asiatiques, recherchons ses développemens chez les Phéniciens, et tâchons de découvrir quel était cet Adonis pour lequel s'enflamma la déesse.

---

[1] *Doctrina Num. Vet.*, III, p. 445.
[2] *Voy.* vol. IV, pl. LIV, 203, et l'explicat. des pl. sect. IV.
[3] *Ci-après*, chap. VI, art. II; et la note 12 sur ce livre, à la fin du volume.

II. Thammuz; mythe et fête d'Adonis; Priape.

Dans le prophète Ézéchiel nous lisons ces paroles :
« Et il m'introduisit par la porte de la maison du Seigneur,
« qui regardait l'aquilon; et là étaient des femmes as-
« sises pleurant sur Thammuz [1]. » La plupart des interprètes, et les meilleurs, revenant à l'avis de quelques
anciens, ont décidé que le *Thammuz* dont il est ici question n'est autre que le Phénicien *Adon* ou *Adonis* [2].
Le prophète décrit dans ce passage une fête annuelle de
deuil que célébraient les femmes d'Israël, à l'exemple
de celles de Phénicie, se tenant assises pendant la nuit
devant leurs maisons et versant des larmes abondantes,
les yeux incessamment fixés vers certain point du nord.
On nommait ce point la mort et la résurrection de
Thammuz. La fête était solsticiale, et tombait vers la

---

[1] Ezechiel, VIII, 14, et interpret. *ad h. l.*, *impr.* Hieronym. *Conf.* Jablonski Voc. Ægypt., p. 453; Selden de Diis Syr. II, 11, et Beyling de fletu super Thammuz, § 9, 10 sqq.; Rosenmüller *alt. u. n. Morg.* IV, p. 318 sqq.; Groddek, *Antiquar. Versuch.* I, p. 85 sqq.; Sainte-Croix, Rech. sur les Myst., tom. II, p. 101 sqq., sec. éd.

[2] Sur le nom de *Thammuz*, voyez encore Gesen. *Hebr. Wœrterb.*, p. 1319. M. Silvestre de Sacy, sur Sainte-Croix, *loc. cit.*, croit que ce nom, quoique généralement répandu dans la Syrie, était d'origine étrangère, et probablement égyptienne, aussi bien que le dieu qui le portait. —M. Hug (*Untersuchungen über den Mythos*, p. 82 sqq.) s'est attaché à développer l'origine égyptienne d'Adonis, qu'il identifie avec Osiris, comme Sainte-Croix, M. de Sacy, et notre auteur, ci-après. Il conçoit, du reste, d'une manière toute différente les rapports de la légende de ce dieu avec les époques de l'année. On trouvera un extrait de ses développemens, avec une nouvelle discussion des points en litige, dans la note 5 sur ce livre, fin du volume.

(J. D. G.)

fin de juin, dans le mois appelé *Thammuz*, du nom même du dieu. Son culte ne différait de celui d'Osiris que dans les accessoires; et de même qu'il pénétra chez les Israélites, de même les *Adonies* se répandirent dans toute la Grèce. Byblus en Phénicie, Antiochie sur l'Oronte, Alexandrie d'Égypte, et Athènes, sont les seules villes où la tradition nous les fasse connaître avec quelque détail. Mais au lieu de rester solsticiale comme dans l'Orient, la fête d'Adonis, à Athènes et ailleurs, paraît être devenue équinoxiale, tombant en avril ou mai, à la nouvelle lune [1].

Cette fête, selon toute apparence, apportée de Phénicie, fournit aux chantres de la Grèce une riche et poétique matière. Ils s'en emparèrent de bonne heure. Le poète cyclique Panyasis avait traité le mythe d'Adonis; Sappho avait chanté le dieu, et il fut le sujet

---

[1] Plutarch., Alcibiad., cap 18, et Nicias, c. 13. De cette différence et de ce que, suivant les deux passages cités, les Adonies athéniennes auraient été simplement une fête de deuil, une fête funèbre, tandis que la fête orientale se divisait en deux parties, en jours de douleur et en jours d'allégresse, Corsini (Fasti Attici, II, 297 sqq.) s'est cru en droit de conclure que les Adonies de Cypre et d'Athènes n'avaient rien de commun avec la fête de Thammuz chez les Chaldéens. La première difficulté se résout par une observation générale, c'est que les deux époques diverses d'une même fête peuvent provenir originairement de deux différens commencemens de l'année chez deux peuples différens (*Conf.* Dupuis, Orig. d. C., tom. II, 2, p. 59); ou bien encore, comme le pense M. de Sacy, que toutes les fêtes des Égyptiens ayant été d'abord, ainsi que celles des Juifs, attachées à des époques fixes d'une année solaire, purent ensuite être déplacées et devenir mobiles, quand l'année vague fut admise, et alors fixées par les peuples qui les adoptèrent au mois de leur année auquel elles se trouvaient tomber. Quant à la seconde objection, les seuls passages

d'un grand nombre de drames antiques [1]. Nous possédons encore dans le beau poème de Théocrite, dans son idylle quinzième, un curieux monument de ce culte. Pour les poètes grecs et romains, la déesse de Byblus, que Philon nomme *Baaltis*, c'est-à-dire épouse de Baal, et que Cicéron appelle de son nom national *Astarté* [2], devint naturellement Aphrodite ou Vénus. Quant à son amant *Adonaï*, ou le Seigneur, une modification légère en fit Adonis. Sous ce nom, si l'on en croit Étienne de Byzance, les Cypriens adoraient Osiris; et Damascius, dans Suidas, raconte que les Alexandrins honoraient Osiris et Adonis sous une seule et même image, ces deux êtres divins étant unis par une alliance mystique [3]. Tout, comme nous l'avons déjà dit plus d'une fois, tend donc à rapprocher les deux cultes égyptien et phénicien. C'est de Cypre, qui les reçut très-anciennement l'un et l'autre, que les Ado-

---

recueillis par Meursius (Græcia feriata in Gronov. Thes. Antiq. Gr. VII, p. 708 sq.) suffiraient pour la réfuter, en prouvant que les Adonies en général étaient regardées comme des fêtes de deuil et de joie à la fois. Même dans celles d'Athènes, plusieurs circonstances ne peuvent s'expliquer que par ce double caractère; et d'ailleurs, pour que le départ d'Alcibiade et de Nicias, fût, aux yeux du peuple, environné de funestes auspices, n'était-ce pas assez qu'il eût lieu en un jour de deuil, au jour de la mort d'Adonis? Résulte-t-il de là que des jours d'allégresse n'aient pu suivre ou précéder?

[1] Pausan. IX, Bœot., 29. Bast, Lettre critique, p. 46, note.

[2] Cic. de Nat. Deor. III, 23, et *ibi* Creuzer. — *Conf. supra*, p. 24 sq., et la note 3, fin du volume.

[3] Steph. Byz., *voc.* Ἀμαθοῦς. Suidas, *v.* Ἡραΐσκος. Suivant Lucien, ou l'auteur du traité de la déesse de Syrie, § 7, les habitants de Byblos eux-mêmes reconnaissaient l'identité d'Osiris et d'Adonis. *Confér.* le chap. I de ce livre.

nies vinrent dans le Péloponèse, notamment à Argos [1]. Les Laconiens nommaient le dieu *Kiris* ou *Kyris :* on a voulu trouver dans cette dernière forme une traduction grecque du phénicien *Adon*, mais déjà Cuper avait remarqué le peu de vraisemblance de cette étymologie [2]. Il eût mieux valu noter un autre nom donné par Hésychius immédiatement après, celui de *Lychnos*, lumière, d'autant que les anciens Doriens appelaient Adonis *Aô*, qui vient d'*Aós*, aurore [3]. Mais le dieu de la lumière, le seigneur du soleil, portait encore d'autres noms, tels que celui de *Gingras*, emprunté de la flûte lugubre des Phéniciens et des Cariens [4]; ou celui d'*Abobas* que lui donnaient les Pergéens de Pamphylie, également d'après une sorte de flûte [5]. En général, c'était une coutume de l'antiquité d'appliquer aux êtres divins des dénominations tirées des instrumens, des chants et des

---

[1] Pausan. II, Corinth., 20.

[2] Harpocrat., p. 114. — Comparez avec Hésychius, II, p. 266, 387, éd. Alberti, l'Etymolog. Magn., p. 467, ed. Lips. Suivant cette dernière autorité, Κίρρις (ainsi écrit) serait un nom propre aux Cypriens. (J. D. G.)

[3] Etymol. Magn. s. v., p. 106, ed. Lips. Bacchus, si rapproché d'Adonis, soit pour l'idée, soit pour le culte, avait parmi ses noms celui de φανός, qui signifie également *lumière*. Lex. rhetor. ms. in Ruhnkenii add. ad Hesych. s. v. βάχχος.

[4] Pollux Onomast. IV, c. 10, sect. 76. — De ce nom se rapproche naturellement le nom de *Cinyras*, père d'Adonis, lequel s'appliquait à un instrument de musique, en même temps qu'il exprimait le deuil et les larmes. Peut-être est-il aussi la véritable origine du lacédémonien *Kirris*. *Voy.* plus loin le chapitre des religions de l'île de Cypre et de la Cilicie, où la généalogie d'Adonis se trouve développée. (J. D. G.)

[5] Hesych. s. v.; *Abuba* en syrien. *Conf.* Salmas. de ling. Hellenist., p. 419.

cérémonies employés dans leur culte. La suite de cet ouvrage nous en offrira une foule d'exemples.

Si des noms d'Adonis nous passons à son mythe ou à sa légende, nous trouverons que, parmi toutes les modifications que lui ont fait subir les Grecs, les traits principaux ne se sont jamais complétement effacés. Toutefois on remarque d'assez sensibles différences entre la forme la plus ancienne de la tradition et ses formes plus récentes. Aphrodite voulant cacher à tous les yeux son amant Adonis, fils du roi d'Assyrie Thias, l'enferme encore tendre enfant dans un coffret qu'elle confie à l'épouse d'Aïs, Perséphone. Celle-ci retient le précieux dépôt. Le débat est porté au jugement de Jupiter, qui décide qu'Aphrodite et Proserpine garderont Adonis chacune un tiers de l'année; le troisième tiers est laissé à sa disposition. Il le donne à Aphrodite, et passe auprès d'elle huit mois, tandis qu'il en reste quatre dans les sombres demeures. Ainsi avait chanté Panyasis [1], et probablement il n'était pas question dans son récit de la mort sanglante du dieu. Passant sur quelques variantes de peu d'importance, nous arrivons au récit différent d'Ovide [2]. Selon ce dernier, Myrrha ou Smyrna, fille du roi de Cypre Cinyras, poursuivie par la jalousie de Vénus, conçoit une passion pour son propre père, dont elle a le bel Adonis. Après la métamorphose de sa mère désespérée en arbre à myrrhe,

---

[1] Apollodor. Bibl. III, 14, 4, et *ibi* Heyne. *Conf.* Hygin. Poët. Astron. II, 7, *ibique* interpret.

[2] Metamorph. X, 298 sqq. *Conf.* Bion. Idyll. I; Anacreontica, p. 32, ed. Weigel.

celui-ci devient l'amant de Vénus, mais par cela même le rival de Mars. Le dieu envoie dans les montagnes un sanglier par la dent duquel Adonis périt à la chasse. Suivant Phanoclès, au contraire, dans son poème des Amours, c'était Dionysus ou Bacchus qui avait enlevé Adonis [1]. Quoi qu'il en soit de ces différences, le sanglier est ici essentiel, et il se retrouve dans beaucoup de mythes analogues chez divers peuples [2]. Les Phéniciens lui avaient même donné un nom propre : ils l'appelaient *Alpha*, c'est-à-dire le sauvage et le cruel [3].

Maintenant, comment l'Orient célébrait-il l'histoire de son dieu du soleil? La fête d'Adonis avait deux parties, l'une consacrée à la douleur, et l'autre à la joie. Dans les jours de deuil, on pleurait la disparition du dieu; dans les jours d'allégresse, on solennisait sa découverte ou son retour. Les deux fêtes étaient consécutives, mais ne se succédaient pas partout dans le même

---

[1] Plutarch. Sympos. IV, 5. *Confer*. Ruhnken. Epist. crit. II, p. 390 sq.

[2] Chez les Siamois, c'est un géant transformé en sanglier, qui donne aussi la mort au dieu de la lumière Sommonakodom; et, dans la tradition scandinave, Odin est blessé par le même animal.

[3] Lexic. inedit. in Biblioth. Coislin., p. 604, n° 5. On trouve plus loin que les habitants de Byblos appliquaient à Osiris le même nom d'*Alpha*, ce qui paraît d'abord une contradiction évidente, puisqu'Osiris et Adonis ne font qu'un. C'est ainsi que nous venons de voir Dionysus ou Bacchus, le même qu'Osiris, enlevant Adonis. Cette apparente confusion vient sans doute d'un double sens du mot *Alpha*, qui, suivant la même autorité, désignait en phénicien une tête de bœuf, forme antique de la première lettre de l'alphabet. Or, nous savons qu'Osiris était représenté sous le symbole du bœuf et du taureau, tom. Ier, p. 407, 812.

ordre. A Byblus, la fête lugubre venait la première [1]; à Alexandrie, et probablement aussi à Athènes, c'était la fête joyeuse qui précédait [2]. Celle-là se composait de toutes les cérémonies funèbres établies en l'honneur des morts. Les femmes s'y abandonnaient à tous les transports de la douleur pour le dieu perdu. A Byblus elles devaient faire couper leur chevelure, ou bien offrir au dieu, dans le temple, le sacrifice de leur chasteté [3]. A Alexandrie, elles paraissaient seulement les cheveux épars, en robes de deuil flottantes sans ceintures; enfin, avec toutes les marques de la plus profonde affliction. Outre les lamentations d'usage, des hymnes de douleur étaient chantés avec accompagnement de flûtes; les uns et les autres avaient des noms caractéristiques [4]. L'image d'Adonis était placée sur un lit funèbre, ou sur un catafalque quelquefois colossal, comme à Alexandrie, où toute la fête se célébrait avec une grandeur, avec une pompe vraiment royales. A Byblus, les pleurs et les lamentations se terminaient par l'ensevelissement solennel du dieu [5] : des rites nombreux s'y observaient, parmi lesquels un sacrifice des morts [6]. A Alexandrie,

[1] Lucian. de Dea Syr., § 6 sqq.
[2] Theocrit. XV, 131 sqq.
[3] Lucian., *ubi supra*.
[4] Ἀδωνιασμός, Aristoph. Lysistr. 387. — Ἀδωνίδια, et chez les Mariandyniens, en Asie-Mineure, ἀδωνιμαοιδός, s'il faut lire ainsi dans Pollux, Onomast. IV, 7 *ibi* interpret.
[5] De là l'idée de Vénus, surnommée ἐπιτύμβια (auprès du tombeau). *Voy*. Visconti dans le Musée Pio-Clément., tom. IV, tab. 35. *Conf.* deux sujets relatifs à la mort d'Adonis, indiqués dans la note 5, fin du vol., avec renvoi aux planches.
[6] Appelé Καθέδρα. Lucian. *l. l.*; Hesych. *s. v.*

le jour qui suivait la fête d'allégresse, on portait de grand matin, en procession, la statue d'Adonis jusqu'au rivage, et on la précipitait dans les flots de la mer, divinité ennemie, selon la croyance des Égyptiens [1]. Ce n'est qu'en lisant Théocrite que l'on peut se faire une idée de la magnificence qui environnait la fête de joie. On y remarque surtout la description du lit de repos d'Adonis, autour duquel se pressaient une multitude d'emblèmes destinés, la plupart, à exprimer l'influence du soleil sur la végétation et sur la vie physique en général [2]. Un des symboles les plus significatifs de ce genre, c'étaient les fameux *Jardins d'Adonis* [3], vases d'argile ou corbeilles d'argent remplies de terre, dans lesquelles, vers le temps de la fête, l'on semait du froment, du fenouil, de la laitue, et quelques autres graines, qui, par l'effet d'une chaleur concentrée, couvraient la terre de pousses vertes en huit jours. Le développement rapide des germes et de cette fraîche verdure, qui se fane et se flétrit non moins rapidement, tel était le spectacle offert à la pensée, non sans dessein, dans ces jours de plaisirs. Ce symbole devint, dans la langue grecque, un proverbe auquel on trouve déjà des allusions chez Platon et chez Euripide, et qui fut en vogue jusque vers les

---

[1] Theocrit. XV, 132 sqq., *ibique* Scholiast. *Conf.* tom. Ier, p. 419.
[2] Theocrit., *ibid. v.* 112 sqq.
[3] Κῆποι Ἀδώνιδος. *Voy*. Platon. Phædr., p. 99, Bekker., *ibi* Hermias, p. 202, et le scholiaste de Ruhnkenius, p. 68; les interprètes de Théocrite, *l. l.*, et Bast, Lettre critique, p. 154. Sur les proverbes mentionnés plus bas, Wyttenbach ad Plutarch. de Sera Num. Vind., p. 79; Eustath. ad Odyss. XI, p. 1701; Eudocia in Violar. s. v. *Conf.* Sainte-Croix, Rech. II, p. 117 sqq.

derniers temps, pour exprimer une jouissance instantanée et des idées analogues. « Les arbres de Tantale » formaient un proverbe opposé, exprimant le tourment perpétuel d'un espoir perpétuellement déçu. Les Grecs donnent encore des raisons toutes physiques ou physiquement symboliques du choix des plantes dont se composaient les jardins d'Adonis. Ainsi la laitue en faisait partie, à cause de son influence fâcheuse sur la puissance génératrice [1], ce qui nous ramène à l'idée fondamentale et toute physique elle-même du mythe que nous devons analyser.

Les anciens nous ont indiqué l'idée-mère du mythe d'Adonis par cette remarque bien simple, c'est que Vénus désigne l'hémisphère supérieur, et Proserpine l'hémisphère inférieur. Quand le soleil ou Adonis parcourt les six signes inférieurs du zodiaque, il est sous l'empire de Proserpine; à son retour aux signes supérieurs, il se trouve dans celui de Vénus. De là la décision de Jupiter, que nous avons vue plus haut [2]. De même on disait en Égypte, d'Osiris ravi à son Isis, qu'il reposait dans les bras de Nephthys. Le sanglier qui fait périr Adonis est l'hiver : l'âpreté de cette saison trouve une image naturelle dans l'animal hérissé, qui d'ailleurs se nourrit de ses fruits. Dupuis donne aussi à la fable d'Adonis un sens astronomique, quelque peu différent.

---

[1] Callimach. ap. Athenæum, II, cap. 80, p. 69, 267 Schweigh., et bi Casaubon. La laitue était spécialement consacrée à Adonis, et passait pour une plante funèbre. De là Ἀδωνὶς ἡ θρίδαξ, comme il faut lire dans Hésychius, voy. Ἀδων., p. 102, Alberti, et comme on lit en effet dans le fragm. Etymolog. inscr. Leidens., sous le même mot.

[2] Macrob. Saturn. I, 21. Conf. ci-dessus, p. 46.

Pour lui, Astarté est la planète de Vénus; suivant les idées des anciens, le soleil passe, chaque année, dans l'hémisphère supérieur, lorsqu'il entre au signe du taureau, lieu de l'exaltation de la lune, et domicile de la planète de Vénus; en hiver, il passe dans l'hémisphère inférieur, en quittant le signe de la balance, autre domicile de cette planète. Ainsi, les limites de la course solaire appartiennent également à Vénus, épouse d'Adonis. Mais quand le soleil abandonne l'hémisphère supérieur, il entre dans le scorpion, domicile de Mars, et qui a pour paranatellon le sanglier d'Érymanthe : c'est Mars qui envoie le fatal sanglier [1]. Dans la diversité de ces interprétations, l'idée fondamentale demeure identique; Adonis est toujours le soleil, et le même qu'Osiris. Mais est-ce là tout? et Adonis aussi bien qu'Osiris est-il seulement le soleil? Ici encore les anciens viennent à notre secours, et quelque récens que soient leurs témoignages, ils sont cependant très-positifs et exprimés dans un langage qui respire l'esprit des cultes de la haute antiquité. D'ailleurs, comment trouver des éclaircissemens antérieurs sur ce sujet, quand les idées dont il s'agit étaient enveloppées sous le voile des mystères? « Adonis, dit Ammien Marcellin, est un sym-

---

[1] Dupuis, Origine des cultes, liv. III, ch. 12, tom. II, 1, p. 158 sqq., édit. in-4°. — Dupuis, après avoir hésité long-temps entre la planète de Vénus et la lune, souvent confondues dans les personifications mythologiques, finit par renoncer à sa première opinion en ce qui concerne Astarté, et se détermine à voir exclusivement la lune dans cette Vénus, amante d'Adonis, qui lui paraît identique avec Isis, portant comme elle les cornes du taureau sur sa tête. *Conf.* nos notes 3 et 12 sur ce livre, à la fin du vol. (J. D. G.)

bole des fruits de la terre parvenus à leur maturité, selon ce qu'enseignent les religions mystiques [1]. » Le savant scholiaste de Théocrite complète cette explication, lorsqu'il ajoute que cet être symbolique figure le blé en général, lequel étant resté pendant six mois caché dans le sein de la terre, reparaît à la lumière du monde supérieur [2].

Nous avons donc dans Adonis une incarnation du soleil, considéré principalement dans un état de passion et de souffrance, qui, sous un point de vue astronomique, se rapporte à l'espèce de vicissitude que cet astre semble subir, et, sous un point de vue terrestre, exprime les métamorphoses que la semence parcourt jusqu'à sa maturité. Par suite de la même idée, Adonis, actif et passif à la fois, fut regardé comme androgyne, avec prépondérance du sexe masculin. C'est ainsi que le concevaient les Orphiques, l'appelant fille et garçon; car, disaient-ils dans leur langage mystique, Adonis prête à Apollon le service de femme, et celui d'homme

---

[1] Ammian. Marcellin. XIX, 1. *Conf.* Porphyr. ap. Euseb. Præpar. ev. III, 11, p. 110 sq., et *ci-après*, p. 70.

[2] Schol. Theocr., III, 48. — A ces diverses interprétations calendaires ou agraires, il faut comparer celles que nous a conservées Jean le Lydien, p. 88, éd. de Schow. Suivant les uns, Adonis était le mois de mai, le printemps, tué par l'été ou par Mars, sous la figure d'un porc, animal d'une nature ardente; selon d'autres, Adonis était le blé, Mars le porc. Cet animal, en effet, est funeste aux biens de la terre; le taureau, au contraire, leur est propice et les conserve. Le même auteur ajoute, p. 92, que le deux avril on immolait à Vénus des porcs sauvages, en mémoire de la mort d'Adonis, causée par un de ces animaux.

à Aphrodite [1]. La Proserpine des mystères d'Eleusis, et en partie la Libera des mystères de Bacchus, sont des conceptions analogues, comme nous le verrons dans nos livres subséquens. Ce qu'exprimait ici l'union des deux sexes était représenté là par une puissance femelle particulière, et Proserpine avait absolument le même sort qu'Adonis. Le génie androgyne des Libéralies rappelait d'ailleurs l'androgyne oriental. Tel est, en effet, le vrai caractère d'Adonis; et ce qui concourt à le prouver, c'est cette mollesse, cette douceur, ce je ne sais quoi de tendre et d'efféminé qui respire dans tout son culte. Aussi sont-ce des femmes qui pleurent sur le Phénicien Gingras, au son lamentable de la flûte appelée du même nom. Des plantes et des fleurs aux feuilles pendantes, aux voluptueux parfums, des fruits suaves, des cheveux épars, des têtes languissamment penchées, décorent la pompe de l'amant infortuné d'Aphrodite, de celui dont les seules eaux du Cocyte peuvent laver les blessures [2]; de cet astre resplendissant de jeunesse et de beauté, parvenu au plus haut de sa course, mais tout d'un coup précipité dans les sombres demeures. La même empreinte d'une molle douleur se

---

[1] Hymn. Orph. LVI (55), 4. Ptolemæus Hephæstion ap. Photium (Historiæ poet. script., p. 306, ed. Gale). — On trouvera plus loin, à la fin de l'article d'Attis, une autre interprétation mystique, plus élevée et plus générale, suivant laquelle Adonis s'identifiant soit avec Osiris, soit avec Attis, serait le même que le dieu Æon, se rattacherait à la lune, et deviendrait une espèce de Démiurge inférieur (p. 72, n. 1).

[2] Vers d'Euphorion dans son Hyacinthe (ap. Ptolem. Hephæstion., *ibid.*).

retrouve encore dans les chants que plusieurs poëtes grecs ont consacrés à Adonis, et notamment dans celui de Bion [1].

Byblus, la patrie d'Adonis, était située sur un fleuve du même nom que le dieu [2], et ce fleuve, par un phénomène périodique, paraît avoir donné naissance au mythe spécial de la mort d'Adonis. Tous les ans, à une époque déterminée, ses eaux se coloraient en rouge, et rougissaient même, assez loin de leur embouchure, la mer qui les recevait [3]. C'était à cette même époque que, suivant la tradition du peuple de Byblus, Adonis avait péri sur le Liban, où le fleuve prend sa source, par la dent du sanglier. Ainsi, pareil encore en ce point à l'Osiris d'Égypte, le Phénicien Adonis était le soleil aux cieux, et sur la terre un fleuve, dont certains accidents semblaient correspondre aux révolutions de l'astre du jour. De même Astarté, son épouse, qui pleure sa mort, et donne aux femmes l'exemple du deuil sacré, figurait tantôt comme la lune, tantôt comme la terre, quelquefois comme la planète de Vénus, en rapport avec l'une et avec l'autre.

Le ton lugubre des Adonies devait peu plaire à l'imagination des Grecs, dont les fêtes, à l'exception d'une ou deux également d'origine étrangère, avaient un caractère fort différent. Aussi ce culte trouva-t-il en Grèce

---

[1] Idyll. I, *passim*.
[2] Nonni Dionysiac. III, 109.
[3] Lucian. de Dea Syr., § 8. — Ce phénomène naturel se produit encore aujourd'hui, comme l'assure un témoin oculaire. *Voy.* Maundrell, Voyage d'Alep à Jérusalem, p. 34 (Paulus *Sammlung oriental. Reisen*, I, 47).

une vive et longue opposition. Le scholiaste de Théocrite en cite une preuve qui jette un jour précieux sur l'histoire des antiques sectes religieuses. Hercule, dit-il, vit à Dium en Macédoine une multitude qui revenait de la fête d'Adonis, et il s'écria avec indignation : « Je ne connais pas plus une solennité de ce nom qu'un Adonis parmi les dieux [1]. » Or, cet Hercule était le descendant de Persée, que nous verrons lui-même combattre les divinités phéniciennes, et que nous retrouverons en hostilité avec le Dionysus indo-égyptien.

La sensibilité fortement exaltée dans les fêtes d'Adonis, et cette molle tristesse qui y dominait, ne pouvaient manquer de s'y allier à la volupté et à la luxure. Nous en avons vu un exemple dans la sensuelle offrande que les femmes faisaient à l'Astarté de Byblus aussi bien qu'à la Mylitta de Babylone. Nous ne devons donc pas nous étonner de trouver maintenant Priape s'introduisant dans le mythe d'Adonis. On donnait au dieu de Lampsaque diverses généalogies, entre lesquelles une bien remarquable. Dionysus, partant pour l'Inde, avait eu commerce avec Aphrodite. Celle-ci, durant son absence, épouse Adonis, et de cette double union naît le difforme Priape [2]. Ici encore nous

---

[1] Schol. Theocrit. V, 21. Conf. Hesych. et Suidas v. οὐδὲν ἱερόν.
[2] Schol. Apollon. Rhod. I, 932 (coll. Schol. Paris., p. 74 sqq.); Etymolog. M. v. Ἀβαρνίδος; Biblioth. crit. II, 7, p. 13. — M. Hug considère Priape, gardien des jardins et des vergers, comme une espèce de caricature d'Adonis ; du reste il lui donne, ainsi que M. Creuzer, une origine phénicienne. On peut voir le développement de son idée dans la note 5, déjà citée, sur ce livre.

(J. D. G.)

voyons les religions de la Phénicie entachées de ce culte du phallus, originaire de la Haute-Asie; de ce priapisme de l'Inde, propre au sivaïsme. Nous reviendrons plus d'une fois, dans la suite, sur le Priape de l'Asie antérieure et de la Grèce [1].

III. Mythe de Cybèle et Attis, analogue au précédent.

Sur les montagnes de la Phrygie naquit un culte qui présente tout à la fois de grands rapports pour le fond, et d'assez frappantes différences pour l'esprit et la forme, avec la plupart des cultes de la Syrie et de la Phénicie, particulièrement avec celui dont nous venons d'achever le tableau. Ce culte envahit tout le monde ancien, et vint établir son siége dans la métropole de ce monde, dans la puissante Rome. Mais Pessinunte fut le lieu choisi où tomba du ciel même, dans des temps antérieurs, si l'on en croit la tradition, l'idole sacrée des Phrygiens. C'est du moins dans ce merveilleux événement que les Grecs cherchaient l'étymologie du nom de cette ville sainte [2]. De leur côté, les monts de la Phrygie prétendirent tous à l'honneur de nommer la *bonne mère des montagnes* : le Dindyme, le Pessinunte, le Bérécynthe et le Sipyle lui donnèrent autant d'épithètes. Mais son nom le plus général, celui sous lequel elle fut connue des Grecs, lui vint du *Cybelus* [3].

---

[1] *Voy.* tom. III, particulièrement liv. VII, chapitre de l'Amour et Psyché, introduction.

[2] Ἐκ τοῦ πεσόντος ἀγάλματος ἐξ οὐρανοῦ, Herodian., I, 35.

[3] Κύϐελος, Κύϐελλα, Κύϐελα. *V.* Hemsterh. ad Lucian. judic. Vocal., tom. I, p. 308 sq. Bip., p. 90 ed. Hemst.; Strab. X, p. 469, XII,

Les Phrygiens se regardaient comme le plus ancien peuple de la terre [1], et nul doute que cette religion des montagnes ne remontât chez eux à la plus haute antiquité. Aussi la grande mère, *Ma*, passait-elle pour avoir élevé ses premiers adorateurs de la stupidité des animaux à l'intelligence des hommes. Les Grecs néanmoins, dans leur orgueil généalogique, fixaient à la soixante-dix-septième année de l'ère attique, 297 ans avant la prise de Troie, sous le roi Erichthonius, l'époque où avait apparu, sur le mont Cybélus, l'image de la mère des dieux, où le Phrygien Hyagnis avait inventé à Célènes la flûte et le mode phrygien [2]. Quoi qu'il en soit, une montagne de la Phrygie fut le berceau d'un des cultes les plus répandus, surtout vers l'occident; l'Asie-Mineure tout entière l'adopta de bonne heure; les villes les plus opulentes, Smyrne, Magnésie, et d'autres, en perpétuèrent le souvenir sur leurs monnaies; et les Romains, maîtres du monde, l'accueillirent en lui conférant les plus notables priviléges [3].

C'est aux Grecs et aux Romains que nous devons exclusivement nos lumières sur la religion phrygienne, dont les antiques institutions subsistaient encore, au moins en souvenir, à l'époque tardive où ils nous en parlent. La grande ville commerçante de Pessinunte avait un temple auquel tenaient de riches domaines, qui

---

p. 567 Casaub., p. 182 et *ibi* Tzschucke. Sur les autres noms et surnoms de Cybèle, *conf.* Moser ad Nonni Dionys., p. 229 sq.

[1] Herodot. II, 2.
[2] Marmor. Oxon. Epoch. X. *Conf.* Marsham Canon chron., p. 135.
[3] Ulpian. post Cod. Theodos., p. 92.

servaient à l'entretien de prêtres jadis rois. Au siècle d'Auguste, il est vrai, cette antique caste sacerdotale était en décadence. Cependant il n'y avait pas bien long-temps que les rois de Pergame avaient rebâti le temple de Pessinunte, avec une magnificence digne de sa vieille et sainte renommée [1]. Les colléges de prêtres étaient encore fort nombreux en divers autres lieux de la Phrygie; à Cotyæum, par exemple, il y avait un grand-prêtre dont les médailles de cette ville font foi [2].

A la grande *Cybèle* fut associé *Attis*, *Attes* ou *Atys* [3], et les rapports de cet être mâle avec la déesse déterminèrent les formes de son culte. Les deux périodes essentielles de sa fête dépendaient d'Attis perdu et retrouvé. Cette fête commençait avec le printemps, par un jour de deuil fixé au 21 mars. Ce jour-là on enlevait le pin au milieu duquel était suspendue l'image d'Attis, et on le transplantait dans le temple de la déesse. Et le jour et l'acte symbolique qui s'y passait étaient désignés par une même formule : *L'arbre fait son entrée* [4].

---

[1] Strab. XII, *ubi sup*. La mère des dieux y était adorée sous le nom d'*Agdistis. Conf.* tom. Ier, p. 371 sq., et *ci-après*, p. 65.

[2] Frœlich Tentamen nummor., p. 340.

[3] *Voy*., sur les différentes formes de ce nom, Hemsterhuis et Grævius sur Lucien, tom. II, p. 283, IX, p. 382.

[4] *Arbor intrat*. Plin. H. N. XVI, 10, 15; Arnob. adv. Gentes V, p. 72. Sainte-Croix, Recherches, etc., tom. I, p. 85, rappelle ici avec raison le mythe d'Osiris et de Typhon, source probable de cette coutume sacrée (*conf.* tom. Ier de cet ouvrage, p. 390 sqq.). Il en existait une semblable à Hiérapolis : chaque printemps on portait des arbres dans l'avant-cour ou le vestibule du temple de la déesse de Syrie, du reste si rapprochée de Cybèle, et on les y brûlait. (Lucian. de D. S., tom. IX, p. 126 Bip., et *ci-dessus*, p. 26 sqq.)

Le second jour, on formait une sauvage harmonie en soufflant dans des cornes. Une pareille coutume se remarque dans l'histoire des Israélites. En Phrygie, les cornes étaient consacrées à la lune; leur forme recourbée rappelait son croissant, et leur son grave et sourd [1] inspirait des sentimens conformes à l'esprit de cette journée, à la fois morne et pleine d'espérance.

Le troisième jour Attis était retrouvé, et la joie de cette découverte emportait au delà de toutes bornes les ames long-temps contenues; cette joie fanatique allait jusqu'à la rage, jusqu'à des actes sanglans. Le son retentissant des tambours et des cymbales, des fifres et des cornets, accompagnait les danses enthousiastes de prêtres armés [2], qui, portant des torches de pin et les cheveux épars, couraient avec des cris sauvages à travers montagnes et vallées, et se blessaient mutuellement bras et jambes [3]. C'était dans d'autres cérémonies et en un sens différent qu'avait lieu la mutilation qui rendait ces prêtres eunuques. Alors l'organe viril lui-même, et non pas comme ailleurs le phallus symbo-

---

[1] Aristides Quintilianus de Musica, III, p. 147. *Conf.* Hemsterh. ad Lucian. II, 281.

[2] Sur les danses en l'honneur des dieux, *voy.* Rosenmüller *alt. u. n. Morgenl.* II, n° 229, p. 18 sqq., et IV, n° 816, p. 42. La musique phrygienne avait ses inventeurs mystiques, Hyagnis, Marsyas, Olympus, auxquels était rapporté le mode dit *phrygien. Conf.* Aristot. Polit. VIII, 5; Forkels *Gesch. der Musik*, I, p. 114.

[3] De même les prêtres de Baal à Samarie (Reg. I (III), cap. XVIII, 28), et bien d'autres dans l'antiquité comme dans l'Orient moderne. *Conf.* Rosenmüller, *lib. l.*, III, n° 612, p. 189 sqq. Ici vient naturellement se rapprocher le tableau qui a été fait plus haut, p. 29 sq. du culte et du sacerdoce de la déesse de Syrie.

lique, était porté en procession. Cette castration avait trait à la force productrice de la nature, qui semble périr en hiver. Vraisemblablement les prêtres de Cybèle n'y furent point partout également soumis; à Rome du moins le grand-prêtre ou l'archigallus paraît avoir été seul eunuque, et sans doute il en était de même primitivement en Phrygie [1].

Les prêtres de Cybèle avaient différens noms, dont le plus ancien et le plus général, emprunté de la déesse elle-même, fut, selon toute apparence, celui de *Cybèbes* [2]. Les danses armées qu'ils formaient en l'honneur de la déesse les firent appeler *Corybantes*, ou branleurs de tête; puis lorsque Cybèle eut été identifiée avec Rhéa, on confondit les Corybantes avec les prêtres-danseurs, armés aussi, de l'île de Crète, les Curètes, et même avec les Dactyles du mont Ida [3]. Le nom de *Curètes* une fois transplanté dans la Phrygie, l'esprit subtil des Grecs chercha à l'expliquer par une coutume des prêtres de Cybèle, qui, dans les processions de la déesse, por-

---

[1] *Conf.* Sainte-Croix, *l. l.*, I, p. 82.

[2] Κύϐηϐοι. Ainsi les appelait déjà le comique Cratinus (ap. Photii Lex. *s. v.* Simonide y est cité également; *conf.* Ruhnken. ad Tim., p. 10 sqq.). La déesse se nommait Κυϐήϐη, Κυϐήλη et Κυϐέλη. Hesych. II, p. 364 sq. et *ibi* Alberti; Fischer ad Anacreont. XIII, 1. Eustathe ad Odyss. II, 16, p. 76, Bas., dérive Κυϐήϐη de κυφός, *courbé*.

[3] *Voy.* le passage important de Strabon, X, p. 466 sqq., 473, Cas. *Conf.* Bœttiger, *Vorlesungen über die Kunstmythologie*, p. 51, 55 sq. (maintenant *Ideen zur Kunstmythologie*, I, 1826, p. 278 sqq.). — Sur les sens divers du mot Κορυϐαντιᾷν, Ruhnken. ad Tim., p. 163; Sainte-Croix, p. 80, avec la note de M. Silvestre de Sacy, où il est établi d'une manière trop absolue que ce verbe renferme toujours l'idée d'une agitation surnaturelle, d'une fureur divine, vraie ou simulée.

taient quelquefois des vêtemens de femme, et figuraient ainsi des jeunes filles (*koræ*, *kouræ*). Quelque fausse que soit cette étymologie, elle a, comme il arrive souvent, le mérite d'avoir conservé la trace d'un fait précieux, et d'un des traits caractéristiques du culte dont il s'agit, trait que nous retrouverons, au reste, dans d'autres religions de l'Asie antérieure, et qui revient pour le sens à la castration [1]. Comme castrats, les prêtres de la grande déesse prenaient, dans la langue de la Haute-Phrygie, le nom de *Galli* ou *Galles*, qui, peut-être local dans l'origine, s'étendit bientôt à tous les eunuques sacrés de Cybèle, et même à ceux d'autres divinités [2]. Les hymnes orgiastiques des Galles s'appelaient *galliambes*. Catulle et quelques autres nous ont laissé des imitations du mètre grave qui leur était propre, et se trouvait parfaitement en accord avec le fond de ces chants religieux [3].

[1] *Voy.* l'article suivant de ce chapitre, p. 86.
[2] D'après Thomas Magister, au mot βάκηλος, celui de Γάλλος était Bithynien. (*Conf.* Te Water, ad Jablonski Opusc. de ling. Lycaon., p. 113.) Quelques-uns le font dériver du fleuve phrygien Gallus, par exemple, Hérodien, I, 11, 7, p. 436 sqq., éd. Irmisch.
[3] *Voy.* Catull. LXIII. *Conf.* Mureti Comment. in Catull., tom. II, p. 810, ed. Ruhnken. — Nous n'ignorons pas qu'un profond érudit, Van Dale (Dissert. de antiquit. et marmorib., p. 139 sqq., et p. 793 sq. Amstel. 1702), a révoqué en doute que les Galles ou les eunuques volontaires consacrés à Cybèle fussent les véritables prêtres de la déesse. Il cherche à prouver que ceux-ci, aussi bien que les prêtresses, étaient mariés, et s'appelaient *Tauroboli* ou *Taurobolini*. Les Galles auraient été, suivant lui, des laïques fanatiques, qui, dans l'excès d'une piété portée jusqu'à l'extase, se mutilaient eux-mêmes pour se soustraire au monde, et se dévouer tout entiers à la vie religieuse. L'argumentation du savant hollandais repose en grande partie sur le passage d'Hérodien, cité dans la note précédente, et où

Quand le culte de Cybèle vint à se répandre au dehors, les prêtres qui le célébraient commencèrent à être mieux connus dans la Grèce, mais ce ne fut pas toujours sous l'aspect le plus favorable. On les voyait, dans un misérable équipage, parcourir le pays sur un âne, et ramasser de porte en porte l'argent qu'ils mendiaient au nom de la déesse, ce qui leur valut le nom de *Métragyrtes* [1]. Leurs penchans bas, leurs mœurs souvent odieuses, les firent tomber dans le dernier mépris, comme on peut en juger par les discours de Démosthène. Les Romains aussi connurent ces prêtres-mendians, rebut de leur ordre, et qu'il faut bien se garder de confondre avec les vrais Galles, nom devenu générique, sans rapport direct à la castration. Ceux-ci reçurent à Rome une existence politique en vertu de la loi des Douze-Tables [2].

se trouvent ces mots, appliqués aux Galles, οἱ τῇ θεῷ ἱερωμένοι, lesquels, à son avis, doivent se traduire simplement *Deæ sacri* ou *sacrati*, et n'emportent en aucune manière l'idée du sacerdoce. Cette opinion a contre elle, sans compter d'autres raisons, les nombreux rapprochemens extraits par Irmisch, soit d'Hérodien lui-même, soit d'autres auteurs. Ruhnken, de son côté (ad Tim., p. 10), n'a pas balancé à qualifier les Galles *sacerdotes matris deûm*; et, dans la citation qu'il fait de Manéthon (Apotelesm. VI, 297, 538), ces prêtres mendians, du moins, dont nous allons parler, sont représentés comme eunuques.

[1] Μητραγύρται, et aussi Μηναγύρται, c'est-à-dire prêtres-quêteurs de Μήνη ou de Μήν (*ci-après*, art. IV, p. 82 sqq.). Outre la mère des dieux, plusieurs divinités avaient des quêteurs (ἀγύρται de ἀγείρειν) semblables (*conf.* Ruhnken. ad Tim., p. 10 sq., et Porsoni Adversaria, p. 129, p. 109, ed. Lips.). Antiphanes, chez Athénée, V, p. 226, p. 371, Schweigh., traite ainsi les premiers dans son *Misoponeros*: « Après les quêteurs de la mère des dieux, par Jupiter, c'est de beaucoup la plus détestable race que je connaisse. »

[2] Cic. de Leg. II, 9, et *ibi* interpret.

Le culte phrygien ayant ainsi pénétré dans la Grèce, ayant été adopté à Rome, les Grecs et les Romains se mirent à développer les idées qu'ils s'en faisaient dans une foule de mythes, d'esprit et de sens très-divers. Il frappa d'abord l'attention des Ioniens, voisins de la Phrygie, et qui les premiers entre les Grecs écrivirent l'histoire. Bientôt vinrent les poëtes, qui contribuèrent principalement à identifier la Rhéa du système crétois avec la phrygienne Cybèle. Telle fut la coutume dominante jusqu'à l'élégiaque Hermesianax, jusqu'aux chantres romains Lucrèce et Catulle, même jusqu'au siècle d'Apulée, où l'on commença, il est vrai, à faire ressortir le fond significatif des divers mythes. Parmi les logographes ioniens, plus à portée de nous transmettre les traditions indigènes de la Phrygie, notre principal auteur est Xanthus, antérieur à Hérodote. Xanthus, Lydien de nation, et historien de son pays, avait dû s'occuper de la religion de Cybèle, commune à la Lydie et à la Phrygie, d'autant mieux que le nom d'*Atys* figurait dans les dynasties royales de la première de ces contrées. Il est probable que Diodore et Pausanias, qui nous ont conservé un petit nombre de mythes phrygiens, n'ont fait que suivre les récits de l'antique Xanthus [1]. Diodore donnant, suivant son usage, à la mythologie une couleur toute historique, nous raconte comment le roi phrygien Méon fit jadis exposer sur le mont Cybélus la fille que lui avait donnée son épouse Dindymène. Nourrie miraculeusement par les hôtes des forêts, cet enfant devint, avec le temps, la bonne mère des montagnes, nom que

[1] *Voy.* Creuzer. fragm. historic. Græcor. antiquissim., p. 147.

lui mérita l'invention des fifres et des tambours, et la découverte des remèdes pour les maladies des hommes et pour celles des troupeaux. Marsyas, son serviteur, avait été jusque-là le gardien fidèle de sa chasteté; mais, de retour au palais de son père, s'étant laissé séduire par Attis, elle vit périr son amant victime de la colère paternelle. Elle s'enfuit, avec son fidèle Marsyas, jusqu'à Nysa, où ils trouvèrent, avec Dionysus, Apollon qui vainquit Marsyas au combat de la musique, le punit de son fol orgueil par une mort cruelle, puis, épris d'amour pour Cybèle, s'enfonça avec elle jusque dans le pays des Hyperboréens. Cependant la Phrygie, abandonnée par la déesse, resta en proie à une famine affreuse, tant qu'enfin les habitans, sur la réponse d'un oracle, sculptèrent une statue d'Attis, et, conduits par Midas, instituèrent à Pessinunte un culte religieux en l'honneur du jeune amant de Cybèle [1].

Dans ce récit, en apparence historique, maint trait se rapporte évidemment à l'adoration de la nature. On y découvre un culte primitif des montagnes, approprié aux mœurs de tribus pastorales, qui se représentent leurs principales divinités comme bienfaitrices de leurs troupeaux, et inventrices d'une rustique harmonie. C'est Attis, le père par excellence, *Papas*, dans la langue de Bithynie; c'est avec lui *Ma*, la grande mère, la mère des montagnes, et en même temps celle des troupeaux [2].

---

[1] Diodor. Sic. III, 58 sqq.

[2] Μᾶ veut dire à la fois, en phrygien, *mère* et *brebis* : Hesych. *s. v.* Μᾶ γᾶ, dans Eschyle, Suppl. 890, 899 Schütz. — Ἀμμάς, également donné par Hésychius, est le même nom. (J. D. G.)

Le célibat de Marsyas, cet être merveilleux entièrement voué à la musique, est encore fort remarquable, et nous rappelle que le prêtre, même dans ces vieilles religions fondées sur le culte simple de la nature, observa souvent la continence [1]. Il faut aussi noter la présence d'Apollon et le combat de la flûte avec la lyre, le voyage de ce dieu au pays des Hyperboréens, le rapport du culte de Cybèle avec les contrées du Caucase, tous faits que nous développerons dans la suite.

Mais ce qu'a négligé Diodore, et ce qu'il importe ici de rechercher, c'est le point fondamental et tout physique de la croyance phrygienne. Pausanias nous met sur la voie, d'après les traditions nationales [2]. Jupiter, est-il dit, laissa, dans son sommeil, couler sa semence sur la terre; un génie en naquit, possédant les deux sexes, et qui fut nommé *Agdistis* [3]. Les dieux le virent avec effroi, et lui retranchèrent l'organe viril, d'où prit naissance un amandier. Quand ses fruits eurent mûri, la fille du fleuve Sangarius [4] en mit un dans son sein; le

---

[1] *Conf.* tom. Ier, p. 93 et 227.

[2] Pausan. VII, Achaïc., 17.

[3] Ou *Agdestis. Conf.* Hesych. *s. v., ibi* Alberti; Strab. X, p. 469, avec la correction de Casaubon. Les Phrygiens parlaient aussi d'un dieu androgyne sous le nom d'*Adagoüs*. Hesych. *s. v.* Conf. Jablonski de ling. Lycaon., Opusc., p. 64; Arnob. adv. G. V, 4, *ib.* Interpret., tom. II, p. 273 sqq., ed. Orellii et *ejusd.* append. ad Arnob., p. 58. — Nul doute qu'*Adagoüs* et *Agdestis* ou *Agdistis* ne soient une même divinité, et ne se confondent dans Cybèle, adorée sous ce dernier nom à Pessinonte, scène de la tradition toute orientale et toute phrygienne, rapportée dans Pausanias.   (J. D. G.)

[4] Ou *Sagarius*. Hesych. vol. II, p. 1135 Alb.; Schol. Apollon. Rhod. II, 724; Jablonski, *l. l.*, p. 75, et Xanth. Lyd. in Creuzer. fragm. Histor., p. 173. Chez Arnobe cette jeune fille est appelée *Nana*.

fruit disparut, mais la jeune fille devint grosse et donna le jour à un fils, Attis, qu'elle exposa. Ce fils, nourri par une chèvre, fut un jeune homme d'une beauté divine, qui alluma dans le cœur d'Agdistis une violente passion. Sur le point d'être uni à la fille du roi, et comme déjà on chantait l'hyménée, tout à coup Agdistis se présente, et jette Attis dans un transport furieux. Lui et le roi se mutilent de leurs propres mains; mais, à la prière d'Agdistis repentant, Jupiter accorda à chaque partie du corps d'Attis une éternelle incorruptibilité. Les poëtes avaient présenté ce mythe avec des circonstances fort diverses. C'est ainsi que, suivant l'élégiaque Hermesianax [1], Attis était venu au jour privé de la faculté génératrice, et avait péri sous la dent d'un sanglier. Ce dernier trait rappelle le mythe d'Adonis, tout à fait analogue à celui que nous examinons. Dans Arnobe [2], Dionysus mutile Attis, dont l'organe viril est changé en grenadier. L'on voit ici la tradition phrygienne se mariant aux mystères de Cérès et de Bacchus [3]. Un autre rapport avec la théogonie grecque se trouve dans un récit sur le mont Agdus, rocher gigantesque de la Phrygie, d'où auraient été prises les pierres que Deucalion et Pyrrha jetèrent pour faire naître les premiers hommes [4].

[1] Ap. Pausan. *l. l.*
[2] Adv. Gentes, V, p. 159.
[3] Non loin du fleuve Sangarius était un temple de Cérès, *déesse des montagnes.* Xanth. Lyd. ap. Schol. Apollon., et in Creuz. fragm. *l. l.*
[4] Arnob. *lib. laud.*, p. 158. — C'est de ce même *Agdus*, fécondé par Jupiter, qu'était né *Agdestis*, comme le héros Diorphus de la montagne du même nom, fécondée par Mithras. Il pourrait bien y avoir en effet un lien réel et antique entre ces mythes phrygiens et les religions persanes du Caucase. *Confér.* tom. Ier, p. 371 sq.

Il résulte de ce récit un fait tout au moins, c'est que les hautes montagnes de la Phrygie passaient, dans les souvenirs mythologiques, pour l'un des plus anciens établissemens des peuples de l'Asie-Mineure, qui y sacrifièrent de tout temps à la grande déesse de la nature.

Pour découvrir l'idée fondamentale de cette divinité et de son culte, il faut surtout apporter une grande attention aux rites essentiels et aux principaux symboles dont se composait ce culte, mélangé avec tant d'autres, par la suite des temps [1]. Ce qu'il y a de vraiment essentiel et d'original, soit dans les légendes que nous venons de parcourir, soit dans les monumens de l'art qui viennent à l'appui [2], ce sont les deux sexes, la privation de l'organe masculin, la mort du mâle, l'infidélité de l'amant, l'incorruptibilité accordée à tous les membres de son corps, le pin, l'amandier, le couple de lions qui accompagne la déesse, assise sur un trône, et la couronne de tours qui décore sa tête. Plusieurs de ces emblèmes sont propres à la religion phrygienne; d'autres, tels que le sanglier, la grenade, etc., lui sont communs avec des religions analogues. Déjà l'antiquité en avait ses explications, la plupart peu satisfaisantes. Varron et Lucrèce, par exemple, voyaient dans les lions un symbole de la nature la plus sauvage adoucie, du sol le plus ingrat cédant à la culture [3]. Le lion, ce roi des animaux, au sang enflammé, n'est-il pas bien plutôt un attribut tout simple de la reine de la nature, qui, de son feu puis-

---

[1] *Voy. ci-dessus*, p. 63, et *ci-après*, 70 sqq.
[2] *Confér.* nos planches LVII et LVIII.
[3] Varro ap. Augustin. de Civit. Dei, VII, 24; Lucret. II, 604 sqq.

sant pénètre toutes choses, et dompte tout ce qui a vie? Peut-être n'est-elle pas plus heureuse cette autre interprétation, qui, dans la posture de la déesse assise, ou portée sur un char, sans appui, trouve une allusion à la terre, reposant au centre du monde, d'après les idées anciennes, ou à cette même terre planant dans les libres espaces de l'air [1]. Cybèle est tout naturellement la grande mère, ayant son trône sur le sommet des montagnes, et de là abaissant ses bienfaisans regards sur les plaines et les vallées qui s'étendent à ses pieds; elle est assise comme le sont toutes les déesses matrones d'un ordre supérieur, et cette attitude exprime la majesté. Quant au sens symbolique des deux sexes, et à l'idée générale de l'androgyne, dans tous ces mythes physiques, nous nous en sommes déjà expliqués au commencement de ce livre, et nous y reviendrons plus d'une fois. La castration, comme nous l'avons indiqué plus haut, se rapporte à la végétation arrêtée par l'hiver. Le soleil, en hiver, descendu dans l'hémisphère inférieur [2], est privé

---

[1] Varro *ubi sup.*; Lucret. *ibid.* 601 sqq. J. Fr. Gronove défend la leçon *sedibus* au lieu de *sublīmem*, dans Lucrèce (*voy.* ses Observat., p. 356, ed. Platner), se fondant sur les paroles de Varron: *Quod sedes fingantur circa eam, cum omnia moveantur non moveri* (sc. *terram*). Mais dans Varron même il faut lire, sans aucun doute: *Quod sedens fingatur, circa eam* (terram) *cum*, etc. Ce dernier membre de phrase doit probablement son origine à un jeu de mots grec sur les noms Κυβήβη et κύβος, *cube*. Le mot κύβος, au reste, pourrait n'être point sans rapport, soit avec l'idée, soit avec la forme de la divinité qui nous occupe. Le *cube* est une image naturelle de la stabilité en général, et Cybèle paraît avoir été représentée dans les temps anciens sous la figure d'une pierre ronde ou cubique. — *Voy.* les éclaircissemens de la note 6, sur ce livre, à la fin du vol. (J. D. G.)

[2] Attis lui-même, suivant quelques anciens: Macrob. Saturn. I, 21.

de sa force génératrice; il la retrouve en remontant à l'hémisphère supérieur. Attis, incarnation du soleil, est lui-même le premier Galle; il en porte le nom; ses prêtres, par une mutilation volontaire, célèbrent l'époque de son abaissement et son état d'impuissance, suite et punition de son infidélité envers son amante. Mais, d'après l'ordre des dieux, aucun membre d'Attis ne saurait périr; et, chaque année, à son retour dans le monde supérieur, il célèbre de nouveau son union avec Cybèle. Ce retour, ce renouvellement de la puissance productrice et de la fécondité de la nature, donnaient lieu à toutes les démonstrations de la joie la plus sauvage, dans cette fête sauvage elle-même, que nous décrit Lucrèce [1]. La métamorphose de l'amande et la pomme de pin nous reportent à ces naïves images, par lesquelles un monde encore enfant figurait, avec la simplicité de la nature, les agens du grand œuvre de la génération, sans chercher aucun de ces détours qu'une imagination plus raffinée, mais plus corrompue, emploie pour faire deviner les mêmes choses en les plaçant dans une sorte de clair-obscur. Sans doute il y avait là aussi un secret pressentiment de cette gradation insensible qui unit entre eux les divers règnes de la nature : l'amandier qui produit un enfant, rappelle ces arabesques antiques, où des figures d'animaux naissent de plantes pour s'y confondre ensuite. Dans Attis retrouvé après avoir été perdu, les auteurs de ce culte s'étaient attachés particulièrement à représenter cette époque de l'année où le soleil, parvenu vers l'équinoxe du printemps, rentrait dans le monde supé-

[1] De rerum natura, II, 618 sqq.; trad. de Pongerville, I, p. 177 sqq.

rieur, suivant les idées de l'antiquité; en même temps ils voulaient exprimer par là cette puissance de la nature qui se manifeste dans la végétation reparaissant à la même époque. Le seul choix de la période où se célébrait la fête suffirait pour le prouver, et Porphyre, homme de l'Asie antérieure, nourri de ses religions, voyait en effet dans Attis la fraîcheur si douce aux yeux des fleurs printanières venant à éclore [1]. Cette manière trop étroite d'envisager l'androgyne phrygien repose sur une hypothèse propre à ce philosophe, qui établissait une succession entre plusieurs des antiques dieux de la nature, et rattachait immédiatement Adonis à Attis, considérant le premier comme un symbole des fruits et des plantes parvenus à leur maturité. Les interprétations astronomiques ont aussi leur côté vrai, quoiqu'elles veuillent lire exclusivement dans les astres tous les élémens dont se compose le mythe. Les lions de Cybèle, dit Dupuis, tirent leur origine du lion céleste, signe dans lequel le soleil (Attis), a son domicile. Près du fleuve céleste (Sangarius) paît la chèvre, qui allaita dans son enfance le fils exposé de la fille du fleuve [2]. Il était naturel, en effet, que le Phrygien, adorateur d'Attis, la nuit, sur ses montagnes, crût retrouver dans les constellations célestes l'histoire de ses divinités.

Les Grecs ayant identifié de bonne heure, ainsi que nous l'avons déjà remarqué, Cybèle et Rhéa, la mère des dieux, imaginèrent des interprétations toutes différentes.

---

[1] Porphyr. ap. Eusebium, Præpar. Ev. III, 11, p. 110 sq. *Confér.* ci-dessus, p. 52.

[2] Dupuis, Orig. des cultes IV, p. 230 sqq. (éd. in-8°?)

Quand on ne voudrait point admettre, avec Zoëga, que seulement alors Rhéa devint Gæa, la terre féconde, mère de toutes choses, il faudrait cependant reconnaître qu'ainsi fut ébauché le rapprochement de Rhéa et de Déméter ou Cérès, quoique ce rapprochement n'ait point été jusqu'à les confondre ensemble comme Cybèle, Rhéa et Gæa, Déméter se trouvant garantie dans la possession personnelle de ses droits et de ses attributions, par l'autorité des mystères institués en Attique. Sous le nom de la Grande-Mère, au contraire, furent presque toujours comprises les obscures déesses Rhéa et Gæa, et, bien que la théogonie grecque leur eût assigné des rangs distincts, qu'elles eussent des autels et des attributs propres, toutefois, dans la théorie, les attributions de Cybèle leur furent presque toujours transportées [1].

Qui voudrait blâmer ce mélange, cette fusion de cultes divers, s'il était prouvé qu'un sentiment plus droit et plus éclairé, qu'une piété plus sévère en fut le véritable principe? Les mystères sabaziens, qui prirent racine sur le sol de la Phrygie, comme on le verra plus tard, devinrent l'école où se forma une manière nouvelle et plus haute de concevoir l'antique religion de Cybèle. La terre-mère de l'ancienne croyance fut dès lors, sous un point de vue philosophique, la Nature, et Atys la puissance génératrice du grand démiurge, laquelle, dérivée des astres du ciel, se répand au sein de cette nature pour

---

[1] Zoëga *Bassirilievi ant. di Roma*, I, p. 48. — *Confér.* notre note 6, sur ce livre, fin du vol. — Pour Lucrèce, dans l'imposant tableau que ce poëte philosophe fait du culte de Cybèle, cette déesse est constamment *Tellus*, la terre féconde, la terre-mère divinisée.

la façonner d'après les types primitifs [1]. L'alliance du culte de Cybèle avec les Sabazies se montre non seulement chez les philosophes platoniciens, mais encore dans les poésies Orphiques, où l'histoire de Persephone et la naissance merveilleuse de Sabazius sont mêlées aux objets de la croyance phrygienne; où Hippa, la nourrice de Bacchus, célèbre avec lui sur le Tmolus de Lydie de solennelles réunions; où Cybèle, la déesse par excellence, est appelée fille de Protogonus [2]. Ici se rattache encore la description que cette même Cybèle fait, dans Apulée, de sa propre divinité [3]. On y trouve le même syncrétisme religieux qui se remarque dans certaines

[1] Julian. Orat. V, p. 316-322 ; *coll.* Sallust. de Diis et Mundo, c. 4, p. 250 in Opusc. Mythol. ed. Gale, p. 14 et *ibi* 84 sqq. Orelli.—Suivant Salluste, platonicien comme Julien, la naissance d'Attis sur les bords du fleuve Gallus, a rapport à l'élément humide; son amour pour une nymphe, à la descente de la force créatrice au sein de la sphère sublunaire, etc. Nous avons vu plus haut qu'Adonis, rapproché d'Osiris et d'Attis, dans les mystères aussi bien que dans les conceptions des philosophes, se présentait sous un aspect cosmogonique absolument semblable (*ci-dessus*, p. 53, n. 1). C'est ici le lieu d'en donner les preuves. Osiris et Adonis identifiés, étaient adorés par les Alexandrins dans une seule et même image, appelée celle d'*Æon*, ou de l'éternel créateur (Photii Biblioth., p. 1050, et Suidas *v.* Διαγνώμων et Ἡραΐσκος). D'un autre côté, Attis et Adonis, et sans aucun doute Osiris avec eux, étaient, comme auteurs de la création se développant dans le temps, comme démiurges inférieurs, rattachés à la lune (Damascius mscr. in cod. Monac., fol. 286). *Voy.* le développement de ces idées dans le livre VII, tom. III, chapitres des cosmogonies Orphiques et des mystères de Bacchus. Pour ce qui concerne Æon, l'on peut consulter au préalable la pl. LVIII, 239, avec l'explic.

[2] Orph. Hymn. XLVIII (47), XLIX (48); Argonaut. 22. *Confér.* les mêmes chapitres du liv. VII, et particulièrement l'article des mystères Sabaziens.

[3] Appul. lib. XI, p. 761 sqq. ed. Oudend., p. 257 Bip.

images de la déesse, appartenant à la classe des figures panthées, d'une époque également récente[1]. Divinité unique et multiple à la fois, Cybèle y est identifiée avec les déesses principales de tous les peuples. Ce syncrétisme était nécessaire, car il fallait bien que la raison, parvenue à sa majorité, revendiquât ses droits; il était honorable, chez des hommes qui cherchaient dans l'unité de l'essence divine le repos de l'esprit. D'ailleurs, dans tous ces cultes primitifs de l'Asie, fondés sur l'adoration de la nature, fut déposé, dès l'origine, le sentiment de l'infini. Il se peut que l'historien ait de bonnes raisons pour ne point aimer ce mélange de tant de religions différentes, qui offre d'abord à son regard l'image du chaos; mais il ne faut pas que l'appréhension des efforts nécessaires pour en faire jaillir la lumière, le rende injuste au point de méconnaître la tendance vraiment religieuse, vraiment philosophique qui en est le principe. Convenons cependant que le syncrétisme religieux put avoir aussi quelques motifs moins purs, soit dans la froide indifférence des Grecs et des Romains dégénérés, qui se riaient du culte simple de leurs pieux ancêtres, soit dans ce fanatisme avide de jouissances pour qui les rites divers, comme les productions de tous les climats, n'étaient que des expédiens nouveaux propres à réveiller un goût blasé. Ceci nous amène à jeter un coup d'œil sur la fortune du culte de Cybèle en Grèce et à Rome.

[1] Par exemple, dans cette statue de Cybèle, surchargée d'attributs, qui fit partie de l'ancienne collection de la famille Orsini, et que l'on trouve gravée dans Gronovius, Thesaur. Antiq. Græcar., tom. VII, p. 424, la mère des dieux s'y confond avec la déesse de Syrie, comme e témoigne d'ailleurs l'inscription rappelée plus haut, p. 29, n. 3.

Des points de contact si nombreux se remarquent entre les religions des côtes et des îles, si rapprochées, de l'Asie antérieure et de l'Europe, qu'il ne faut pas s'étonner de voir que les mystères de Samothrace, dont nous traiterons ailleurs, aient fait aussi quelques emprunts au culte dominant de la Phrygie. Quand ce culte eut pénétré en Italie, Cybèle fut réunie avec Ops, la féconde nourrice des hommes, comme elle l'avait été en Grèce avec Rhéa, la mère des dieux : alors elle adopta Vesta pour sa fille [1]. On sait que la politique romaine permettait l'introduction des religions étrangères à Rome, et que, malgré quelques mesures accidentelles, elle maintint constamment cette tolérance, qui s'étendait fort loin [2]. L'an de Rome 547, ou 207 ans avant la naissance de J. C., par des vues dignes de cette politique, et probablement pour ravir à l'Asie-Mineure l'une de ses idoles les plus sacrées, une ambassade solennelle vint demander au roi Attale l'antique statue jadis tombée du ciel à Pessinunte. Un temple fut bâti dans Rome à la Grande-Mère, et l'on institua une fête annuelle, les *Mégalésies*, célébrée en son honneur au printemps, et où l'ablution de la Grande-Mère formait l'une des principales cérémonies [3]. Plus tard, au second siècle de notre ère, divers rites découlèrent de cette source. C'est alors que l'on trouve, dans les auteurs et les inscriptions, une mention si fréquente des *Taurobolies*, par le moyen des-

---

[1] Macrob. Saturn. I, 10.

[2] *Voy.* liv. V, sect. II, ch. V, art. V, *ci-après*.

[3] Livius XXIX, 10 sqq.; Ovid. Fastor. IV, 361, *coll. vs.* 1, et *ibi* interpret. — Notre planche LVII, 231, représente l'arrivée de la statue de Cybèle à Rome; *voy.* l'explication.

quelles on croyait se purifier pour un certain nombre d'années. La pratique essentielle consistait à recevoir sur son corps, d'une fosse où l'on était placé, le sang d'un taureau immolé en sacrifice sur un échafaudage qui recouvrait la fosse [1]. Souvent aussi il est question des *Criobolies*, ou des sacrifices d'un bélier, en l'honneur d'Attis [2], analogues aux Taurobolies ou sacrifices du taureau, célébrés en l'honneur de Cybèle, quelquefois confondue pour cette raison avec Diane *Tauropolos*, dont il sera question dans le chapitre suivant.

La dévotion aux divinités phrygiennes ainsi ranimée dans cette période, imprima à l'art lui-même un élan nouveau. De là les nombreux ouvrages de sculpture qui s'y rapportent, et qui représentent Cybèle et Atys, quelquefois avec trait au Taurobolium et au Criobolium. Le plus riche de tous les monumens de ce genre est un autel de la Villa-Albani, couvert de bas-reliefs, dont il faut voir la description dans notre volume de planches [3]. L'inscription indique pour son exécution l'année 295 de J. C. Des statues, des médailles, des pierres gravées nous sont également restées, avec des emblèmes ou des formules ayant trait au même culte [4].

[1] *Voy.* Gruter. Thesaur. Inscript., tom. I, p. 30; van Dale ad Marmor. antiq., p. 7 sqq. 24, 28, 33, 40 sqq., et 59 sqq., où se trouvent recueillies différentes expressions et locutions consacrées, relatives à cette cérémonie. *Confér.* Sainte-Croix sur les Myst. I, p. 95. Un *Taurobolium* (quelquefois *Tauropolium*) est représenté dans les Marmor. Taurinens. I, p. 25.

[2] Gruter. *l. c.*, p. 27; van Dale, *l. c.*, p. 172 sqq.

[3] Pl. LVIII; et l'explic. des pl., n° 230. *Confér.* Zoëga, *Bassirilievi*, I, n°s 13, 14; le même, *Abhandlungen*, IV, 13, p. 157, ed. Welcker.

[4] On regarde comme la plus belle statue de Cybèle, celle du musée

IV. Anaïtis, rapports de cette déesse avec l'Assyrie et la Perse;
dieux Lunus et Vénus; mythe des Amazones.

La religion de Cybèle et Attis, si semblable pour l'esprit et les cérémonies du culte à celle de la déesse de Syrie, identique pour le fond des idées avec celle de Vénus et Adonis, forme toutefois avec cette dernière, comme on peut en juger actuellement, un frappant contraste. Autant le caractère des Adonies était doux, tendre, efféminé, autant celui des fêtes phrygiennes était mâle, énergique, et fanatiquement sauvage. Le génie d'un peuple montagnard y respirait tout entier avec ses douleurs à la fois mornes et bruyantes, avec ses joies sanguinaires plus encore que voluptueuses. A mesure que nous avancerons vers le nord, ce mélange de volupté et de barbarie, cette teinte plus sombre et plus vigoureuse nous paraîtra dominer davantage. En même temps nous nous rapprocherons de la source primitive d'où vraisemblablement découla ce culte de la nature divinisée. C'est, selon toute apparence, dans la Haute-Asie, dans la région du Caucase et dans les montagnes voisines de la Perse, qu'il faut en chercher les formes premières. Là, du moins, cette déesse céleste, cette Vénus-Uranie, comme l'appelle Hérodote [1], que l'Asie tout entière adora sous des

---

Pio-Clémentin, tom. I, n° 40 (reproduite dans notre pl. LVII, 227). Quant aux médailles et aux pierres gravées, *voy*. les ouvrages de Eckhel, Rasche, etc., et surtout Winckelmann, Descript. des p. gr. du cab. de Stosch (Schlichtegroll's *Auswahl*, I, n°s 16, 17). — *Confér.* les planches déjà citées, et, sur toute la partie archéologique du culte de Cybèle, notre note 6, fin du vol.   (J. D. G.)

[1] I, 131. *Confér. ci-dessus*, p. 24, et les renvois indiqués là même.

noms divers, se révèle avec des traits plus antiques peut-être qu'à Babylone, en Phénicie, ou même en Phrygie. Nous voulons parler de l'*Anaïtis* d'Arménie, identique avec l'*Anahid* ou la *Mitra* de la Perse, c'est-à-dire avec la grande déesse de la nature régnant aux cieux, soit dans l'étoile du matin, soit dans la lune, et telle que nous l'avons définie ailleurs [1]. En Arménie, Anaïtis possédait autour de son temple un vaste territoire, cultivé par de nombreux esclaves de l'un et l'autre sexe, lesquels

[1] Vol. I, p, 347, 349 (et surtout part. 2, p. 731, note 1 sur cette page. J. D. G.). — L'identité d'*Anaïtis* avec *Anahid*, et par conséquent son origine persane, ont été admises ou niées, selon que l'on a regardé comme authentique telle ou telle des formes diverses du premier de ces noms, qui se rencontrent chez les auteurs. On trouve en effet, soit Ἀναῖτις, Ἀναία, et même Αἴνη, soit Ταναΐς ou Ταναΐτις (*voy.* Strabon, passages cités plus loin, et XVI, 738; Plutarch. Artax. c. 27, *ibi* Coray. *Confér.* Clem. Alex. Protrept. V, p. 57 Potter., et Eustath. ad Dionys. Perieget. *v.* 845; il y est question d'une Vénus *Tanaïs*, Ἀφροδίτης Ταναΐδος). Ackerblad s'attachant à cette dernière forme comme à la seule vraie, voit dans *Tanaïtis* le nom légèrement modifié d'une déesse phénicienne, *Tanat*, comparée tantôt à Vénus, tantôt à Diane et à Minerve, et qu'il rapproche de l'égyptienne *Neith*, en préposant l'article (Lettre au chevalier Italinski, etc., Rome, 1817). M. Silvestre de Sacy, au contraire, pense que *Tanaïtis* n'est qu'une fausse leçon, et que le nom d'*Anaïtis* n'a pas d'étymologie plus naturelle que celui de la planète de Vénus, appelée en persan *Anahid* ou *Nahid* (Journ. des sav., juillet 1817, p. 439). — Nous avons déjà vu que M. de Hammer professe la même opinion, et qu'il établit en outre, par des raisons qui nous semblent très-probables, l'identité d'Anahid et de l'Uranie-Mitra d'Hérodote (vol. I, part. 2, p. 730 sqq.). Ce savant a donné dans les Mines de l'Orient, sur Anaïtis et l'extension de son culte, soit en Perse, sa véritable patrie, soit dans les pays voisins, des développemens que l'on peut comparer à ceux de notre auteur, et que, pour ce motif, nous reproduisons dans la note 7 sur ce livre, fin du vol. (J. D. G.)

étaient considérés comme serfs de la déesse, et appelés pour cette raison *Hiérodoules*, ou esclaves sacrés. Un sacerdoce riche et respecté avait la jouissance de ces biens. Le temple lui-même répondait à l'opulence de ses desservans. Tout y était prodigué pour donner à la religion un éclat éblouissant. Nous savons, par exemple, que la statue de la déesse, en or massif, devint la proie des soldats romains, lors de l'expédition d'Antoine contre les Parthes [1]. Là aussi la volupté avait établi son empire. Les principaux du pays livraient leurs filles au temple, où long-temps elles se prostituaient à prix d'argent; et, à leur retour dans la maison paternelle, elles n'en trouvaient que plus promptement un époux. De bonne heure les Arméniens étaient entrés en contact avec les Mèdes, les Assyriens et les Perses, dont ils adoptèrent les rites et les coutumes. L'une des routes les plus importantes du commerce phénicien passait par leur pays. De là ce concours, cette perpétuelle circulation des étrangers, qui d'un côté ne cessait d'enrichir des offrandes de la piété le trésor de la déesse, et qui d'un autre côté répandit dans une foule de contrées et son culte et son nom [2]. L'un des principaux foyers du culte d'Anaïtis paraît donc avoir existé en Arménie [3]. Quant à sa connexité avec celui de la

---

[1] Plin. H. N. XXXIII, 4, 24.

[2] *Voy.* principalement Strab. XI, p. 532, Casaub., et les remarques de Heyne, de Sacerdotio Comanensi, Nov. Comm. Societ. scient. Gotting., XVI, p. 117 sqq.

[3] Il n'est pas inutile de rappeler ici les paroles mêmes de Strabon, qui rapporte invariablement à la Perse l'origine de cette religion: « Les Mèdes et les Arméniens, dit-il, pratiquent tous les rites sacrés du culte des Perses, mais les Arméniens par excellence ceux d'Anaïtis. » *Ubi sup.* (J. D. G.)

grande déesse persane de la nature, elle se montre dans un célèbre passage des histoires du chaldéen Bérose, qui nous a été conservé par Clément d'Alexandrie [1]. Le roi Artaxerce-Mnémon, y est-il dit, ayant le premier élevé une statue à Aphrodite ou Vénus-Anaïtis, dans Babylone, Suzes et Ecbatane, donna l'exemple de l'adorer aux Perses, aux Bactriens, aux habitans de Damas et de Sardes. Ce fait est rapporté, chez Clément, comme une preuve que les Perses, long-temps attachés à un culte plus pur, finirent eux-mêmes par tomber dans l'idolâtrie. Mais, rapproché d'un autre passage auquel nous faisions allusion tout à l'heure, celui où Hérodote nous apprend, cinquante ans avant Artaxerce, que les Perses avaient reçu des Assyriens le culte de Mitra-Uranie, la même que la Mylitta de Babylone, il donne lieu à la conjecture suivante : c'est qu'Artaxerce le premier institua le culte public de l'antique divinité assyrienne, lui consacra des autels et des images, avec les attributs et sous les formes que cette même divinité avait en Arménie. Sous ces formes dès lors elle devint populaire dans toutes les provinces persanes. Et cependant Mitra-Anahid n'en était pas moins, depuis des siècles, l'objet des adorations secrètes des Mages et des rois élevés par eux [2].

Le culte arménien d'Anaïtis prit racine sur une foule de points de l'Asie-Mineure, particulièrement dans les deux villes appelées Comana, situées l'une en Cappadoce

---

[1] In Protreptico, *ubi supra*. — Berosi fragm. ed. Richter, p. 70.
[2] *Confér.* vol. I, p. 347 sq., et la note 7, déjà citée, sur le présent livre, où toute cette question est soumise à une discussion nouvelle. (J. D. G.)

et l'autre dans le Pont [1]. La première était plus fameuse sous ce rapport. Elle avait un temple avec des terres considérables, et plus de six mille Hiérodoules qui cultivaient ces terres au profit du prêtre. Ce prêtre, placé immédiatement après le roi, dirigeait le peuple à son gré par le joug de la puissance spirituelle. Du reste, la servitude des personnes existait de tout temps en Cappadoce; le roi et un certain nombre de grands étaient seuls propriétaires du sol. Ce fut la piété de ces grands qui, par des dons et des legs, enrichit successivement le temple, soit en terres, soit en hommes; et ainsi se forma dans ces contrées quelque chose de tout-à-fait semblable à l'état du clergé en Europe au moyen âge. Là se retrouvent aussi tous les caractères d'un culte orgiastique, notamment une troupe d'inspirés, de fanatiques, tant de l'un que de l'autre sexe, qui, dans les jours de fête, s'abandonnaient à une sainte fureur, et, comme ailleurs sans doute, se laissaient emporter aux excès les plus condamnables [2]. Les Grecs considérant les attributs divers de l'idole qui représentait la déesse, en ont pris occasion de la comparer tantôt à Minerve, tantôt à Cybèle, tantôt à la lune. Mais la ressemblance qui

---

[1] *Voy.* Strabon, XII, p. 535 et 557 sqq. *Confér.* Heyne, mémoire cité, p. 101 sqq.

[2] Θεοφορήτων πλῆθος καὶ... ἱεροδούλων, Strab., *l. l. Confér. ci-dessus*, p. 30, etc. La déesse d'Aphaka, sur le Liban, qualifiée une Vénus (Ἀφροδίτη Ἀφακίτις), comme l'a été plus haut Anaïtis, avait un culte non moins dissolu, qu'accompagnaient des coutumes superstitieuses qui se retrouvent jusque dans le Nouveau-Monde. *Voy.* Zosim. Hist. I, 58; Socrat. Hist. eccles. I, 18, p. 42, ed. Taurin., et surtout Eusèbe, de laud. Constant. Orat., cap. 8, p. 672 ejusd. edit.

les frappa le plus fut celle de l'Artémis ou de la Diane Taurique [1]. Strabon nomme la divinité de Comana *Enyo*, ou Bellone, sans doute parce qu'à ses fêtes se célébraient des danses guerrières. En effet, l'antique déesse de la nature, venue de la Haute-Asie, paraît avoir revêtu chez ces peuples montagnards un caractère belliqueux, qu'elle tenait peut-être des mœurs scythiques ou caucasiques. Il est vrai qu'à Cythère même on connaissait une Vénus armée [2], et nous verrons que, dans la forme la plus antique du culte de la déesse d'Éphèse, avec son cortége d'Amazones s'étaient conservés les danses guerrières et les attributs belliqueux, sans doute provenus de la même source [3].

Comana du Pont fut une espèce de succursale de celle de Cappadoce, et l'on y adorait la même divinité, avec des institutions et des cérémonies toutes semblables. Ici se retrouvent et le prêtre immédiatement au-dessous du roi, et les esclaves attachés au temple, et les troupes de fanatiques, et tous les ans deux fois une procession où le prêtre portait le diadème [4].

Il en était de même à Zéla, également ville du Pont;

[1] On peut voir dans Strabon, *l. c.*, les fables que cette ressemblance suggéra aux Grecs, qui voulurent l'expliquer, comme tant d'autres, réelles ou supposées, par leurs propres traditions.

[2] Pausan. III, Laconic., 23 *init.* — *Confér.* note 12 sur ce livre, fin du volume.

[3] Peut-être l'*Astaroth* de Phénicie elle-même avait-elle quelque chose de ce caractère guerrier, puisque nous voyons les armes de Saül suspendues dans son temple. Samuel, lib. I (I Reg.), XXXI, 10. Il est vrai que c'était une coutume fort générale chez les peuples anciens. *Confér.* Rosenmüller, *Alt. u. n. Morgenl.* III, p. 119 sqq.

[4] Strab. XII, p. 557. Ces deux processions avaient lieu vraisem-

seulement la déesse, qui reprend ici, chez Strabon, son nom d'*Anaïtis*, y partageait les hommages des peuples avec deux autres divinités, avec *Amanus* et *Anandatus*, noms que l'on donnait comme persans [1]. Dans Amanus, appelé encore *Omanus*, Bochart découvre le soleil [2]. Nous retrouverions donc ici l'antique dualité du sabéisme. Le superbe Amanus, sur le sommet duquel se lève l'astre du jour, aurait été divinisé par les habitans de ces contrées comme le fut, dans la cosmogonie phénicienne, le lumineux Liban [3]. Peut-être aussi dans *Anandatus* faut-il voir l'*Annedotus* des Chaldéens, surnom d'Oannès, l'homme-poisson, instituteur divin de Babylone [4].

En supposant qu'Anaïtis, sous le point de vue astronomique, ne fût pas seulement l'étoile de Vénus, astre du matin, mais que pareille à Mylitta, Alitta, Mitra, à toutes les Uranies de l'Asie antérieure, elle fût encore l'astre des nuits, nous aurions en elle une déesse-lune, une lune femelle. Or, l'Orient et particulièrement la

blablement l'une au printemps, l'autre en automne. On y promenait en pompe, hors du temple, la statue de la déesse.

[1] Strab. XI, p. 512; XII, p. 559, coll. XV, p. 733 Cas. Περσικῶν δαιμόνων ou θεῶν, dit cet auteur, qui, dans le dernier passage, cite seulement *Omanus* (et non *Amanus*, comme dans le premier), à côté d'Anaïtis. Tzschucke, d'après ce passage et le ms. de Moscou, lit Ὠμανοῦ au lieu de Ἀμανοῦ, dans le premier. Il y substitue aussi, d'après la plupart des mss., Ἀνανδάτου à Ἀνανδράτου que suit Casaubon.

[2] Geogr. sacr., p. 277.

[3] *Ci-dessus*, chap. II, p. 14.

[4] *Ci-dessus*, ch. II, p. 16; III, p. 33 sq. Τὸν μυσαρὸν Ὠάννην τὸν Ἀννήδωτον, ap. Syncell. chronograph., p. 39. — M. de Hammer revendique primitivement pour la Perse *Omanus* et *Anandatus*, aussi bien qu'*Anaïtis. Voy.*, fin du vol., la note 7 déjà citée, sur ce livre.

(J. D. G.)

Perse avait aussi divinisé la puissance mâle de la lune, voyant dans cet astre le principe fécondant de la terre [1]. De là l'image et le culte du dieu *Lunus* ou Lune. Dans toute l'Asie-Mineure, en Albanie, en Phrygie, et, à ce qu'il paraît, jusqu'en Syrie, était répandue la religion d'un dieu appelé en grec *Men*, qui veut dire le Mois, en latin *Mensis* [2]. Son temple le plus célèbre était à Cabira, dans le Pont, lieu qui devint par la suite une ville nommée Diopolis, plus tard Sébaste, et enfin Néo-Césarée. Ce temple aussi avait un vaste territoire, dont le revenu appartenait au prêtre. Le dieu y était adoré sous le nom de *Pharnaces*, et les rois de Pont juraient par lui leur plus inviolable serment [3]. Les médailles des cités et des rois de l'Asie le représentent sous la figure d'un jeune homme coiffé d'un bonnet phrygien, quelquefois la tête découverte avec un croissant dessus, ou sur les épaules; quelquefois encore c'est un simple buste dans l'intérieur d'un croissant [4]. Voilà l'être divin qui, dans la langue des savans en numismatique, s'appelle proprement *Lunus*. Strabon, en effet, interprète constamment le *Men* de l'Asie antérieure comme la lune, et nous savons qu'au temps de l'empereur Caracalla un dieu nommé

---

[1] *Confér. ci-dessus*, p. 4, et tom. 1er, p. 354, d'après le Zendavesta. — L'induction que M. Creuzer tire des paroles de ce texte sacré nous paraît un peu forte, et il n'est point prouvé que chez les Perses la lune ait jamais été personnifiée comme pouvoir mâle, tandis que dans l'Inde, aussi bien qu'en Égypte, elle se présente tour à tour comme mâle et femelle. *Voy.*, au reste, la note 8 sur ce livre, à la fin du volume. (J. D. G.)

[2] Heyne, de sacerdot. Coman., *ubi sup.*, p. 122 sqq.
[3] Strab. XII, p. 557 Cas.
[4] *Voy.* pl. LXXXVIII, 332, LXXII, 331, coll. LXXX, 330.

6.

expressément *Lunus*, était adoré à Carræ en Mésopotamie [1]. Il n'y a donc aucune raison essentielle de séparer *Lunus* et *Mensis* comme deux êtres totalement différens, ainsi qu'on l'a voulu [2]. Tout ce que l'on peut faire, c'est de distinguer les différens points de vue sous lesquels était envisagé cet être unique sous des noms divers, tantôt l'astre lui-même déifié, tantôt la période quelconque de sa révolution personnifiée. Le soleil et la lune, flambeaux du jour et de la nuit, sources fécondes de toute végétation et de tout bien sur la terre, devaient nécessairement s'identifier plus ou moins avec l'année solaire et le mois réglés sur leur cours, quoique ceux-ci, dans toutes les anciennes religions, fussent aussi divinisés à part. Et quand il serait vrai que le culte du mois se retrouvât, à une époque très-reculée, chez les vieux Phrygiens, il serait plus sûr de le dériver de la patrie commune de tout sabéisme, c'est-à-dire de la Haute-Asie, que de la seule Phrygie, comme on l'a fait. Du reste, Strabon décrivant l'établissement religieux d'Antioche vers la Pisidie, dans cette dernière contrée, nous présente un tableau tout à fait semblable à ceux que nous

---

[1] Spartian. in Caracalla, cap. 6, 7. — On a voulu trouver aussi dans cette ville le culte des Cabires (Gutberlet, de Diis Cabiris, cap. 5, p. 34 sqq., ed. Francq. 1703). Il serait possible, en effet, à en juger par les médailles, que ce culte y eût été associé à celui du dieu Lunus, dieu que nous venons de voir plus haut révéré dans une autre ville du nom de Cabira. *Confér. ci-après*, liv. V, sect. I, chap. II, art. II.

[2] C'est Leblond, dans les Mém. de l'Acad. des inscript., t. XLII, p. 381 sqq. — Cette question mérite, au reste, une discussion nouvelle, que nous croyons devoir renvoyer aux éclaircissemens, fin du vol., note 8. (J. D. G.)

ont offerts les divers temples d'Anaïtis. Les prêtres de *Men-Arcæus* possédaient une grande quantité d'esclaves consacrés au dieu, et une vaste étendue de terrain considérée comme sa propriété [1].

Du dieu Lunus se rapproche naturellement le dieu *Vénus* ou *Aphroditos*, dont un auteur, récent à la vérité, mais qui rapporte ici le témoignage d'un ancien et savant historien, nous trace le portrait suivant : « Le dieu, et non la déesse Vénus, dit-il, a dans l'île de Cypre une statue portant de la barbe, quoique sous des vêtemens de femme, avec un sceptre et la taille d'un homme. On croit que cette divinité est à la fois mâle et femelle ; Aristophane l'appelle *Aphroditos*. Lévinus aussi s'exprime de la sorte : Adorant le bienfaisant Vénus, qu'il soit mâle ou femelle, de même que l'astre bienfaisant qui éclaire les nuits. Philochorus affirme également dans son Atthis que cette Vénus est la lune. Les hommes, dit-il, lui font des sacrifices vêtus en femmes et les femmes en hommes, parce qu'on la regarde comme mâle et femelle à la fois [2]. » On trouve dans l'Ancien-Testament,

[1] Strab. XII, p. 577 Cas.
[2] Macrob., Saturn., II, 8, et Philochori fragm., p. 19 sq., ed. Siebelis. — La description un peu différente que donne Servius (ad Æneid. II, 632) de cette divinité, n'est pas une raison suffisante pour changer le texte de Macrobe, comme l'a fait Larcher (Mém. sur Vénus, p. 46 sq.). Voss, dans son système purement et étroitement hellénique, a voulu ranger la Vénus-lune aux deux sexes parmi les créations du mysticisme des temps postérieurs (*Mytholog. Brief.* XXXVI); mais, moins qu'ailleurs, cette opinion peut ici prévaloir sur l'ensemble des témoignages et des rapprochemens, qui viennent à l'appui d'un fait aussi conforme au caractère demi-oriental des religions de l'île de Cypre qu'au génie symbolique de toute la haute antiquité. *Voy. ci-après*, chap. VI, et la note 12, fin du vol. (J. D. G.)

suivant quelques interprètes [1], des traces de cet échange solennel de vêtemens entre les sexes, rite que nous avons déjà remarqué dans le culte de Cybèle [2]. Ce singulier usage est donné expressément ici pour un symbole de la nature androgynique, attribuée à l'être divin que l'on croyait honorer de cette manière. Ainsi la lune, que Philochore identifie avec le dieu Vénus, ainsi le soleil lui-même, soit en Égypte, soit dans l'Inde, étaient considérés comme réunissant ou échangeant les deux sexes [3]. Le double motif de cette conception et de la coutume qui en résulta, nous est clairement indiqué dans un passage de Nicomaque, que nous a conservé Jean le Lydien. Durant les mystères d'Hercule, c'est-à-dire du soleil adoré sous ce nom, les hommes, raconte cet auteur, revêtaient des habits de femmes, parce qu'au sortir des rigueurs de l'hiver le pouvoir générateur commence à s'efféminer. Or, la fête dont il s'agit se célébrait au printemps [4].

Nous retrouvons donc partout, dans ces religions de l'Asie-Mineure et antérieure, le culte à la fois et l'imitation de la nature, de ses lois et de ses phénomènes. Les corps naturels et surtout célestes ont leur histoire, leurs joies et leurs souffrances, représentées sur la terre

---

[1] Deuteronom. XXII, 5. *Confér.* Rosenmüller *alt. u. n. Morg.* II, n° 104, p. 310 sq.

[2] Art. précéd., *ci-dessus*, p. 60 sq.

[3] Liv. I, p. 251 sq., 600 sq.; III, p. 830-834, tom. Ier.

[4] J. Lydus de Mens., p. 93, ed. Schow. — Il se pourrait que la médaille égyptienne-Alexandrine d'Adrien, gravée dans notre planche LII, 140 *b*, représentât un initié à ces mystères d'Hercule-Harpocrate (*Semphoucrates*, t. I, 816), ou bien encore ce dieu lui-même comme androgyne. *Confér.* l'explicat. des pl., p. 37.

dans des cérémonies diverses par leurs adorateurs. Ceux-ci, égarés par l'imagination, emportés par le fanatisme au-delà de toutes bornes, cherchent à réaliser en eux-mêmes et sur eux-mêmes tout ce qu'ils voient ou croient voir de leurs dieux. De là ces échanges de vêtemens, et en quelque sorte de sexes; de là ce rite analogue, mais plus expressif encore de la castration; de là ces orgies ou voluptueuses ou guerrières, ces danses armées, ces prostitutions sacrées et ces cruelles abstinences. De là aussi tous ces noms, communs aux divinités et à leurs ministres, et qui la plupart font allusion aux transports, à l'enthousiasme sauvage, à l'inspiration bruyante et à la sainte fureur dont ces ministres étaient possédés [1]. Plusieurs de ces noms impliquent en même temps, soit l'adoration de la lune et les rites qui s'y rattachaient, soit les influences supposées de cet astre [2]. Les Amazones elles-mêmes, avec leur mythe si célèbre, ont peut-être pris naissance au sein de religions semblables. Un coup d'œil sur ce mythe important formera la transition naturelle entre les détails que nous venons de donner sur les cultes asiatiques de la lune, et les développemens que nous présenterons bientôt sur l'Ar-

---

[1] Σάβος, σαβάζιος, βάκχος, βαβάκτης, βάβαξ, ἐμμανής, φλεδών, donnés pour synonymes non seulement de λάλος, μαινόμενος, ἄσωτος, mais encore de κύβηβος, γάλλος, et nous reportant par là plus particulièrement au culte de Cybèle. (Eustath. ad Odyss. II, 16; IV, 249, p. 76 et 166 Basil.)

[2] Il faut voir dans le chapitre suivant le développement de l'idée d'Artémis κελαδεινή; et surtout dans le livre VII, tom. III, l'article des mystères de *Bacchus* phrygien, surnommé aussi *Sabus*, *Sabazius*, et considéré sous un point de vue comme *Lunus* et *Mensis*.

témis ou la Diane d'Éphèse, dont les Amazones consacrèrent, dit-on, la plus ancienne image, et fondèrent le premier temple [1].

Au peuple mythique des Amazones est rapportée la fondation même, non seulement d'Éphèse, mais encore des autres villes principales de cette côte, de Cyme, de Myrine, de Smyrne, etc. Mais là ne fut point leur première demeure. Cette demeure fut d'abord sur les rives du fleuve Thermodon, dans la Cappadoce; puis dans la région qui s'étend entre la mer Noire et la mer Caspienne, et dans les montagnes du Caucase [2]. L'Occident aussi eut ses Amazones, celles de Libye, données pour les plus anciennes, et pour les mêmes dont l'empire embrassa toute l'Asie antérieure [3]. Sans débattre ici ces différentes traditions, qu'il nous suffise de rappeler ces chœurs de femmes enthousiastes que nous avons trouvées au service de la grande déesse asiatique de la nature, à Comana, à Mabog et ailleurs. Telles nous apparaissent les Amazones elles-mêmes dans le culte le plus antique d'Éphèse. Elles y vinrent, assure-t-on, des bords de la mer Noire et des environs du Caucase. Or, dans ces contrées règne aujourd'hui encore une adoration fanatique de la lune, appelée, qui plus est, *Maza*, dans la langue des Tscherkasses. Ne serait-ce point là l'origine et du rôle et du nom des *Amazones* [4]? La légende

---

[1] Pindar. ap. Pausan. VII, Achaic., 2; Callimach. in Dian. 237 sqq.

[2] Herodot. IV, 110 sqq.; Diodor. II, 45 sqq. *Confér.* Creuzer. Histor. Græcor. antiquiss. fragm., p. 79 sqq.

[3] Diodor. Sic. *ibid.*

[4] C'est la pensée de Sprengel (*Apologie des Hippocrates*, II, p. 597, sur le passage important d'Hippocrate, de aquis, aere et locis, VI,

des Amazones de Libye, chez Diodore, fait également allusion au culte de la lune. Toutefois le récit fabuleux qui sert de base à l'étymologie vulgaire du nom de ces femmes guerrières, la mamelle dont elles se privaient ou qu'elles enlevaient à leurs enfans [1], occupent une place trop importante, trop permanente dans le mythe entier, tel que le rapportent les Grecs, pour n'y pas soupçonner un des traits les plus essentiels, un des élémens fondamentaux de ce mythe. Ne serait-ce point une indication symbolique de la continence à laquelle se condamnaient quelquefois les ministres exaltés de la lune? Déjà le culte de Phrygie nous a fourni un exemple analogue dans ce Marsyas exclusivement livré à la musique. Nous avons vu aussi les femmes fanatiques de Mabog, par un penchant bizarre, se donner de préférence aux eunuques [2]. Éphèse elle-même, comme nous nous en convaincrons plus loin, eut de toute antiquité ses eunuques sacrés, les Mégabyzes, véritable pendant des Amazones. Nous découvrirons enfin, dans le culte de Dodone, d'obscurs vestiges d'une pareille continence religieuse chez les deux sexes [3].

La plupart, soit des anciens, soit des modernes, ont

90, p. 85 sq., *ibi* Coray, p. 263). *Confér.* les savantes recherches de Charles Pougens, dans le Specimen du Trésor des origines de la langue française, p. 56-64.

[1] Ἀμάζονες de ἀ privatif et μαζός, mamelle; de là l'épithète latine *unimammiæ*, confirmée par les textes de deux ouvrages récemment publiés pour la première fois (Itinerar. Alexandri, § 96; Res gestæ Alex. III, § 96, ed. Angel. Mai).

[2] *Ci-dessus*, art. I, p. 30; II, p. 64 sq.

[3] Interpret. Græc. ad Iliad. XVI, 233; et *ci-après*, liv. VI, chap. I, art. I.

cru trouver dans le mythe des Amazones des traces d'événemens ou de faits historiques. Nous inclinons, au contraire, à penser que des rites antiques, des cérémonies symboliques et religieuses de nations guerrières forment le véritable fond de cette fable, si imparfaitement expliquée jusqu'ici. Elle serait dérivée, selon nous, des relations parvenues aux Grecs sur un de ces cultes de la nature, où la continence, soit périodique, soit pour la vie entière, était commandée aux prêtres et aux prêtresses, et où dominait du reste un caractère belliqueux. Ajoutez cet échange de vêtemens et de rôles entre les deux sexes, si fréquent dans les mêmes religions, et qui peut paraître indiqué ici par l'ablation de la mamelle. En effet, nous avons vu les hommes, pour célébrer le dieu-soleil en qualité d'androgyne, prendre des vêtemens de femmes : n'était-il pas naturel que les femmes, de leur côté, voulant honorer dignement l'hermaphrodite lunaire, empruntassent et les mœurs et les habitudes et le costume guerrier des hommes? Les Amazones, à notre avis, auraient donc été des Hiérodoules martiales; et de même que les Hiérodoules ordinaires offraient le sacrifice de leur virginité au soleil et à la lune, comme aux puissances qui répandent la fécondité sur la terre, de même cet essaim de vierges belliqueuses, en renonçant à la maternité et en se livrant aux exercices guerriers, imitait la stérilité périodique des divinités de la lumière, et les combats qu'elles rendent contre les pouvoirs ténébreux de la nuit et de l'hiver. Nous voyons, dans Diodore, les Amazones faire alliance avec le roi-soleil Horus, et respecter la cité de la lune [1] ; et Persée, ce héros solaire, dont nous parlerons bientôt plus au long, poursuivit, dit-on, en Libye, la guerre des Amazones contre les noires Gorgones [2].

Chose singulière, et qui prouve à quel point les contraires même pouvaient s'allier dans ces religions primitives, où l'imitation fidèle de la nature semblait aussi le plus digne hommage aux puissances qui la gouvernent! Artémis, la chaste et belliqueuse déesse à laquelle s'étaient consacrées les Amazones, leur donnait en quelque sorte, par un retour bizarre et pourtant naturel, l'exemple de la volupté. On l'adorait dans le royaume de

[1] Appelée Μήνη, du nom même de cet astre. Diodor. III, 53 sq.
[2] L'opinion de Payne Knight (*Inq. into the symbol. lang.*, § 50, p. 38), sur le sens symbolique de la tradition des Amazones, se rapproche jusqu'à un certain point de la nôtre. Il va chercher l'origine du mythe grec dans ces représentations emblématiques de dieux hermaphrodites avec une mamelle d'homme et l'autre de femme, que conservent aujourd'hui encore les vieux temples de l'Inde (*voy.* nos planches I, 2, III, 21, et l'explicat., p. 1 et 5, vol. IV). Il croit même retrouver le caractère de l'androgyne, rendu avec beaucoup d'expression, dans une belle figure d'Amazone à Landsdowne House, quoique l'artiste ait évité la difformité d'une seule mamelle. Pour nous, l'idée propre de l'Amazone est moins le caractère androgynique que le caractère viril donné avec intention à la femme. L'Amazone est une *virago* au service d'un culte à la fois sidérique et martial ; et ici vient se représenter l'étymologie de Fréret, que Pougens, cité plus haut, juge digne d'une sérieuse attention. En langue kalmouque, *Aëmetzaïne* signifie une femme forte et pleine de vigueur, une *femme héroïque.* — *Voy.* dans la note 9, sur ce livre, fin du volume, quelques développemens nouveaux sur la fable des Amazones, qui passa, comme l'on sait, dans l'histoire héroïque des Grecs, et se lia principalement aux mythes d'Hercule, de Thésée et de la guerre de Troie. On y trouvera les renvois aux planches et aux scènes nombreuses où figurent, d'après les monumens, ces femmes guerrières. (J. D. G.)

Pont, avec l'épithète significative de *Priapina*, et tout concourt à prouver que son culte n'y était pas moins dissolu que celui d'Anaïtis [1]. Mais tel ne fut point cependant le caractère propre du culte d'Artémis; le chapitre suivant va nous en convaincre.

[1] Plutarch. Lucull., cap. 10 *fin*.

CHAPITRE IV.

CULTES DE LA DIANE D'ÉPHÈSE ET DE L'APOLLON LYCIEN,
ENVISAGÉS TANT DANS LEUR ORIGINE ORIENTALE
QUE DANS LEUR PROPAGATION EN GRÈCE ET AILLEURS.

Au nom d'Artémis vient se lier une série entièrement nouvelle d'idées religieuses, qui, transplantées de la Haute-Asie, trouvèrent accès non seulement dans l'Asie-Mineure, mais encore dans la Grèce et dans les îles voisines. Il en résulta un culte essentiellement différent de ce culte sauvage de la nature, qu'exigeaient les divinités de la Syrie et de l'Assyrie. Éphèse nous servira de point de vue pour embrasser toute l'étendue de ce nouveau domaine ; la grande déesse que l'on y adorait fournit les plus riches matériaux à nos recherches présentes. Cette ville fort ancienne, située dans la Lydie, près de l'embouchure du Caystre dans la Méditerranée, dut à cette heureuse position d'être, à toutes les époques de l'antiquité, la plus importante place de commerce de toute l'Asie-Mineure [1]. De bonne heure elle eut avec la Haute-Asie d'étroites relations, et fut l'un des grands entrepôts de cet autre commerce, de ce merveilleux échange d'idées qui dura si long-temps entre l'Orient et le monde des Grecs. Véritable métropole asiatique des religions, Éphèse garda dans son sein, pendant des siècles, l'une des idoles les plus sacrées du paganisme, et,

[1] *Voy*. Strab. XIV, p. 639-642 Casaub.

à l'époque de l'établissement du christianisme, devint la résidence de l'un des plus grands apôtres, qui y fonda une communauté considérable, présidée après lui par une longue succession de patriarches [1].

La mythologie grecque nous a conservé maint souvenir de l'origine du plus ancien culte d'Éphèse. Cette ville était le principal établissement de la colonie Ionienne, qui se répandit à l'entour et donna à toute la contrée le nom nouveau d'Ionie. Un riant bocage sur le Caystre fut la primitive Ortygie, tant célébrée par la tradition comme le berceau des dieux, et transportée dans la suite à Délos et plus loin [2]. Caystros, fils de l'Amazone Penthésilée, le même qui, dit-on, avec Dercéto, déesse de la mer, donna le jour à Sémiramis [3], devint aussi père du héros Éphésus. Celui-ci, de concert avec l'autochthone Crésus, fonda le premier temple d'Éphèse, dans ces lieux habités de tout temps par les barbares Cariens et Lélèges, et assigna autour du temple des habitations pour les Amazones, qui étaient venues y chercher un refuge [4]. Un autre mythe attribuait la fondation du temple aux Amazones elles-mêmes [5]. Un troisième récit, faisant bâtir ce temple à sept reprises, reportait sa

---

[1] La mémoire de ce premier et *saint théologien* semble s'être perpétuée jusqu'à nos jours, parmi les ruines de la ville antique, dans le nom du village d'*Aja-Soluck*, qu'il faut écrire Άγιοσουλούκ. *Confér.* Larcher, Table géograph. d'Hérodote, t. VIII, p. 199 sq., avec les autorités qui y sont citées.
[2] Callimach. Hymn. Del. 37, *ibi* Spanheim.
[3] Chap. précéd., art. I, p. 33.
[4] Pausan. VII, Achaïc., 2.
[5] Pindar. ap. Pausan., *ibid.*

première origine et celle du culte que l'on y célébrait dans les ténèbres de la plus haute antiquité [1].

Deux traits fort remarquables se rencontrent dans ces traditions : l'espèce d'alliance établie entre la déesse d'Éphèse et la déesse Syrienne Dercéto, par le moyen de Caystros, et la mention des Amazones, fondatrices de plusieurs autres cités ioniennes, par exemple de Smyrne. On y découvre déjà la trace obscure d'antiques migrations religieuses que nous allons tâcher d'éclaircir. En effet, si l'on veut savoir quelle est au fond la grande déesse d'Éphèse, on se trouve entraîné dans le cercle d'un examen qui ne doit connaître d'autres bornes que celles même de l'Orient, cette patrie primitive de toutes les religions. Le culte qui nous ouvre un horizon si vaste réunit en soi une multitude d'élémens divers, empruntés à la Médie et à la Perse, à l'Égypte et à l'île de

[1] Mutianus ap. Plin. H. N. XVI, 40, 79 Hard. — Le territoire d'Éphèse tout entier, au rapport d'Hérodote (II, 10), fut d'abord une mer ou un golfe, comblé par les alluvions du Caystre. Peut-être l'union mythique de Caystros et de Dercéto n'est-elle autre chose qu'une allusion à ce fait primitif. Lors de la construction du premier temple connu par Chersiphron, de grands travaux furent nécessaires pour affermir le sol, et les anciens parlent avec la plus haute distinction de leur auteur (Plin. H. N. XXXVI, 14, 21, H. coll. Strab. XIV, *ubi suprà*; et Diogen. Laërt. II, § 103). Sur ce fameux *Artemisium* que l'Asie tout entière concourut à élever durant deux cent vingt ans, et qui fut brûlé par Érostrate le jour de la naissance d'Alexandre, *voy.* Forster, dans les Mémoires de la Société des antiquaires de Cassel, I, p. 186, et surtout Hirt, dans ceux de l'Acad. des sciences de Berlin, ann. 1809, maintenant *Geschichte der Baukunst*. Le nouveau temple, plus célèbre encore, fut englouti par un tremblement de terre, et les Pères de l'Église y virent un des présages de l'anéantissement du paganisme (Clem. Alex. Protrept., p. 44). — *Voy.* ce temple représenté sur notre pl. LXXXVIII, 318.

Crète, sans parler de la Scythie et de la Libye, qui ne lui sont pas non plus étrangères. Commençons par la Haute-Asie, premier siége de ce culte, et probablement son berceau.

I. Ilithyia, Latone, Artémis, Hécate, etc.; leurs rapports avec la Haute-Asie.

La religion dont il s'agit paraît être venue immédiatement des côtes de la mer Noire à Éphèse. Ce furent les Amazones qui, les premières, apportant leur croyance des régions hyperborées, consacrèrent, dit-on, dans cette ville, la plus antique image de la grande déesse. Telle est du moins la tradition suivie par Callimaque [1]. Mais des fragmens précieux d'une tradition bien plus ancienne nous ont été transmis par Hérodote et Pausanias. Un chantre sacré des temps primitifs, antérieur à Pamphus et à Orphée même, Olen, venu à la tête d'une colonie sacerdotale de la Lycie à Délos, y transporta le culte d'Apollon et d'Artémis, avec l'histoire de son origine, contenue dans des hymnes que l'on avait coutume de chanter aux fêtes de ces deux divinités. Leur naissance y était célébrée, aussi bien que le secours prêté, dans cet instant critique, à leur mère Latone, par l'hyperboréenne Ilithyia [2]. Suivant un autre hymne également chanté aux fêtes de Délos [3], le prêtre-poète Olen était lui-même un hyperboréen; mais plus souvent il porte la qualification d'étranger venu du pays des Lyciens. Quoi

---

[1] Hymn. in Dian. 237 sqq., et *ci-dessus*, p. 88.
[2] Pausan. I, Attic., 18; IX, Bæotic., 27.
[3] Pausan. X, Phocic., 5.

qu'il en soit, Ilithyia nous semble désigner, dans la tradition précédente, la première migration religieuse, partie du nord-est, dont les Grecs eussent conservé le souvenir. Avec une seconde migration, Artémis et Apollon vinrent eux-mêmes à Délos, de la contrée des Hyperboréens, et à leur suite les vierges sacrées Argé et Opis, célébrées aussi par Olen. Une troisième migration conduisit dans l'île sainte deux autres vierges, Laodicé et Hyperoché, accompagnées de cinq hommes portant des offrandes, et nommés pour cette raison Perphères. Dans la suite, les Hyperboréens transmirent, de peuple en peuple, jusqu'à Délos, les présens sacrés, enveloppés dans des gerbes de blé [1].

Maintenant que disait Olen, le chantre primitif d'Ilithyia, sur cette déesse de sa prédilection? Selon lui, elle fut la mère d'Eros ou de l'Amour [2]. Ilithyia fut la génératrice première, comme l'appelle un des hymnes homériques [3]. Olen lui donnait encore le surnom de la *bonne Fileuse*, la faisait plus ancienne que Cronos, et l'identifiait avec la déesse de la destinée [4]. Elle était donc à la fois la première mère et la première fileuse. C'était en son honneur que les jeunes filles de Délos,

[1] Herodot. IV, 33 sqq.; Callimach. Del. 284 sqq., surtout 292, *ibi* Spanheim, coll. Fischeri Ind. ad Æschin. Dialog. Callimaque, au lieu d'*Argé*, nomme *Hécaergé*, et ajoute une troisième vierge, *Loxo*. Les Perphères étaient encore appelés *Amallophores* et *Oulophores*. Conf. interpret. ad Herodot. *l. l.*

[2] Pausan. IX, 27.

[3] Ad Apollin. v. 97. — Cette idée n'est que très-implicitement comprise dans l'épithète μογοστόκος, déja appliquée à Ilithyia, Iliad. XIX, 103, coll. XI, 270, *ibi* Heyn. Obss. t. VI, p. 168 sqq. (J. D. G.)

[4] Pausan. VIII, Arcadic. 21.

avant de se marier, consacraient des fuseaux entourés de boucles de leur chevelure sur le tombeau de ses suivantes hyperboréennes [1]. Ce mystérieux ouvrage du fuseau et celui de la navette, attribués aux grandes divinités femelles de la nature, sont des allégories importantes que nous développerons ailleurs [2]. Nous nous bornerons à remarquer ici que cette fonction de l'hyperboréenne Ilithyia, de même que plusieurs autres, fut transportée à Artémis. Mais, quelle était cette Artémis? la fille de Jupiter et de Proserpine, la première Artémis, mère de l'Amour ailé [3] : par où l'on voit l'antique doctrine hyperboréenne se confondre avec la théogonie nationale des Grecs. Aussi cette Artémis vient-elle à son tour s'identifier avec sa mère Perséphone ou Proserpine [4], tellement que les idées d'Ilithyia, d'Artémis et de Perséphone se réunissent dans cette fileuse divine dont nous avons parlé.

Ainsi Ilithyia sort du cercle brillant des déesses de l'Olympe pour s'enfoncer dans la nuit hyperboréenne.

---

[1] Herodot. IV, 34.

[2] *Voy.* tom. III, liv. VII et VIII, chapitres des mystères de Bacchus et de Cérès. Vénus, Diane, Proserpine et Minerve portent également le titre de *tisseuses*. Nous avons vu plus haut, p. 29, la déesse de Syrie avec la quenouille. Dans l'hymne homérique à Apollon, v. 103 sq., Ilithyia consent à assister Latone en travail, sur l'offre d'une grande bandelette de neuf coudées tissue de fils d'or. Avec la naissance des choses, comme avec celle des dieux et des hommes, commence à se dérouler dans le temps l'œuvre fatale de la destinée. *Conf. Briefe über Homer und Hesiodus*, p. 32 sqq.

[3] Cic. de Nat. Deor. III, 23, *ibi* Creuzer, p. 617.

[4] Schol. Pindar. Nem. I, 3, *ibi* Callimach. *Conf.* Bentlei Callim. fragm. n° 48, t. I, p. 432 ed. Ernesti.

Elle-même elle est la Nuit primitive de laquelle naquirent toutes choses, mais avant toutes choses l'Amour, comme avaient chanté Parménide, Hésiode, et d'autres sages, après l'antique Olen [1]. L'Amour est le grand lien qui unit les élémens divisés, lien sans lequel toute harmonie, tout ordre dans l'univers serait impossible. Sa mère, la Nuit première, est identique à la déesse égyptienne Athor, à qui la souris était consacrée; Léto ou Latone, la déesse cachée, la mère d'Apollon et d'Artémis, avait également pour attribut l'aveugle musaraigne [2]. Un autre animal dédié à Athor était la colombe; et Sémiramis, la déesse-colombe, remonte, comme nous l'avons vu [3], jusqu'à la cosmogonie, dans ces religions asiatiques. Ici se rattache tout naturellement l'idée du pouvoir secourable qui favorise la naissance, pouvoir exercé par Ilithyia. C'était, dit la tradition, en vue de ce bienfait que la seconde députation des jeunes Hyperboréennes lui avait apporté à Délos les présens sacrés [4]. Peut-être avait-on voulu aussi exprimer cette idée du secours par le nom antique d'Opis, que la déesse portait en commun avec l'une de ses prêtresses, d'après la coutume familière à ces temps reculés [5]. La secourable Hyperboréenne, *Opis*, pourrait bien être alors la

---

[1] Platon. Sympos. c. 6, p. 13 Ast., et la remarque de cet éditeur, p. 211 sq.

[2] Tom. Ier, p. 512 sq., et la note importante, p. 826 sq. des Éclaircissemens.

[3] Chapitre précédent, p. 39, 41.

[4] Herodot. IV, 35.

[5] L'hymne antique appelé Οὔπιγγος donnait, en ionien, le nom d'Οὖπις à Artémis (identifiée avec Ilithyia), en dorien Ὦπις, en lan-

même divinité que l'*Ops* secourable de la vieille Italie. A en juger par d'assez clairs indices, il se pourrait encore que tel eût été le plus ancien nom de la déesse d'Éphèse [1]. Ce qu'il y a de sûr, c'est que cette déesse, Hyperboréenne aussi et venue avec des Hyperboréennes, les Amazones, à une époque qui se perd dans la nuit des temps, est la même que cette Ilithyia de la première migration, dont le culte, établi d'abord à Éphèse, s'y conserva avec une étonnante fidélité, et, jusqu'aux derniers âges, y perpétua dans les constans attributs de l'idole du temple l'idée originelle de la Mère première, qui produit au jour tout ce qui a vie [2]. C'est ce dont nous nous convaincrons plus loin.

Ainsi, dans la tradition comme dans son esprit et son caractère propre, le culte d'Éphèse paraît avoir la priorité sur celui de Délos, quoiqu'au fond ils se réunissent tous deux dans l'adoration d'un seul et même être cosmogonique. Ici une mère nouvelle, avec ses deux enfans divins [3], s'empara des hommages populaires, tandis qu'Éphèse demeura fidèle à l'antique divinité de la nature. Quel qu'ait pu être son nom primitif, il fut métamorphosé par les Hellènes ioniens, qui lui donnèrent un sens dans leur propre langue. Ils appelèrent la déesse

---

gue commune Ὄπις. *Conf. ci-dessus*, p. 97, et les citat. note 1. Les Grecs rattachent ce nom à ὄπις et ὀπίζεσθαι, mots sur lesquels il faut voir les lexiques, et particulièrement Schneider.

[1] Callimach. in Dian. v. 240. Spanh. ad Call., p. 316, 572 sq.

[2] Varron (de L. L. IV, 10, p. 12 Gothofr., p. 17 Scalig.) associe Ops aux Cabires, dieux cosmogoniques, l'appelle mère, et l'explique comme la terre nourricière. *Conf.* Creuzer ad. Cic. de N. D. III, 22, p. 604, et *ci-après*, liv. V, sect. II, ch. II, art. IV.

[3] *Voy.* Latone et ses enfans, pl. LXXIII, 276, LXXVI, 281.

Eleutho ou *Ilithyia*, c'est-à-dire, *celle qui vient*. En effet, elle était *venue* du nord-est, celle sans le secours de qui nul être ne *vient* à la lumière [1]. Mais la véritable étymologie du mot doit être demandée aux idiomes orientaux; il se rattache probablement aux noms de Mylitta et d'Alilat, et l'on y découvre les notions de *nuit* et *d'enfantement*, qui conviennent l'une et l'autre à Ilithyia, surtout la seconde [2]. Un autre nom paraît lui être donné dans les poésies orphiques, où *Brimo* figure avec le sens élevé d'un être cosmogonique [3].

Mais les noms d'Alilat et de Brimo nous entraînent dans une sphère nouvelle d'idées. La nuit, la lune, leurs fantômes et leurs terreurs se rapprochent naturellement d'un côté, comme d'un autre côté la naissance, ses douleurs, et souvent la mort de celle qui enfante. L'Orient connaît, de toute antiquité, une Alilat infligeant des souffrances, une terrible et méchante Lilith qui apporte les angoisses et les tribulations, qui visite les mères sur leur lit de douleur avec des apparitions effrayantes. Homère lui-même, tout en plaçant Ilithyia dans l'île de Crète, d'après le système qu'il suivait, parle non pas d'une seule, mais de plusieurs déesses de ce nom, qui causent les souffrances et les larmes [4]. Tous ces carac-

---

[1] Ἐλευθώ, Εἰλείθυια, du verbe ἐλεύθω, venir.
[2] *Voy*. Selden, de Diis Syris, II, 2, p. 249-254 Lips. *Conf.* Cleric. ad Hesiod. Theog. 922; Wesseling. ad Diodor. V, 73. *Latone* est également expliquée *la Nuit*. Eustath. ad Odyss. XX, 85, p. 722, 49, ed. Basil., et ad Iliad. I, p. 22; Sophocl. Trach. v. 95.
[3] Argonaut. 17, *ibi* interpret., p. 10 sq. Hermann.
[4] Odyss. XIX, 188, coll. Strab. X, p. 476 Cas. — Iliad. XI, 269 sqq. — Les douleurs de l'enfantement sont figurées comme des

tères se retrouvent dans l'antique *Brimo* [1]; son nom seul offrait aux Grecs l'idée d'un poids qui opprime, et en même temps celle d'un frémissement, d'un bruit soudain qui épouvante les nuits. Mais, en ce sens, elle était plus connue sous un autre nom, celui d'*Hécate*, qui s'appliquait au masculin à Apollon, au féminin à Artémis ou Diane. Hécate veut dire ou celle qui agit au loin, ou celle qui éloigne, qui écarte [2]. On offrait à cette déesse, qui dans son origine n'est autre que Brimo, des sacrifices expiatoires, espèce de lustrations domestiques opérées par la fumée, que l'on célébrait le 30 de chaque mois, et où des œufs et de jeunes chiens étaient les objets essentiels. Les restes de ces animaux et des autres offrandes, joints à beaucoup de comestibles, devaient être exposés dans les carrefours, et se nommaient le festin d'Hécate [3]. Souvent les pauvres et les cyniques faisaient leur proie de ces débris avec une avidité qui était pour les anciens la marque de l'extrême indigence ou de la dernière bassesse. Le chien était l'animal consacré à Hécate. Des monumens montrent cette déesse avec un chien sur son sein, qu'elle semble caresser [4]. On la

---

traits que lancent ces Ilithyies. De là l'étymologie d'une épithète nouvelle d'Ilithyia, surnommée Βωλοσία. *Conf.* Lexic. ad calc. Orion. in app. ad Etymolog. Gudian., p. 622.

[1] Βριμώ, de βρίω, βρίθω, analogues à βρέμω, *fremo*.

[2] Ἑκάτη de Ἕκατος, l'un et l'autre venant de ἑκάς. *V.* J. H. Voss in Novis Actis Societ. Latin. Ienens. ed. Eichstædt, 1806, vol. I, p. 365 sqq.

[3] Ἑκάτης δεῖπνον. *Conf.* Hemsterh. ad Lucian. Dialog. Mort., II, p. 397 sqq. Bip. — De là encore le surnom de τριοδῖτις ou *trivia*, donné à la déesse. (J. D. G.)

[4] *Voy.* Eustath. ad Odyss. XII, 85 sq., p. 477 sq., ed. Basil.;

représentait elle-même avec une tête de chien [1], et peut-être était-ce là son ancienne forme mystique, celle sous laquelle elle était adorée dans les mystères de Samothrace, où l'on immolait des chiens en son honneur. Hécate aussi avait ses mystères, particulièrement célébrés à Égine, et dont on rapportait l'institution à Orphée. On voyait dans cette île plusieurs statues de la déesse, une de la main de Myron avec un seul visage, d'autres avec trois visages, attribuées au fameux Alcamène [2]. Mais les poëtes, non moins que les artistes de la Grèce, s'empressèrent à la glorifier. Peut-être faut-il voir, dans le passage connu d'Hésiode sur la puissance d'Hécate, une émanation de l'antique poésie orphique. Tout au moins la doctrine secrète y voulut-elle déposer l'idée originairement orientale de la Nuit primitive, mère et souveraine de toutes choses, idée à laquelle se lient d'autres notions empruntées des trois phases de la lune [3].

Ce redoutable pouvoir d'Hécate nous conduit naturellement à cette Opis, plus redoutable encore, qui était adorée en Scythie, dans la Chersonèse Taurique. Mais ici prédominait la forme de taureau, et la déesse portait le surnom de *Tauropolos*. Son culte était affreux, et le sang humain coulait à grands flots dans les sacrifices.

Heindorf ad Horat. Sat. I, 8, v. 35. *Confer.* Cuper. Harpocrat., p. 196 sq. et notre pl. LIX, 326.

[1] Hesych. v. ἄγαλμα Ἑκάτης.
[2] Pausan. II, Corinth., 30. — *Conf.* pl. LIX, 326 ; LXXII, 326 *a*.
[3] Hesiod. Theogon. 409-552. — Du triple pouvoir qu'Hésiode attribue à Hécate sur la terre, au ciel et sur la mer, autant que des trois phases de l'astre qui la représente, dérivent, avec la triple forme sous laquelle on vient de la voir, les épithètes τρίμορφος, *triformis*, *triceps*, etc. (J. D. G.)

Cette religion, sauvage comme le peuple qui la professait, ne perdit point, même en passant à Sparte, son
caractère sanguinaire. Les Lacédémoniens avaient aussi
leur Opis, venue de Scythie. Au commencement, l'impitoyable déesse réclama des hommes pour victimes,
et plus tard il fallut encore que le sang humain souillât
ses autels, dans les cruelles flagellations que l'on faisait
subir aux jeunes gens. Le premier aspect de sa statue
jeta dans des transports de rage ceux qui s'en appro-
chèrent [1]. Peut-être cette idole effroyable portait-elle,
comme en Tauride aussi, une tête de taureau. Quoi
qu'il en soit, le savant Apollodore nous apprend qu'Artémis était surnommée *Tauropolos*, parce qu'elle parcourt la terre sous la forme d'un taureau [2]. Latone
elle-même, selon Philochore, avait parcouru la terre
sur un taureau, jusqu'à ce qu'elle se fût reposée à Bu-
chetion en Épire [3]. C'est là ce fameux chemin du taureau que les antiques divinités de la nature suivirent
d'orient en occident. Tout à l'heure nous rencontrerons

[1] *Voy*. le passage important de Pausanias, III, Laconic., 16, où cette Diane scythique est appelée *Orthia*. *Conf.* Nicol. Damasc. fragm., p. 156, et supplem., p. 81, ed. Orelli. — Sur l'esprit si remarquable de ces religions lacédémoniennes, il faut lire les dé-veloppemens de M. Creuzer, dans ses Comment. Herodot. I, cap. II, § 21, p. 244 sqq. (J. D. G.)

[2] Apollodor. fragm., p. 402 Heyn.

[3] Etymol. Magn., p. 210, 34 Sylb., p. 191 Lips. Latone, est-il dit, ou Thémis, qui par conséquent avait aussi le taureau pour attribut. Suidas, *v.* Βούχετα et Θέμις, ne cite que cette dernière. *Conf.* Philo-chor. fragm. ed. Siebelis, p. 96, où l'on aurait dû rapprocher la va-riante importante donnée par le grand Étymologique. — Diane Tau-ropole est représentée sur un char traîné par des taureaux, dans notre pl. LXXXIX, 323, coll. 323 *a*, LXXXI. (J. D. G.)

le chemin du loup, conduisant au sud-ouest. Sur la route du taureau nous trouvons Aboudad, qui porte en soi les semences de toutes choses, et répand toute sorte de biens sur les contrées orientales [1]. Nous y trouvons la terrible Kali, avec la vache qui lui est consacrée comme à Bhavani, la mère universelle, l'épouse du grand taureau Mahadéva. Sur ses autels aussi, parmi les accens d'une musique sauvage, tombaient, comme en Tauride, des victimes humaines. Bhavani-Kali, dans l'embrasement général du monde, conserve en son sein les germes de tous les êtres, qu'elle est chargée de reproduire à l'époque de renaissance. Elle est en même temps la déesse de la mort [2]. C'est ainsi que les idées de vie et de mort se lient l'une à l'autre dans la plupart des anciennes religions.

La Thrace s'était également approprié ce culte antique de la lune et de la lumière, mais d'abord sous une forme plus pure et avec ces mœurs plus douces, qui devaient ensuite faire place à la barbarie dans cette contrée. Les femmes de la Thrace et de la Péonie offraient, suivant Hérodote, à leur Artémis *royale* les prémices des fruits de la terre enfermés dans des gerbes de blé, absolument comme ils étaient envoyés à Délos [3]. La déesse y portait le nom de *Bendis*, et ce nom, aussi bien que la fête qui s'y rattachait, se répandirent jusqu'en Attique [4]. En Bithynie il y avait un mois nommé le mois de

---

[1] Tom. I, 1, p. 354; 2, p. 705 sq.
[2] *Ibid.*, p. 148 sq., 162 sqq., 191; 662, 664.
[3] Herodot. IV, 33, *ibi* Larcher, tom. III, p. 438. *Ci-dessus*, p. 97.
[4] Βένδις ou Βένδεια, τὰ Βενδίδεια, à Munychie et au Pirée. *Voyez*

Bendis [1]. Faut-il donc s'étonner qu'une tradition semble rapporter à la Thrace la fondation de l'oracle de Delphes, que d'autres rattachaient à Délos, et en partie à ce vieux chantre sacré, Olen, le premier prophète de Phébus [2]? En effet, les anciens nous montrent aussi le culte d'Apollon transplanté dans la Thrace, et nous en retrouverons les vestiges dans une branche des institutions orphiques.

II. Apollon et Artémis en Lycie; pureté et simplicité de leur culte primitif, transplanté à Délos; analogie de ce culte avec ceux de la Médie et de la Perse.

Sous quelle forme Ilithyia vint-elle du pays des Hyperboréens à Délos, nous l'ignorons : tout ce que nous savons, c'est que Latone y vint sous la figure d'une louve. Si l'on consulte les mythes divers qui nous ont été conservés sur cette déesse, et si, en les comparant, on remarque le rôle qu'y jouent constamment les loups, on y soupçonnera bientôt un fond allégorique, et l'on s'assurera, par l'examen des autres circonstances, que, sous le voile de ces récits apparens, se cachent, en un sens tantôt cosmologique et tantôt calendaire, les oppositions naturelles des ténèbres et de la lumière, de la saison obscure et de la saison claire, de la nuit pri-

---

Ruhnken. ad Tim., p. 62; Fischer. Index in Palæphat.; et le passage classique au début de la république de Platon, *ibi* Ast., p. 315 sq.

[1] Βενδιδαῖος, le même que l'Ἀρτεμίσιος des Lacédémoniens.

[2] Paroles de Bœo dans Pausan. X, 5. *Conf.* Homer. hymn. in Apoll., 216 sqq. — Dans la fameuse scène de l'Apothéose d'Homère paraît Olen près de la Pythie et du trépied fatidique. *Voy.* vol. IV, et la Table des planches. (J. D. G.)

mitive et des flambeaux du ciel, tels que le soleil, la lune et les étoiles. C'était une croyance populaire que le loup passe douze jours et douze nuits dans le travail de l'enfantement; car il en avait fallu autant, disait-on, à Latone, poursuivie par la colère de Junon, pour se rendre, déguisée en louve, du pays des Hyperboréens à Délos [1]. Dans la première de ces contrées se trouvaient, suivant une autre tradition, des hommes qui, chaque année, prenaient pour une couple de jours la forme de loups [2]. Comme des loups mènent Latone des régions hyperborées à Délos, où elle met au jour Apollon et Diane, de même, quand elle quitte cette île des astres (Asteria) pour se rendre en Lycie, ce sont encore ces animaux qui la guident jusqu'aux bords du Xanthe, et de là le nom du pays [3]. Tous ces mythes, quelque mélangés qu'ils puissent être de fables populaires, plus ou moins récentes, reposent sur certaines conceptions fort antiques et éminemment symboliques. Nul doute que le loup et la louve n'aient rappelé à la pensée des anciens Égyptiens, comme à celle des anciens Grecs, Latone et ses enfans. L'Égyptien Danaüs voyant un loup se précipiter sur un troupeau de vaches, songe aussitôt à

[1] Ælian. Hist. Animal. IV, 4, coll. Aristot. H. A. VI, 35, c. 29, p. 312 sq. Schneid., et les remarques de cet éditeur, p. 521; Beckmann ad Antigon. Caryst. 61, p. 111.

[2] Herodot. IV, 105; Plin. H. N. VIII, 34 coll. 22.

[3] Λυκία, de λύκος, loup. La Lycie s'appela d'abord *Trimilis*. Antonin. Liberal., cap. 35, p. 237 sqq. ed. Verheyk, coll. Aristot. *ubi sup.* — Les loups (ou chakals) jouent un rôle analogue en Égypte, suivant la légende sacrée rapportée par Hérodote II, 122. *Conf.* Commentat. Herodot., p. 418 sqq.; Relig. de l'Antiq. I, 2, p. 866 sq.; et *ci-après*.

Apollon. Gélanor, frappé du même présage, cède à Danaüs le royaume d'Argos; et ce dernier, pour éterniser sa reconnaissance, bâtit un temple à Apollon *Lycien* [1]. Déja l'antiquité était partagée sur le sens de ce surnom donné non seulement à Apollon, mais encore à Artémis [2]. Il est bien probable que le nom grec du loup en est l'origine; car la Lycie elle-même, d'où on pourrait le dériver, est appelée chez les anciens la terre des loups [3]. Ce qui paraît certain, c'est que les Grecs trouvèrent, rattachées à cet animal, et les idées et les images d'une branche importante des religions. Suivant leur habitude, ils cherchèrent à s'en rendre compte d'après leur propre langue. Ils avaient reçu toute faite, du dehors, la liaison des deux idées *loup* et *soleil;* ils essayèrent de la retrouver dans le rapport des deux mots λύκος, loup, le soleil dieu-loup, et λύκη, la lumière qui paraît au matin. De là aussi le plus ancien nom de l'année solaire en grec : la carrière du loup, λυκάβας [4]. L'année s'appelle la carrière, ou la route, ou le passage des loups, parce que les jours ou les soleils qui

---

[1] Pausan. II, Corinth., 19. Les plus anciennes médailles d'Argos portent le *loup;* d'autres ont en même temps la tête d'Apollon Lycien, ou *Lycius*, couronnée de laurier. *Voy.* Pellerin, Recueil, t. I, pl. 20, nos 1, 4, et notre vol. IV, renvoi de la Table des planches.

[2] Λύκιος ou Λύκειος, et Λυκεία. *Conf.* Creuzeri Meletemata, I, p. 30. L'épithète λυκηγενής, sous laquelle Apollon est invoqué dans Homère (Iliad. IV, 101, 119) par le Lycien Pandarus, fils de Lycaon, a paru encore plus embarrassante à expliquer. Pausanias (Corinth. 31) penche à croire que Diane portait déja le surnom de Λυκεία ou Λυκαία chez les Amazones.

[3] Antonin. Liber. *l. l.*, *ibi* Munker et Verheyk.

[4] Macrob. Saturn. I, 17. *Conf.* Lennep. Etymolog. gr., p. 385 sq.

la composent se lient et se succèdent entre eux absolument comme les loups, quand ils veulent passer un fleuve rapide, se saisissent et se tiennent par la queue les uns les autres [1]. L'année est ce fleuve, et les loups, animaux douteux qui appartiennent à la fois aux ténèbres et à la lumière, sont ces périodes de temps formées de la nuit et du jour, et qu'on appelle proprement *jours*. Il est évident que cette explication du nom allégorique de l'année, empruntée aux anciens, avait sa source dans les figures hiéroglyphiques de quelque antique calendrier, et il suffit, pour s'en convaincre, de jeter les yeux sur les bas-reliefs égyptiens [2]. Ainsi l'image du loup et l'idée de la lumière furent indissolublement unies l'une à l'autre, soit dans les représentations figurées, principale écriture de ces temps, soit dans le langage, au moins dans celui des Grecs [3]. La Lycie était à la fois la terre des loups et le pays de la lumière; Apollon Lycien avait trait à ces deux idées en même temps, et l'association symbolique du soleil et du

---

[1] Eustath. ad Odyss. XIV, 161, p. 538. *Conf.* Apollon. Lex. *s. v.*; Ælian. H. A. III, 6; Odyss. XIX, 306, XIV, 161, *ibi* Schol.

[2] Commentat. Herodot., p. 420 sqq. — *Confér.* notre vol. IV, pl. XLVI, 183, XLVIII, 191, XLIX, L, et les explications avec renvois au vol. Ier. (J. D. G.)

[3] Λευκός, blanc, pourrait être l'étymologie commune des deux noms, et la couleur du loup s'y prête assez (πολιὸν λύκον, Théocrit. Idyll. XI, 24). Les anciens trouvent l'origine de ce rapport de mots dans l'œil ardent de l'animal (Plin. H. N. XI, 37). — Λύκη, le même que λύγη, analogue au latin *lux*, et signifiant le crépuscule, la lumière douteuse du matin et du soir (λυκόφως, ἀμφιλύκη), l'instant où le loup paraît et se retire, touche de plus près encore au fond de l'idée, comme on le verra plus loin. (J. D. G.)

loup, loin d'être une pure hypothèse ou une vaine étymologie, repose au contraire sur les témoignages aussi clairs qu'incontestables de l'antiquité [1]. Nous sonderons plus loin les origines égyptiennes de ces symboles et de ces mythes, où le loup joue un si grand rôle, et nous y découvrirons les propriétés naturelles qui firent de l'image de cet animal un emblème calendaire très heureux.

C'est de la Lycie, comme nous l'avons vu, que vint le plus ancien prêtre connu qui ait célébré Apollon, Artémis et Ilithyia, Olen. S'il faut regarder comme historique une tradition conservée par Diodore, un colon phénicien, parti de l'île de Crète ou de celle de Rhodes, un Telchine, Lycus, se serait établi en Lycie, sur les bords du Xanthe, à une époque fort reculée, et y aurait bâti le premier temple en l'honneur d'Apollon Lycien [2]. Hérodote raconte que Sarpédon, chassé de Crète par son frère Minos, vint à la tête d'une colonie de Termiles, dans le pays des Milyens ou Solymes, où le rejoignit un autre exilé, un autre Lycus, fils de Pandion II, roi d'Athènes, et chassé également par Égée son frère. Ce Lycus aurait donné son nom à la contrée et à ses habitans [3]. Cette nouvelle et double colonie se rapportant aux règnes contemporains de Minos et d'É-

[1] L'autorité des monumens ne lui est pas moins favorable. Sur une médaille de Carthæa, dans l'île de Céos, comme sur celles d'Argos, on voit la partie antérieure d'un loup, mais ici environnée de rayons. *Conf.* Payne Knight *Inquiry into the symbol. lang.*, § 24, p. 97. — Et la fig. à laquelle renvoie notre Table des pl., avec l'explicat.

[2] Diodor. Sic. V, 56.

[3] Herodot. I, 173, VII, 92, coll. Apollodor. III, 15, 6.

gée, par conséquent au milieu du quatorzième siècle avant notre ère, époque postérieure à la naissance d'Orphée, l'émigration d'Olen doit avoir précédé, et tombe vraisemblablement entre le premier et le second Lycus [1]. Le culte du dieu-loup soleil (Lycus) florissait en Lycie dès le temps d'Olen, bien avant ces émigrations de Crétois et d'Athéniens, civilisés sous l'influence de la Phénicie et de l'Égypte, mais partis immédiatement de contrées helléniques. Sans doute l'Égypte et la Phénicie ne furent point étrangères à son établissement; mais il paraît que la Haute-Asie y eut une part encore plus ancienne, et que de là vint primitivement ce culte si pur d'Apollon et d'Artémis, transplanté par Olen de la Lycie à Délos. Ce n'étaient ni des victimes, ni des offrandes sanglantes que les Hyperboréens avaient coutume d'envoyer, en manière de commémoration, dans l'île sainte, ou que l'on y présentait journellement à l'autel d'Apollon : c'étaient les prémices des fruits de la terre, du froment, de l'orge, des gâteaux sacrés [2]. Cet autel se nommait l'autel ancien par excellence, l'autel des pieux,

---

[1] *Conf. ci-dessus*, p. 96. — Il sera question plus loin, liv. V, sect. I, chap. III, art. I, d'un autre *Lycus*, Béotien, frère de *Nycteus*, et figurant avec lui l'opposition du jour et de la nuit, de la lumière et des ténèbres. La plupart des personnages de ce nom, qui tombent dans la période mythologique de la Grèce, bien que classés généalogiquement et par suite chronologiquement, ne sont peut-être pas moins allégoriques que ce *lumineux* Lycus. (J. D. G.)

[2] *Voy.* plus haut, p. 97. Spanheim et Th. Grævius sur Callimaque, Del. 283; Diogen. Laert. VIII, § 13; Clem. Alex. Stromat. VII, p. 848 Pott. — *Conf.* Aristot. Πολιτειῶν Reliq. ed. Neumann, Heidelberg. 1827, p. 108. Apollon était adoré, à l'autel dont il s'agit, sous le titre de γενέτωρ, générateur ou père. (J. D. G.)

et il était le seul où vînt sacrifier Pythagore [1]. Le culte de Delphes portait ce même caractère de pureté et de simplicité, car il avait la même origine [2]. Une preuve fort remarquable que nous en a conservée Pausanias, c'est ce petit temple construit jadis par des abeilles avec de la cire et des plumes, et qui, d'après l'ordre d'Apollon, fut envoyé en présent aux Hyperboréens [3]. Nous appelons ce culte de Delphes et de Délos asiatique, non seulement à cause de son origine hyperboréenne, fondée sur le concert de la plupart des traditions, mais parce que des traces non équivoques d'une religion complétement identique subsistèrent en Lycie, dans la patrie même d'Olen, particulièrement à Patares, ville principale de cette contrée [4]. On y offrait à Apollon des gâteaux en forme d'arc, de lyre ou de flèche, et ce qui est bien remarquable, c'est que les Athéniens faisaient de pareilles offrandes à leur Apollon. Des fruits et des gâteaux semblables étaient aussi les présens offerts au Soleil et aux Heures [5]. On déposait des gâteaux en forme de cornes ou de croissans sur les autels d'Apollon, d'Artémis, d'Hécate et de la Lune [6].

Tout concourt donc à établir l'existence d'un même

---

[1] Porphyr. de Abstin. II, p. 172, et les citat. de la note précéd.

[2] Ælian. Var. Hist. XI, 5.

[3] Pausan. X, Phocic., 5. — Le sens adopté par notre auteur paraît plus raisonnable que celui qu'a cru devoir suivre M. Clavier dans sa traduction de ce passage, tom. V, p. 286. (J. D. G.)

[4] Plus tard *Arsinoë Lyciæ*, Strab. XV, p. 666. Il en subsiste des ruines fort remarquables.

[5] Steph. Byz. v. Πάταρα, coll. Eustath. ad Dionys. Perieg. vs. 129; Suidas v. διακόνιον et εἰρεσιώνη.

[6] Hemsterh. ad Lucian. II, p. 411 Bip.

ensemble de rites religieux, marqués d'un caractère propre et rattachés aux noms d'Apollon et d'Artémis, qui de la Lycie se répandit à Délos et dans différentes parties de la Grèce. L'idée fondamentale de ce culte lycien peut se définir une forme très ancienne d'un culte épuré du Soleil. Nous ne prétendons pas, au reste, bannir par là toute notion accessoire des vieilles religions locales. Nous savons, en effet, que la Lycie était un pays d'archers et de chasseurs. Apollon y devint donc naturellement un archer, un chasseur, caractère que ce dieu portait en diverses contrées [1]. Ainsi s'expliquent, dans un sens également naturel, plusieurs des attributs que nous remarquions tout à l'heure, par exemple, les gâteaux en forme d'arcs et de flèches. Mais ces attributs n'avaient-ils pas un autre sens plus élevé? Les prêtres lyciens, successeurs d'Olen, héritiers comme lui des croyances orientales, ne voyaient-ils pas dans ces symboles que le peuple expliquait par les simples usages de la vie commune, une relation secrète à la lumière et au soleil? Nous pourrions citer une foule d'indices à l'appui de cette opinion, et montrer que, dans l'antiquité, Apollon fut regardé comme un archer à titre spécial de soleil [2]. Observons seulement ici que, parmi les offrandes

---

[1] Il était représenté à Amycles en Laconie avec le casque, l'arc et la lance (Pausan. III, Laconic. 18, 19), et rappelle ainsi jusqu'à un certain point l'Apollon assyrien armé dont parle Macrobe (Saturn. I, 17). — *Voy.* nos pl. LXV, 250 e, LXXIII, 277, coll. LIX, 277 a.

[2] *Voy.*, par exemple, le passage remarquable d'Eustathe sur l'Odyssée, XX, 156 sqq., p. 727, 38 sqq. ed. Basil., et celui de l'orateur Lycurgue contre Ménésechme (ap. Nonnum in Gregor. Nazianz. Orat. funebr. in Basil. magn. in Creuzer. Meletem., p. I,

mentionnées plus haut, figure toujours la lyre, cet emblème antique de l'harmonie des astres. La fête de l'Apollon Athénien, célébrée avec les mêmes rites qui se retrouvent à Patares en Lycie, est souvent nommée la fête du soleil; elle tombait à deux époques correspondantes, au printemps et en automne; on y implorait dans des hymnes une température favorable et d'abondantes récoltes [1]. On trouve aussi l'attribut de l'arc associé quelquefois avec le flambeau propre à Ilithyia et aux autres divinités de lumière, dans des sculptures d'origine asiatique [2]. Dans d'autres monumens, c'est le flambeau et la lyre qui sont rapprochés [3]. Enfin, d'anciens écrivains, tels que le philosophe ionien Héraclite, emploient évidemment l'arc et la lyre dans un sens cosmique transcendant, ainsi que nous nous en convaincrons plus loin. Il est à croire qu'Héraclite aussi bien que Pythagore, ce pur adorateur d'Apollon, cet imitateur de l'antique Olen, connaissait l'origine et le système sacerdotal de ces religions venues de la haute Asie.

Des preuves d'un autre genre, des faits positifs vien-

---

p. 76). L'Hyperboréen Abaris recevant d'Apollon la flèche et le don de prophétie, dont il est question dans ce dernier passage, et qui parcourt la Grèce en l'instruisant, sera expliqué ailleurs (liv. V, sect. I, ch. Ier, appendice) avec le Scythe Zamolxis.

[1] *Voy.* les passages cités, pag. 112, notes 5 et 6.

[2] Par exemple, dans cette statue de la déesse de Syrie, chez Gronov. Thesaur. antiq. græc. VII, 424 (*ci-dessus*, p. 73, et la note). — L'Artémis ou la Diane grecque porte elle-même l'arc et le flambeau, dans nos pl. LXV, 250 *f*, LXXXIII, 301.   (J. D. G.)

[3] Au revers d'une médaille d'Olympe en Lycie, dont la face porte une tête d'Apollon couronnée de laurier. *Voy.* Pellerin, Recueil, II, pl. 69, n° 7.

nent confirmer cette liaison antique que nous reconnaissons entre la haute Asie et l'Asie antérieure à l'égard du culte de la lumière, et montrent combien elle fut prolongée. A l'époque de la guerre des Perses, les habitans de Délos s'étant réfugiés dans une île voisine, le général persan Datis leur envoya un héraut qui leur dit de sa part : « Pourquoi fuyez-vous, hommes sacrés, et prenez-vous de moi une opinion si peu favorable? Moi-même j'ai la ferme intention, et de plus j'ai reçu du grand roi l'ordre formel de respecter le pays *où sont nés les deux dieux*, aussi bien que ses habitans. » Non seulement cet ordre fut exécuté, mais encore une offrande de trois cents talens d'encens brûla sur l'autel des divinités adorées à Délos [1]. La même expression, où sont nés les deux dieux, se représente dans l'Axiochus du prétendu socratique Eschine, et le mage Gobryas y parle en même temps de tables d'airain venues avec Opis du pays des Hyperboréens, sur la foi desquelles il donne sa description des enfers et de la destinée des ames [2]. Mais ce qui importe surtout à notre sujet, c'est la reconnaissance publique des deux divinités de Délos au nom d'un roi de Perse. Il paraît qu'Éphèse et son temple furent également respectés dans les guerres médiques [3]. Dans un fragment remarquable du tragique Diogène, au temps des trente tyrans, on voit des vierges bactriennes adorer, de concert avec les filles de Lydie,

---

[1] Herodot. VI, 97.
[2] Æschin. Socrat. Axioch., sect. 19.
[3] Brisson., de reg. Persar. princip. II, sect. 32.

l'Artémis du mont Tmolus [1]. Une foule d'autres vestiges se rencontrent chez les auteurs, d'où l'on peut induire que le culte de cette déesse fut originaire de la haute Asie; et nous savons qu'en certains lieux, par exemple à Hiérocésarée, on donnait positivement à Diane la qualification de persique [2]. De même l'Apollon Comæus, que l'on adorait à Naucratis avec Vesta et quelques autres divinités [3], paraît avoir été un Apollon oriental, comme celui dont la statue fut transportée à Rome, dans le temple d'Apollon Palatin, sous le césar Julien [4]. Ce surnom de *Comœus* a été rapproché avec raison du nom de *Hom* chez les Perses, de Hom, le même que Omanus, qui, suivant Strabon, était associé à Anandatus dans le culte de la Cappadoce du Pont [5]. Les interprètes du Zendavesta y voient une dérivation de l'ancien culte persan du feu mâle et du feu femelle, et à la fois du soleil et de la lune [6]. Ce seraient là véritablement les deux dieux dont les Perses voulurent respecter le berceau à Éphèse et à Délos. L'on sait, au reste, que dans plusieurs villes de l'Asie mineure se trouvaient des Dadgahs ou des temples du feu, à la manière des

---

[1] Athenæus XIV, 38, tom. V, p. 306 sq. Schweighæuser. De là encore sur les médailles lydiennes la *Diana Boritine*, surnom dont l'étymologie a été vainement cherchée dans la langue grecque. *Conf.* Eckhel Doctr. Num. vet. III, p. 121.

[2] Diodor. V, 77, *ibi* Wesseling.

[3] Hermias ap. Athen. IV, 32.

[4] Ammian. Marcell. XXIII, 6, 24.

[5] *Voy.* chap. précéd., art. IV, p. 82. *Confer. Anhang zum Zendavesta*, II, 3, p. 68, n° 144; Vossius de Idololat., l. II, c. 9.

[6] *Anh. z. Zendav.*, ibid. *Conf.* vol. I, liv. III, p. 347.

Perses, avec des rites évidemment magiques [1]. Et quoique ces singularités puissent s'expliquer en partie par diverses circonstances historiques bien connues, que nous avons signalées au début de ce livre, notamment par le séjour des satrapes dans ces contrées, il n'en est pas moins très probable, à consulter soit l'esprit du magisme antique, soit l'ensemble des récits qui attestent l'origine asiatique d'une branche au moins des cultes d'Apollon et d'Artémis, que, dès les temps les plus reculés, les Pélasges avaient reçu par la Thrace, de la Bactriane ou de la Médie, l'idée d'un dieu du feu et du soleil, qui devint Apollon. Sans doute ils reçurent alors aussi, pour la première fois, cette Diane de la Perse, dont les armées romaines commandées par Lucullus trouvèrent encore les vaches sacrées au delà de l'Euphrate [2]. L'article suivant répandra un jour nouveau sur ce sujet.

Enfin, les noms propres fournissent une dernière preuve à l'appui de notre opinion sur l'origine orientale de toute cette famille de divinités grecques. Tels qu'on les trouve dans les généalogies d'Hésiode et d'Apollodore, ils ont trait presque tous aux côtes voisines du Caucase et à la Perse. Cœus, fils d'Uranus et de Gæa, engendre avec Phœbé Léto ou Latone, mère d'Apollon et d'Artémis, puis Astérie, qui avec *Persès* met au jour Hécate [3]. En jetant les yeux sur la table généalogique du soleil et de la lune, qui résulte de la Théogonie

---

[1] Strab. XV, p. 733, Cas., coll. Pausan. V, Eliac. (I), 27.
[2] Plutarch. Lucull., cap. 24, p. 232, ed. Coray.
[3] Hesiod. Theogon., 404 sqq.; Apollodor. I, 2, 4.

d'Hésiode [1], on se voit environné de noms orientaux et de toute la famille magique de Médée, la princesse de Colchos. Mais puisque nous avons cité Hésiode, tournons nos regards vers l'île de Crète, où se forma très-anciennement le système théogonique qu'il nous a conservé.

III. Apollon et Artémis dans l'île de Crète; leurs rapports avec l'Égypte; corrélation du système égyptien avec le système asiatique.

Tous ces dieux dont les traditions rapportées jusqu'ici nous ont montré la première et véritable patrie dans les contrées de l'Asie supérieure, furent reçus, à une époque quelconque, dans la famille crétoise de Zeus et de Héré, c'est-à-dire de Jupiter et de Junon. Ilithyia, qui était accourue à Délos pour soulager Latone en mal d'enfant, devint un fruit de l'hymen de ces deux grandes divinités [2]. On la voit maintenant à la suite de sa mère, qui accorde ou refuse aux femmes dans les douleurs de l'enfantement la secourable assistance de sa fille. La passion de Jupiter pour Latone et la jalousie de Junon furent, d'un autre côté, la source d'une série entière de mythes, qui lièrent l'histoire du couple divin de Délos avec celle du couple divin de l'île de Crète, et dans lesquels les enfans de Jupiter et de Latone durent naturellement revêtir le caractère du peuple montagnard

[1] Ed. Fr. Aug. Wolf, tab. V, p. 164.
[2] Hesiod. Theogon. 918 sqq.; Homer. Odyss. XIX, 188; Pausan. I, Attic., 18. — Ilithyia-Lucine paraît, remplissant ses fonctions auprès de Jupiter lui-même, dans notre pl. XCIII, 337.   (J. D. G.)

et chasseur de cette île. Apollon devint un archer et Diane ou Artémis une chasseresse. Mais là ne se bornèrent point les nouvelles attributions d'Apollon; il prit, entre autres, celle de prophète et d'interprète des oracles de son père [1]. Artémis, de son côté, qui sur les côtes du Pont et parmi les Scythes s'était transformée en guerrière impitoyable, pareille aux Amazones ministres de son culte, apparut en Crète comme une jeune mais sévère beauté dorienne [2]. Les anciens Crétois l'appelaient, dans leur langue nationale, *Brito*, la douce, plus ordinairement *Britomartis*, la douce vierge, et lui donnaient le surnom local tout-à-fait vulgaire de *Dictynna*, comme à la chasseresse du mont Dictys, situé au couchant de la Crète [3]. Dans la suite, les fables grecques distinguèrent Britomartis Dictynna d'Artémis, et en firent une nymphe crétoise à la suite de la déesse, dont elle reproduisit le caractère et les goûts [4]. Il en était arrivé de même, ainsi que nous l'avons vu plus haut, de la nymphe asiatique Opis, distinguée de la déesse des Hyperboréens, quoique au fond elle ne fût qu'une de ses épithètes personnifiée. Hérodote, peu d'accord avec la tradition commune, fait venir de Samos, en Crète, le

---

[1] Æschyl. Eumenid. 19. *Conf.* Creuzer. Meletem. I, p. 3o sq.

[2] *Comparez* les fig. 327 et 321 de nos pl. LXXV et LXXXIX, et *voy.* l'explication des planches. (J. D. G.)

[3] Sur les autres noms et surnoms de Diane chasseresse, *voy.* encore Creuz. Melet. I, p. 28 sq. *Conf.* Feder Comment. in Æschyl. Agam. carm. epod. prim., p. 3o sqq.

[4] *Voy.* Spanheim ad Callim. Dian. 190 sq., et citat. ap. Fischer ad Palæphat. *Conf.* Chishull Antiquit. Asiatic., p. 136. Ces fables jouent sur le nom de *Dictynna*, en le rapprochant de δίκτυα, des filets.

culte de Dictynna [1]. Ce culte se répandit au loin, et dans la chasseresse crétoise se conservèrent avec fidélité les idées fondamentales de la divinité qui porte la lumière et qui favorise les naissances. On rapportait son nom de *Dictynna* ou *Dictinna* à l'action de la lune, qui lance ses rayons sur la terre [2]; on la représentait entourée de petits enfans [3]. Ici Dictynna, la même qu'Artémis, se rapproche évidemment d'Ilithyia, et tout tend à se confondre de nouveau dans l'unité primitive.

Si l'on prend en considération la tradition suivie par Hérodote sur l'origine du culte d'Artémis-Dictynna en Crète, et que l'on fasse attention, d'un autre côté, à certains surnoms et à certaines généalogies d'Apollon [4], on sera tenté de soupçonner que l'île de Crète reçut directement de l'Asie ces deux divinités. Cependant, en y regardant de plus près, on s'apercevra bientôt qu'elle

---

[1] Herodot. III, 59.

[2] Du verbe grec δίκειν. Cornutus de Nat. Deor., p. 230, ed. Gale. Moser lit aussi dans Cic. de N. D. II, 27, p. 317 sq., d'après l'indication d'un manuscrit : *Dictinna* (au lieu de *Diana*) *dicta, quia noctu quasi diem efficeret*.

[3] Spanheim ad Callimach. Dian., 204 sqq., et la médaille qui s'y trouve gravée. En qualité de Diana *Lucina*, ou Λοχεία, présidant aux enfantemens (pl. LXXXI, 325), Dictynna portait de plus, en Crète, une couronne de dictamne (δίκταμνον, mot fort voisin de Δίκτυννα), plante merveilleuse, surtout favorable aux femmes enceintes, et qui, selon les anciens, ne se trouvait que dans cette île. *Voy*. Scholiast. Euripid. ad Hippol. v. 58, 73, *ibi* Valcken. *Conf.* Philochor. fragm., p. 88; Cic. de N. D., 50, p. 419, *ibi* animadv.

[4] Cet Apollon, né en Crète, mais fils de Corybas, aurait disputé à Jupiter lui-même l'empire de cette île. Cic. de N. D., III, 23, *ibi* Creuzer, p. 616. Quant aux antiques liaisons de la Crète et de la Phrygie, on peut voir encore l'Excursus V de Heyne sur l'Énéide de Virg., III, 102, tom. II, p. 485 sq.

eut avec l'Égypte les premières et les plus intimes relations, en ce point comme en beaucoup d'autres. Une foule de particularités, dans les religions dont il s'agit, ne peuvent s'expliquer que par les doctrines, les symboles et les rites de l'Égypte. La grande déesse d'Éphèse, sous ses enveloppes hiéroglyphiques, ressemble à une momie [1], et le premier fondateur du culte d'Apollon à Argos, Danaüs, était un colon de la Thébaïde. Nous avons vu qu'un loup fut pour lui le gage de la protection du dieu, de la victoire sur un rival [2]. C'est ainsi que des loups secoururent jadis les Égyptiens contre les Éthiopiens, qui étaient venus les attaquer; et la cité des loups, Lycopolis, fut, dit-on, fondée en reconnaissance de ce bienfait dans la Haute-Égypte. Non loin de Lycopolis, à Chemmis, d'où partit Danaüs, Osiris, racontait-on, quittant les sombres demeures de l'Amenthès, était apparu sous la forme d'un loup à son fils Horus marchant contre Typhon, pour l'encourager et pour l'assister [3]. Or, comme Horus est généralement comparé à Apollon chez les anciens, on voit que la connexion d'idées, reconnue dans l'article précédent entre Apollon et le dieu loup, existait déjà en Egypte. Aussi Horus-Apollon, sur les monumens des temps postérieurs, a-t-il pour attribut constant le loup, qui se montre à ses côtés [4].

[1] Il faut jeter un premier coup d'œil sur la pl. LXXXVIII., 3.17.
[2] *Conf. ci-dessus*, p. 107 sq.
[3] Diodor. I, 88 ; Synes. de Provid. 1, 115 ; Euseb., Præpar. Evang. I, p. 50. *Conf.* Zoëga Num. ægypt., p. 70, de Obelisc., p. 307; et tom. I.er, p. 393, coll. 867, 888 sqq.
[4] Zoëga *ibid.*

Quelle en est la raison? quelle peut avoir été la notion intermédiaire qui rapprocha ainsi les deux idées du loup et du dieu de la lumière, et donna lieu aux Grecs de rapprocher également les mots qui les expriment, qui expriment le sauvage animal et la naissance du jour [1]? Les Grecs, qui peut-être en cela n'avaient fait qu'imiter une analogie préexistante dans la langue égyptienne, assignent à ce rapprochement différentes causes naturelles, telles que le regard de feu du loup, ou cette circonstance, que le loup comme le chien fait ses petits aveugles, ou quelque autre raison non moins arbitraire [2]. Il est plus vraisemblable que l'habitude du loup, animal carnassier, qui pendant la nuit quitte sa retraite pour chercher sa proie, et au point du jour rentre dans sa tanière, porta les anciens à le regarder comme étant en rapport avec la région des ténèbres, avec le monde inférieur. Il devint donc pour eux un symbole de la transition de la lumière aux ténèbres, du passage du monde supérieur dans le monde inférieur, et fut en quelque sorte le messager des deux mondes. Ils l'employèrent pour désigner l'apparition et la disparition de la lumière tant du jour que de l'année, et enfin la grande vicissitude de la vie et de la mort [3].

Mais pour développer le rapport qui existe entre l'Apollon hellénique, venu originairement d'Asie, et le dieu

---

[1] Λύκος, λύκη, *supra*, p. 108 sq.

[2] Aristot. H. A. VI, 35, cap. 29, p. 312 Schneid.; Plin. H. N. XI, 37, 55, Harduin., etc.

[3] Ces idées, comme nous l'avons déjà dit, sont pleinement confirmées par les symboles et les monumens de l'Égypte : tom. Ier, 2, p. 865-867, et les renvois aux planches.   (J. D. G.)

égyptien Horus, il nous faut jeter un coup d'œil sur l'ensemble du système relatif à la lumière et au soleil en Égypte. A la tête paraît Kneph, la lumière primitive; vient ensuite Phthas, le feu primitif, puis le Soleil, né de l'Isis de Saïs; suivent les incarnations du Soleil, Horus ou Arouéris, Harpocrate, Sem ou Hercule [1]. Les Grecs ont une série analogue de dieux : Hypérion, Hélius, Apollon. Hypérion répond parfaitement au Soleil du système égyptien; il est celui qui s'avance au plus haut de la région céleste. Le père du Soleil d'Égypte est Phthas, comme Vulcain est le père du troisième Soleil dont parle Cicéron [2]. Ce troisième Soleil est identique à l'Apollon *Patroüs* d'Athènes, ou au plus ancien des quatre Apollons de Cicéron, donné pour fils de Vulcain et de Minerve, c'est-à-dire de Neith, de la grande Isis adorée à Saïs, et qui, dans l'inscription du temple de cette ville, se dit elle-même la mère du Soleil [3]. Si l'on demande maintenant comment il peut se faire que le vieil Hérodote affirme d'une manière si positive l'identité d'Horus, fils d'Osiris, et de l'Apollon des Hellènes, la réponse sera facile. Les Grecs avaient, dans leurs religions populaires, un Apollon singulièrement

---

[1] *Voy.* liv. III, ch. II et VII, tom. Ier, p. 408 sqq., et 469. *Conf.* la note 6 sur ce livre, fin du même tome.

[2] De N. D. III, 21.

[3] Cic. de N. D. III, 22, 23, *ibi* Creuzer, p. 595, 599, 614. *Conf.* tom. Ier, p. 482, n. 3; 517, n. 2; 519 sq.; et *ci-après*, liv. VI, chap. de Minerve, art. II. — *Voy.* encore les développemens de J. C. F. Bæhr, dans la dissertation intitulée : *De Apolline Patricio et Minerva Primigenia Atheniensium*, Heidelberg. 1820, § 6-8, p. 11-19.

(J. D. G.)

rapproché de la nature humaine, un Apollon qui tantôt s'irrite, tantôt triomphe de ses ennemis, tantôt, chassé du cercle des dieux de l'Olympe, s'en va paître les troupeaux sur la terre ; enfin, un Apollon tour à tour élevé et humilié. De même Horus, le bel Horus à la chevelure brillante, tantôt fuit devant Typhon, tantôt paraît avec fierté comme vengeur de son père Osiris, tantôt, dans le transport de la victoire, s'irrite contre sa mère Isis, et lui arrache son diadème [1]. Ce dieu-soleil incarné devait, bien plutôt que le dieu-soleil de Saïs, né des puissances suprêmes, représenter à l'imagination des Grecs leur populaire Apollon. C'est ce qui arriva. Tandis que le Soleil du système sacerdotal de l'Égypte donna naissance à l'Apollon *Patroüs* d'Athènes, honoré dans les religions antiques de cette cité, fille de Saïs [2], l'autre Apollon, poétique objet des croyances publiques parmi les Hellènes, fut naturellement assimilé à l'Horus non moins populaire des Égyptiens, qui avait contribué beaucoup à sa formation.

La Phénicie eut une semblable incarnation du soleil. Sydyk, le même que Phthas ou le Vulcain d'Égypte, mit

---

[1] Tom. Ier, p. 392, 393, 400.

[2] Philochore témoigne d'une manière positive (ap. Etymolog. M., p. 768, p. 696 Lips.; Photii Lex., p. 433, et Suidas *v.* τριτοπάτορες), que le Soleil y était le même qu'Apollon. *Conf.* Philoch. fragm. ed. Siebelis, p. 11 ; et sur les origines d'Athènes, le liv. V, sect. I, ch. I, et le liv. VI déjà cité. — On trouvera dans nos planches LXXIV, 303, LXXXIII, 304, LXXXV, 305, XCV, 380, diverses représentations du dieu-soleil, *Hélios*, ou d'Apollon considéré comme tel, rapproché dans cette dernière scène de l'Apollon des poètes. Apollon *Nomios*, ou faisant paître les troupeaux sur la terre, paraît dans la pl. LXXIII, 283. (J. D. G.)

au jour avec les sept Cabires un huitième fils, Esmun. Ce dieu est ordinairement comparé à Esculape [1]; mais la description qu'on en fait donne pour idées fondamentales le feu, la chaleur céleste, la source de vie. Son histoire mythique nous le montre sous des traits absolument conformes à ceux de l'Attis de Phrygie [2]. Les Phéniciens racontaient qu'Astronoé, une de leurs déesses, avait conçu pour lui une violente passion; que pour se dérober à ses poursuites, il s'était vu forcé de se mutiler de ses propres mains, et que la déesse lui avait accordé l'immortalité. Peut-être fut-ce dans ce mythe ou dans quelque autre pareil que vinrent se réunir l'idée du fils de Phtha ou de Vulcain et celle d'Apollon [3]. Le Phénicien dont Pausanias rapporte les paroles [4] déclare positivement que ses compatriotes, aussi bien que les Grecs, regardaient Apollon comme le père d'Esculape, et il explique ainsi leur relation. Suivant lui, Apollon est le soleil, qui par sa course annuelle fait la salubrité de l'air; cet air si essentiel à la santé des hommes et des animaux est Esculape. Quoi qu'il en soit

---

[1] Euseb. Præpar. Ev. I, 10. — Sanchoniath. fragm. Orell., p. 32, 38. *Conf. ci-dessus*, p. 16.

[2] Damasc. Vit. Isidor. ap. Phot. Cod. 242. — *Conf.* Selden, II, 2, p. 261; et *ci-dessus*, chap. III, art. III.

[3] Astronoé, est-il dit chez Damascius, donna au jeune homme mutilé le nom de *Pœan*, et, après avoir rallumé en lui le feu générateur, en fit le dieu *Esmun*, mot qui exprime cette idée; d'autres l'interprètent le *huitième*. — C'est le Pan ou le Mendès de l'Égypte, également appelé *Schmoun* ou le huitième, et avec qui Arouéris ou Horus s'identifie sous un point de vue supérieur. *Conf.* tom. I, 2, p. 830, 832, 856, 864, coll. 807 sq.   (J. D. G.)

[4] VII, Achaic., 23.

de cette opinion et de la Précédente, le Phénicien Cadmus paraît avoir apporté en Grèce avec lui un dieu-soleil Apollon. Non pas que nous attachions une grande importance au rapprochement que l'on peut établir entre le nom d'*Esmun*, fils d'Apollon, et l'épithète d'*Isménien* donnée à l'Apollon de Thèbes en Béotie [1]. Mais le culte de cet Apollon est marqué de certains caractères qui légitiment notre assertion. C'est dans son temple que se voyaient les fameuses lettres cadméennes [2]. Tous les neuf ans on célébrait en son honneur les Daphnéphories, où un jeune et bel enfant, portant un rameau de laurier, faisait le rôle de prêtre, et qui étaient une véritable fête du soleil, comme il est facile de s'en convaincre par la description que nous en ont laissée les anciens [3]. L'Apollon de la Béotie, le même au fond que celui de l'Attique [4], prit sa route, selon toute apparence, d'Égypte et de Phénicie par l'île de Samothrace. Là se représente Phtha-Vulcain avec un rôle fort élevé. Là, dans les mys-

---

[1] *Conf.* Münter, *Relig. d. Carthag.*, p. 91 sq.

[2] Herodot. V, 59. — Sur ces lettres Cadméennes et sur le phénicien Cadmus on peut voir, en attendant les développemens que promet M. Creuzer dans la continuation de ses Comment. Herodot., le liv. V, sect. I, chap. I, *ci-après*, et les notes qui s'y rapportent, à la fin du volume. (J. D. G.)

[3] Pausan. IX, Bœot., 10, et surtout Procl. Chrestom. ap. Phot., p. 988, p. 385 sqq. ad calcem Hephæstion. ed. Gaisford.

[4] L'Apollon Béotien se nommait aussi *Galaxius*, parce qu'il était supposé donner le lait en abondance aux troupeaux (Plutarch. Moral. t. IV, p. 675 Wytt.). Meursius (Græc. feriat., p. 68) a cru que la fête des Galaxies, à Athènes, se célébrait en l'honneur de cette divinité, mais il paraît que c'était réellement en l'honneur de la Mère des dieux (Lexic. Rhetor. in Bekker. Anecdot. gr. I, p. 229).

tères, se retrouvent les rameaux symboliques portés en procession à la fête d'Apollon Isménien. Là paraît aussi l'enfant sacré revêtu des fonctions sacerdotales [1]. C'est Camillus (Cadmilus, Cadmus), dont le nom est phénicien, et qui, à Samothrace comme en Étrurie, à Rome et dans la Grèce, dessert le culte des grandes divinités de la nature. Nous y reviendrons plus tard.

Les réflexions précédentes rendent aisé à concevoir que, dans les systèmes orphiques, se rencontre un Hélius ou un dieu-soleil, tandis que tout près figure un Apollon également sous les traits du soleil. En effet, Proclus nous assure, après Eschyle, que la doctrine d'Orphée reconnaissait comme identiques le soleil et Apollon [2]. Formés à l'école des prêtres de l'Égypte et

[1] Apollon était surnommé κουροτρόφος, comme favorable à la croissance des jeunes gens. C'est toujours l'Apollon-Soleil. (Eustath. ad Odyss. XIX, 86, p. 683 Basil., coll. Suid. II, p. 350 Kust.). On pourrait croire que le laurier, qui avait été Daphné son amante, en prenait le surnom de κουροβάλεια, féminin de κουροβαλής, comme Schneider corrige chez Suidas ; mais il paraît qu'il faut écrire κορυθαλία (Zonaræ Lexic., p. 1238, *ibi* Tittmann, coll. Hesych. II, p. 323 Alberti; Hemsterhuis ad Hesych. I, p. 1694), nom toujours en rapport avec le laurier, avec Daphné. Plutarque raconte (Sympos. III, 9, p. 681 Wyttenb.) qu'Apollon avait eu deux nourrices, la Vérité et Corythalie. Si l'on cherche ce qu'ont de commun la nymphe du laurier et la Vérité, il faut se rappeler la croyance des anciens à la vertu prophétique et poétique des feuilles du laurier, et l'épithète de δαφνηφάγοι donnée aux poètes et aux devins. (Casaub. ad Theophr. Charact. XVI, p. 175 sq. Fischer; *id.* ad Athen. IV, p. 140, p. 461 Schweigh.; Salmas. ad Solin., p. 609; Tzetz. ad Lycophr., v. 6, p. 272, ed. Müller.) — Apollon, considéré sous ce double point de vue, est couronné de laurier dans les monumens, pl. LXXIV et LXXV, 280, 282.   (J. D. G.)

[2] *Voy.* Orph. hymn. VIII, XII, XXXIV, fragm. XXVIII, ed.

de la Phénicie, les Orphiques reproduisirent dans leur Phanès-Apollon, leur Hélius, leur Héraklès ou Hercule, la série entière de ces dieux de la lumière et du soleil, que nous examinions tout à l'heure.

C'est à l'Apollon Isménien que l'on offrait encore des holocaustes où l'on prédisait l'avenir par la flamme du sacrifice, absolument comme à Olympie dans les sacrifices en l'honneur de Jupiter [1]. L'idée d'un dieu prophétisant sort naturellement de celle du feu céleste, du soleil déifié, qui se trouve dans Apollon comme dans Jupiter. Pareillement s'associent les idées de dieu du soleil et de dieu de la musique, de maître de la lyre; car la lyre, comme nous l'avons déjà vu et comme nous l'expliquerons plus loin avec détail, fut un symbole fort ancien de l'ordonnance harmonieuse des astres. Nul doute que, dans l'antique sabéisme de l'Asie supérieure, la divination par le feu n'ait été aussi une partie importante du culte divin. Les livres zends en fournissent la preuve. Le feu, y est-il dit expressément, donne la connaissance de l'avenir, la science et les suaves discours [2]. Voilà les fonctions principales d'Apollon réunies dans la notion médo-persique du feu et du soleil; et même, si nous en voulons croire les indices rapportés plus haut, il y aurait là plus qu'une simple analogie, il y faudrait voir

---

Hermann., *ibi* Gesner, p. 487 (citant Proclus Theolog. Platon. VI, 12, p. 376); Æschyl. in Eratosth. Catast., p. 19 Schaub. On a déjà vu Hélios et Apollon rapprochés sur un même monument, pl. XCV, 380.

[1] Herodot. VIII, 134; Philochor. ap. Schol. Sophocl. Œdip. Tyr. 20, et fragm. p. 101.

[2] Izeschné, Ha 67. *Conf.* liv. II, ch. III, tom. Ier, p. 333 sq.

une dérivation historique [1]. L'idée de prophétie attribuée à Apollon pourrait bien se rattacher primitivement aux Dadgahs ou Pyrées de la Perse, qui étaient les autels du feu céleste et du soleil tout à la fois [2]. Plus tard, elle se serait liée, par une combinaison nouvelle, aux cultes de Phtha, de Sydyk et d'Esmun, divinités du feu terrestre et de la lumière qui luit au sein des ténèbres. Des circonstances locales, des phénomènes singuliers auraient favorisé cette alliance, tels que ce gouffre merveilleux que l'on voyait à Delphes au pied du Parnasse, et dont les exhalaisons jetaient dans une espèce de transport. Peu à peu, chez les prêtres de la Grèce, qui firent d'Apollon le dieu-prophète par excellence, les notions primitives et les fonctions supérieures, réunies d'abord dans ce dieu, ou s'affaiblirent ou se décomposèrent. Voilà comment le caractère de dieu-soleil s'obscurcissant de plus en plus chez l'Apollon des Grecs, brilla d'un éclat nouveau dans Hélius, dieu qu'ils avaient reçu également des religions solaires de l'Égypte et de l'Asie. De même la science de la médecine, liée originairement à l'idée du soleil dans Apollon, s'en détacha et eut son type divin à part. C'est ainsi que presque partout, au moins en ce qui concerne le culte populaire, le fils de Latone se vit réduit aux attributions de dieu des archers, de la musique et des oracles. C'est sous ces traits qu'il apparut, rayonnant d'une beauté sensible et presque humaine, à la brillante imagination des chantres natio-

---

[1] *Voy.* ce qui a été dit de l'Apollon *Comœus*, p. 116.
[2] Tom. I⁽ᵉʳ⁾ *ibid.*, et p. 378, coll. 730; et tom. IV, pl. XXII, 117.

naux de la Grèce, particulièrement à celle d'Homère[1], si l'on en excepte un petit nombre de passages où se laisse entrevoir un caractère plus élevé et vraiment antique. Les récits de Pausanias montrent aussi que, de son temps, à Olympie et ailleurs, on adorait, depuis des siècles, un Hélius et une Sélène, c'est-à-dire un soleil et une lune, distincts d'Apollon et d'Artémis[2]. Loin de voir dans les rôles si restreints, mais tout extérieurs et par là si éminemment populaires, donnés par les poètes à ces deux dernières divinités, la véritable origine de leur culte, nous y reconnaissons au contraire une victoire accidentelle de la poésie sur les doctrines sacerdotales où respirait le sabéisme primitif, dont nous retrouvons plusieurs élémens dans les traditions mêmes et dans les rites de l'âge poétique. Il suit de notre manière de concevoir le développement de ces religions orientales transportées en Grèce, que les interprétations des philosophes post-homériques, depuis Phérécyde et Héraclite jusqu'au César Julien, ne sont point à nos yeux des efforts récens, tentés après coup pour mettre en accord les idées d'Apollon et d'Artémis avec celles du soleil et de la lune; mais elles eurent pour but, selon nous, le rétablissement de l'antique théologie prêchée aux Pélasges et aux Hellènes par des prêtres étrangers. S'il était besoin d'apporter un dernier argument en faveur de l'origine orientale d'Apollon, nous le trouve-

---

[1] Voss a très bien fait ressortir, dans ses Lettres mythologiques, cette conception toute poétique de la religion d'Apollon.

[2] Pausan. V, Eliac. (I), 11; VI (II), 24. — Sélène se voit avec Hélius, fig. 304 a.

rions dans le nom même de ce dieu, dont les Grecs ont si diversement et si vainement cherché la raison dans leur propre langue. La forme crétoise *Abelios*, pour *Helios*, montre tout ensemble son identité première avec le nom du soleil, et sa racine asiatique, qui, pour les deux mots, doit être *Bel* ou *Hel*, appellation du soleil ou du dieu qui préside à cet astre, dans les langues sémitiques [1].

Artémis aussi nous indique l'Orient, et plus particulièrement l'Égypte, comme la source de nombre de ses attributs et de ses fonctions. A son tour elle va nous faire voir en elle-même de frappans rapports avec les divinités égyptiennes qui ont trait à la nuit et à la lune. Mais, pour bien saisir ces rapports, il est nécessaire de se rappeler avant tout le génie des religions orientales. L'Orient et l'Égypte, et les religions primitives en général, ont coutume de séparer d'une divinité principale certaines propriétés que tantôt elles personnifient à part, et que tantôt, au contraire, elles réunissent, après les avoir séparées, pour les confondre de nouveau dans leur principe. C'est ce qui s'applique spécialement aux déesses Tithrambo et Bubastis. Voici d'abord tout l'enchaînement des divinités femelles que reconnaissait la théologie des Égyptiens. Athor est la nuit primitive cachée dans les profondeurs du temps et de l'espace. Buto est une nuit secondaire, ou proprement l'air obscur, humide et nourrissant qui occupe la région sublunaire, tandis que Neith est l'Éther femelle, répandu dans la région supralunaire; il suit de là que Buto figure souvent comme la nuit qui enveloppe la

---

[1] Hesych. v. Ἀβέλιος, et *ibi* interpret. *Conf.* Selden de D. S. II, 1, p. 144 sq.

terre, souvent aussi comme la lune elle-même [1]. Isis est l'eau primitive, de laquelle est né le soleil et qui nourrit les étoiles. Considérée sous un point de vue supérieur, elle s'identifie avec différentes autres déesses, particulièrement avec Neith; comme eau primitive, elle est la même que la Dercéto d'Assyrie et l'Uranie d'Ascalon. Bubastis, c'est-à-dire celle qui découvre son visage, qui change de visage, est la lune qui se montre et qui parcourt ses phases, pendant que Tithrambo ou Ambo est la lune dans son triple état, dans sa triple influence, mais surtout dans son influence redoutable, la lune qui règne sur les plantes, les animaux et les hommes, qui cause les troubles de l'âme, les transports furieux, la maladie et la mort. C'est une Isis irritée, se confondant souvent avec Bubastis, la lune changeante, et avec la terrible déesse de la mort, Thermuthis [2].

On aperçoit au premier coup d'œil, dans ce tableau des déesses égyptiennes, les principaux caractères que nous ont montrés, dans les mythes asiatiques, les deux articles précédens. Athor est l'Ilithyia d'Olen, divinité cosmogonique [3]. Hérodote, fidèle à son principe de faire

---

[1] *Voy.* liv. III, ch. X, et *conf.* la note 6 dans les Éclaircissemens, tom. Ier, p. 512, 519, 826 sqq. Il en résulte quelques modifications assez importantes à l'exposition que fait ici notre auteur. (J. D. G.)

[2] *Conf.* les Éclaircissemens du tom. Ier, notes 4, 5 et 6, p. 805, 808, 814, 835, etc.

[3] Cette grande Ilithyia semble plus exactement représentée par la première des deux *Buto* ou *Bouto* égyptiennes, quoique les Égyptiens eussent aussi en propre une autre déesse d'un ordre inférieur, que les Grecs comparent à leur vulgaire Ilithyia, en lui donnant son nom : tom. Ier *ibid.*, et surtout 826 sq. (J. D. G.)

dériver de l'Égypte la plupart des dieux helléniques, assimile Buto à Latone et Bubastis à Artémis [1]. Les Égyptiens et les Hellènes étaient divisés entre eux sur la mère de Bubastis-Artémis; Eschyle les concilie en faisant d'Artémis une fille de Déméter ou Cérès [2], la même qu'Isis, tandis que la mythologie dominante des Grecs donnait Apollon et Artémis ou Diane pour enfans de Latone, c'est-à-dire de Buto, dont Horus et Bubastis n'étaient que les nourrissons en Égypte [3]. Il est probable qu'en cela le poète, amant de la doctrine des mystères, avait suivi une tradition sacrée venue de ce pays, au lieu de la généalogie asiatique chantée par Olen dans les hymnes de Délos, et devenue populaire en Grèce. Plusieurs attributs d'Isis furent transportés à Bubastis, et passèrent de cette dernière à Artémis, par exemple les chiens qui aident l'épouse d'Osiris à chercher le corps de son époux [4], et qui environnent la Diane chasseresse. L'animal ordinairement consacré à Bubastis était le chat, ce qui donna lieu aux Grecs d'imaginer la fable de Galinthias, assistant à la naissance d'Hercule, et changée par Ilithyia en chat ou en belette [5]; mais comme lune malfaisante et identifiée à Isis en courroux, Bubastis avait aussi des chiens à sa suite. C'est la redoutable Brimo, c'est la terrible Hécate aux trois têtes, troublant le repos des nuits par les aboiemens des chiens, ses

---

[1] II, 137, 156.
[2] Herodot. *l. l.*; Pausan. VIII, Arcad., 37.
[3] Tom. Ier, p. 392, coll. 826 sq., n. 2.
[4] Plutarch. de Isid., p. 463 Wyttenb. *Conf.* tom. Ier, p. 391.
[5] Antonin. Liber. 29, et *ibi* Muncker.

ministres [1]. C'est encore l'Artémis bruyante, la lune ténébreuse, bouleversant l'atmosphère et envoyant dans ses éclipses de funestes influences sur la terre et sur ses habitans [2]. C'est Méné, qui cause la manie, la lune qui rend lunatique [3]. Aussi les femmes surtout, dans les maladies qui leur sont propres et que l'on supposait un effet de cet astre, étaient-elles appelées en grec tantôt celles qui sont atteintes de la lune, tantôt celles qui sont frappées par Artémis [4]. Ici Bubastis-Artémis est évidemment la même que Tithrambo, Némésis et Thermuthis. Mais cette déesse puissante n'envoie pas seulement des maux; souvent elle éclaircit son front chargé de ténèbres, elle luit d'une bienfaisante lumière. Développant le fruit dans le sein de la mère, durant la succession des lunes, elle le produit au jour et à la vie quand elle l'a conduit à sa maturité. Alors elle devient Ilithyia-Lucina [5]. L'on sait que, dans la Haute-Égypte, la cité

---

[1] *Voyez ci-dessus*, art. I, p. 101-103, et les planches indiquées, en comparant XC, 328.

[2] Artémis surnommée κελαδεινή, la lune dans ses périhélies et dans ses aphélies, dans l'état appelé par les anciens σκοτόμαινα, en dorien proprement σκοτόμανα, chez Homère σκοτομήνια, de μάνα ou μήνη. *Voy.* Eustath. ad Odyss. XIV, 457, p. 557 Bas. *Conf.* Creuzer. Meletem. I, p. 28.

[3] Nonni Dionys. XLIV, 227, coll. Horat. de Art. poët. 454 *ibique* interpret. De là encore les σεληνιαζόμενοι ou *lunatici* du Nouveau-Testament, qu'il faut rapprocher des νυμφόληπτοι et des δαιμονιζόμενοι. *Conf.* H. Grotius ad Matth. IV, 24, coll. XVII, 15; Ast. ad Platon. Phædr., p. 260; et Plutarch. Aristid., 11.

[4] Σεληνόσχητοι, Ἀρτεμιδόβλητοι, Macrob. Saturn. I, 17.

[5] On dérive ordinairement *Luna* de *Lucina*; d'autres le font venir de λουνός, clair, brillant. *Conf.* Cic. de N. D. II, 27, p. 317 et 755, ed. Creuzer.

d'Ilithyia se trouvait au voisinage de la cité de Latone [1]. Ainsi nous trouvons, parmi les déesses de cet ordre, en Égypte, une corrélation suivie avec les divinités tout-à-fait analogues, venues de la Haute-Asie chez les Grecs. Ceci nous ramène naturellement à la déesse d'Éphèse.

IV. Retour sur l'Artémis d'Éphèse et ses différentes représentations symboliques; doctrine supérieure rattachée au culte d'Apollon et d'Artémis, et sa liaison avec les dogmes philosophiques d'Orphée, de Pythagore et d'Héraclite.

La plus antique image de cette déesse fut, comme celle de Cybèle, une idole que l'on croyait envoyée du ciel, et les habitans d'Éphèse attachaient le plus grand prix à sa possession [2]. A en juger par les médailles de cette ville, qui nous présentent souvent un simple tronc avec une tête et des pieds, telle fut peut-être la figure de cette idole primitive, sans doute accompagnée, dès l'origine, d'attributs significatifs [3]. Deux espèces de bâtons, fixés en terre ou à la base de la statue, soutenaient ses bras étendus horizontalement, et peut-être appartenaient-ils aussi au type originel. Un caractère non moins antique, non moins essentiel dans les idoles de la déesse, c'est qu'elles étaient faites de bois d'ébène; rarement on le remplaçait par le bois de la vigne ou par le cèdre [4].

---

[1] Strab. XVII, p. 817 Casaub.
[2] Actor. XIX, 35. *Conf.* Grotius ad *h. l.*; H. Vales. ad Sozom. Hist. eccles. II, 5.
[3] *Comparez* les divers sujets représentés dans les planches LXXXVI-LXXXIX, n°s 314-316, 318-320.
[4] Plin. H. N. XVI, 79, coll. Vitruv. II, 9.

En effet, la couleur noire était indiquée par l'idée fondamentale de cet être symbolique; et dans les temps postérieurs, c'est encore une noire déesse que nous trouvons sous les enveloppes chargées d'hiéroglyphes qui couvrent son image [1]. C'est ainsi que les Athéniens enveloppaient jusqu'aux pieds les images d'Ilithyia [2]. Déjà Xénophon parle d'une statue d'or que l'on avait substituée à l'antique statue de bois [3]. L'idole arrivée à son point de perfection offre à nos regards une figure panthée, assemblage des attributs les plus divers, où semblent se reproduire cette multitude de traits mythiques puisés dans les religions de la Haute-Asie, de la Scythie et de l'Égypte, dont nous avons composé le portrait historique de la déesse. Les Grecs, selon leur coutume, décomposèrent, soit dans leur poésie, soit dans leur sculpture, cette grande et multiple unité, et partagèrent entre les différentes représentations d'Artémis les nombreux attributs que réunissait en elle seule la divinité d'Éphèse. Toutefois les Ioniens, à leur arrivée sur ces côtes, respectèrent le caractère antique de cette religion et de l'idole qu'elle avait pour objet; les Grecs, à côté des autres images d'Artémis, conservèrent cette idole sous sa forme panthée, et son culte, par l'effet de l'é-

---

[1] *Voy.* la statue de Dresde dans l'Augusteum de Becker, I, n° 13. La déesse à forme humaine paraît effectivement enchâssée dans une espèce de caisse de momie, sur laquelle sont appliqués des animaux ou membres d'animaux qui forment ses attributs. — *Conf.* notre planche LXXXVIII, 317, avec l'explication.

[2] Pausan. I, Attic., 18.

[3] Anab. V, 3, 13.

migration des Phocéens, se propagea jusque dans l'Europe occidentale.

En considérant dans le détail les attributs de cette figure si riche et si variée [1], nous sommes d'abord frappés de celui qui surmonte sa tête souvent voilée par derrière; c'est la couronne de tours que l'on croit avoir été anciennement une coiffure propre aux Lydiens [2]. Sur les médailles, la déesse d'Éphèse porte encore le *calathus*, où l'on a vu la trace antique d'un chapiteau de colonne, mais qui est plutôt un *modius* ou boisseau, image connue de la fertilité [3]. Les mamelles qui ont mérité à la figure dont nous parlons le nom de déesse aux nombreuses mamelles, sont presque toujours celles d'animaux. Au-dessus se remarque fréquemment le croissant de la lune; au-dessous l'on aperçoit d'abord les têtes d'animaux réels, de lions, de vaches, de cerfs, accompagnées d'abeilles et de l'écrevisse de mer; puis des combinaisons fantastiques, telles que des têtes de tigres ou de panthères avec des cornes, des ailes, des mamelles; ensuite des animaux fabuleux, des griffons,

---

[1] On peut comparer avec la statue du Musée Pio-Clémentin, reproduite dans la planche citée, les diverses représentations publiées par La Chausse, Mus. Rom., tom. I, sect. II, tab. 18, et par Menetrier, Gronov. Thes. antiq. Gr. tom. VII, p. 360 sqq.

[2] Zoëga, Bassirilievi I, 51. — *Conf.* l'explicat. des pl. LVII, 227, LXXXVIII, 317.

[3] Pl. citées, 314-316, 319, 320. — *Conf.*, quant au *modius*, notre dissertation sur le dieu Sérapis, jointe au tom. V des OEuvres de Tacite de M. Burnouf, et publiée à part comme appendice au tom. Ier des Religions de l'Antiquité, p. 17 sq. — Les figures 314-316 montrent la Diane d'Éphèse rapprochée soit de Sérapis, soit d'Esculape. (J. D. G.)

des dragons, des sphinx, etc.; enfin, çà et là de véritables arabesques, sans oublier le double collier de fruits et de fleurs entre lesquelles on distingue le chrysanthémum et la rose.

Parmi les interprétations que l'on a données de ces attributs, il en est beaucoup d'arbitraires. De ce nombre sont les quatre têtes de cerf expliquées par les quatre phases de la lune, et celles des lions rapportées à la position du soleil dans le signe zodiacal du lion. Cet animal nous semble plutôt ici l'emblème antique du pouvoir souverain; et en effet, sur le coffre de Cypsélus, Artémis ailée, conduisant d'une main une panthère, de l'autre un lion, paraissait comme la reine de l'Orient, sa patrie [1]. Quelques figures parlent d'elles-mêmes, par exemple les vaches, qui étaient consacrées à l'Artémis persane aussi bien qu'à l'égyptienne Isis; d'ailleurs on connaît le rapport du taureau avec la lune et avec Diane, surnommée *Tauropolos* [2]. Le cerf était attribué à l'Artémis des Grecs, en sa qualité de chasseresse, et, dans la guerre des dieux, on disait qu'elle avait combattu sous cette forme avec le géant Typhon, circonstance mythique dont l'art s'est emparé [3]. Peut-être est-ce encore comme lune que la déesse d'Éphèse s'appropria le cerf, animal que la croyance des anciens à sa longue existence éleva jusqu'au symbole de l'éternité [4]. Les animaux fabuleux nous reportent vers l'É-

[1] Pausan. V, Eliac. (I), 19.
[2] *Conf. ci-dessus*, p. 103 sq., 117, et fig. 323, 323 *a*.
[3] *Voy.* pl. LII, 151 *a*, LXXX, 329. *Conf.* l'explic. des pl. et les sujets de comparaison indiqués sous le dernier numéro.
[4] Spanheim ad Callimach. Dian., p. 251. — La déesse d'Éphèse se

gypte et la Haute-Asie. On se souvient des Bactriennes célébrant l'Artémis persane sur le Tmolus de Lydie [1]. Quant à l'Égypte, si la couleur des chairs de l'idole n'a point trait directement à ce pays, à sa population, tout au moins cela est-il vraisemblable du sphinx, si souvent mis en rapport avec les images d'Artémis, soit à Éphèse, soit en Pamphylie [2]. L'écrevisse de mer rappelle la déesse syrienne Dercéto, et la position géographique d'Éphèse bâtie sur un sol enlevé à la mer [3]. Cet emblème nous ramène en outre aux vieilles cosmogonies. A Phigalie, chez les Arcadiens, Pausanias vit une déesse femme et poisson que les habitans lui donnèrent pour Artémis, surnommée Eurynome. Cette Eurynome était l'épouse de l'antique dieu-serpent, qui gouverna le monde avant Cronus et les Titans; suivant une autre tradition, elle était fille de l'Océan et de Téthys [4]. Ce sont là autant d'allusions à la terre sortant du sein des eaux, et Artémis-Eurynome n'est autre qu'Isis élevée à sa plus haute puissance, l'eau primitive personnifiée. Dans un sens subalterne, l'écrevisse de mer rappelle une épithète fréquemment donnée à la Diane des Grecs, celle de déesse protectrice des ports [5], qui peut avoir appartenu origi-

voit elle-même, sur les monumens des temps postérieurs, dans un char traîné par des cerfs, pl. LXXXIX, 320.

[1] *Ci-dessus*, p. 115 sq.

[2] A Perga, où la déesse avait un temple ancien et fameux, ayant droit d'asyle comme celui d'Éphèse (Strab. XIV, p. 667, coll. Van Dale ad Marmor. antiq., p. 311 sq.). *Conf.* pl. LXXXVI, 320 *a*.

[3] *Ci-dessus*, p. 95 et la note 1.

[4] Pausan. VIII, Arcad., 41; Apollon. Rhod. I, 503; Hesiod. Theogon. 337, 358, 906.

[5] Λιμενῖτις et λιμενοσκόπος. —Une foule de villes maritimes, d'îles, etc.,

nairement à l'Artémis d'Éphèse, adorée dans un des ports les plus célèbres de l'ancien monde. Il se peut encore que l'on voie ici un simple emblême de l'humide élément subordonné à Artémis, ou bien un symbole de la lune s'élevant du sein de l'océan [1].

L'abeille, que l'Égyptien ami du merveilleux faisait, par une métamorphose physique, naître du corps décomposé d'un taureau, cette fille ailée du taureau ou de la vache, comme l'appellent des poètes de cette nation [2], qui à son tour donna naissance à tant de fables brillantes, était aussi l'un des attributs dominans de la déesse d'Éphèse. Les Muses, disait-on, sous la figure d'abeilles, avaient montré la route de l'Asie et les bords fortunés du Mélès aux Ioniens partis de l'Attique, comme des colombes servirent de guides aux émigrés de Chalcis, voguant vers les rivages de Cumes [3]. Les Ioniens reconnaissans perpétuèrent sur leurs médailles la mémoire de ce miraculeux événement [4]. En général, on rattachait à l'abeille l'idée de la primitive nourriture, pure et inno-

en Phénicie, en Ionie, en Éolie, dans la grande Grèce, montrent ce même symbole sur leurs monnaies. *Conf.* Bellermann *über Phœn. Münz.*, IV, p. 11; et la médaille des Brutiens avec la tête portant une écrevisse, dans notre pl. LXVIII, 320 c.

[1] Diane est aussi appelée λιμναία, λιμνᾶτις, λιμνάς, qui se dérive de λίμνη, un marais, un lac, par extension la mer. Cette Artémis marine se rapproche singulièrement d'Aphrodite ou Vénus, surnommée à Hermione Λιμενία ποντία (Pausan. II, 34, coll. 7; III, 23, 2, 7; IV, 4, 31). Les idées, du reste, ne se rapprochent pas ici moins que les mots.

[2] Philetæ Coï fragm., p. 63 ed. Kayser; Virgil. Georg. IV, 281, *ibi* interpret.

[3] Philostrat. Icon. II, 8, p. 823 Olear.

[4] *Voy.* l'antique médaille des Éphésiens, pl. LXXXVI, 320 b.

cente; on assurait que les premiers hommes, modèles de pureté, d'innocence et de vraie piété, avaient vécu de miel; la nymphe Mélissa leur en avait enseigné l'usage, et les premières prêtresses, appelées également Mélisses, du nom même des abeilles, avaient appris aux peuples à cultiver les fruits des arbres, alimens presque aussi simples [1]. Une vie, un culte saints, étaient donc des notions représentées par l'abeille, et ce remarquable insecte fut encore choisi pour exprimer par son image ce qu'il y a de plus important, de plus grand, de plus mystérieux dans l'existence et dans les destinées de l'homme. La pure, la sobre abeille abandonne sa patrie pour se fixer dans un nouvel état; c'est pourquoi elle devint, chez les anciens, le symbole d'une colonie [2]. Mais, sur la terre étrangère, elle n'oublie pas le pays où elle prit naissance; aussi est-il probable que cette idée entre autres fut confiée, sur les médailles d'Éphèse, à la figure de l'abeille, par les chefs de la colonie ionienne, que tant de liens, et surtout de liens religieux, rattachaient à Athènes, sa métropole. Quoi qu'il en soit, l'abeille n'oublie pas sa patrie, elle aime à y revenir [3]. Quel emblême plus heureux de l'âme, qui, des célestes demeures, descend par la naissance dans ce monde inférieur, mais pour y mener une vie juste et sainte, et pour se tenir prête au retour prochain dans les sphères supérieures, retour ménagé par la mort [4] ! Sous aucun

[1] Mnaseas ap. Scholiast. Pindar. Pyth. IV, 106. Pindare nomme la Pythie μέλισσα Δελφίς, abeille de Delphes.
[2] Ælian. Hist. Anim. V, 13.
[3] Φιλόστροφον ζῶον.
Porphyr. de antro Nymph., cap. 19, p. 19, ed. Rhœr.

de ces rapports, même les plus élevés, on ne s'étonnera de voir l'abeille attribuée à la déesse d'Éphèse. D'abord elle désigne la grande, la bonne nourrice, la mère des hommes par excellence; et l'on sait que la lune, comme présidant à la génération dont elle est le principe, surtout à la génération des végétaux, était surnommée Mélissa ou l'abeille [1]. Peut-être faut-il expliquer en ce sens et comme un attribut devenu générique d'Artémis, l'abeille que l'on voit auprès de sa tête, sur les médailles de Naples, de même qu'on la voit à côté d'un épi sur celles de Métaponte [2]. Enfin, dans la doctrine des prêtres d'Éphèse, l'abeille doit avoir été un symbole de l'âme et de ses migrations; car la déesse, si rapprochée de Déméter et de Perséphone, qui avaient le même attribut, y figurait sans doute aussi comme souveraine de la vie et de la mort, et comme conductrice des âmes [3].

Mais voyons d'abord comment la croyance populaire pouvait concevoir, chez les Éphésiens, sa divinité favorite. Cette noire déesse, ensevelie dans le repos sous ses enveloppes de momie, devait réellement présenter à l'imagination asiatique l'idée de la nuit avec tous les accessoires qu'elle emporte dans ces climats, la bienfaisante rosée, le rafraîchissement des plantes, des animaux et des hommes recréés, en quelque sorte, par une salutaire et secrète influence. En même temps elle rappelait la lune avec sa douce clarté. La Nuit et la fille de la Nuit sont des notions presque identiques, surtout

---

[1] Servius ad Virgil. Æneid. I, 434.
[2] *Conf.* Winckelmann, de l'Allégorie, tom. I, p. 218, trad. fr.
[3] Il faut voir les développemens et les preuves, liv. VIII, tom. III.

dans le génie des religions orientales, qui ramènent tout à l'unité. Le génie opposé des Grecs les sépara bientôt et d'une manière constante. La Nuit eut son image à part dans l'Artémisium d'Éphèse [1], et Artémis n'y fut plus connue que comme la fille de l'antique Nuit, mais en conservant, soit dans ses attributions, soit dans ses noms multipliés, de nombreuses traces de l'union primitive des deux divinités [2]. Maintenant, dans les mythes ioniens, un bocage situé sur les bords du Caystre devient, comme nous l'avons vu, le berceau où Latone, la ténébreuse déesse, mit au jour Apollon et sa sœur [3]. Cette généalogie eut sans doute son premier fondement dans les théogonies de la Perse et de l'Égypte; mais les Grecs seuls lui donnèrent cette consistance et ce caractère permanent d'individualité qu'elle porte dans leur mythologie. Il est possible aussi que, dans l'origine, la déesse-lune d'Éphèse, principe de la fécondité, ait été, jusqu'à un certain point, considérée comme androgyne, et réunissant les deux sexes, conformément à l'esprit du sabéisme antique. C'est la lune du moins qui, selon les Égyptiens et les anciens Perses, communiquait à la terre les germes producteurs qu'elle avait reçus du soleil, idée qui se retrouve dans la Sélène productrice des Orphiques [4]. Une pierre gravée,

---

[1] Pausan. X, Phocic. 38.

[2] La rosée elle-même, Ersé, fut personnifiée chez les Grecs comme fille de Jupiter et de la Lune. *Conf.* Alcman. ap. Plutarch. quæstion. nat. XXXIV, p. 711 Wyttenb.; Alcman. fragm., ed. Welcker, p. 57, p. 20 Lyricor. gr. cur. Boissonade.

[3] *Conf. ci-dessus*, p. 94, 99 sq.

[4] Hymn. IX (8), 5. *Conf.* chap. I, p. 4; III, p. 83, et les renvois aux précédens livres.

entre autres monumens, nous montre une conception tout-à-fait analogue dans cette image grossière d'Artémis, ayant à ses côtés le soleil, la lune et des épis [1]. Quant à la croix qui surmonte sa tête, faut-il y voir le pendant de cette croix à anse que portent si souvent les divinités égyptiennes? Marque-t-elle, comme on l'a pensé, l'intersection de l'écliptique et de l'équateur aux points équinoxiaux? Et comme ces points forment le passage d'un monde dans l'autre, selon la doctrine de la transmigration des âmes, ne serait-ce pas là un nouveau symbole caractéristique de la déesse puissante qui règne sur la vie et sur la mort [2]?

Nous doutons néanmoins que jamais la religion d'Éphèse ait fait ressortir dans son Artémis l'idée propre de l'hermaphrodite. En effet, de la Nuit, mère antique de toutes choses, étaient nées deux lumières, l'une mâle, l'autre femelle, dont la dernière échut en partage à Artémis. Tel fut le dogme fondamental de cette religion, attesté par la flamme éternelle qui brûlait dans le temple de la déesse. Mais cette lumière femelle, née de la Nuit, et que la croyance vulgaire confondait avec la lune, c'était, dans la croyance plus élevée des prê-

---

[1] *Voy.* pl. LXVII, 320 d. *Confér.* l'explicat. des pl., n° cité.

[2] *Conf.* tom. Ier, part. 1, p. 453, 467, etc.; part. 2, p. 866 sq. 887, 958 sq.; et tom. IV, surtout l'explicat. de la pl. XLV, *passim*. Le zodiaque que porte évidemment autour de son col l'idole de la Diane d'Éphèse, reproduite dans notre pl. LXXXVIII, 317, rentrerait dans le même ordre d'idées cosmo-psychologiques. Et quant aux serpens qui, suivant Pausan. (VIII, Arcad., 37), étaient placés dans la main d'Artémis, à côté du flambeau (*Compar.* pl. LXXII, 326 a) ils pourraient exprimer également cette perpétuelle alternative de la vie et de la mort, dont la croix paraît être ici le symbole.

tres, c'était, dans les hymnes du vieil Olen, la douce et secourable et primitive lumière, Ilithyia, qui produit au jour tous les êtres. Les Orphiques chantèrent, après Olen, la grande, la bonne Mère, qui prend plaisir à ce spectacle varié des innombrables espèces, rayons mille fois brisés de la lumière unique; ils reconnurent en elle la Nature [1]. Plus tard, les Pythagoriciens, ces Orphiques réformés, célébrèrent aussi cette nature infiniment variée, qui se réfléchit toujours la même dans les figures sans nombre de la création [2]. Pour eux, elle fut non seulement la mère, mais la nourrice universelle [3], qui, étendant ses bras, reçoit ses enfans sur son sein. Ainsi peut-on expliquer les bras étendus dans un grand nombre d'images de la déesse d'Éphèse, qui par là s'écartent de la forme rigoureuse de momies.

Cette déesse de la lune, cette mère-nourrice des êtres reproduit, on le voit, sous ses principaux aspects, l'idée de Vénus-Uranie. Aussi les écrivains orientaux appellent-ils le temple de Diane à Éphèse, un temple de Vénus [4]. En effet, considérait-on la lune dans sa puissance génératrice [5], on avait Aphrodite, on avait la Vénus-Uranie asiatique; et les Grecs donnent justement à la déesse d'Assyrie le nom de Sélène ou de Lune. Mais il paraît

[1] Φύσις παναίολος πάντων μήτηρ, comme on lit dans les inscriptions d'un temps postérieur, des statues de la déesse d'Éphèse. Boissard Topogr. Rom., part. IV, tab. 118.

[2] Αἰόλα, αἰόλη (Nicomach. arithmet. Theologum., p. 24, p. 22 sq. Ast.), devenu chez Sophocle (αἰόλη νύξ, Trachin. 94) une simple épithète poétique.

[3] Παντρόφος, τιθηνός, Orph. Hymn. X (9), 12.

[4] Hyde de relig. vet. Pers., p. 93 sqq.

[5] *Confer.* G. J. Vossius de Orig. Idolol. II, cap. 27.

certain qu'une idée différente, celle de la clarté lunaire et de la déesse qui donne la lumière, en général, s'attacha de bonne heure au nom d'Artémis, ou même constitua sous ce nom, dès l'origine, une divinité distincte de toute autre. Que signifie le mot *Artémis?* D'après un passage remarquable de Clément d'Alexandrie, Jablonski se croit fondé à le regarder comme phrygien, et à le rapprocher du nom royal *Artamas* [1]; il est probable que sa racine primitive, comme celle du culte même qu'il représente, se rattache à la Perse [2]; du reste il n'y a rien de bien satisfaisant sur sa signification positive, et ce n'est pas la peine de mentionner ici les étymologies que les Grecs en ont demandées à leur propre langue [3]. Nous remarquerons seulement que Grecs et Romains s'appliquaient surtout à faire ressortir dans leur Artémis et leur Diane, soit par des épithètes expressives, soit par les attributs dont ils décoraient ses images, la notion de déesse de la lumière, ou qui porte la lumière [4]. Il est vrai que Héré ou Junon, dans les cultes

---

[1] Jablonski de ling. Lycaon., p. 66, coll. Clem. Alex. Stromat. I, p. 384 Potter., Xenoph. Cyrop. II, 1, 5.

[2] Appelée elle-même Ἀρταία, comme les Perses Ἀρταῖοι ou Ἀρτέαται (*Conf.* tom. Ier, 2, p. 680, *ibi* citat.), de *Arta, Arte, Art, Ar,* syllabes ou syllabe qui signifient *grand, excellent*, et se retrouvent, circonstance remarquable, dans les noms de mois cappadociens Ἀρταεσίν, Ἀρτανία, Ἄρθρα (Jablonski, *l. l.*, p. 134 ed. te Water).

[3] Ἄρτεμις de ἀρτεμής, celle qui donne la santé, etc. *Conf.* Platon. Cratyl., p. 50 Bekker.

[4] Φωσφόρος (Pausan. IV, Messen., 31; et pl. LXV, 250 *f*, coll. LXXXIX, 322). Tel nous paraît encore le sens probable du surnom de λευκοφρύνη, que portait Artémis à Magnésie du Méandre, et que l'on dérive ordinairement de l'ancien nom de l'île de Ténédos (Strab. XIV, 647; coll. XIII, 604; Pausan. I, Att., 26; Conon.

de Samos et de Crète, devint d'assez bonne heure aussi la secourable Lucine; mais cela ne se fit que par l'admission de la déesse asiatique Ilithyia-Artémis dans le temple de Samos, où elle s'assimila presque complètement à la grande déesse nationale Héré, et par l'introduction de la même divinité dans la famille crétoise de Jupiter [1]. Entre toutes les créations du sabéisme asiatique, celles qui se rapprochent le plus, tant par les symboles que par le fond du dogme, ce sont la déesse d'Éphèse et la déesse arménienne Anaïtis [2]. Peut-être est-ce là ce qui induisit d'abord les colons Ioniens à les appeler l'une et l'autre, d'un nom commun, Artémis. Dans la suite on parut hésiter pour la seconde entre ce nom et celui d'Uranie, tandis que le nom d'Artémis demeura, chez les Hellènes, la dénomination constante de la déesse d'Éphèse.

La déesse qui porte la lumière fut donc, dans le principe, l'hyperboréenne Ilithyia, qui favorise les naissances, association d'idées perpétuée, chez les Grecs et les Romains, par les surnoms de *Lochia* (celle qui préside aux enfantemens) et de Lucine [3]. Les Athéniens, disciples de l'Égypte, dans leur statue d'Ilithyia enveloppée jusqu'aux pieds [4], conservèrent un symbole plus fidèle encore de cette fille de l'antique Nuit, qui donne

---

narrat. 28, etc.). Jusque chez Horace, Carm. Secul. 2, *lucidum cœli decus*. — *Voy.*, dans notre pl. LXXXVIII, 319, la Diane *Leucophryne*, véritable sœur de la Diane d'Éphèse.

[1] *Conf.* liv. VI, chap. II, art. I.
[2] *Ci-dessus*, ch. III, art. IV, p. 76 sqq.
[3] *Voy.* la fig. 325 de notre pl. LXXXI, avec l'inscription ΛΟΧΙΑ.
[4] *Supra*, p. 136, et la citation.

à la fois la vie et la lumière, et qui, sous ce costume, sortit des temples de la Thébaïde et de l'Éthiopie. Quant à la jeune et svelte Artémis, à cette sévère beauté crétoise, si rapprochée des Amazones de Scythie, de ces Hiérodoules belliqueuses vouées au culte de la déesse d'Éphèse, nous en avons parlé ailleurs [1].

Comme le rayon femelle de la lumière divisée s'était personnifié dans Artémis, de même le rayon mâle se personnifia dans Apollon. Le culte de ce dieu était principalement en honneur dans la Lycie, pays de la lumière, et dans l'antique cité de Patares; mais il ne faudrait pas croire pour cela que jamais la déesse d'Éphèse se soit entièrement séparée de son frère. C'est à Éphèse, suivant la tradition lydienne, que la Nuit avait enfanté à la fois et le frère et la sœur, et nous savons qu'Apollon jouissait lui-même d'un culte dans cette ville [2]. Ici comme à Délos les deux flambeaux du jour et de la nuit étaient les communs objets d'une religion publique; seulement l'Asie entière affluait à Éphèse, tandis que les divinités de Délos se bornaient à recevoir les hommages tant de la confédération ionienne que des autres Hellènes. Mais tous n'allumaient pas une même flamme en l'honneur des dieux de la lumière; les enfans de la chair, comme parle l'Histoire des apôtres, n'avaient à offrir à leur grande Artémis qu'un feu terrestre et grossier; un feu plus pur, au contraire, brûlait pour elle et pour son divin frère dans quelques ames moins esclaves des sens. Tel fut sans doute celui qui inspira les hymnes

[1] Art. III, *ci-dessus*, p. 119 sq.
[2] Plin. H. N. XXXIV, 19, 3, p. 651 Harduin.

du vieil Olen, et cette école des Orphiques à laquelle se rattache Pythagore. Ce sage, nous l'avons vu, allait sacrifier à l'autel de Délos, et l'Éphésien Héraclite consacra comme une pieuse offrande ses livres sur la nature, dans le temple de la déesse protectrice de sa ville natale [1]. Partout, en effet, dans les fragmens de cet ouvrage, perce une théorie fondée sur le feu et sur la lumière. Les élémens que l'Orient et l'Égypte avaient déposés d'avance dans la religion de sa patrie, ceux qu'il puisa lui-même dans le commerce si facile des Éphésiens avec la Haute-Asie, Héraclite les pénétra de toute la vivacité propre à l'esprit grec, il les consolida par la profondeur de sa pensée personnelle, il les lia dans un enchaînement systématique, et les rendit féconds en utiles conséquences, soit pour sa nation en général, soit en particulier pour ses concitoyens, membres d'une cité libre d'Ionie. Sans doute il y mit beaucoup du sien; mais qu'il ait tout pris de son propre fonds, qu'il ait été dans un sens rigoureux l'inventeur de sa doctrine, c'est ce que nous ne saurions penser. Un génie d'homme ne s'est point rencontré jusqu'ici qui n'ait puisé qu'en soi, et le philosophe d'Éphèse n'a pas plus droit au titre d'inventeur en ce sens qu'Orphée, Pythagore ou Platon. Son système découle évidemment des dogmes sacerdotaux et des symboles antiques de la religion d'Apollon et Artémis.

En effet, nous voyons la doctrine supérieure du magisme se réfléchir à la fois et dans cette religion et dans la philosophie d'Héraclite. Suivant les mages, l'opposition est le fondement de toutes choses finies. La lumière

[1]. Art. II, *ci-dessus*, p. 111 sq.; Diog. Laërt. IX, 6.

est le principe que le dieu suprême, antérieur à toute dualité, produisit d'abord, et que suivit, sans dessein de sa part, le principe contraire, c'est-à-dire les ténèbres, comme l'ombre suit le corps [1]. C'est là précisément le grand axiome d'Héraclite : le combat est le père de toutes choses ; et il développe cette idée de l'opposition primitive sous diverses formes, telles que le lever et le coucher, le jour et la nuit [2]. C'est là cette dissonance de l'univers, d'où résulte un accord semblable à l'harmonie de l'arc et à celle de la lyre [3]. Dans les développemens du philosophe, les dogmes des prêtres de la Perse se trouvent reproduits, souvent jusqu'à l'identité des expressions. Est-il permis de douter, après les analogies frappantes déjà reconnues entre le culte d'Artémis et le culte du feu dans la Haute-Asie, que ceux des prêtres d'Éphèse ne les eussent reproduits bien antérieurement ? Ces prêtres d'ailleurs, comme le prouve leur nom

---

[1] *Confér.* liv. II, chap. II, tom. Ier, surtout p. 324 sq.

[2] Plutarch. de Isid., p. 517 Wyttenb., coll. interpret. ad Lucian. de conscrib. hist., t. IV, p. 47 Bip.

[3] *Voy.* le passage célèbre du Banquet de Platon, p. 397 Bekker, où Héraclite, par la bouche du médecin Eryximaque, exprime son principe fondamental au moyen de cette double comparaison. Ce dogme de la diversité se conciliant dans l'unité entraine la nécessité de la mort, et ici revient l'emblème de l'arc avec un jeu de mots sur l'expression βιος, signifiant ou *arc* ou *vie*, suivant l'accent qu'on lui donne (βιός, βίος). *Conf.* Etymol. M. *v.* βίος, et Eustath. ad Iliad. I, p. 31, 6. Valckenaer ad Eurip. Phœniss., 1168, a très-bien établi, d'après ce dernier passage, la véritable leçon, qui a échappé à Schleiermacher dans son ingénieux morceau sur la philosophie d'Héraclite (Wolf's u. Buttmann's *Museum der Alterthumsw.* I, 3, p. 503). Il a été question du symbole de l'arc sous un autre point de vue, tom. Ier, p. 314, n. 1.

de *Mégabyzes* [1], étaient d'origine persane. Tout concourt à établir qu'Éphèse fut le lieu où les lumières de l'Orient se combinèrent diversement avec la philosophie et la mythologie des Grecs. Cette ville fut en même temps une véritable officine des artifices et déceptions magiques, parmi lesquelles les *Lettres éphésiennes* étaient passées en proverbe chez les anciens [2]. Mais, de ces productions de l'imposture, on distinguait un certain nombre de formules appartenant au magisme pur, et où se retrouvent tout ensemble les élémens principaux de la religion d'Apollon et Artémis, et les idées fondamentales de la doctrine des mages, aussi bien que de celle d'Héraclite [3]. Avec la grande lutte de la lumière et des ténèbres, on y voit figurer la terre, l'année, le soleil et la vérité [4]. D'un autre côté, le philosophe d'Éphèse avait une théorie du feu évidemment persane, et dans son

[1] Μεγάβυζοι. On ne sait précisément si c'est un nom de race ou de fonction. On le rencontre fréquemment chez les anciens Perses, porté par des personnages des familles les plus distinguées (Herodot. III, 70, etc. *Conf.* Hemsterh. ad Lucian. Timon. I, p. 383 Bip. — *Add.* Bæhr ad Ctesiæ fragm., p. 157, et *ibi* citat.). Nous avons déjà vu que les Mégabyzes du temple d'Éphèse devaient être eunuques, au moins à partir de leur consécration; des vierges leur étaient associées dans l'exercice du sacerdoce, et ces vierges descendaient sans doute des Amazones (Strab. XIV, p. 950 Almelov., 641 Casaub. *Conf.* chap. précéd., p. 89, et tom. Ier, Introd., p. 93).

[2] *Voy.* les vers du comique Anaxilas dans Athénée, XII, 70, p. 537 Schweigh.

[3] *Voy.* Hesych. ἐφεσ. γράμματ., *ibi* interpret. *Conf.* Plutarch. Sympos. VII, 5; Clem. Alex. Strom. V, p. 568; Photii Lex. *s. v.*

[4] Sous les noms suivans: ἄσκιον, κατάσκιον, λίξ, τετράξ, δαμναμενεύς, αἴσιον. Le cinquième se retrouvera parmi les Dactyles idéens, *ci-après*, liv. V, sect. I, ch. II.

principe et dans ses conséquences, mais qui n'est peut-être pas non plus tout-à-fait étrangère à l'Égypte. Le feu d'où naissent tous les dieux, et qu'il appelle quelquefois Hephæstus [1], joue chez lui le même rôle que Phthas, le feu primitif, dans le système des prêtres égyptiens. Sa théorie du soleil dont la flamme, selon lui, s'allume dans la mer [2], semble encore égyptienne, et rappelle Isis, eau primitive et mère du soleil, Isis identique en ce sens à Eurynome, qui est elle-même Artémis, la lumière sortant des ténébreuses profondeurs de l'Océan [3].

Dans toutes ces religions originaires de l'Égypte et de la Haute-Asie, et dans les systèmes de philosophie qui en dérivèrent, la lumière et le soleil, les divinités solaires et lunaires, les orbites des planètes et les diverses relations des astres furent représentés symboliquement, soit par l'arc et les flèches, soit par la lyre et ses accords. Thoth ou l'Hermès égyptien porta, dit-on, successivement de quatre jusqu'à sept cordes la cithare ou la lyre d'Apollon qui n'en avait d'abord que trois [4]. Une tradition différente rapportait au seul Apollon toute la suite de ces inventions musicales [5]. Partout, dans l'antiquité, nous retrouvons les jeux de la musique, les

---

[1] Heraclit. Allegor. Hom., p. 468, ed. Gale, p. 146 Schow.
[2] Stob. Eclog. I, 26, p. 524 Heeren.
[3] *Ci-dessus*, p. 132, etc.
[4] Spanheim ad Callim. Del. 253, et ses remarques sur les Césars de Julien, p. 117; Hemsterh. ad Lucian. II, p. 271 Bip. *Conf.* Forkel *Geschichte der Musik*, I p. 197 sq.
[5] *Voy.* diverses figures d'Apollon *Citharœde*, ou joueur de lyre, dans nos pl. LXXIV 282, LXXVI, 281, LIX, 284.

combats d'instrumens établis et célébrés en l'honneur des dieux de la lumière, particulièrement à Délos et à Delphes, les deux foyers du culte d'Apollon parmi les Hellènes [1]. On sait quel fréquent et divers usage faisaient de la lyre les Orphiques et les Pythagoriciens pour exprimer en langage figuré leurs idées sur le monde. Dans une image de l'Amour qui, après avoir lancé sa flèche, dépose son arc et saisit la lyre, Winckelmann, par une ingénieuse explication, croit voir une allégorie du dogme philosophique de Pythagore sur l'harmonie de l'univers [2]. Pareillement Héraclite, cherchant une expression brève et frappante à son principe fondamental de l'opposition, cause première de toutes choses, de l'harmonie du monde résultant de la dissonance, de la lumière et des ténèbres, de la vie et de la mort en combat nécessaire, choisit les emblèmes à demi transparens de l'arc et de la lyre [3]. Ce choix ne fut point arbitraire. Le philosophe dut puiser ses images à la même source où il avait puisé ses doctrines. Dans les temples de Patares, d'Éphèse et de Délos, il avait vu ces symboles mystérieux auxquels les anciens on fait tant d'allusions

---

[1] Thucyd. III, 104; Strab. IX, p. 421 Cas. Les Rhodiens avaient aussi des jeux musicaux en l'honneur du Soleil, appelés ἄλεια ou ῥοδονάλεια (Athen. XIII, p. 27 Schw.). *Conf.* Martini *über die musikal. Wettstreite der Alten* (*N. Bibl. d. schœn. Wissench.*, VII, 1, p. 11, 36). — *Voy.* encore les monumens relatifs aux jeux pythiques, établis en divers lieux, à l'imitation de ceux de Delphes, dans nos pl. LIX, 284, LVIII, 285, 285 *a*. (J. D. G.)

[2] Descript. des pierres grav. du cabin. de Stosch, p. 143, coll. Pausan. II, Corinth., 27.

Ci-dessus, p. 150, et la note 3.

significatives [1]; il avait vu l'arc et la lyre, l'arc et le flambeau unis l'un à l'autre; il avait vu cet arc de la vie, comme l'appelle Euripide [2], que tient en main le dieu du feu céleste, lançant ses flèches puissantes, c'est-à-dire ses rayons, tantôt salutaires et tantôt funestes [3]. Enfin il avait vu l'arc tendu ou relâché de la déesse qui possède le pouvoir de lier et de délier, d'Ilithyia, la mère de l'Amour ou de l'harmonie universelle. Voilà pourquoi le système du sage d'Éphèse, et la forme sous laquelle il se présente, portent une empreinte si fortement sacerdotale, et n'ont encore rien de commun avec la dialectique, forme tardive réservée à Platon. Le langage d'Héraclite est à demi oriental comme sa doctrine. On dit que ce philosophe avait écrit un livre sur Zoroastre; ce qui est plus certain, c'est que sa philosophie est marquée du même caractère que celle du réformateur religieux de la Perse.

Terminons ce chapitre par un coup d'œil sur quelques médailles relatives au culte d'Apollon, que l'on trouvera dans nos planches. L'une est de Crotone, ville de la grande-Grèce, qui avait un temple d'Apollon Pythien [4]. On y remarque le trépied, symbole fort ancien du dieu des oracles, où l'on reconnaissait de plus, aussi bien que

---

[1] *Voy.*, par exemple, la Cassandre de Lycophron, p. 148 Steph., et vers 914 sqq., les scholies *ibid.*, p. 875, et les remarques.

[2] Phœniss. *v.* 1168, et *ci-dessus*, p. 150, n. 3.

[3] L'arc est donné également à l'Apollon Lycien et Pythien; *ci-dessus*, p. 113,, et planch. LXXIII, 277, LXXIV, 278, LXXV, 279.

[4] Jamblich., vit. Pythag., c. 9. *Voy.* pl. LIX, 279 *a*, coll. LXXV, 279. — Cette dernière médaille est encore plus remarquable que l'autre; il faut lire l'explicat. des pl., n° cité. (J. D. G.)

dans la lyre à trois cordes, un rapport aux trois saisons du calendrier primitif [1]. La *diota*, ou vase à deux anses, qui est auprès du trépied, a probablement trait aux libations, mais peut-être encore fait allusion à Dionysus, souvent présenté comme partageant avec Apollon la propriété du trépied de Delphes [2]. Sur une autre médaille paraît une figure armée du casque, de l'arc et des flèches, et portant dans la main une branche d'arbre ou un jeune arbrisseau; le revers offre un épi sur lequel est posé un grillon [3]. Cette médaille est de Métaponte, autre cité de la Grande-Grèce. Tout annonce dans le personnage qu'elle représente un Apollon sous l'ancien costume asiatique, pareil à l'Apollon d'Amycles, qui avait aussi le casque et l'arc, à l'Apollon Assyrien, armé de toutes pièces et tenant un bouquet de fleurs [4]. L'épi indique la grande fertilité du territoire de la ville, qui, selon

---

[1] Suidas III, p. 505 Küster. *Conf.* tom. Ier, p. 373. Il en faut dire autant des trois pommes d'Hercule, dont il sera question dans le chap. suiv. Au trépied de Delphes est comparé un instrument de musique chez Athénée XIV, p. 312 Schweigh., coll. Hesych. in Τρίοψ., *ibi* interpret., p. 1418 Alb.

[2] *Conf.* tom. III, liv. VII, chap. de la religion de Bacchus. L'on va voir tout à l'heure, chap. V, Hercule disputant à Apollon le même instrument sacré, scène dont les diverses parties sont représentées dans le beau monument que reproduit notre planche LXXV, 280 et 280 *a* et *b*. *Conf.* l'explication des planches.

[3] *Voy.* pl. LIX, fig. 277 *a*.

[4] *Confér. ci-dessus*, p. 113, n. 1. — Un autre Apollon, également asiatique et fort remarquable, était l'Apollon *Smintheus* ou Sminthien des Troyens, qui portait une bipenne pour arme à Ténédos, et avait en outre le rat comme attribut. *Voy.* Iliad. I, 39, *ibi* interpret.; Orph. Hymn. XXXIV (33), 4; Pausan. X, Phocic., 12. *Conf.* pl. LVIII, 285, avec l'explication.

la coutume antique, envoyait des épis d'or comme une offrande de gratitude à l'Apollon de Delphes [1]. Le grillon ou la cigale, quelquefois remplacée par l'abeille ou la mouche, est un emblème doublement approprié au dieu de la chaleur et de la musique; mais il avait encore son sens plus sacré dans les mystères [2]. Quant à l'abeille, elle appartient à Apollon de même qu'à Artémis, et nous en avons parlé plus haut [3].

[1] Strab. VI, p. 264 Cas.
[2] Tom. Ier, Introd., p. 56. *Conf.* Nicandr. Theriac. 380; Plutarch. Sympos. VIII, p. 1002, Wytt., coll. Anacr. 43, 16 sqq. — Sur les cigales, on peut voir encore Iliad. III, 151; Pausan. VI, Eliac. (II), 6; Aristot. Hist. Anim. V, 30; Plin. H. N. XI, 26, et la belle fiction de Platon, Phædr., p. 65 Bekk.
[3] Pag. 140-142, et le renvoi indiqué liv. VIII. Nous nous sommes fait scrupule d'interrompre, dans le cours de ce chapitre, le développement si harmonieux des idées de notre auteur, alors même qu'elles pouvaient donner prise à quelques doutes ou à quelques objections. Récemment des vues fort différentes ont été présentées par O. Müller (surtout dans son Histoire des Doriens en allemand, tom. Ier, p. 199-394), tant sur l'origine du culte d'Apollon, qu'il regarde comme exclusivement Dorien et Grec, que sur le caractère primitif de ce dieu, où il ne reconnaît point le soleil. De même il distingue essentiellement l'Artémis Dorienne, sœur d'Apollon, de plusieurs autres déesses, grecques ou étrangères, portant le même nom, surtout de la Diane d'Éphèse, qu'il rapporte à la Cappadoce. On trouvera un exposé rapide de ce système, avec quelques remarques, dans la note 10 sur le présent livre, à la fin de ce volume.

(J. D. G.)

CHAPITRE V.

MYTHES DE PERSÉE ET D'HERCULE,
CONSIDÉRÉS DANS LEUR ORIGINE ET DANS LEUR PASSAGE
D'ORIENT EN OCCIDENT.

I. Élémens principaux du culte persan de Mithras retrouvés dans la légende de Persée, fondateur de Mycènes; le même Persée en Égypte.

Nous choisissons deux des plus célèbres fables héroïques de la Grèce pour démontrer ici par un exemple que les héros, aussi bien que les dieux de cette contrée, sont primitivement des symboles dont les racines s'enfoncent au loin dans le sol religieux de l'Asie ou de l'Égypte. Persée et Hercule, envisagés de ce point de vue, vont nous apparaître comme deux incarnations successives du soleil, et se rattacher diversement à ce culte de la pure lumière que la religion d'Apollon et de Diane vient de nous offrir sous une forme si élevée. Enfans de la lumière, c'est elle qu'ils font prévaloir l'un et l'autre par leurs exploits contre les monstres des ténèbres, et nous les trouvons également en lutte avec les créations impures ou les grossiers emblèmes des cultes plus matériels de la nature. N'avons-nous pas déja vu Persée combattre le monstre marin Céto sur les côtes de la Phénicie, où était adorée la déesse Dercéto, femme et poisson[1]? Pareillement les Perses chassaient, dit-on,

---

[1] *Ci-dessus*, chap. III, art. I, p. 35, coll. art. IV, p. 91.

de leur pays les colombes blanches, autre symbole des religions syriennes, comme impures et odieuses au soleil [1]. Hercule aussi s'élève contre le voluptueux Adonis [2], et sa légende abonde en traits dont quelques-uns doivent se rapporter aux débats de sectes opposées. Les deux héros grecs, en effet, et particulièrement Persée, semblent appartenir à une race toute différente de celle qui, vers l'Euphrate ou sur les bords de la Méditerranée, se prosterna devant ces dieux poissons et colombes, et, pour les honorer dignement, se plongea dans le délire des orgies.

Nous avons avancé ailleurs que le Persée des Grecs n'était autre qu'un Mithras modifié, et, après avoir retrouvé certains symboles de ce dieu perse dans l'un des plus anciens monumens de la Grèce, dans la fameuse porte de Mycènes, ville fondée par Persée, nous avons ajouté que l'examen des traditions de cette ville conduisait au même résultat [3]. C'est ici le lieu d'en donner les preuves et de compléter les développemens de notre hypothèse, en montrant l'accord de ces traditions et de ces symboles, quoique nous n'ayons pas pour but d'épuiser en ce moment le mythe de Persée. Il tient de trop près à la religion mystérieuse de Cérès et de Proserpine (Persephone) pour que nous l'en séparions tout-à-fait [4].

[1] Herodot. I, 138.
[2] Chap. III, art. II, p. 55.
[3] Liv. II, chap. V, art. I, tom. Ier, p. 368, 370 sq., 377.
[4] Il faut voir, comme complément nécessaire de cet article, la section Ire du liv. VIII, tom. III, surtout le chapitre du culte de Cérès en Argolide et dans l'Asie antérieure.

Persée, si l'on consulte sa généalogie telle qu'elle nous a été transmise par les mythographes [1], paraîtra en rapport avec l'Égypte plutôt encore qu'avec l'Asie. Issu de l'antique Inachus, père de Phoronée et d'Io, nous voyons sa famille se diviser d'abord en deux branches. De Phoronée naissent Sparton, Apis-Sérapis et l'Argienne-Niobé; un rejeton de celle-ci donne dans ses développemens Argus aux cent yeux, et beaucoup plus tard Gélanor. L'union féconde d'Io et de Jupiter produit Épaphus, Libye, Bélus, Danaüs, et, en omettant quelques intermédiaires, Acrisius, puis sa fille Danaé, qui de nouveau s'alliant au plus grand des dieux, met au jour l'héroïque Persée.

Maintenant, si l'on examine de près les noms significatifs dont se composent l'une et l'autre branche de cette généalogie toute mythique, on y découvrira mainte allusion aux idées et aux symboles mithriaques [2]. Mais c'est dans le personnage de Persée que vont se réunir et se concentrer, en quelque sorte, tous ces traits épars pour y ressortir de la manière la plus frappante. Nous verrons par la suite que le nom de sa mère *Danaé* a rapport, soit au temps, à la durée, soit à la terre sèche et aride, comme la mythologie argienne en général repro-

---

[1] *Voy.* Pausan. II, Corinth., 16; Apollodor. II, 1; et le Schol. d'Euripide, Orest. v. 1247.

[2] Par exemple, *Sparton* a rapport à la semence ou aux semailles; *Apis*, devenu *Sérapis*, c'est le dieu-taureau sur ou sous la terre; *Io*, c'est la vache mugissante, errant par toute la terre, et enfin retenue captive; *Epaphus*, autre nom d'Apis grécisé, c'est le taureau sacré, représentant de tous les taureaux en Égypte; *Bélus*, c'est le roi-soleil en Asie et en Égypte à la fois, etc.

duit constamment le contraste de la sécheresse et de l'abondance des eaux. Une demeure souterraine, une chambre d'airain[1] enferme la triste Danaé, condamnée par les terreurs de son père *Acrisius*, l'ennemi de la lumière, à une éternelle virginité. Mais Jupiter, changé en pluie d'or, pénètre jusque dans son sein, la féconde, et la rend mère de *Persée*. N'est-ce pas là Mithras qui, de sa semence brûlante, féconde aussi le sein de la terre en l'entr'ouvrant, et lui donne pour fils un enfant lumineux des ténèbres[2]. Persée aussi, pour toucher en passant des faits non moins allégoriques qui seront développés ailleurs, s'élance de la cour du roi des ténèbres, *Polydectes*, et va, sous la protection de la déesse de l'air pur (Minerve), tenant en main la harpé, signe de fécondité, combattre dans l'Occident les impures et stériles Gorgones; puis, revenant vers l'Orient, il délivre Andromède, de qui naît bientôt un héros de lumière, *Persès*, fils semblable à son père[3]. Rentré victorieux dans l'Argolide, celui-ci fait bâtir par les Cyclopes, forgerons souterrains qu'il menait à sa suite, une ville nouvelle, Mycènes, dont le nom, suivant des traditions diverses, a trait, soit aux mugissemens de la vache

---

[1] Pausan. II, Corinth., 23. — *Conf.* Pherecyd. fragm. ed. alt. Sturz., p. 72 sqq., 90 sqq.   (J. D. G.)

[2] *Conf.* liv. II, ch. V, tom. Ier, p. 371 sq.

[3] Ces deux grands exploits de Persée, tant célébrés par les poètes, ne l'ont pas été moins par les artistes, surtout le premier, que l'on peut voir représenté avec tous ses détails et dans tous les styles, sur nos pl. CLX, CLXI, CLXX, CLXXIV, 608-612. Quant à la délivrance d'Andromède, prête à devenir victime du monstre marin, elle est figurée pl. CLXI, 613.   (J. D. G.)

Io [1], soit aux Gorgones mugissant elles-mêmes sur le triste sort de leur sœur Méduse, décapitée par Persée, et du sang de laquelle était sorti, avec Pégase, Chrysaor, ou l'homme à l'épée d'or [2]. C'est encore d'une épée, c'est du fourreau de l'épée de Persée [3], tombé dans le lieu où s'éleva sa capitale; c'est d'un champignon arraché par le héros dévoré de soif, et qui fit jaillir une source bienfaisante au même endroit [4], que des jeux de mots fréquens chez les Grecs, mais où se cachent fréquemment aussi des idées mystiques, dérivaient le nom de Mycènes [5]. Persée, le lumineux, le brillant Persée [6] n'entreprit de bâtir cette ville qu'après avoir tué (par mégarde, dit la fable) son aïeul, le ténébreux Acrisius, d'un coup de disque, symbole antique du soleil.

Rapprochons actuellement les principaux traits de ces légendes des symboles essentiels que nous ont offerts les bas-reliefs mithriaques, et nous ne pourrons mécon-

---

[1] Μύκη (d'autres écrivent μυκή, μυκά), d'ou μυκάω-αομαι, mugir. Stephan. Byz. v. Μυκῆναι, p. 568 sq. Berkel.

[2] Ctesias Ephes. ap. Plutarch. de flumin. XVIII, 6, p. 1161, p. 1034 Wytt. *Conf.* Hesiod. Theogon. 280; Tzetz. ad Lycophr v. 17.

[3] Proprement la bouterolle (en forme de champignon) qui ferme le fourreau à son extrémité, et se nomme μύκης, comme le champignon, à cause de sa forme; d'autres disent la poignée de l'épée. Pausan. II, 16; Plutarch. *ubi suprà*.

[4] Pausan. *ibid.* Mycènes, dans la suite, tomba en décadence à raison du manque d'eau (Aristot. Meteorol. I, 14).

[5] *Conf.* Hesych. II, p. 629 sq. Alb., et Toup. Epist. crit. p. 51, ed. Lips. Une héroïne *Mycène* et un certain *Mycénéus*, fils de Sparton, sont encore cités comme ayant donné leurs noms à la ville de Mycènes (Steph. Byz. et Pausan. *ibid.*).

[6] *Voy.* tom. Ier, p. 368, n. 1, la justification de cette étymologie.

naître, dans les mythes aussi bien que dans les sculptures de Mycènes, un accord merveilleux avec ces symboles. Les fables argiennes nous montrent la vache, la vache mugissante et emportée. Une allusion au glaive plongé dans le sein de la terre (représentée par la vache et par le taureau mithriaque) s'est conservée dans la légende de ce fourreau d'épée tombé à terre, et qui donne son nom à la ville dont il présage la fondation. La grotte se retrouve dans cette demeure souterraine où Danaé conçoit son fils. La pluie d'or qui vient la féconder, le champignon et l'eau désaltérante dont il est le gage, sont les images des émanations solaires, les signes terrestres de la fertilité, toutes notions mithriaques [1]. Les Gorgones ont trait à la lune considérée comme un corps ténébreux [2], et les sœurs mugissantes de Méduse désignent avec elle l'impureté naturelle de cet astre (également figuré par la vache ou le taureau), que doit purifier à tout prix la vertu du soleil (Mithras-Persée, armé du glaive d'or). Nous avons donc ici, au fond, des idées de purification. Persée et Hercule, qui descend de lui, sont purificateurs au ciel et sur la terre. Ils purifient les souillures du mal par la force et en versant le sang. Ils sont de justes meurtriers; et les ailes données de préférence à Persée rentrent dans cette conception générale [3]. L'un

---

[1] *Conf.* liv. II, ch. IV, art. II, *passim*, surtout p. 355 sqq.

[2] Dans le langage antique la lune s'appelait γοργόνιον, à cause de cette face noire que l'on croyait y apercevoir (Clem. Alex. Stromat. V, p. 667). Nous reviendrons plus d'une fois sur les Gorgones, dans les livres suivans.

[3] Olympiodor. Commentar. in Alcibiad. I, p. 156 sq. ed. Creuzer: Ἑκάτερος μὲν γὰρ ἐπὶ καθάρσει τῶν κακῶν γέγονε κ. τ. λ.

et l'autre prenant un aspect de plus en plus moral, finissent même par se mêler à l'histoire humaine; ainsi Persée, disait une tradition, avait mis à mort le sensuel et voluptueux Sardanapale [1].

Ceci nous met sur la voie des nombreux rapports que les anciens eux-mêmes reconnaissaient d'une manière positive entre le héros grec Persée et diverses contrées asiatiques, telles que l'Asie-Mineure, la Colchide, l'Assyrie, et finalement la Perse. Nous nous contenterons de remarquer ici à l'avance qu'à Tarse, en Cilicie, dont Persée et Sardanapale passaient tous deux pour fondateurs, le premier était adoré comme un dieu, et très-probablement aussi le second [2]. Le nom de *Persès* se trouve mêlé dans les généalogies évidemment solaires de Colchos [3], et ce nom, ainsi que nous l'avons vu ailleurs [4], est à la fois celui d'un fils de Persée et l'un de ceux de Mithras ou du ministre de son culte. Persès, né de Persée et d'Andromède, fut, suivant Hellanicus, l'auteur de la civilisation dans la région persique appelée Artæa [5]. Hérodote aussi connaît ces traditions, originaires de la Perse même, qui, disputant Persée à la généalogie tout

---

[1] Malal. Chronic., p. 21 Oxon.; Suidas in Σαρδαν., et Reines. Obss. in Suid., p. 222, ed. Müller.

[2] Hellanic. fragm., p. 92, *ibi* Sturz.; Dio Chrysostom. Orat. 32, p. 24 sqq. Reiske; Ammian. Marcellin. XIV, 8, *ibi* interpret. — Cette dernière conjecture sera justifiée dans le livre VIII, sect. I, où sont examinées les traditions et les monuments de la ville de Tarse.

[3] Hesiod. Theogon., tab. V, p. 164, ed. Wolf.; Apollodor. I, 9, 1; Diodor. IV, 45.

[4] Tom. Ier, p. 368 et la note, coll. 360.

[5] Hellanic. fragm., p. 94. *Conf. ci-dessus*, p. 146, n. 2.

11.

égyptienne de ses ancêtres humains, rattachaient ce fils de Jupiter à l'Assyrie [1]. Enfin, au lieu de Persès, c'est Achéménès, très-probablement identique au grand Dschemschid, que les anciens interprètes de Platon font naître de Persée, fils de Jupiter et de Danaé [2]. Voilà donc, sous la forme d'une généalogie grecque, l'idée fondamentale du culte de Mithras; le trait de feu que ce soleil divin plonge dans le sein de la terre, produit un héros solaire, qui à son tour enfante un agriculteur. Dschemschid-Persès, le chef et le modèle des rois achéménides, ouvrit le premier le sol de la Perse avec ce même glaive d'or que portent Persée et Mithras, et qui n'est autre chose qu'un emblême des rayons à la fois pénétrans et fécondans du soleil [3].

Mais si Persée, par son père ou par son type primitif, semble tenir à la Haute-Asie, par sa mère il vient de la Haute-Égypte, patrie de Danaüs et des Danaïdes [4]. A Chemmis il avait son temple avec sa statue, et de même que Tarse, où on l'honorait d'un culte, s'appelait ainsi du pied fécond de Pégase ou de Bellérophon, qui poursuivit les hauts faits de Persée en Asie-Mineure [5], de même les Chemmites prétendaient que l'Égypte devait sa fertilité à la sandale gigantesque, laissée par le demi-dieu dans leur pays, lors de ses fréquentes apparitions.

---

[1] Herodot. VI, 53, 54; VII, 61.
[2] Olympiodor. *lib. laud.*, p. 151, coll. 156, et Scholiast. Platon. Alcibiad. I, p. 75 Ruhnken.
[3] Tom. Ier, p. 334 sq., 380 et la note, avec les Éclaircissemens, p. 680.
[4] Herodot. II, 91, 171, coll. Apollodor. II, 1, 4, etc.
[5] Alexand. Polyhist. et Dionys. Thrax. ap. Steph. Byz. *v.* Ταρσός.

Seuls de tous les Égyptiens, ils célébraient des jeux gymniques en l'honneur de ce héros belliqueux du soleil, vainqueur dans la carrière céleste, et digne précurseur d'Hercule, son petit-fils [1]. Si l'on rapproche ce récit de ceux que nous avons extraits ailleurs [2], et qui nous montrent en Éthiopie et en Égypte un Mithras, aussi bien qu'un Persée en Grèce, dès les temps les plus reculés, on sera porté à conjecturer avec nous que ces deux grandes branches d'une religion fort antique de la lumière à la fois pure et féconde, combattant incessamment les ténèbres et la stérilité, vont se réunir en un seul tronc au cœur même de l'Orient [3].

[1] Herodot. II, 91. *Conf.* tom. Ier, p. 421, coll. 492, note 1, et l'article subséquent.

[2] Tom. Ier, p. 367 sq., coll. 377.

[3] MM. Gœrres et de Hammer, tout en admettant, avec M. Creuzer, l'origine orientale de Persée, ne voient point en lui directement Mithras, et le rattachent d'ailleurs plus exclusivement à la Perse. Le premier retrouve *Persée* dans *Féridoun*, qu'on pourrait, il est vrai, nommer le héros mithriaque par excellence; car il a la plupart des attributs de Mithras (tom. Ier, Éclaircissemens, p. 682, 733, et la note 4 au bas de la page). Le second identifie le héros grec avec *Bersin*, l'un des antiques fondateurs du culte du feu, en rapport soit avec la foudre, soit avec la planète de Jupiter (*ibid.*, p. 730). On trouvera de plus amples détails sur l'une et l'autre de ces opinions, ainsi qu'un premier aperçu de celles qui, rejetant ou laissant de côté les origines asiatiques, croient pouvoir expliquer Persée et sa légende uniquement par les localités et l'histoire de la Grèce, dans la note 11, § 1, à la fin de ce vol. (J. D. G.)

II. Hercule à la fois héros et dieu, même chez les Grecs; ses rapports d'origine avec l'Égypte et la Phénicie; son culte dans l'île de Thasos, en Phrygie et en Lydie; point de vue astronomique, calendaire et agraire.

Hercule, l'invincible Hercule, a lui-même les rapports les plus nombreux avec le soleil invaincu Mithras, et nous en avons déjà signalé quelques-uns dans le livre précédent [1]. Mithras-Persès et le descendant de Persée, Hercule, rattachent l'une à l'autre les deux familles de Bélus, celle d'Asie et celle d'Égypte. Suivant les vieilles généalogies grecques, le fils d'Amphitryon et d'Alcmène était de sang égyptien par son père et par sa mère tout à la fois, et, par son aïeul Persée, il descendait du dieu-soleil Bélus [2]. Mais, ajoutait la tradition, la figure d'Amphitryon n'avait fait que servir de masque au roi des dieux et des hommes, lorsqu'il voulut donner la naissance à Hercule. Même au dire des Grecs, l'origine de ce dernier était donc médiatement et immédiatement divine; et nous avons un fils de Jupiter dans l'Héraklès hellénique aussi bien que dans le Sem-Héraklès de l'Égypte. Du reste, quelle différence entre eux! Hérodote, plein de la lecture des poëmes nationaux sur Hercule [3], le plus illustre chef des races héroïques de la Grèce, arrive en Égypte; il y trouve, il trouve à Tyr et à Thasos

---

[1] *Voy.* tom. Ier, par exemple p. 376 et n. 4.
[2] *Voy.* les tables généalogiques X, X *a* et X *b*, à la fin de l'Apollodore de Heyne, avec les renvois au texte de ce mythographe et aux observations de l'éditeur. (J. D. G.)
[3] Sur les Héraclées et leurs auteurs, dont l'un fut l'oncle même d'Hérodote, Panyasis, on peut voir Fabricius, Bibl. Gr. I, p. 590,

un Hercule tout autre que celui qu'il connaît. En vain il essaie de concilier les récits mythiques des Grecs avec les dogmes étrangers. Après un scrupuleux examen, il déclare, en implorant l'indulgence des divinités de sa patrie, que le nom de *Herakles* est originaire de l'Égypte et non de la Grèce. La mythologie nationale, ici comme dans beaucoup d'autres cas, lui paraît n'avoir point sa base en elle-même ; et il finit en approuvant ceux de ses compatriotes qui faisaient à Hercule héros des offrandes funèbres, mais qui en même temps honoraient comme un dieu Hercule Olympien [1]. Voyons donc si c'est que les Hellènes, conformément au génie qui les distingue, n'auraient pas donné des traits humains à une divinité orientale, en se l'appropriant ; s'ils ne l'auraient pas nationalisée pour glorifier leur patrie ; et si, métamorphosant le dieu étranger en héros grec, ils n'auraient pas pris plaisir à en faire un type idéal de la force héroïque qui triomphe de tous les obstacles.

Nous avons dit que des jeux gymniques étaient célébrés à Chemmis, dans la Haute-Égypte, en l'honneur de Persée, et cette solennité, sans aucun doute, faisait allusion au renouvellement périodique de la fertilité de la terre [2]. Pareillement on citait Hercule, petit-fils de Persée, comme le principal fondateur des grands jeux qui, tous les quatre ans, rassemblaient la Grèce entière

---

ed. Harles ; Heyne ad Apollodor., p. 132, 142 sqq., avec son Excursus II ad Virg. Æneid. I ; et *Bibliothek der alten Litt. u. Kunst*, II, p. 75 sqq. — Ajoutez l'Essai très-remarquable d'O. Müller, *Dorier*, II, *Beylage* 2, p. 463-482. (J. D. G.)

[1] Herodot. II, 43-45.
[2] *Confér*. tom. 1ᵉʳ, p. 421, et l'article précéd., p. 164 sq.

à Olympie. Les prêtres de la Thèbes d'Égypte, en parlant de leur Hercule, ajoutaient que Jupiter-Ammon, pressé par ses vives instances, lui était apparu couvert de la dépouille d'un bélier, et avait ainsi comblé ses vœux. Depuis cet événement, les Thébains immolaient chaque année un seul bélier, recouvraient de sa peau la statue d'Ammon, et en approchaient celle d'Hercule, comme pour l'inviter à contempler de nouveau son divin père [1]. Évidemment c'était là une fête du printemps, ainsi que nous l'avons indiqué ailleurs. Ammon, sous la forme du bélier zodiacal, ouvrait l'année égyptienne avec le printemps. Hercule était le soleil du printemps dans toute sa force, idée à laquelle faisait allusion son nom égyptien *Sem*, *Som* ou *Djom*, le *fort* par excellence. Le signe du bélier leur était commun à tous deux, et leur alliance symbolique se trouve encore représentée sur les monumens astronomico-religieux du pays [2].

Sem-Héraklès passait pour un dieu du second ordre en Égypte. Les Thébains, assignant une époque à son existence, le plaçaient 17000 ans avant le Pharaon Amasis [3]. Lui-même il avait été l'un des rois divins, prédécesseurs des rois humains de cette contrée [4]. Ainsi les Égyptiens avaient déjà classé dans l'histoire le personnage d'Hercule. Mais ils avaient fait plus : c'est à eux, c'est à l'Orient qu'appartient en principe cet idéal du héros

---

[1] Herodot. II, 42; et tom. Ier, p. 428.
[2] *Confér.* liv. III, tom. Ier, p. 407, 410, 432 sq., 471; les Éclaircissemens, p. 815 sq., 833, n. 2, 835 etc.; et les conjectures (très-hasardées) de Jablonski sur la Table Isiaque, Opusc. II, p. 237 sq.
[3] Herodot. II, 43.
[4] Syncell. Chronogr., p. 41.

vainqueur que les Grecs s'attachèrent à développer. Nous l'avons vu [1], dans le système de l'émanation chaque puissance émanée tend incessamment à retourner à sa source première; chaque nouvelle incarnation veut représenter en elle-même le grand dieu dont elle a reçu la naissance, et finit par s'unir, par se confondre avec lui. Ammon, Phthas, Sem, Osiris, Horus, sont dans cette mutuelle relation. Chacun d'eux prend successivement pour modèle son divin père. Ce sont autant d'incarnations du soleil, qui à la fin s'absorbent dans ce dieu suprême comme dans leur source. Indépendamment du sens astronomique, le mythe égyptien d'Hercule brûlant de contempler son père Ammon, a ce sens élevé. Dans la mythologie grecque, Persée précède au même titre son petit-fils Hercule; il lui sert de type et pour ainsi dire de degré pour atteindre, par une imitation fidèle, Jupiter, le commun auteur de leur naissance. Persée parcourut la Libye et l'Égypte, terre de Bélus, et lorsqu'il se montre encore dans ce dernier pays, il y laisse la trace féconde de ses pas. De même Hercule avait imprimé sur un rocher, chez les Scythes, la trace de son pied, précisément aussi grande que la sandale de Persée à Chemmis [2]. C'est encore d'après la mesure de son pied qu'Hercule avait déterminé la longueur du stade à Olympie [3]. Il avait osé y lutter avec Jupiter, et ce glorieux combat lui avait mérité le surnom de *Palémon*, ou du

---

[1] Tom. Ier, p. 408 sq., 433, etc.
[2] Herodot. II, 91; IV, 82.
[3] Plutarch. ap Gell. N. A. I, 1, et fragm. X, p. 867 sq. Wyttenb.

lutteur par excellence [1]. Voilà l'expression grecque du mythe égyptien rapporté plus haut. Hercule réfléchit en soi l'éclat divin de Bel-Ammon : aussi s'appelle-t-il l'œil de Jupiter. Bien plus, il s'identifie tellement avec son père, qu'il devient lui-même l'être éternel et incréé, rôle que nous lui verrons jouer dans la cosmogonie d'une des écoles Orphiques. Mais dans un sens plus spécial et plus populaire, l'Égypte concevait Hercule comme la force divine apparaissant avec gloire à l'époque du printemps nouveau, après avoir vaincu le sombre hiver [2]. Le dieu avait en quelque sorte deux visages : d'un côté il regardait le muet et perclus Harpocrate, divinité du solstice d'hiver; de l'autre, il contemplait la face auguste et radieuse d'Ammon, qui renouvelle la lumière à l'équinoxe du printemps. C'est là le noble but qu'il atteignait au terme de ses travaux dans la carrière de l'année. Sem-Héraklès, en effet, n'était autre que le soleil parcourant cette carrière céleste, luttant sans cesse contre les écueils dont elle est semée, et obtenant par son immortelle vigueur un digne prix de ses nombreux triomphes. Sur les monumens égyptiens, on le voyait voguant à travers les plaines de l'air dans la nacelle de l'astre du jour [3]; d'autres fois, le phénix était placé dans sa main, comme un gage de victoire éternelle et un symbole de la grande année au

---

[1] Tzetz. schol. in Lycophron. v. 663. *Confér.* tom. Ier, p. 421 et n. 4.

[2] *Voy.* la plupart des passages du tom. Ier, déjà cités dans la note 2, p. 168.

[3] Plutarch. de Isid., p. 506 Wyttenb. — *Confér.* le Panthéon égyptien de M. Champollion le jeune, explic. de la pl. 25.

retour de laquelle faisait allusion le renouvellement de chaque année solaire [1].

Mais avant que, pareil au phénix, le divin héros puisant l'immortalité au sein même de la flamme où il perd la vie, se réunisse à son père et devienne un dieu puissant comme lui, que de combats à rendre, que de dangers à courir! La Thébaïde et la Libye en savaient quelque chose : Hercule les parcourut comme avait fait Persée avant lui, renversant les tyrans, étouffant les monstres, quelquefois prêt à succomber, mais échappant à tous les périls, à la mort même, par le secours de Jupiter-Ammon [2]. Les Grecs, mêlant à ces récits symboliques des Égyptiens quelques-unes de leurs traditions nationales, en formèrent le poétique et brillant tableau dont nous reproduirons ailleurs les principaux traits.

De l'Hercule d'Égypte passons à celui de Phénicie. C'était, comme on l'a vu plus haut, *Melkarth*, lui aussi appartenant à la famille de Bel ou Baal, appelé Cronos par les Grecs [3]. Melkarth était la divinité tutélaire de la puissante ville de Tyr, et les navigateurs tyriens répandirent son culte d'île en île et de rivage en rivage, jusqu'aux extrémités de l'Occident, jusqu'à Gades, où une flamme perpétuelle brûlait dans son temple, comme à Olympie sur l'autel de Jupiter [4]. Son nom signifie, suivant les uns, le *roi de la cité*; suivant d'autres, et avec

---

[1] *Voy.* Jablonski, cité plus haut, p. 168, n. 2, et tom. Ier, p. 472 sq.
[2] Il faut revoir les développemens du liv. III, chap. III, art. II. et III, p. 420-434.
[3] Chap. II, art. II de ce livre, p. 15 *ci-dessus*.
[4] Heeren, *Ideen über die Politik*, etc., I, 2, sect. II, *passim*. — *Confér.* note 1, § 2, sur ce livre, fin du volume.

plus de vraisemblance, le *fort roi*[1], idée qui revient presque à celle que nous donne le Sem égyptien. Hérodote trouva entre ces deux divinités la plus grande analogie. Les prêtres de Tyr lui assurèrent que le temple de Melkarth, bâti en même temps que la ville, n'avait pas moins de 2300 ans d'existence, ce qui fait remonter sa fondation à 2760 avant notre ère[2]. Cette tradition était tout aussi peu d'accord que la doctrine égyptienne avec les récits mythologiques des Grecs sur leur Hercule. Au contraire, le rapprochement de l'Hercule de Phénicie et de celui d'Égypte est pleinement justifié par l'examen. Le roi de la cité ou le fort roi était une véritable incarnation du soleil. C'était le soleil du printemps, qui prenant de la force à mesure qu'il monte dans les cieux, envoie les douces pluies et fait sortir de terre les semences. Aussi les Phéniciens le regardaient-ils comme le dieu des moissons et de la table, qui porte la joie avec lui[3]. Peuple marchand et navigateur, ils en avaient fait encore et plus spécialement peut-être le protecteur du commerce et des colonies. On veut même rapporter à cette idée l'étymologie des noms grec et latin *Herakles-Hercules*[4]. La course périlleuse et féconde du

---

[1] Bochart, Geogr. sacr. II, 2, 2; Selden de D. S. I, 6.

[2] Herodot. II, 44. *Confér.* Larcher, Chronolog. d'Hérodote, t. VII, p. 128 de son édit.

[3] Nonni Dionys., XL, 418.

[4] Du phénicien ou de l'hébreu הַרְכֵל, expliqué par *circuitor, mercator* (Münter, *Relig. d. Carthag.*, p. 41, 2ᵉ éd.), mais qui s'applique tout aussi bien, dans le fond de l'idée, au soleil parcourant sa céleste carrière, ὑπερίων. Bellermann (*lib. laud.* 1, 22, III, 5, IV, 12) écrit *Archles*, qui rappelle le vieux latin ou l'étrusque *Ercle*, *Hercole*. — On trouvera plus loin les étymologies tirées par les Grecs de leur

soleil dans les cieux peut, en effet, avoir passé pour un type naturel des courses aventureuses sur terre et sur mer qui enrichissaient les audacieux voyageurs; et sans doute le mythe d'Hercule emprunta plus d'un trait de leurs expéditions lointaines. A l'exemple des Égyptiens, ils racontaient non seulement les succès mais les dangers du divin héros : ils avaient personnifié en lui la défaillance comme la vigueur du soleil, vainqueur de l'année. Nous avons vu que les anciens avaient coutume de charger de liens les statues de leurs dieux quand l'état se voyait menacé, afin de les empêcher de fuir [1]. Chez les Phéniciens, l'idole de Melkarth était presque constamment enchaînée. De même les peuples de l'Italie enchaînaient leur Saturne tous les ans jusqu'au dixième mois, et à sa fête en décembre ils lui rendaient la liberté [2]. L'idée fondamentale de cet usage symbolique fut d'abord la même partout, quoique diversement exprimée et modifiée par la suite dans les différentes religions. On croyait, par une conception enfantine des temps primitifs, retarder le cours du soleil en liant son image, l'accélérer en la déliant. On voulait représenter ainsi sa force et sa faiblesse. Le Melkarth enchaîné de

propre langue, et, dans le chapitre complémentaire placé à la fin de ce livre, les développemens relatifs à l'Hercule phénico-carthaginois représenté sur les monumens, et identifié non-seulement avec le dieu du commerce et de l'abondance, mais peut-être avec celui de la guerre, comme l'Hercule romain avec Mercure et Mars.

[1] Introduction, tom. 1er, p. 91.
[2] Macrob. Saturnal. I, 8. Verrius Flaccus avouait ne pas savoir la raison de cette singulière coutume. On peut voir dans les fragmens d'Apollodore (p. 403, éd. Heyn.), l'explication trop partielle qu'en donnait ce savant grec.

Phénicie revenait au Semphoucratès de l'Égypte, c'est-à-dire à Hercule en rapport avec l'immobile Harpocrate[1].

Nul doute que les Tyriens ne déliassent leur Melkarth à certaines époques de l'année, comme devaient faire les Égyptiens quand ils rapprochaient l'idole de Sem de celle d'Ammon son père, comme faisaient certainement les Latins quand ils déliaient Saturne au solstice d'hiver. On sait que ce grand dieu de l'année, délivré de ses liens, donnait aussi pour quelques jours la liberté aux esclaves, pendant les fêtes des Saturnales. Une fête absolument semblable avait lieu à Cydonie, dans l'île de Crète. Les citoyens abandonnaient la ville, les esclaves entraient en possession de tous les biens, et même avaient le droit de battre les hommes libres[2]. Même en Égypte, Hercule délivrait, en les prenant à son service, les esclaves qui se réfugiaient dans son temple de Canope[3]. L'île de Thasos aussi honorait dans son Héraklès un libérateur. Elle reconnaissait lui devoir à la fois les bienfaits de la nature et ceux de la société civile; car il l'a-

---

[1] Tom. Ier, p. 401, et les Éclaircissem., p. 808, 816. La plupart des dieux égyptiens, sous cet aspect cosmique, Ammon lui-même, étaient conçus et figurés comme n'ayant pas le pouvoir de marcher, comme ayant les pieds liés ou malades. De là le singulier récit d'Eudoxe dans Plutarque (de Isid., p. 540 Wytt.). Ammon, ainsi présenté, pouvait être aussi l'intelligence divine sur le point de se manifester hors de sa propre essence par le mouvement créateur. (*Conf.* tom. Ier, p. 823). Nous retrouverons chez les Grecs et sur leurs monumens des conceptions plus ou moins analogues.

[2] Eustath. ad Odyss. XX, 105, p. 725, 6 sqq. Bas., d'après Éphore dans son 3e livre, cité par Athénée, VI, 264. On regrette de ne point trouver ce fragment dans la collection de Marx.

[3] Herodot. II, 113.

vait affranchie de ses tyrans, et sur ses monnaies elle lui décerna le titre de Sauveur. Cette notion de la délivrance et de la protection se retrouve dans toute cette famille de dieux. Nous avons vu Persée briser les chaînes d'Andromède; nous voyons Hercule, son descendant, punir les oppresseurs des peuples. Thésée lui-même, espèce d'Hercule athénien, était la consolation des esclaves et l'appui des faibles [1]. Ces attributions bienfaisantes se rattachaient primitivement aux fêtes de l'année, aux époques solennelles de l'équinoxe du printemps et du solstice d'hiver, par conséquent au culte du soleil considéré dans ses heureuses influences sur la terre. C'est encore la religion de Thasos qui nous en offrira la preuve. On y adorait aussi Dionysus, et, sur la même médaille qui nous montre Hercule sauveur avec la massue en main, nous remarquons le buste de Dionysus ou Bacchus, couronné de lierre, et portant derrière la tête les cornes d'Ammon [2]. Ce sont les deux fils de ce dieu, qui, semblables à leur père délivré et rayonnant d'un éclat nouveau, apportent aux peuples la lumière et la liberté. D'autres médailles de l'île de Thasos avaient pour légende le nom de Persée : nous savons, en effet, par Étienne de Byzance, que ce héros était également associé à Hercule dans les généalogies de cette île [3].

L'Hercule de Thasos appartenait aux Dactyles Idéens

[1] Plutarch. Thes., c. 36.

[2] Cette médaille est gravée dans le Pollux d'Hemsterhuis, p. 1026, ad 1065. *Conf.* Spanheim de usu et pr. Num. I, p. 418.

[3] Stephan. Byz. *v.* Θάσσος. Son témoignage justifie celui de Pollux (Onomastic. IX, 6, 84), où par conséquent il ne faut rien changer, si ce n'est peut-être Πέρσην en Περσέα. A en juger par les monnaies, ces

ou aux vieilles puissances cosmiques de la religion des Pélasges. Il figurait avec le même caractère dans le culte des Orphiques, et c'est encore sous ces traits qu'on le connaissait en Béotie, pays rempli des traditions et des pratiques religieuses de la Phénicie et de l'Égypte. C'étaient, disait-on, les compagnons de Cadmus allant à la recherche d'Europe, qui avaient fondé le temple de Thasos, 166 ans avant la naissance de l'Hercule fils d'Amphitryon, et plus de 1500 ans avant notre ère [1]. Dans le temple de Cérès, à Mycalessus, ville Béotienne, Hercule jouait le rôle d'un ministre desservant du culte; il était un Cadmus ou un Cadmilus [2]. C'est ainsi que Déméter, aussi bien que Dionysus, s'alliait à Héraklès dans une religion commune et fort antique. Ils y présidaient ensemble à la fécondité de la terre, à ces productions nourricières qu'amène successivement l'astre du jour dans sa révolution annuelle. Voilà pourquoi, sur d'anciens monumens, l'on voit Hercule tenant trois pommes dans sa main [3], par allusion aux trois saisons du calen-

---

religions de Thasos se propagèrent au loin vers le nord et jusque sur les bords du Danube. *Voy.* Eckhel D. N. V., II, p. 54.

[1] Herodot. II, 44, *ibi* Larcher. — L'Hercule Thébain lui-même était regardé par les Phéniciens, et sans doute aussi par les Carthaginois, comme identique avec leur dieu national. Nous en avons la preuve dans une inscription trouvée à Thèbes et rapportée par Wheler, Voyage II, p. 84 (?) (Münter, *Relig. d. Carth.*, p. 43 et n. 22, sec. édit.). D'autres inscriptions, grecques et latines, prouvent que l'Hercule *Tyrien* fut adoré avec cette épithète en Grèce et en Italie. Voy. *Archæologia or Miscellaneous Tracts*, etc., London, 1786, vol. III, p. 325 sqq.; Daniele Numismat. Capuana, Nap. 1802, p. 90.

[2] Pausan. IX, Bœot., 27, coll. VIII, Arcad. 31.

[3] Μήλων, Εὔμηλος, surnoms sur lesquels il faut voir notre Dionysus,

drier primitif, qui étaient le printemps, l'été et l'hiver [1]. Un mythe que des artistes d'une époque non moins reculée traitèrent avec une sorte de prédilection, se rapportait à la même idée; nous voulons parler du trépied sacré enlevé à Apollon par Hercule [2]. Mais ici vient se joindre l'idée accessoire de prophétie. En effet, Hercule rendait des oracles à l'exemple de son père Ammon, et, sur l'autel du devin Amphiaraüs, le premier de ces dieux était représenté à côté de Jupiter et d'Apollon [3]. On a même cru le voir avec les attributs de celui-ci sur les plus vieilles médailles de Thasos [4], par où se trouverait confirmée l'alliance nouvelle d'Apollon et d'Hercule. Plus tard, l'art cherchant de plus brillans sujets dédaigna ces antiques et ténébreuses divinités de l'année, et même à Thasos, le jeune fils d'Am-

[1], p. 145 sqq. Ainsi le montre une lampe sépulcrale dans Bellori, part. II, fin. *Conf.* notre pl. LII, 140 *b*, et l'explicat., p. 37.

[1] Diodor. Sic. I, 11, 12, 26. *Conf.* Jablonski ad Tab. Isiac., Opusc. II, p. 230. Cette explication des trois pommes est donnée par Jean le Lydien (de mensib., p. 93), d'après Nicomaque.

[2] *Voy. ci-dessus*, p. 155, avec les indications et renvois des notes. *Conf.* pl. CLXXIV, 678, et l'explication des planches.

[3] Tacit. Annal. XII, 13; Pausan. I, Attic., 34. — Il s'agit, dans le passage de Tacite, d'un Hercule assyrien adoré près du mont *Sambulos*, et qui est présenté moins comme prophète que comme archer et protecteur de la chasse. L'Égypte avait des oracles d'Hercule aussi bien que de Jupiter et d'Apollon, c'est-à-dire de *Som*, d'*Ammon* et d'*Horus* (Herodot. II, 83). (J. D. G.)

[4] Payne Knight, *Symbol. lang.*, § 130, p. 101. — *Conf.* Münter, *lib. laud.*, p. 48, citant Pellerin, tab. 93, fig. 6, et nos pl., nos 656, 657 *f*, etc., où l'on verra Hercule avec l'arc et les flèches. — Suivant quelques anciens, la massue ne lui aurait point été donnée avant Pisandre et les autres poètes, auteurs d'Héraclées (Strab. XV, p. 688 Cas.; Athen. XII, p. 513 ejusd., 405 sq. Schweigh.).

phitryon prit place à côté du vieil Hercule phénicien [1].

La religion des Dactyles Idéens régnait en Phrygie comme en Phénicie. Hercule, suivant Eusèbe dans sa Chronique, y portait un même nom, celui de *Diodas*, que Bochart explique *Dieu de l'hymen* [2]. D'autres l'interprètent *le chéri*, ou bien encore *le voyageur*, idée qui se retrouve dans le nom de *Dido* (Didon), *l'errante*, et qui reviendrait au sens présumé des noms grec et latin du héros [3]. Une variante singulière existe dans la traduction latine de la Chronique, qui au lieu de *Diodas* porte *Desanaüs*, que Vossius traduit *le fort, le puissant*, notion renfermée dans l'appellation dominante de l'Hercule phénicien, *Melkarth* [4]. De même qu'une colonie de Tyr avait porté ce dieu en Béotie par Thasos, une autre colonie le porta aux Ioniens d'Asie-Mineure. A Érythres, sur les côtes d'Ionie, se voyait une statue d'Hercule d'un aspect complètement égyptien, et qui montait un léger esquif, comme les divinités égyptiennes. Des femmes de Thrace y célébraient son culte, parce que, disait-on, les femmes du pays avaient refusé de faire au dieu le sacrifice de leurs chevelures, lors de son arrivée à Érythres [5]. On a vu que les femmes de Byblos sacrifiaient à Adonis leurs cheveux et leur chasteté tout à la fois [6]. Il est probable que le culte d'Hercule n'était pas non

---

[1] Pausan. V, Eliac. (I), 25.
[2] Euseb. Chron. I, p. 26; Bochart, Geogr. sacr., p. 472.
[3] Münter, *l. l.*, p. 54, 1re édit., coll. Etymol. Magn., p. 272, p. 247 Lips, et *ci-dessus*, p. 172.
[4] Voss. de Idolol. I, 22; *conf. ci-dessus*, p. 171 sq.
[5] Pausan. VII, Achaic., 5.
[6] Chap. III, art. II, p. 48 de ce livre.

plus exempt de ces offrandes dissolues partout ailleurs qu'en Grèce. En Lydie, surtout, il paraît avoir été d'une sensualité vraiment délirante. Filles et femmes s'y prostituaient, sans doute aux fêtes de ce dieu [1]. Les deux sexes échangeaient leurs rôles, et la tradition rapportait qu'Hercule lui-même en avait donné l'exemple, lorsque se mettant au service de la voluptueuse Omphale, il prit les vêtemens et les occupations des femmes [2]. L'Hercule Lydien était surnommé *Sandon*, d'après la robe teinte de sandyx, assure un ancien [3], dont l'avait revêtu Omphale, robe transparente, et qu'imitèrent de lui les femmes du pays en célébrant son culte licencieux. Nous retrouverons plus loin ce Sandon dans le *Sandacus* de Cilicie, soumis à sa virile compagne Pharnacé comme l'Hercule de Lydie à Omphale [4]. Nous retrouverons cette même opposition, cette même alternative de force et de faiblesse, de volupté et de courage, qui se montre ici non moins frappante que dans les religions de la Phénicie. Hercule auprès d'Omphale, c'est le Dieu-soleil descendu dans l'*omphalos* ou le nombril du monde, au milieu des signes de l'hémisphère austral [5]; et c'était la fête de cet astre vigoureux, énervé en quelque sorte au

[1] Herodot. I, 93, coll. Clearch. ap. Athen. XII, p. 416 Schweigh.
[2] *Voy.* Phérécyde, Xanthus, et d'autres anciens historiens recueillis ou cités dans les Fragm. historic., etc , ed. Creuzer, p. 187.
[3] Joan. Laurent. Lydus de magistrat. Romanor. III, 64, p. 268.
[4] *Voy.* le chapitre suivant, et *confér. ci-dessus*, chap. III, art. IV, p. 83, où *Pharnacé* est transformée en *Pharnacès*, dieu-lune.
[5] Ainsi croit-on le voir sur un bas-relief du cardinal Borgia, reproduit dans notre pl. CLXXXIV, 672. *Conf.* l'explicat. des pl. et les représentations analogues, pl. CXCI, CLXXXV, CLXXIV, 672 *a*, *b* et *c*.

solstice d'hiver, que solennisait le peuple Lydien par l'échange des vêtemens du sexe faible et du sexe fort. Voilà pourquoi la Lydie eut aussi ses Amazones [1]. Mais c'est en Lydie également qu'Hercule, devenu *Mélampyge* (noir par derrière), dompte les *Cercopes*, singes merveilleux, les réduit à l'obéissance, et les mène à sa suite, comme fait Rama dans l'Inde avec Hanouman, Sougriva et leur troupe bizarre [2]. Parmi les Cercopes on cite surtout deux frères, appelés *Acmon* et *Passalus*, ou bien encore *Candulus* (l'Hercule Lydien lui-même se nommait Candaule) et *Atlas*; leur mère était, dit-on, *Memnonis*. Ces noms, aussi bien que ceux de l'Inde, nous reportent involontairement au soleil, aux astres, aux puissances de toute espèce, soit astronomiques, soit physiques, dont la sphère d'action est la voûte céleste ou la terre qui y correspond. C'est là qu'il s'agit de reconnaître les traits principaux des récits fabuleux que l'antiquité nous a transmis sur Hercule et les *Cercopes* [3].

[1] *Conf.* ce qui a été dit de ces femmes belliqueuses, fin du chap. III, ci-dessus.

[2] *Voy.* liv. I, ch. III, art. III, tom. 1ᵉʳ, p. 200 sqq., et principalement la note de la p. 203 sq.

[3] Les sources de ce mythe important sont : Ovid. Metamorph. XIV, 89; Diodor. Sic. IV, 31; Eustath. ad Odyss. XIX, 247, p. 695 Bas.; Suidas v. κέρκωπες, et *ibi* Reinesii Obss. in Suid., p. 136, Toup. cur. nov., p. 203 sq. ed Lips.; Zonar. Lex. *s. v.*, p. 1186 Tittmann, coll. Etymol. M., p. 459 ed. Lips.; Harpocrat. v. κέρ. *Conf.* Natal. Com. Mythol. II, p. 85 ed. Gen.; Müller ad schol. Tzetz. in Lycophron. v. 688 et 1356; Heyn. Excurs. II ad Virg. Æneid. IX; ejusd. Obss. ad Apollodor., p. 81; Clavier ad eumd., p. 300 sqq.; Creuzer ad fragm. Histor. gr. antiquiss., p. 163-183, et citat. *passim*. — Les Cercopes sont en rapport avec Hercule absolument comme les Satyres avec Bacchus. *Voy.* entre autres Plutarque, Moral., t. I, part. II,

III. Hercule Mélampyge et les Cercopes, mythe analogue à ceux de Jupiter et des Arimes et des dieux Paliciens, en Campanie et en Sicile; Hercule en Perse et dans l'Inde, aux extrémités de l'Orient comme à celles de l'Occident, en Italie et dans la Gaule : Idée commune partout.

Suivant Diodore, les Cercopes habitaient au voisinage d'Éphèse, et ils ravageaient au loin la contrée, alors qu'Hercule, dans les bras d'Omphale, menait une vie de mollesse et de servage. En vain leur mère les avait avertis de prendre garde au bras toujours redoutable du héros : ils méprisèrent ses exhortations, et la reine en courroux envoya contre eux Mélampyge avec ordre de les châtier. Bientôt il les lui amena chargés de chaînes. Une tradition différente place les Cercopes dans les îles situées en face des côtes de la Campanie. Jupiter, dit la légende, engagé dans la guerre des Titans, après avoir expulsé son père Saturne, vint dans ces îles demander du secours au peuple des Arimes. Mais les Arimes, après lui avoir promis leur assistance, se jouèrent de lui. Alors le dieu irrité les changea en singes (ou en pierres), et depuis cette époque les îles d'Inarime et de Prochyte prirent le nom de *Pithécuses*, qui veut dire *îles des Singes*[1]. Voilà donc les Cercopes tantôt en Asie-Mineure, tantôt

---

cap. 18, p. 228 Wytt., et sur cette espèce de singes, Aristot. H. A. II, 2, *ibi* Schneider, t. II, p. 94 sqq.; J. Lyd. de mens., p. 38, 102 sqq. — Entre les auteurs dramatiques qui s'étaient emparés du mythe des Cercopes, nous avons déjà cité Euripide. Les comiques surtout, par exemple Eubulus, l'avaient exploité avec succès. *Voy.* Athen. X, p. 25 Schweigh., XIII, p. 47, et Animadv., t. V, p. 531.

[1] Πιθηκοῦσαι de πίθηκος, singe. D'autres le rattachent à πίθος, grand

dans les îles de la Campanie, célèbres par leurs éruptions volcaniques.

Le sens de ces fables se présente de lui-même, d'après les explications que nous avons données plus haut. L'Hercule Lydien est le soleil terne et affaibli du solstice d'hiver, qui tourne en quelque sorte le dos à la terre, et ne lui montre que sa face obscure [1]. Aussi long-temps que le dieu est livré à cette vie sans gloire, où il se partage entre les voluptés et les serviles occupations des femmes, c'est-à-dire durant l'hiver entier, les Cercopes, qui sont les divisions de cette période de langueur, se pressent autour de lui et l'insultent avec audace. Mais sitôt que l'approche de l'équinoxe du printemps renforce les rayons du soleil et rend à cet astre sa vigueur première, Hercule sortant d'un indigne repos dompte et soumet les Cercopes. Jupiter, mis en rapport avec ces créatures pleines d'artifices, doit également s'expliquer dans un sens astronomique et calendaire. Ce dieu étant le soleil des soleils, la force suprême qui combat, subjugue et dissipe tout ce qui tend à obscurcir la pureté de la lumière et à troubler l'ordre de l'univers, les Cercopes lui sont opposés au même titre que ses autres adversaires, par exemple, les Titans.

En considérant la nature volcanique du sol des îles Pi-

---

vase qui servait de tonneau, peut-être non sans quelque raison, comme il paraîtra plus loin. On a voulu aussi, par un véritable tour de force, retrouver dans *Inarime* ou *Enarime*, dénomination évidemment en rapport avec les *Arimes*, le même sens que dans *Pithécuses*.

[1] C'est le sens général de Μελάμπυγος, qu'il est impossible de traduire littéralement en français. (J. D. G.)

thécuses, on est tenté d'envisager le mythe des Cercopes sous un point de vue nouveau. En effet, le grand symbole d'Hercule, pris dans son expression la plus générale, est la puissance du feu luttant et combattant tout à la fois dans le globe du soleil et dans les entrailles de la terre. Sous ce dernier rapport, nous aurions dans le héros cette force irrésistible et si mystérieuse encore, qui éclate en fleuves de feu par les éruptions des volcans. Alors les Cercopes pourraient être les divers autres accidens de ces éruptions, les jets de cendres, par exemple, qui obscurcissent la lumière du soleil, cachent la splendeur du feu, et changent la clarté du jour en une nuit ténébreuse.

Si le lecteur concevait quelques doutes sur la validité des interprétations précédentes, nous lui rappellerions certains faits qui prouvent que ces fables, loin d'être de purs jeux de l'imagination des anciens, ont souvent pour base des idées positives. Les singes, et bien d'autres animaux ou objets naturels, consacrés dans le culte public, soit en Égypte, soit ailleurs, étaient censés être en relation directe et permanente avec les astres, leurs révolutions et les périodes de l'année[1]. Leurs images sculptées ou peintes composaient les calendriers antiques, que les prêtres se chargeaient d'expliquer au peuple, et

---

[1] *Voy.* t. Ier, surtout liv. I et III, *passim*, avec divers renvois aux planches et à leur explication, particulièrement sect. III, tom. IV, p. 52, 84 sqq. — Les singes paraissent avoir été honorés d'une espèce de culte non seulement dans l'Inde et en Égypte, mais aussi sur les côtes septentrionales de l'Afrique, peut-être même à Carthage, comme nous le verrons.

qui devinrent ainsi une source inépuisable de légendes.
Chez les Égyptiens, le singe Cynocéphale avait rapport
à la lune, au mois, à l'équinoxe; le vautour au solstice
d'hiver, époque où, disait-on, il devenait perclus, et se
cachait dans le creux des rochers [1]. D'un autre côté,
nous savons que différens peuples anciens comptaient
par le moyen de vases, d'urnes, de coupes, les années,
les mois et les jours [2]. Or le nom grec du singe semble
faire allusion au grand vase qui servait de tonneau, et
sur les monumens de l'antiquité l'on remarque des singes
regardant dans des tonneaux ou des urnes, ce qui confirme cette association de noms et d'idées. C'était de même
dans une espèce de tonneau, dans une caisse, qu'avait
été enfermé et livré au Nil Osiris, le noir Osiris, c'est-
à-dire le soleil obscurci et languissant de l'hiver [3]. Ainsi,
quand Hercule, le héros de l'année, devient Mélampyge
et présente sa face obscure aux mois et aux jours, eux
aussi languissent et s'obscurcissent; les singes cachent
leurs têtes dans des tonneaux [4]. Des urnes et des coupes,
dans les anciens calendriers figurés, servaient en quelque
sorte à mesurer le fleuve de l'année. Hercule, raconte
la fable, voguait dans une coupe vers l'île du soleil,

[1] Horapoll. 14-16, p. 27 sqq.; Plin. H. N. XXVII, 10. *Confér.*
t. Ier, Éclaircissem., p. 864, 866 sq., 889, 946 sq., avec les renvois
aux planches.

[2] Par exemple les Egyptiens, t. Ier, p. 399, et les anciens Italiens,
ci-après, liv. V, sect. II, chap. V, art. II.

[3] Tom. Ier, liv. III, ch. II, *passim.*

[4] Notre pl. CXCII, 683, offre une scène fort remarquable de
ce genre, à laquelle il faut comparer les fig. 683 *a* et 683 *b*, où paraissent également les Cercopes sous la forme de satyres. Consultez,
pour les détails, l'explicat. des planches.   (J. D. G.)

Érythia, accompagné des Cercopes, qui le poursuivaient de leurs railleries. Mais tout en se jouant, ceux-ci se précipitent comme enivrés dans les tonneaux; ils se noient ou se roidissent comme des pierres. Les mois d'hiver se perdent successivement, entraînés par le courant de l'année, tandis que les forces végétantes de la terre semblent pétrifiées. Car, nous l'avons dit, les mythes calendaires ainsi que les Cercopes ont souvent deux points de vue. Les Cercopes ne sont pas seulement les mois et les jours de la saison ténébreuse, ils sont encore les puissances occultes de la terre. C'est en vain qu'ils se changent en pierres, à la voix de Jupiter; ils trouvent moyen de se venger dans leur rôle nouveau. Quand la force divine éclate en colonnes de feu par le cratère des volcans, dans les îles Pithécuses, les singes mystérieux sont encore là pour la braver et voiler sa splendeur : des monceaux de cendres et de pierres accompagnent les éruptions volcaniques [1].

Le livre suivant nous montrera, dans les dieux de la Sicile appelés *Palici*, des créations mythiques d'une nature analogue aux Arimes et aux Cercopes leurs frères. Jupiter, changé en vautour, d'autres disent un dieu *Menanus* ou *Amenanus*, un fleuve divinisé, peut-être le fleuve de l'année, leur avait donné la naissance [2]. Vulcain, le dieu du feu et de l'Étna, était l'un de ces génies

[1] Des opinions très-différentes ont été récemment avancées sur les Cercopes par deux savans distingués, Lobeck et Hüllmann; elles sont résumées et examinées dans la note 11 sur ce livre, à la fin du volume. (J. D. G.)

[2] Clement. Homil. VI, 13. Creuzer. ad Cic. de N. D. III, 22, p. 601 sqq., *ibi* citata.

souterrains enfantés par la puissance éternelle de la nature, mais soumis comme elle à d'éternelles vicissitudes. Tour à tour ils s'échappent des entrailles de la terre en torrens d'eau ou de feu, et s'y replongent après avoir exercé leurs fureurs, pareils au divin vautour leur père, qui tantôt mutilé, paralysé, se cache dans les profondes cavernes, tantôt s'élance plein d'une vigueur nouvelle, et manifeste son pouvoir en donnant la vie à ces formidables enfans [1]. Mais il est temps de revenir à notre sujet.

Hercule, poursuivent les traditions de la Lydie, donna le jour, dans cette contrée, avec une esclave, peut-être la même qu'Omphale [2], au chef d'une nouvelle dynastie de rois. Déjà la dynastie précédente, celle des Atyades, avait eu pour chef un Atys, homonyme du dieu-soleil de la Phrygie et de la Lydie. La seconde race royale, dans laquelle on remarque encore un Bélus, fut celle des Héraclides, ou plutôt des Candaulides; car, selon quelques-uns, l'Hercule Lydien s'appelait *Candaule* [3]. Ce nom rappelle le dernier monarque de cette même dynastie, qui, semblable à son divin aïeul, tomba dans les piéges d'une femme artificieuse, et, plus malheureux que lui, perdit à la fois la vie et le trône. Sans parler

---

[1] Le nom même des θεοὶ Παλικοί exprime cette idée d'alternative, de πάλιν et ἱκέσθαι, disent les Grecs. — *Voy.* les preuves et développemens liv. V, sect. II, chap. III, art. II.

[2] *Voy.* Herodot. I, 7 et 93, *ibi* interpret.; Heyne ad Apollodor., p. 180. Cornutus, de Deor. Nat., 32 (p. 222 Galei Opusc. mythol.), donne une interprétation singulière du mythe d'Hercule et Omphale. *Confer.* Eudocia in Violar. p. 218.

[3] Hesych. v. Κανδαύλης.

des accessoires merveilleux dont les récits postérieurs de cet événement sont ornés, tels par exemple que l'anneau magique de Gygès, la seule narration d'Hérodote montre un côté évidemment mythique dans toute l'histoire des rois de Lydie; la chute même de cette monarchie est racontée avec des circonstances qui portent le caractère des antiques symboles religieux. Si le roi Mélès, disait-on, eût conduit jadis tout autour de la ville de Sardes le lion qu'une de ses concubines avait mis au jour, jamais cette capitale ne serait tombée aux mains de Cyrus [1]. Voilà donc un lion royal, né d'une jeune fille, dans la famille des Héraclides, et qui reproduit le premier-né de cette famille aussi bien que le héros, son père. En effet, le lion fut de tout temps un symbole du vaillant et victorieux Hercule, un emblème du soleil dans sa force protectrice. Il demeura l'attribut sacré des rois lydiens. Parmi les riches offrandes que Crésus envoya au temple d'Apollon à Delphes, la principale était un lion d'or [2]. Le lion d'Hercule passait pour le défenseur de la capitale du royaume de Lydie, et on le promenait solennellement autour de ses murs. Cette cité royale elle-même était, comme l'exprime son nom [3], la ville de l'année, et à ce titre consacrée au dieu qui en dirige la marche. C'était la cité d'Hercule, comme Thèbes d'Égypte la cité d'Ammon, Babylone la cité de Bélus, Ecbatane, avec ses murs de sept couleurs, la cité

---

[1] Herodot. I, 84.
[2] *Idem*, I, 50.
[3] *Sardis. Voy.* Xanthus le Lydien chez Jean le Lydien, de Mensib., p. 42.

des planètes. Ainsi le ciel et son armée brillante avaient leurs miroirs sur la terre, tandis que les puissances célestes prenaient place parmi les terrestres grandeurs, et qu'aux rois se mêlaient les dieux [1].

Encore un mot sur l'Hercule de l'Asie-Mineure. Le héros du soleil se retrouve avec un trait nouveau dans la légende de Lityerses ou Lytierses [2]. Ce fils de Midas traitait libéralement les étrangers à Célènes en Phrygie; mais, après le repas, il les contraignait à lui prêter leur aide pour couper ses blés; et, le soir, il leur coupait la tête à eux-mêmes, puis cachait leurs cadavres dans les gerbes, jusqu'à ce que vînt Hercule, qui mit à mort le scélérat, et jeta son corps dans le Méandre. Cette tradition doit, comme les précédentes, avoir un fondement physique. *Lytierses* est une espèce de Typhon qui consume la rosée [3] et la salutaire fraîcheur des nuits, menace la vie des hommes, et périt sous les inévitables coups du soleil sauveur. Son nom fut répété dans les chants des moissonneurs comme le nom d'Ialemos dans les chants plaintifs, et celui d'Iulos dans les hymnes. Quant à son aventure avec Hercule, elle devint, aussi bien que celle des Cercopes,

---

[1] A l'opposition historique du roi-lion Candaule et de Gygès (nom si rapproché d'Ogygès), son meurtrier, correspond au ciel l'opposition du signe du lion et de celui du verseau. Conf. *Briefe über Homer und Hesiodus*, p. 103 sqq.

[2] *V.* Athenæus X, p. 16 sq. Schweigh.; Suidas in Λυτιερσ., et Reinesii Obss., p. 155; Schol. Theocrit. X, 41; Anonym. in *Bibl. der alt. Litt. u. Kunst*, VII, inedit., p. 9 sqq.; Eichstædt de dram. Græcor. com. satir., p. 16 sq., 125 sq., 151 sqq.

[3] Ἔρση ou Ἔρση. Conf. sup., p. 143, n. 2.

le sujet de drames satyriques dont nous possédons encore des fragmens.

Nous avons reconnu plus haut un Hercule dans le Sandacus de Cilicie; nous avons vu que le héros portait en Lydie le nom de Sandon; enfin l'on cite *Sandes* comme l'Hercule de la Perse [1]. Est-ce le grand Dschemschid? Ce qu'il y a de sûr, c'est que dans ce dernier se retrouvent presque tous les traits principaux dont se compose la légende d'Hercule [2]. Dschemschid emprunte son nom de l'éclat du soleil; il s'appelle l'œil d'Ormuzd, comme Hercule l'œil de Jupiter. Tous deux font régner sur la terre la justice, la paix, l'abondance et tous les biens. Tous deux sont la force divine du principe de lumière, qui lutte et combat contre le principe des ténèbres. Mais, dans cette longue opposition, ni l'un ni l'autre ne demeure exempt de faiblesse ou de trouble. Dschemschid aussi fait alliance avec les ténèbres en épousant la fille des Devs. De même Hercule, devenu Mélampyge, épouse une esclave, et se livre à Omphale entourée des noirs Cercopes. L'existence de Dschemschid n'est pas moins prolongée que celle d'Hercule lui-même, selon les traditions de l'Égypte et de la Phénicie. Dschemschid est le héros par excellence, le père des héros ou des forts, des Kaïanides, des Achéménides, comme Hercule est le père des Héraclides. Enfin, l'Égypte et la Perse nous offrent deux séries

---

[1] Vossius de Idolol. I, 22.
[2] *Voy.* liv. II, ch. I, tom. Ier, p. 311 sqq., etc. *Conf.* Vendidad, Fargard II, *init.*; Izeschné, 9; Bundehesch, 32; *Anhang z Zendav.* III, 1, p. 85.

parallèles de divinités ou personnifications solaires : d'un côté, Ammon, Bélus, Persée, Hercule ; de l'autre, Ormuzd, Mithra, Hom, Dschemschid. A toutes deux viennent également se rattacher les dynasties des monarques puissans, qui ont à la fois leurs aïeux et leurs modèles dans ces dieux et ces héros divins.

L'Inde aussi eut son Hercule, au dire même des anciens, quoique leurs récits à cet égard soient d'une époque relativement très-récente. Il se nommait *Dorsanes* ou *Dosanes* [1], qui rappelle le *Desanaüs* de la Phrygie. En vain demanderions-nous aux Grecs des lumières sur le sens de ce nom, et, quant aux traditions qui ont passé par leurs bouches peu fidèles, elles ne sont pas beaucoup plus certaines. Toutefois elles semblent encore s'annoncer comme des interprétations mythiques d'antiques calendriers et de rites symboliques appartenant au culte du soleil. Hercule, raconte Mégasthène [2], s'avança jusque dans l'Inde, où il mit au jour un grand nombre de fils avec une seule fille, *Pandæa*, qu'il laissa héritière d'un grand empire. Ayant parcouru toute la terre, il découvrit au fond de l'Océan une parure formée de perles, qui, semblables aux abeilles, ont une reine, et vivent en société sous les eaux. Il décora de cette parure sa royale fille ; puis, comme il ne lui trouvait point d'époux qui fût digne d'elle, et qu'avant sa fin prochaine il voulait voir ses petits-enfans, il la rendit nubile à l'âge de sept ans, et eut d'elle un fils qui de-

---

[1] Hesych. *v.* Δορσ., *ibi* Alberti.
[2] Ap. Arrian. Indic., cap. 8, 9. *Conf.* Philostrat. Vit. Apollon. III, 46, *ibi* Olear.

vint la souche des monarques de l'Inde. Sans parler du nom de *Pandæa*, qui représente évidemment les *Pandavas* des légendes indigènes et leur race royale [1], cette femme exerçant le pouvoir suprême fait songer à la reine de Lydie Omphale; sa parure rappelle le collier de perles, emblème du lien mystérieux qui réunit tous les êtres [2]; les sept ans, époque de sa nubilité, ont trait à quelque cycle solaire, aussi bien que l'année ou les trois années de servitude de l'Hercule Lydien. Enfin, de même que la Lydie, outre ses Atyades, avait ses Candaulides, l'Inde, outre Dionysus, citait Hercule comme la tige divine de ses rois [3]. Ses traditions nationales nous parlent de deux longues dynasties appelées les enfans du soleil et les enfans de la lune. Dans la première parut Rama, qui a tant de rapports avec l'Hercule des Grecs, et dont les singes belliqueux, ainsi que nous l'avons déjà remarqué, reproduisent les belliqueux Cercopes.

La religion d'Hercule, partie de l'Orient comme le dieu qui en était l'objet, se fraya comme lui une route vers l'Occident, et en atteignit les extrémités. Les Phéniciens et les Carthaginois, dont ils furent les pères, portèrent de tout côté le divin patron de leurs colonies, le grand Melkarth. Ce fut d'eux que les peuples d'Espagne apprirent à le révérer, après ceux d'Afrique; et non content de poser ses colonnes à l'entrée de l'Océan,

---

[1] Tom. Ier, liv. I, ch. III, p. 207 sq., et les Éclaircissem., p. 589.
[2] *Ibid.*, Introduct., p. 47 sq.
[3] Diodor. III, 63 sqq., *passim*; Arrian. Indic., 9; Plin. H. N. VI, 21. *Conf.* tom. Ier, liv. I, ch. III, art. III, *passim*, et les Éclaircissem., p. 588 sqq.

l'Hercule phénicien entreprit sur cette vaste mer de lointaines expéditions [1]. D'une autre part, il franchit les Pyrénées et les Alpes; lui et ses enfans fondèrent nombre de villes, soit dans la Gaule, soit dans les contrées voisines [2]. Le héros y fut surnommé *Deusoniensis*, mot qui rappelle encore une fois *Desanaüs*. En effet, la mythologie occidentale semble ici répondre en tout à celle de l'Orient. La coupe du soleil, dans laquelle Hercule traverse l'Océan pour aborder à l'île Érythia, représente la merveilleuse coupe de Dschemschid. Sous l'empire de ce dernier, il n'y avait de corruption d'aucune espèce; et jamais les colonnes de bois du temple d'Hercule à Gades ne risquent de se corrompre. Le Dschemschid de la Perse et le Sem de l'Égypte donnaient la santé; les Romains reconnaissaient le même pouvoir à leur Hercule victorieux [3]. Rome elle-même voulut compter parmi ses citoyens les fils du fort par excellence; car l'héroïque famille des Fabius lui rapportait son origine [4]. Les Latins, aussi bien que les Lydiens, assignaient au dieu puissant des concubines entre lesquelles on cite Faula et Acca Larentia, la nourrice de Romulus [5]. Ainsi donc, en même temps que nous

---

[1] *Voy.* le chapitre complémentaire à la fin de ce livre, et la note 1re, § 2, fin du volume.

[2] Alesia, Nemausus, etc. Hercule était donné comme le père des Celtes. *V.* Parthen. Erot., c. 30; Dionys. Halicarn. XIV, 3, p. 43, fragm. récem. découv. à Milan; Diodor. IV, 19, V, 24, *ibi* Wesseling. — *Conf.* Am. Thierry, Histoire des Gaulois, part. I, ch. I, tom. Ier, p. 21-26. (J. D. G.)

[3] J. Lyd. de Mens., p. 92.

[4] Plutarch. Fab. Max., 1.

[5] Macer ap. Macrob. Saturn. I, 10; Augustin. de Civ. Dei, VI, 7.

retrouvons jusque dans l'Occident les traces d'un culte sensuel rendu à Hercule, nous voyons s'y reproduire la tendance générale de l'Orient à faire, des héros et des rois, les enfans de ce soleil divin, de cet astre vainqueur et bienfaiteur, qui nous ramène sans cesse et le jour et l'année au prix de ses glorieux combats.

Quelle idée plus naturelle? Le soleil n'est-il pas lui-même un roi puissant, un héros, constitué en état de lutte permanente avec les ténèbres et les mauvais génies qu'ils enfantent? Ses nombreux adversaires, dans la carrière du zodiaque qu'il parcourt, sont principalement les signes d'hiver. Des rites solennels, tels que les jeux gymniques célébrés à Chemmis et à Olympie, les chaînes dont on chargeait la statue d'Hercule à Tyr, le cercle de femmes dont on l'environnait à Sardes, représentaient tour à tour et les victoires et les défaites de ce lutteur courageux de l'année, dont la mort même est un triomphe. Aussi, parmi les nombreuses incarnations de l'astre du jour, le génie guerrier des peuples encore dans toute l'énergie de la jeunesse, dut choisir de préférence, pour la proposer en exemple aux chefs et aux monarques, celle qui personnifiait le soleil sous ce point de vue. Et certes les chefs des nations ne pouvaient avoir de plus digne modèle, de type plus moral dans le sens élevé de ce mot. Si la source de leur sang était considérée comme divine, l'obligation d'un combat perpétuel leur était imposée pour manifester aux yeux de tous le principe de lumière, de force et de bien que l'on croyait résider en eux. D'ailleurs c'était sur l'année solaire et d'après ses périodes solennelles que toute l'ordonnance sociale avait été réglée. En maintenant cet ordre sacré, ils ne faisaient encore qu'imiter le dieu de l'année, à la fois son auteur et celui de leur race. Telles sont les raisons pour lesquelles nous rencontrons, dans toute l'antiquité, un héros-soleil à la tête des dynasties royales. Ce héros-soleil, c'est Hercule, qui se retrouve partout le même sous des noms divers. Maintenant est-il probable que les Grecs seuls se soient écartés en ce point de la pensée universelle, et que l'Hercule qui figure dans leurs traditions soit différent par sa nature de tous ceux qui viennent de passer sous nos yeux? Le dieu de Tyr reçu parmi eux, comme nous l'avons vu [1], et le fond manifestement étranger de leur religion presque entière, suffiraient pour nous faire rejeter cette supposition; un coup d'œil rapide jeté sur les débris encore subsistans des vieilles Héraclées chantées par leurs poètes, en démontrera la fausseté à tout esprit impartial.

IV. Hercule en Grèce; analyse et explication succincte de sa légende; comment le héros solaire prend l'aspect d'un personnage humain; ses rapports avec Apollon et Bacchus.

Dans la Grèce, le pénible enfantement d'Alcmène, mère d'Hercule, annonce déjà le dieu de lumière, qui doit lutter péniblement toute sa vie contre les ténèbres. Ilithyia, elle-même la lumière sortant du sein de la nuit, se tenait les mains croisées près du foyer, et la mère courageuse fut en proie aux douleurs jusqu'au moment où la ruse de Galinthias, appelée encore Historis, vint

[1] *Ci-dessus*, pag. 176, note 1.

à son secours ¹. Long-temps, disent les traditions anciennes, Héré ou Junon mit obstacle à la naissance du héros ². Cette puissance ennemie persécute le fils après la mère, et sa haine opiniâtre lui donne lieu de produire avec un éclat toujours croissant la force divine dont il est doué. Aussi l'oracle lui imposa-t-il le nom d'*Héraklès*, parce qu'il devait, au moyen de la déesse *Héré*, remporter une gloire immortelle ³. Quelque fausse que puisse être en soi cette étymologie, inventée après coup, d'un nom fort antique et vraisemblablement oriental ⁴, elle prouve au moins que les Grecs eux-mêmes at-

¹ Chap. précéd., p. 133, avec la note, coll. Pausan. IX, Bœotic., 11. — Une scène analogue est représentée dans notre planche CLXXV, 653. *Voy.* l'explication des planches.

² Iliad. XIX, 119.

³ Ἡρακλῆς de Ἥρα et κλέος. *Voy.* Diodor. Sic. IV, 10 ; Schol. vet. ad Pindar. Olymp. VI, 115. *Conf.* Macrob. Sat. I, 20 (Ἥρας κλέος, la gloire de Héra ou de l'air dont le soleil illumine les ténèbres natives).

⁴ *Ci-dessus*, p. 172, not. 4. Le latin *Hercules* (*Hercule*, *Ercle*) est, selon toute apparence, une forme plus ancienne que le grec *Herakles* (Lennep. Etymol. l. gr., p. 245; Lanzi *Saggio di ling. etrusca*, vol. II, p. 206 sqq.), et semblerait par conséquent devoir exclure les interprétations uniquement fondées sur cette dernière forme. Cependant deux étymologies de ce genre ont été récemment proposées, l'une par Hermann, qui considère Hercule comme la vertu personnifiée, remportant la gloire (Ἡρακλῆς, ὃς ἤρατο κλέος, *Briefe über Homer u. Hesiod.*, p. 20); l'autre par Payne Knight, qui, ainsi que Macrobe et nous, donne à cette idée une base physique, empruntée au culte du soleil (*the glorifier of the Earth*, de ἔρα et κλέος, *Symbol. lang.*, § 130, p. 101). Plutarque voyait déjà la terre dans Junon (Fragm., p. 757 Wytt.), tandis que Macrobe y reconnaît l'air. Celui-ci, au reste, nous fait pénétrer dans le véritable esprit du symbole oriental, en ajoutant ces paroles : *Quippe Hercules ea est solis potestas, quæ humano generi virtutem ad similitudinem præstat deorum.* Hercule, en effet, est la force par excellence, mais la force émanée des

tachaient à leur Hercule l'idée fondamentale d'un héros constamment aux prises avec un pouvoir contraire. Du reste, l'inimitié de Junon avait primitivement un sens physique aussi bien que la protection de Pallas placée aux côtés du demi-dieu comme puissance favorable [1]. Toutefois, si notre dessein était d'épuiser les détails du mythe, nous ne nous bornerions pas à faire remarquer que la déesse Héré personnifie l'air inférieur, opposé au ciel empyrée où réside Jupiter, le feu céleste, dont Pallas, divinité de l'air supérieur, est la fille, tandis qu'Hercule, le fort soleil, passe pour être son fils. Nous montrerions que celui-ci étant la force divine dans tous les sens et sous tous les aspects, les pouvoirs qui résistent à cette force ou qui la secondent doivent, comme elle, se présenter sous bien des faces diverses. Lorsque Jupiter prend la figure d'Amphitryon pour féconder Alcmène [2], la fable nous indique par là que les natures d'un certain ordre n'ont de mortel que le corps, et que leur essence vient de Dieu, idée à la hauteur de laquelle l'Orient était déjà sûrement parvenu dans ses divinités incarnées. Le meurtre de Linus, tué par Hercule son élève, d'un coup de cithare [3], appartient sans doute en

cieux, selon l'idée égyptio-phénicienne, que reproduit par une traduction fidèle un autre nom vraiment grec du héros, Ἀλκίδης (Alcide, petit-fils d'Alcée), de ἀλκή, *force*, comme qui dirait le *fils de la force* ou *du fort*, fort lui-même et enfant des dieux.

[1] *Voy.* les pl. CXCII, 658, CLXXX, 664, etc.
[2] Pl. CLXXIV, 652.
[3] *Confér.* pl. CLXXVI, 655, et l'explicat. Divers autres détails de l'éducation et de la jeunesse d'Hercule sont figurés dans les pl. CLXII, 654, CLXXVII, 656.

principe à la mythologie égyptienne et phénicienne. Nous avons vu que l'Égypte possédait un hymne de deuil appelé *Maneros*, et qui est appliqué par Hérodote à Linus [1]. Maneros, disait-on, avait enseigné dans ce pays l'astronomie et les autres sciences; il passait pour l'inventeur de la musique. A Byblos, il était ce fils du roi qu'un regard d'Isis en courroux frappa de mort. Les Égyptiens, outre cette Isis irritée, leur Tithrambo, avaient aussi, comme nous nous en convaincrons plus loin, un Hercule courroucé. En Grèce, on distinguait deux Linus différens : l'un plus ancien, fils de la muse Uranie, et qui périt de la main d'Apollon [2]; l'autre, plus jeune, qui fut le maître d'Hercule, et peut-être ne prit naissance qu'après que le héros eut été enregistré dans l'histoire humaine. Les principaux traits de ce mythe, surtout Uranie et la lyre qui donne la mort, semblent indiquer une source astronomique, et nous reportent à la musique céleste, à l'harmonie des sphères, selon les dogmes antiques d'Orphée. Là viennent se rattacher et l'Hercule à la tunique étoilée [3], et l'Hercule Musagète [4]. On se rappelle encore le Memnon égyptien, à la fois dieu de lumière et père des Muses, qui a tant de rapport avec Maneros et Linus [5]. Peut-être aussi la co-

---

[1] II, 79. *Voy.* tom. Ier, p. 476, coll. 489 sq., 392 ; Plutarch. de Is. et Os., p. 466 Wytt., et Hesych. in Μαν.

[2] Pausan. IX, Bœotic., 29.

[3] Ἀστροχίτων, Nonn. Dionys. XL, 369.

[4] Ou *conducteur des Muses.* Son culte fut introduit à Rome après l'expédition d'Étolie par Fulvius Nobilior. Ovid. Fast. VI, 797 sqq.; Sueton. August. 29. — *Conf.* notre pl. CLXXIII, 689.   (J. D. G.)

[5] Tom. Ier, liv. III, ch. VIII, surtout p. 489, 493.

lère d'Isis, d'Apollon et d'Hercule laisse-t-elle entrevoir quelques traces d'une lutte entre différentes sectes d'adorateurs du soleil. Déjà nous avons trouvé Hercule repoussant du cortége des dieux le mol Adonis, si semblable à Osiris-Memnon, et qui n'est pas non plus sans rapport avec le doux Linus [1]. Des chants de douleur, du nom d'Adonis, paraissent avoir existé en Phénicie et en Cypre, comme en Égypte et en Grèce ceux de Maneros et de Linus [2].

Hercule, entre les deux routes de la vertu et de la volupté, fiction pleine de sens qu'avait célébrée Prodicus dans ses Heures [3], revient au dieu fort de l'Orient, tour à tour éprouvé par les obstacles et tenté par les délices. Les douze années que le héros est contraint de passer au service de l'artificieux Eurysthée, personnage qui continue en quelque sorte Junon, les fameux douze travaux sur lesquels s'accordent presque tous les mythologues [4], ont également trait, soit par leur nombre,

---

[1] *Ci-dessus*, ch. III, art. II, p. 55 et *passim*.
[2] Herodot. *ubi supra*.
[3] Xénophon nous l'a conservée, Memorab. II, 1, 21 sqq.
[4] Hygin les raconte brièvement avec les travaux secondaires, fab. 30 et 31. Ce sont 1° la victoire sur le lion de Némée; 2° celle sur l'hydre de Lerne; 3° celle sur le sanglier d'Érymanthe; 4° la capture de la biche merveilleuse; 5° le nettoiement de l'étable d'Augias; 6° la capture du taureau furieux; 7° la chasse aux oiseaux du Stymphale; 8° l'enlèvement des coursiers de Diomède; 9° la conquête du baudrier d'Hippolyte, reine des Amazones; 10° l'enlèvement des bœufs de Géryon; 11° la conquête des pommes d'or du jardin des Hespérides; 12° la descente aux enfers et le retour avec Cerbère. — Les douze travaux sont représentés collectivement dans nos planch. CLXXVIII - CLXXIX, CLXXXIV, 672, et séparément, sur un

soit par leur nature et leurs circonstances, à la carrière laborieuse que le soleil parcourt dans le zodiaque. Au même ordre d'idées et d'images se rapportent certainement, et la nuit trois fois prolongée où le demi-dieu reçut la vie, et les sept nuits durant lesquelles il féconda les cinquante filles de Thespius, et les cinquante-deux fils qu'il eut d'elles [1]. Les récits des navigateurs phéniciens sur l'île Rouge, *Erythia*, située au soleil couchant [2], le mythe si singulier d'Hercule *Mélampyge* développé plus haut [3], le surnom de *Cynosarges* ou de chien blanc donné au héros de la lumière [4], doivent aussi s'expliquer dans un sens astronomique ou calendaire. Parmi les douze grands travaux, l'enlèvement des bœufs de Géryon en Ibérie, fable chantée aux Grecs par Stésichore [5], et liée à celle de l'île Érythia par quelques logographes, est une preuve parlante en faveur de ce système d'interprétation. Déjà les anciens avaient vu dans le vieillard du couchant un emblème de l'hiver [6]. Les trois bœufs qu'Hercule, le soleil du printemps, ravit à ce monstre aux trois têtes, et qu'il ramène du pays des ténèbres, sont évidemment les trois saisons de l'année antique,

grand nombre de monumens, fig. 658-665. Il faut voir, pour les détails, soit mythologiques, soit archéologiques, l'explication des planches. (J. D. G.)

[1] Apollodor. II, 4, 9; Diodor. IV, 29, *ibi* Wesseling.

[2] Voss *Weltkunde der Alten*, p. 21.

[3] Art. III, p. 181 sqq.

[4] Tzetz. ad Lycophr. 91; Pausan. I, Attic. 89.

[5] Dans le poème intitulé *Geryonis. Conf.* Pherecyd. fragm., p. 103 sq. ed. alt.Sturz.; Creuzer ad fragm. Historic. gr. antiquiss., p. 50 sqq. — *Add.* Hesiod. Theogon., 287 sqq.

[6] Ou du temps. Schol. ad Hesiod., *ubi sup*.

vieillies avec l'hiver et renouvelées avec le printemps [1]. Quelques-uns des mythes corrélatifs paraissent plutôt physiques qu'astronomiques, par exemple la victoire remportée sur l'hydre de Lerne. Cette hydre exprime l'eau corrompue ou les vapeurs aqueuses et malfaisantes que l'air précipite sans cesse dans les lieux humides, et que l'action du soleil tend incessamment à détruire [2]. Pareillement le combat contre les Centaures, l'un des travaux secondaires d'Hercule [3], représente, si

[1] Le nom de *Géryon* (Γηρυονεύς, ou quelle qu'en soit la forme chez les auteurs cités plus haut) viendrait, suivant nous, de γῆρας, γηράω, γῆρυς, et serait en rapport avec les Γραῖαι ou les Vieilles. Hermann, au contraire, le faisant dériver de γηρύειν, *fabulari*, n'y voit autre chose que le symbole même des récits des navigateurs, une espèce de *Fama* au masculin. *Conf. Briefe über Homer u. Hesiod*, p. 176-179, et *ci-après*, liv. V, sect. I, chap. IV, art. I, avec la note qui s'y rapporte à la fin du vol. Sur les monumens, Géryon est figuré tantôt avec trois têtes seulement, pl. CLXXX, 664, CLXXIX, *k*, tantôt avec trois corps, CLXXXIV, 672.

[2] A cette explication physique, le scholiaste de la théogonie d'Hésiode (ad v. 313 sqq.) en ajoute une autre toute morale : l'hydre serait le mal personnifié, qui relève toujours quelqu'une de ses têtes. Cette hydre, au surplus, ne fut pas d'abord conçue ni représentée avec des têtes sans nombre. *Voy.* interpret. ad Hygin. 30, p. 83 Stav.; Heyne ad Apollod., p. 145; Zenob. Proverb. Cent. VI, 26. *Confér.* pl. CXCII, 658, CCXLV, 658 *a*, CLXXV, 658 *b*.

[3] Les récits de ce combat ou de ces combats (car il y en a plusieurs) sont fort divers. *Voy.* Apollodor. II, ch. 5, sect. 4, 5, ch. 7, sect. 6, *ibi* Heyne et Clavier; Hygin, 31, *ibi* Muncker, p. 91 Stav.; Spanheim ad Callimach. Del. 102; Philostrat. Icon. IV, p. 868 Olear. Il faut surtout distinguer les combats d'Hercule contre les centaures de Pholoé en Arcadie, de celui qu'il livra sur les bords de l'Evénus (d'autres disent en Achaïe), à Nessus (ou à Dexamenus), ravisseur de sa femme Déjanire, après l'avoir obtenue d'OEnée, par suite de sa victoire sur le fleuve Achéloüs. Ces trois scènes, avec les variantes de la seconde, sont représentées dans nos pl. CLXX, 659, CLXXXV,

l'on en croit un ingénieux mythologue [1], les rayons de l'astre du jour luttant en quelque manière avec les eaux qu'ils absorbent par l'effet de l'évaporation. Le cheval et les hommes-chevaux, de même que l'hydre, sont des emblèmes de l'humide élément.

Nul doute que si nous avions le secret des tableaux hiéroglyphiques de l'Égypte, et si nous possédions toutes les différentes sphères de l'astronomie ancienne, les moindres détails des traditions mythologiques sur Hercule s'expliqueraient sans beaucoup de difficulté. L'une des plus remarquables est la descente du héros aux enfers et son retour avec Cerbère. Le chien infernal est ici un trait essentiel et non moins significatif que le loup, gardien de l'Amenthès chez les Égyptiens [2]. Hercule, dans ce travail, prend le surnom de *Charops*, qui nous reporte encore à l'Égypte aussi bien que *Charon* [3]; il laissa, ajoute-t-on, une fille du nom de *Charopos* [4]. Voilà des idées de joie et de plaisir attachées à l'autre monde, conception tout-à-fait égyptienne [5]. Le fils de Jupiter osa combattre Hadès lui-même, le sombre empire personnifié dans son chef [6]; ou, comme le lui fait

659 a, 674, CLXXXVI, 674 a, coll. CLXXXVII, 675. *Conf.* l'explication, surtout celle de la fig. 674 a.

[1] Payne Knight, *Symbol. lang.* § 115, p. 89.

[2] Tom. Ier, Éclaircissem., p. 888, et l'explicat. des pl. sect. III, *passim*, avec les renvois.

[3] Tom. Ier, p. 464, et les Éclaircissem., *ubi sup.*

[4] Plutarch. de Is. et Osir., p. 484, Wytt.

[5] Ces idées rentrent dans la doctrine des mystères auxquels, dit-on, se fit initier Hercule avant de descendre aux enfers. *Conférer.* pl. CLXXXII, 677, et l'explicat. des pl. (J. D G.)

[6] Iliad. V, 397. Sur le sens de ce passage déjà très controversé

dire Euripide, avec un caractère de simplicité antique, il attaqua la Mort[1]. Ici Hercule se rapproche de Mithras, qui, pour la gloire d'Ormuzd et le triomphe de la lumière, met l'enfer au néant. C'est une victoire remportée tous les ans par l'invincible soleil, et avec plus d'éclat à la fin de la grande année du monde[2].

Mais celui qui dompta la Mort même, tombe en proie aux plus funestes égaremens. Dans un accès de rage, il livre aux flammes les trois enfans qu'il avait eus de Mégare avec ceux de son frère Iphiclès. Une autre fois, il met misérablement à mort son ami et son hôte Iphitus[3]. Ainsi la main de Dschem ou Dschemschid est noircie par les Devs, ainsi son ame est plus d'une fois fascinée par ces mauvais génies[4]. L'Égypte avait aussi son Sem ou son Hercule en fureur, surnommé *Macéris* ou le terrible[5]. Même aux enfers, l'ombre d'Héraklès est encore un objet de terreur, et les autres ombres fuient devant elle[6]. Mais ces égaremens, ainsi que les faiblesses auxquelles sont sujets les héros solaires, ne doivent avoir qu'un temps. Ce sont d'antiques allégories des écarts périodiques qui se ma-

par les anciens, il faut voir les excellentes remarques de Heyne, t. V, p. 79 sq. de son édit.

[1] Θάνατος, Alcest. 846 sqq. — V. 863 sqq., coll. 1153 sq., ed. Boissonade. Ce fut dans une autre occasion et dans un lieu différent. *Conf.* notre pl. CLXXIII, 651, avec l'explicat. (J. D. G.)

[2] Tom. Ier, p. 328 sq., 352 sq., 364, 379.

[3] Apollodor. II, ch. 4, 11 sq., ch. 6, 1, 2; Diodor, IV, 11 sq. — La fig. 673 de notre pl. CXC le montre ayant près de lui Iole, sa captive, sœur d'Iphitus.

[4] *Ci-dessus*, p. 189, les renvois et citations de la note 2.

[5] Bochart Geograph. sacr., p. 571.

[6] Odyss. XI, 601 sqq.

nifestant dans le cours ordinaire de la nature; déjà l'Orient en avait saisi le côté moral et pratique. Hercule, devenu esclave et femme à la cour d'Omphale [1], était un grand exemple pour les monarques. Quelles plus graves leçons pouvaient donner les Héraklées grecques, que celles qui résultent de l'histoire mythique des Lydiens, où l'on voit la dynastie même des Héraclides périr dans la personne de Candaule, séduit par la beauté d'une femme, et victime de sa vengeance?

Hercule en esclavage est aussi, comme nous l'avons remarqué, la consolation et l'orgueil des esclaves : un dieu esclave! Ici encore l'Orient avait fait mainte application morale des mythes antiques. Hercule s'était vu sur le point de tomber victime au pied du sanglant autel de Busiris [2]; c'est pourquoi il s'en va partout abolissant les sacrifices humains, et substituant, même chez les Sabins barbares, un culte pur à un culte de sang [3]. A prendre sa vie en général, le divin héros qui combattit le

[1] *Ci-dessus*, p. 179, et les renvois aux planches.
[2] Cette fable et celle du combat contre Antée, en Libye, toutes deux originairement égyptiennes, ont été rapportées au long liv. III, ch. III. Dans ces mêmes contrées, Hercule eut bien d'autres dangers à courir, et fut plus d'une fois sauvé par son père Ammon, soit lorsqu'un bélier lui découvrit une source au milieu du désert, soit lorsque les flèches du héros étant épuisées et lui-même tombé à genoux (*Hercules ingeniculus*), le dieu fit pleuvoir des pierres pour qu'il s'en fît des armes contre ses ennemis (Theon. ad Arati Phænom., p. 274, ed. Buhle). Une tradition plus remarquable encore, et d'un sens non moins évidemment astronomique, dans le principe, le faisait périr sous les coups de Typhon. *Voy.* tom. Ier, p. 420 sqq., 428 sqq., 433. *Confér.* la note 9 dans les Éclaircissemens sur le même livre, et la pl. LIII, 165 *b* et 165 *c*.
[3] Dionys. Halic. I, 14; Stephan. Byz. in Ἄβοριγ.

mal sous toutes ses formes, porte à juste titre le surnom de Tutélaire (Ἀλεξίκακος).

Hercule meurt en Orient comme en Grèce, mais il meurt pour revivre plus glorieux. Peut-être son trépas au sein des flammes sur le mont OEta, pareil à celui du phénix que le héros porte dans sa main en Égypte [1], fut-il d'abord simplement l'expression mythique du dogme égyptien de l'embrasement du monde à la fin d'un grand cycle, et de son renouvellement avec un cycle nouveau. Mais déjà les prêtres d'Égypte avaient certainement uni à cette idée physique et astronomique l'idée morale de purification et de glorification. La flamme ne consuma dans Hercule sur l'OEta que les élémens terrestres qu'il tenait de sa mère, mortelle; le principe céleste qu'il avait reçu de Jupiter, son père, prit son essor vers l'Olympe [2]. Ainsi Horus, meurtrier de sa mère Isis, fut dépouillé par le dieu suprême de la chair et de la graisse qui lui venaient d'elle, et ne conserva que le sang et la moelle qu'il tenait de son père Osiris [3]. Les deux demi-dieux, à la fin de leur carrière humaine, se réunissent également à leurs divins auteurs. L'Hercule olympien devient l'époux d'Hébé, il partage son éternelle jeunesse [4], et les Grecs l'adorent comme les Perses invo-

[1] *Voy. ci-dessus*, p. 170 sq., et la note, avec les renvois au tom. Ier.
[2] Theocrit. XXIV, 81; Lucian. Hermotim., § 7, p. 10, t. IV Bip. — *Conf.* pl. CXCI, 679, et l'explic. des planches.
[3] Plutarque, dans la légende d'Isis et d'Osiris, extraite tome Ier (*V.* p. 393), fait à peine allusion à ce trait mythique si remarquable, qu'un fragment du même auteur, publié par Tyrhwitt (ex Mus. Brit., Lond. 1773), raconte avec ce curieux détail. Wyttenbach l'a reproduit vol. X, p. 702 Oper. Mor.
[4] Apollod. II, 7, 7. — *Conf.* pl. CLXXX, 682. Dès lors toute oppo-

quent le Ferver de Dschemschid. C'est que soumis, durant son apparition terrestre, au pouvoir supérieur d'Apollon, qui règle sa course par d'infaillibles oracles [1], le héros du soleil, après avoir purifié dans les flammes ses souillures accidentelles, est admis dans la sphère de la lumière et du feu suprême, où il assouvit sans fin cet immense désir de contemplation dont nous parlait naguère la légende des prêtres de Thèbes.

Ces développemens suffisent pour mettre dans une parfaite évidence la vérité de la doctrine de Porphyre, qui nomme Hercule le soleil, et ses douze travaux la marche de cet astre à travers les douze signes du zodiaque [2]. Macrobe, avec non moins de justesse, reconnaissant ce fait fondamental, en déduit les conséquences morales qui s'y rattachèrent de bonne heure. « Hercule, dit-il, est un pouvoir solaire, qui propose au genre humain la vertu par l'exemple des dieux [3]. » Nous avons donc ici encore une personnification du sabéisme primitif. La lumière sortant du sein de la divinité pour s'incarner dans l'homme, doit, jusque dans la condition mortelle, réfléchir la divinité. Maintenant, les rois élevés dans le culte de la lumière se modèlent sur cette incarnation solaire, qui

---

sition, toute lutte est terminée, et le héros réconcilié avec Junon; pl. CLXXXVII, 680, CXCIII, 681.   (J. D. G.)

[1] Apollod. II, 4, 12. — *Add.* II, 6, 2. Ce dernier passage nous montre Hercule, sur le refus d'un de ces oracles, enlevant le trépied de Delphes que lui dispute Apollon, scène que nous connaissons déjà par les monumens. *Conf. ci-dessus*, p. 155, et pl. LXXV, 280, coll. CLXXIV, 678.   (J. D. G.)

[2] Porphyr. ap. Euseb. Præp. Ev. III, 11.

[3] Le texte est cité dans la note 4, p. 195 *ci-dessus*.

leur est offerte en exemple. Tandis que les héros de la terre tâchent à s'élever jusqu'au héros céleste auquel la religion les a consacrés, et dont ils portent le nom, leur patron divin semble descendre jusqu'à eux dans les légendes populaires, et se rapproche toujours davantage de l'humanité. Dès long-temps dans la Grèce, en Béotie comme en Argolide, des colonies orientales de l'Égypte et de la Phénicie avaient établi le culte du Dieu fort. Quand les tribus doriennes, abandonnant leurs montagnes stériles, firent invasion dans les riches campagnes du Péloponnèse, elles crurent y retrouver ce chef antique et fameux dont leurs traditions nationales avaient conservé le souvenir, et fondèrent leurs droits réels ou prétendus à la possession de la presqu'île, sur la généalogie qui donnait Hercule pour un prince de l'ancienne maison de Tirynthe. A Sparte, et dans tous les autres états du Péloponnèse, les conquérans eurent soin de rattacher leurs dynasties nouvelles à ce nom vénéré. Alors le dieu fut décidément naturalisé dans l'histoire traditionnelle des Grecs, et les chantres célébrèrent à l'envi ses exploits. Il devint de plus en plus Hellène, de plus en plus Dorien. Ce ne fut même plus un dieu, ce fut un héros tellement humain, tellement Grec, et qui s'empara à tel point de l'imagination des peuples, soit en Grèce, soit à Rome, que l'antique divinité solaire, le héros céleste de l'année disparut presque entièrement de la religion publique, avec toutes les idées supérieures qui se liaient à son caractère surnaturel. A la fin, et quand la copie fut devenue si différente de l'original, on conçoit que les philosophes et les historiens se soient crus obligés de distinguer plusieurs Hercules [1].

En jetant un regard en arrière sur tous les dieux incarnés que nous avons parcourus jusqu'ici, nous y voyons dominer une seule et même idée. Chacun d'eux est émané d'une puissance supérieure, et chacun retourne à la source d'où il était sorti. La divinité se révèle principalement dans le soleil, et cette épiphanie n'est autre chose que le développement de l'année solaire. Mais le soleil, dans sa course à travers la carrière de l'année, prodigue à l'homme tous les bienfaits de la nature, il donne la mesure du temps, il organise en quelque sorte la société civile. Chaque dieu-soleil se personnifie donc de lui-même; dispensateur des biens de l'année, il en est con-

---

[1] *V.* Cic. de N. D. III, 16, p. 551 sqq. ed. Creuzer., *ibi* adnotat. Le troisième des six Hercules que mentionne Cicéron, celui qui fut du nombre des Dactyles Idéens (*ci-après*, liv. V, sect. I, ch. II, art. I et II), et auquel on offrait des sacrifices funèbres, soit en Grèce, soit en Italie (Herodot. II, 44, coll. Lanzi *Saggio di ling. Etrusc.* t. II, p. 206 sqq.), paraît avoir formé la transition de l'Hercule dieu ou Olympien à l'Hercule mortel, fils d'Alcmène. — C'est à ces trois que se réduisent les six Hercules de Cicéron, si l'on exclut l'égyptien, le tyrien et l'indien, qui n'appartiennent point proprement à la Grèce. Mais ces trois même n'en font qu'un pour M. Creuzer, dans la conception primitive, ne diffèrent que dans le développement extérieur, et sont en rapport plus ou moins intime d'origine avec l'Egypte et l'Orient. Notre auteur rejette donc absolument ici toute interprétation par l'histoire, du personnage et du mythe d'Hercule, quoique, dans les Lettres Homériques (p. 39-43), il accorde qu'un chef antique des Doriens ou des Héraclides ait pu être assimilé, soit au dieu, soit au héros divin, dont il aurait pris le nom et imité la céleste carrière. (*Conf.* tom. Ier, p. 412 sqq., et la note 7 sur le livre III, dans les Éclaircissemens, p. 841 sqq.). Il rejette également, au moins comme incomplète, toute explication

sidéré comme le roi; il passe pour le premier et le plus grand des monarques. Il devient donc naturellement le prototype et le premier père des souverains et des chefs nationaux. Toutefois le soleil et l'année solaire personnifiée peuvent se présenter sous des points de vue divers dans les cultes des différens peuples. Cependant l'idée fondamentale se retrouve partout, et forme entre les divinités solaires des alliances multipliées. Leurs symboles, leurs rites, leurs légendes, et surtout leurs mystères, les rapprochent ou même les confondent, comme nous en avons déjà vu plus d'un exemple [1]. Apollon est le soleil dans tout l'éclat de la jeunesse et de la beauté, le dieu-prophète qui dirige la marche de l'année et de toutes choses. Hercule, le soleil luttant dans sa force, lui dispute le trépied, partage avec lui l'empire de l'an-

---

purement allégorique et purement grecque, par exemple celle de Buttmann (*über den Mythus des Herakles*, Berlin 1810), quelque ingénieuse qu'elle lui semble du reste. Nous avons déjà fait mention de celle de Hermann (*ci-dessus*, p. 195), allégorique aussi, mais beaucoup plus étroite. Le système de symbolisme oriental, adopté par M. Creuzer, pourrait lui-même paraître un peu exclusif, si l'on oubliait que, dans ce chapitre, ce n'est point de l'Hercule grec comme tel, mais plutôt de ses rapports avec les divers Hercules de l'Orient, et, pour ainsi dire, d'un Hercule de transition qu'il s'agit. Il faut voir, livres VII et VIII, les développemens sur l'Hercule grec, envisagé, soit comme héros dans le culte populaire, soit sous un point de vue mystérieux dans les religions de Bacchus et de Cérès. La note 11, sur le livre actuel, à la fin de ce volume, donnera une idée plus étendue tant des systèmes mentionnés ici, que de quelques autres plus récens qui ont frappé l'attention de l'Europe savante (surtout celui d'O. Müller), dans leur opposition ou leur accord avec la théorie de notre auteur.

(J. D. G.)

[1] Mithras, Persée et Hercule, Adonis, Attis, Esmun, etc.

née, et finit par prendre pour sa compagne Hébé, toujours jeune et toujours belle. Ces alliances reparaissent jusque dans les généalogies des enfans du soleil. Les Bacchiades de Corinthe se disaient Héraclides; mais Hercule partageait avec un certain Bacchis l'honneur d'avoir été chef de cette famille [1]. De même, le roi de la Thèbes de Béotie, Mélicerte, qui rappelle Melkarth, le roi par excellence, était né, suivant la tradition, d'Ino, la nourrice de Bacchus [2]. Ainsi, et nous nous en convaincrons mieux encore par la suite, au dieu qui porte ses combats solitaires et ses pénibles trophées jusque dans l'Ibérie, vers l'occident, vient se réunir à son tour le dieu qui promène vers l'orient son bruyant cortége, et va célébrer joyeusement dans l'Inde un facile triomphe. Nous verrons, dans notre septième livre, Bacchus ou Dionysus, soit par ses noms chez différens peuples, soit par les idées qu'entraînent ces noms, se ranger, comme Apollon et comme Hercule, au nombre des divinités de la lumière et du soleil.

[1] *Conf.* Diodor. fragm. VI, tom. II, p. 635, *ibi* Wesseling.; Pausan. II, Corinth., 4, V, Eliac. (I), 17, *ibi* interpret.
[2] Apollodor. I, 9, 1; III, 4, 3. Mélicerte-Palémon représente manifestement, dans la tradition de Thèbes, l'Hercule phénicien; *ci-dessus*, 169 sq., 171 sqq. (J. D. G.)

CHAPITRE VI.

I. Légendes et cultes de l'île de Cypre et de la Cilicie; les Tamirades et les Cinyrades; Sandacus, Pharnacé, Cinyras, etc.; combinaisons diverses d'élémens orientaux et grecs. II. La Vénus de Paphos, son origine, ses symboles et ses rites.

I. Nous allons maintenant retrouver Hercule, dans les légendes de la Cilicie et de l'île de Cypre, en rapport avec cet Adonis qu'il méconnaît chez les Grecs, et par lui avec la Vénus de Paphos, autre divinité d'origine phénicienne. Les mêmes idées vont se reproduire à nos yeux sous des symboles analogues, les mêmes contrastes reparaître sous des noms nouveaux. Aussi nous contenterons-nous de quelques aperçus très-rapides.

Les religions de Cypre et de Cilicie, étroitement liées entre elles, paraissent avoir eu d'antiques relations, non seulement avec la Phénicie, mais avec l'Égypte et même l'Éthiopie. On dit qu'une des tribus qui peuplèrent l'île de Cypre tirait son origine de cette dernière contrée [1]. Conformément à cette tradition, nous trouvons à la tête des annales cypriennes une généalogie où figurent l'Aurore avec Céphale, Tithon, Phaéthon, Astynoüs, comme ancêtres de Sandacus, Cinyras et Adonis [2]. Ici l'Aurore met au jour Tithon; ailleurs nous l'avons vue s'unissant

---

[1] Herodot. VII, 90.
[2] Apollodor. III, 14, p. 354 sq. Heyn., et Obss., p. 323 sqq.; Heyn. Obss. ad Iliad. XI, 20, p. 118. — Cette généalogie, par Céphale, est en rapport avec l'Attique, comme on le verra livre VI, chap. de Minerve, art. VII. (J. D. G.)

à lui pour donner la vie au beau Memnon l'Éthiopien [1]. La plupart de ces noms, on l'entrevoit du reste, indiquent un culte oriental du soleil et de la lune; les rites, non moins que les généalogies de l'île de Cypre, portent ce caractère.

Tacite, dans un curieux récit, nous conduit à ce double résultat. Décrivant le temple de Vénus à Paphos, au début du second livre de ses Histoires [2], il cite deux fondateurs différens de ce temple d'après deux différentes traditions. La plus ancienne lui donnait pour auteur le roi *Aërias*, nom que l'on a justement rapproché de celui d'*Aëria*, appliqué, entre autres pays, à l'Égypte [3]. Une légende plus récente attribuait la fondation du sanctuaire de Paphos à Cinyras. Mais, poursuit l'historien, la science des aruspices et les secrets de cet art furent importés en Cypre par le Cilicien Tamiras, et il fut réglé que les descendans de ces deux familles présideraient de concert à tous les soins du culte. Bientôt cependant les fonctions même d'aruspices passèrent à la race royale de Cinyras. D'autres écrivains anciens font mention des Tamirades comme de prêtres de l'île de Cypre [4]. Les Cinyrades ne sont pas

---

[1] Liv. III, chap. VIII, tom. Ier, p. 482, n. 4.

[2] Chap. III, tom. IV, p. 158 sqq., édit. et traduct. de M. Burnouf. On peut voir la dissertation que nous avons jointe à ce même tome, p. 419 sqq., et où nous avons traité de nouveau toutes les questions touchées dans le chapitre actuel. Les principaux résultats en sont rappelés dans la note 12 sur ce livre, fin du vol. (J. D. G.)

[3] Just. Lips. ad Tacit., *ibid.*, ed. Oberlin. — *Voy.*, dans la dissertation et dans la note citées, les inductions différentes que nous tirons de ce nom, rapporté par quelques-uns, dit Tacite, à la déesse elle-même. (J. D. G.)

[4] Hesych. in c. Ταμ. II, p. 1344 Albert., et Meursii Cyprus I, 17, p. 50.

moins connus, et il est dit expressément d'eux qu'ils étaient tout ensemble prêtres et rois [1]. Voilà donc un sacerdoce héréditaire, d'abord séparé de la royauté, comme en Égypte, comme à Athènes, puis réuni avec elle dans une famille unique.

Reprenons l'analyse du récit de Tacite, et voyons quels étaient les sacrifices que l'on offrait dans le temple de Paphos. « Toute victime est reçue, dit l'historien, pourvu qu'elle soit mâle. » Et il ajoute ce trait remarquable : « C'est aux entrailles des chevreaux qu'on a le plus de confiance. » N'est-ce pas là un souvenir ou une dérivation du culte égyptien des boucs [2]? On pourrait croire aussi qu'indépendamment de l'idée générale de fécondité rattachée à cet animal, non moins significatif en Cypre qu'en Égypte, des pronostics astronomiques et météorologiques avaient place entre les présages qu'il donnait. Telle serait l'origine de la tradition populaire qui prétendait que l'autel de Vénus à Paphos, quoiqu'en plein air, n'avait jamais été mouillé [3]. Peut-être cette légende avait-elle pour fond quelque antique désignation allégorique de la saison aride, de cette époque de l'année où, en Égypte, à la mort de Memnon (Osiris), les couronnes tombent dans la poussière, où les Pans aux pieds de bouc annoncent le retour de l'empire de Typhon [4].

---

[1] Scholiast. Pindar. Pyth. II, 27; Hesych. in Κινυράδαι, I, p. 264, *ibi* interpret.
[2] Liv. III, ch. IX, tom. Ier, p. 495 sq.
[3] Tacit., *ibid.*, — coll. Plin. H. N. II, 96.   (J. D. G.)
[4] Tom. Ier, p. 484, n. 2, coll. 402 et 390.

Qu'il nous suffise de ces indications. C'est de la Cilicie que Tacite fait venir immédiatement en Cypre la science des aruspices. Cette assertion se trouve confirmée d'une manière frappante par les monumens de ce pays. D'antiques médailles autonomes extrêmement remarquables de la ville forte appelée Célendéris, située sur la côte de Cilicie, qui regarde l'île de Cypre, nous en offrent la preuve non équivoque [1]. Elles portent sur le revers un bouc, la tête tournée en arrière, et la pate de devant ployée. Ici le savant Eckhel rappelle avec juste raison les religions de Cypre et l'animal qui y joue un rôle si important; mais c'est surtout la face de ces médailles qui doit maintenant fixer notre attention. Elle représente un homme nu, porté sur un cheval au galop. Déjà Panel avait vu dans cette figure le héros Sandacus, fondateur de la ville de Célendéris, explication à laquelle nous ne saurions non plus refuser notre assentiment. En scrutant les origines mythologiques de ces cultes locaux, nous allons lui trouver une confirmation nouvelle.

Apollodore, de qui est empruntée la généalogie dont nous avons fait notre point de départ, raconte que Sandacus vint s'établir de Syrie en Cilicie, bâtit la ville de Célendéris dans cette dernière contrée, et eut de Pharnacé Cinyras, roi des Syriens. Suivant cette tradition, Cinyras, au lieu de régner en Cypre, monte donc sur le trône paternel en Syrie ou en Assyrie, car ces deux noms sont perpétuellement confondus, surtout dans la géogra-

---

[1] Dans Pellerin, Recueil, etc., tab. 73, et chez Hunter. *Confér.* Eckhel, Doctrina Num. Vet. III, p. 51 sq. — Notre pl. LVI, 219, reproduit une de ces médailles. (J. D. G.)

phie fabuleuse. Raison de plus pour que nous acceptions volontiers les origines phéniciennes que Bochart[1] ne pouvait manquer de reconnaître ici. Il voit, dans la généalogie que nous venons de rappeler, une preuve manifeste de l'établissement des Phéniciens en Cilicie. Selon lui, *Sandocus,* comme il écrit, viendrait de *Sadoc,* le Juste, et *Celenderis* de *geled-erets,* terre âpre. La première de ces formes est usitée en arabe, et la ville dont il s'agit se trouve précisément située dans la partie montagneuse de la Cilicie.

Toutefois, en considérant les indices évidens d'une religion solaire que renferme, comme nous l'avons déjà dit, la généalogie précitée, nous sommes conduits à une étymologie différente du nom de Sandacus. Jean le Lydien décrit quelque part la parure plus que voluptueuse des femmes de Lydie; il raconte que, nues d'ailleurs, elles jetaient simplement autour de leurs corps une pièce d'étoffe teinte en écarlate ou couleur de chair. Elles obtenaient cette couleur en exprimant le suc de la plante dite *sandyx.* C'était un vêtement semblable qu'Hercule efféminé avait jadis reçu des mains d'Omphale, ce qui lui fit donner le nom de *Sandon* [2]. Sandacus, si nous nous confions à ce rapprochement fort naturel en lui-même, serait donc pour nous un Hercule Cilicien, un dieu-soleil engourdi dans le repos et soumis à son épouse Pharnacé, absolument comme le dieu-soleil de Lydie à Omphale. Et en effet, le nom de *Pharnacé* elle-même n'a-t-il pas trait à la lune? N'avons-nous pas vu, dans

---

[1] Geograph. sacr., lib. I, cap. V, p. 358 sq.
[2] *Confér.* le chap précéd., p. 179, et n. 3.

les religions du Pont, le Dieu Lunus, c'est-à-dire la lune considérée comme mâle, appelée *Pharnaces* [1]? Tous les noms de cette généalogie représentent d'ailleurs ou des élémens ou des rapports sidériques; tous impliquent un culte de la lumière et des astres. A la tête figure l'Aurore; puis vient Phaéthon, le *luisant*, son fils ou son petit-fils, nommé d'elle encore *Aoüs*. Son dernier descendant, Adonis, portait un nom fort rapproché, celui d'*Aô* [2]. Le jeune et languissant Adonis suppose un aïeul d'un caractère semblable, tout comme Sandacus lui-même reproduit dans sa personne l'amant affaibli de l'Aurore, le vieil et languissant Tithon.

Mais ce qui doit surtout nous frapper, c'est la double opposition de la force et de la faiblesse, de la joie et de la douleur, qui se manifeste ici comme dans la plupart des religions que nous avons précédemment examinées. Adonis est l'amant de Vénus, et la déesse ne peut se consoler de sa perte; cependant elle persécute ses sœurs, les trois filles de Cinyras. Celles-ci, saisies d'un aveugle transport, s'abandonnent à des hommes étran-

---

[1] Ch. III, art. IV, p. 83.

[2] Etymol. Magn., p. 117, p. 106 sq. Lips.; Hesych. I, p. 668 Alb., *ibi* interpret. *Conf.* notre vol. Ier, p. 482, n. 4, et *ci-dessus*, p. 45. On voit, par le passage cité d'Hésychius, qu'en Cilicie et en Cypre la terre et diverses localités, une montagne, un fleuve, rappelaient également l'Aurore, et reflétaient, pour ainsi dire, ces dieux de l'Aurore, qu'une tradition faisait venir de la Scythie à Samothrace (Hesych., *ibid.*, coll., p. 660; Tzetz. ad Lycophron. v. 192, p. 469, *ibi* Meursius et Müller). L'épithète de ἑῷος, sous laquelle Apollon était adoré par les habitans du Pont (Apollon. Rhod. II, 686, *ibi* Schol.), semble le rattacher à ces dieux, et l'on sait que Célendéris portait aussi Apollon sur ses monnaies (Eckhel, *ubi supra*).

gers, et s'en vont mourir en Égypte[1]. Ce sont là, sous une enveloppe mythique, de véritables pamylies, des fêtes voluptueuses du phallus, célébrées dans ces jours de licence où les hiérodoules, s'entourant de voiles transparens, excitaient les désirs des hommes; où les hommes eux-mêmes prenaient les vêtemens et la robe des femmes, comme dans ces mystères d'Hercule dont nous avons déjà parlé[2]. Au contraire, à la fête du deuil d'Adonis, les femmes, dénouant leurs ceintures, se répandaient en des chants lamentables sur le sort du jeune dieu privé de sa force et frappé d'impuissance[3]. Mais épuisons la table généalogique qui nous occupe. Ce même Adonis, petit-fils d'Hercule-Sandacus asservi aux femmes, fils de Cinyras, le roi voluptueux d'Assyrie[4], a pour frère le vigoureux marcheur, le voyageur plein d'activité *Oxyporus*, symbole du soleil parcourant dans sa force et sa vigueur nouvelles la carrière de l'année. Ainsi l'Hercule de Sardes, de cette cité de l'année, après s'être amolli, reprend son antique valeur, et dépouillant la parure de femme, revêt de nouveau la peau de lion, gage de salut pour la ville lydienne[5]. Ainsi Sandacus, l'Hercule de Cilicie, bâtit lui-même une ville qui tire

[1] Apollodor., *ubi supra*.
[2] *Ci-dessus*, p. 86.
[3] Ch. III, art. II, p. 48.
[4] Proprement de Syrie. Cinyras eut de Métharmé, fille de Pygmalion, Oxyporus, Adonis, et les trois filles dont il vient d'être fait mention, nommées Orsédicé, Laogoré et Bræsia. — Le mélange du grec et du phénicien, dans cette généalogie, paraît ici, selon nous, avec une grande évidence. *Conf.* la dissertation citée, et la note 12 à la fin du volume. (J. D. G.)
[5] Chap. précéd., p. 187 coll. 182.

son nom du prompt cavalier, *Celenderis* [1]. C'est ce prompt cavalier, soit Sandacus en personne, soit un héros éponyme, que nous montrent à la face les médailles de cette ville [2]. Le cheval qu'il monte est le blanc coursier du soleil. En effet, Tithon, l'un des ancêtres de Sandacus, n'a-t-il pas lui-même pour aïeul *Leucippus*, l'homme au blanc coursier [3] ?

Nous pourrions donc, à la rigueur, nous passer d'étymologies phéniciennes pour l'interprétation de la plupart de ces noms mythologiques, et la langue grecque suffit à rendre compte de leur sens symbolique ou symboliquement sidérique. Dans le fait, une partie au moins de la Cilicie paraît avoir été colonisée par les Grecs, et Célendéris est même formellement comptée au nombre des établissemens dus à Samos [4]. Si l'on en croit Théopompe [5], dès le temps d'Agamemnon, et sous sa conduite, les Grecs auraient également pris possession du royaume de Cinyras dans l'île de Cypre. Selon d'autres, des hommes de Corinthe aussi seraient venus en Cypre, et y auraient apporté les rites sacrés, parmi lesquels on cite le sacrifice remarquable d'un mouton couvert de sa toison, en l'honneur de Vénus, cérémonie toute solaire, et qui rappelle la fameuse toison d'or de Colchos [6].

---

[1] Κελένδερις, de κέλης, un cheval de course, qui vient lui-même du verbe κέλω, κέλλω.

[2] *Ci-dessus*, p. 213, et la note.

[3] Saxii Tab. genealog., n° 21. *Conf.* Creuzer ad Cic. de N. D. III, 22, p. 614.

[4] Pompon. Mela, I, 14, p. 83 ed. Gronov.

[5] Ap. Photium, Cod. 186 *init.*

[6] J. Laur. Lyd. de Mens., p. 92, ed. Schow. — Bien d'autres émi-

Il est impossible, au reste, de révoquer en doute l'existence de cérémonies et de légendes marquées d'un caractère semblable, chez les Phéniciens. D'ailleurs les combinaisons les plus singulières, les plus bizarres même, trouvent ici leur place. C'est ainsi qu'à Memphis, dans le camp des Tyriens, était adorée une Vénus surnommée l'étrangère. Or, cette Vénus, à la connaissance des initiés, n'était autre que la belle Hélène [1], et ce qu'il y a de curieux, c'est qu'Hélène-Vénus compte aussi dans sa famille un cavalier rapide sur un blanc coursier, l'*ardent Leucippus* [2].

Après tout, le caractère asiatique qui frappe ici dans les mots comme dans les choses, et l'analogie évidente des rites avec les religions orientales, doivent nous importer plus que des étymologies souvent trompeuses. Aussi ne donnerons-nous que comme de simples conjectures celles que nous avons proposées ci-dessus, des noms de Célendéris et de Sandacus, et nous garderons-nous de repousser l'Hercule-*Sandes* de la Perse, que G. Vossius fait intervenir, en dérivant son nom du syrien *sanad*, être en fureur [3]. La tragédie grecque elle-même connaît un Hercule furieux; un tel Hercule est pleinement dans le génie

---

grans de la Grèce, surtout des Athéniens et des Arcadiens, avaient fondé des villes en Cypre; mais l'existence de ces colonies grecques, généralement postérieures à la guerre de Troie, n'infirme nullement, soit la réalité, soit l'antériorité des établissemens phéniciens dans ce pays. *Voy*. la note citée, fin du vol. (J. D. G.)

[1] Herodot. II, 112, coll. Æneæ Gazæi Theophrast., p. 43 ed. Barth.

[2] Ovid. Metamorph. VIII, 306.

[3] De Idolol. I, 22. *Conf.* chap. précéd., art. III, p. 189.

orgiastique des religions de l'Asie-Mineure, et si *Sandacus* en est un, c'est simplement une opposition nouvelle qui nous est donnée. Sandacus exprimerait alors l'extase fanatique qui faisait partie des fêtes solaires et lunaires de ces contrées, tandis que *Cinyras* indiquerait la période de deuil dans ces mêmes fêtes [1]. Cinyras se confondrait ainsi avec Adonis, son fils; et en effet, si le nom du premier a trait à la cithare et aux lugubres accens, le second s'appelait *Gingras* du nom de la flûte de deuil en Phénicie et en Carie [2]. Cinyras lui-même avait ses aventures tragiques. Il fut maudit par Agamemnon, s'engagea dans une lutte musicale avec Apollon, et périt de sa main [3]. Ainsi donc il aurait eu le sort de Marsyas et pour le même motif. C'est à Célènes que Marsyas avait été écorché par Apollon [4], et ce nom semble encore se rapprocher de celui de Célendéris; mais il vaut mieux signaler en finissant une analogie de faits. En lisant ce que nous rapportions tout à l'heure, d'après Tacite, de la divination par les entrailles des victimes, importée de Cilicie à Paphos, on se rappelait involontairement les Étrusques, ces maîtres dans l'art des aruspices. C'était chez eux un présage de gloire pour les familles souveraines, qu'un belier ou une brebis se trouvât

---

[1] Hesych. II, p. 264 sq., *ibi* Alberti; Photii Lexic. gr., p. 123. Κινύρα, κιθάρα · κινυρά, οἰκτρά, θρηνητικά.

[2] Pollux, IV, 10, 76. *Conf. ci-dessus*, p. 45.

[3] Eustath. ad Iliad. XI, 20, p. 758 Bas.

[4] Xenoph. Anabas. I, 2, 8. — *Voy.* cette scène répétée deux fois avec des circonstances diverses, dans nos pl. LXXXIV, 300, LXXXIII, 301. (J. D. G.)

avoir dans sa laine des rayures couleur de pourpre ou d'or [1]. Voilà de nouvelles allusions allégoriques au belier céleste, de nouveaux pronostics solaires, empruntés aux troupeaux des prêtres de la lumière, des fameux *Lucumons* [2]. Ainsi commence à paraître le lien antique et mystérieux qui rattache l'Étrurie, la Grèce et l'Asie-Mineure dans de communes origines religieuses, dans une civilisation primitive identique [3].

II. Parmi tous les élémens divers et si diversement combinés que nous ont offerts les mythes précédens, ceux qui dominent ce sont les élémens phéniciens. Sandacus, en dernière analyse, aussi bien que Sandon et Sandès, paraissent se donner rendez-vous dans l'Hercule de Phénicie, le grand Melkarth, de même que Cinyras se confond avec Adonis, et la Vénus de Paphos avec Astarté, sa céleste amante [4]. Le culte de cette Vénus-Uranie fut, suivant Hérodote, se fondant sur le témoignage des Cypriens eux-mêmes, apporté d'Ascalon en Cypre et à Cythère [5], d'où il se répandit dans tout l'Occident. Le père de l'histoire va jusqu'à prétendre que le plus ancien temple de la Déesse céleste était celui d'Ascalon ; mais cela doit s'entendre probablement de la forme de poisson sous laquelle cette déesse, ou du moins sa

---

[1] Servius ad Virgil. Eclog. IV, 42-45 ; Macrob. III, 7. *Conf.* Heyne ad Virg. *ibid.*

[2] *Confér.* liv. V, sect. II, chap. I.

[3] *Conf.* même livre, sect. I, ch. I, p. 262, *ci-après*.

[4] *Ci-dessus*, chap. V, art. II, *fin.*; ch. III, art. II, p. 44, et, fin du vol., note citée.

[5] Herodot. I, 105. *Conf.* la dissertation et la note citées.

mère Dercéto, y reçut, plus tôt peut-être que partout ailleurs, les hommages publics [1]. Quoi qu'il en soit, ce ne fut point sous cette forme, selon toute apparence, qu'Astarté vint à Paphos. Elle y était représentée avec des traits fort différens, et qui n'avaient rien de l'animal, ni même de l'homme. Sa statue, au rapport de Tacite [2], confirmé par l'autorité des monumens, était un bloc circulaire qui, s'élevant en cône, diminuait graduellement de la base au sommet. On ignorait d'ailleurs complétement, ajoute l'historien, la raison de cette bizarre figure. Pour nous, il nous paraît que cette figure avait un sens symbolique tout-à-fait d'accord avec l'esprit général des religions de l'île de Cypre, et avec les rites particuliers du temple de Paphos. Rappelons-nous les mâles des animaux exclusivement, et de préférence les jeunes boucs, immolés en l'honneur de la déesse [3]. Rappelons-nous cette autre Vénus, adorée à Amathonte, succursale connue de Paphos, dont l'image équivoque offrait aux yeux une femme portant de la barbe, avec tous les caractères de l'hermaphrodite [4]. Rappelons-nous enfin l'épouse de Sandacus, Pharnacé, si semblable au Pharnacès du Pont, identique lui-même et avec le dieu Lunus et avec le dieu Vénus [5]. Maintenant, si l'on considère le rôle important que jouait le phallus dans les initiations secrètes du

---

[1] *Conf. ci-dessus*, chap. III, art. I, p. 27 sq., 32 sq., 37, 41, et les notes indiquées à la fin du volume.
[2] Hist. II, 3 *ad fin*.
[3] Art. précéd., p. 212.
[4] *Ci-dessus*, ch. III, art. IV, p. 85.
[5] *Ibid.* et p. 83, avec l'art. précéd., p. 214 sq.

temple de Paphos[1], s'étonnera-t-on de nous voir rapporter la forme conique de la déesse à ce culte antique du Lingam ou de l'Yoni-Lingam, c'est-à-dire des forces productrices de la nature dans leur union féconde, et dans leur connexion avec le soleil et la lune, qui se retrouve dans l'Inde comme en Égypte, et qui presque partout servit de base à des cultes plus épurés[2]. Il se pourrait que la religion de Vénus à Paphos eût subi une épuration pareille. Ainsi s'expliquerait cette défense d'ensanglanter ses autels, dont nous parle Tacite: des prières et un feu pur, dit-il, sont tout ce qu'on y offre[3]. Ainsi le cône même qui représentait la divinité du temple semblerait un adoucissement de la figure primitive, devenue avec le temps, comme la colonne mithriaque, un symbole du feu générateur mâle et femelle[4]. La colombe n'en demeura pas moins l'attribut chéri de la déesse de l'amour et de la fécondité; peut-être aussi Astarté, en quittant les bords de la Phénicie, retint-elle de sa mère

---

[1] Clem. Alex. Protrept., c. 2, p. 13 Potter.; Arnob. adv. Gent. V, p. 74, ed. Paris., 1666. *Conf.* Lucian. de Dea Syr., c. 16.

[2] *Voy.* tom. Ier, liv. I, ch. II; liv. III, ch. II, *passim*. Cette idée, qui est au fond celle de M. Creuzer, se trouve développée et appuyée de diverses preuves dans la dissertation déjà citée, dont l'article actuel, que nous avons cru devoir intercaler ici comme remplissant une lacune, n'est en grande partie qu'un extrait. *Conf.* la note 12, fin du volume. (J. D. G.)

[3] Cela suppose que les victimes dont les entrailles annonçaient l'avenir, étaient immolées dans la cour ou dans quelque partie reculée du temple, lequel, au reste, paraît avoir été *hypæthre*, puisque l'autel se trouvait en plein air, d'après la tradition rapportée dans le précédent article.

[4] *Conf.* tom. Ier, liv. II, ch. V, art. I, p. 372 sqq.

Dercéto le poisson, autre emblème de la fécondité et de la génération universelles [1].

Il est tout simple, d'ailleurs, que la voluptueuse Cypre ait reçu d'Ascalon, dans ses bosquets de myrtes, avec la déesse-colombe, les phallagogies, partie intégrante de son culte, en Syrie ainsi qu'à Babylone [2]. Les pierres coniques ou pyramidales de Paphos ne sont, à proprement parler, qu'un abrégé de ces monstrueux phallus, comparables aux pyramides, aux obélisques de l'Égypte et de l'Inde, et qui, sous des formes non moins gigantesques, s'élevaient à Hiérapolis en avant du temple d'Atergatis. Cette déesse ou sa fille, car souvent elles paraissent se confondre l'une avec l'autre, en un mot Vénus-Uranie était donc elle-même représentée à Paphos sous une figure phallique adoucie, telle que furent peut-être ces images portatives distribuées aux initiés dans ses mystères [3], ou tout au moins ces petites idoles que l'on vendait aux étrangers [4], et qui devaient être de fidèles copies de l'idole révérée du temple. C'est dans le sanctuaire même de ce temple que se voit le cône sacré sur les médailles de l'île de Cypre [5]. A ses côtés ou au devant brillent deux flambeaux, signes d'orgies noc-

---

[1] C'est au moins ce que l'on peut induire du passage d'Artémidore, cité plus haut, ch. III, p. 30 et n. 2. *Conf.*, quant à la colombe, p. 37 sq.

[2] *Voy. ci-dessus*, ch. III, art. I, p. 40.

[3] *Confér.* les passages de Clément d'Alexandrie et d'Arnobe, cités plus haut.

[4] Voyez-en un curieux exemple, remontant à la XXIIIe olympiade, dans Athénée XV, 18, d'après Polycharme de Naucratis.

[5] *Voy.* notre pl. LIV, 204-206.

turnes. Au dessus paraît quelquefois le croissant de la lune, surmonté d'une étoile à huit rayons, figurant sans doute, comme sur les médailles phéniciennes et sur d'autres monumens [1], l'astre de Vénus. Les colombes manquent rarement : tantôt elles voltigent autour de la déesse, tantôt elles semblent se promener dans le vestibule ou dans la cour du temple, non moins diversement modifié que l'idole elle-même [2]. Quant au poisson, il n'en est pas trace; et cependant nous verrons cette forme, la plus ancienne peut-être de la grande divinité orientale de la nature, reparaître dans l'Occident, et se retrouver parmi les attributs d'Aphrodite sortie du sein des eaux.

[1] *Conf.*, par exemple, pl. LIV, 200.
[2] On trouvera, tant sur l'idole que sur le temple, les détails archéologiques et historiques nécessaires, dans la dissertation et la note plus d'une fois mentionnées. (J. D. G.)

CHAPITRE COMPLÉMENTAIRE.

RELIGION DE CARTHAGE.

Origine, élémens divers et sources de cette religion. Divinités principales : Baal-Saturne, Astarté-Junon, Melkarth-Hercule; les Cabires et Esmun; le Dieu de la mer; Héros, Héroïnes, Génies, et divers autres objets du culte carthaginois; son caractère général.

En poursuivant les dieux de la Phénicie dans leurs émigrations, nous sommes entraînés loin des rivages de l'Asie-Mineure, et même de la Grèce. Déjà la course aventureuse d'Hercule nous avait transportés avec lui jusqu'aux extrémités occidentales de l'Europe; c'est maintenant sur la côte d'Afrique que nous allons essayer de recueillir quelques notions éparses, qui serviront à compléter notre tableau des cultes d'origine phénicienne, et formeront en même temps une transition naturelle aux religions grecques et italiques. En effet, si la religion de Carthage, fille de Tyr, tient à l'Orient comme à son berceau, on la voit, elle aussi, dans le cours des destinées de cette puissante colonie, faire alliance avec la Sicile, et subir à la fin l'influence victorieuse de Rome. Nul doute que des élémens libyques y trouvèrent place également de très bonne heure. Du moins, à l'arrivée des Carthaginois, ou plutôt des Phéniciens, fondateurs de Carthage, certaines divinités locales étaient-elles adorées sur le rivage de Libye, avec des cérémonies qui portent le caractère d'un sabéisme grossier, d'un culte tout orgiastique, soit des astres, soit des autres puissances de la nature, particulièrement de la terre et des eaux [1]. Tel fut, nous l'avons vu, le caractère primitif des religions de l'Asie-antérieure et de la Phénicie elle-même. Il est donc bien probable qu'il se fit, dans celle de Carthage, un amalgame d'élémens puniques et libyques, d'autant plus que, sur divers points, les deux peuples se fondirent en un seul, appelé Liby-Phéniciens [2].

Malheureusement la littérature entière de Carthage est perdue [3]. Peut-être, il est vrai, ne fut-elle jamais très-

---

[1] Suivant Hérodote (IV, 188), les Libyens avaient pour divinités dominantes le Soleil et la Lune. Ceux des environs du lac Triton révéraient en outre le dieu de ce nom, Poseidon ou Neptune, et surtout Athéné ou Minerve, surnommée *Tritogénie*, parce qu'elle était née, disait la fable locale, sur les bords du lac Triton (Heyne ad Apollodor. I, p. 297). Il paraît que Dionysus ou Bacchus recevait aussi les hommages de ces peuples, en partie nomades. De là peut-être cette cité mouvante de Bacchus, dont parle une tradition (Eustath. ad Odyss. X, 3, p. 378 supr. Bas.). C'était en Libye que le dieu avait exterminé un monstre à cinquante têtes, appelé *Campé*, combat probablement symbolique ainsi que ceux d'Hercule (Diodor. III, 71; Nonni Dionysiac. XVIII, v. 232; Creuzer ad Cic. de N. D. III, 23, p. 620). La vierge belliqueuse aurait d'abord paru avec l'égide dans la même contrée, si l'on en croit les rapprochemens du père de l'histoire (IV, 189), et il y faudrait chercher également l'origine de ces cris perçans, reste d'une musique bruyante et sauvage, dont retentissaient en Grèce les temples de Pallas-Athéné. — *Voy. ci-après*, liv. VI, chap. de Minerve, art. I, les développemens de l'auteur et nos explications. (J. D. G.)

[2] Livius XXI, 22, et d'autres auteurs cités dans Münter, *Relig. d. Carthag.*, p. 107 sq., 2ᵉ édit.

[3] Cicéron assure, dans le de Orat. I, 58, que les Romains trouvèrent des bibliothèques dans Carthage, lors de la prise de cette ville. Ils en firent présent aux princes numides, et ne gardèrent pour eux

considérable ni d'une aussi haute importance relative que celle des autres nations civilisées de l'antiquité, l'esprit et l'activité des Carthaginois s'étant tournés de préférence à la vie pratique et aux intérêts commerciaux[1]. Toutefois cette perte est fort à regretter; car aujourd'hui, en consultant les récits hostiles des Romains, en rassemblant à grand'peine les notions éparses dans les auteurs grecs et dans d'autres écrivains, la plupart des derniers temps, nous ne saurions nous former qu'une image incomplète et sans doute peu fidèle de l'ancienne Carthage. Les médailles que l'on trouve en assez grand nombre en Afrique, en Espagne, dans les îles de la Méditerranée et ailleurs, viennent à notre secours; quant aux inscriptions, il n'en existe que fort peu. Ajoutez quelques vers du Pœnulus de Plaute, où figure un Carthaginois s'exprimant dans sa langue maternelle[2]. De

---

que les livres de Magon sur l'agriculture (Plin. H. N. XVIII, 3). Juba, auteur de nombreux ouvrages, avait puisé en partie à des sources carthaginoises (Ammian. Marcell. XXII, 15). — Salluste parle de livres puniques attribués au roi Hiempsal (Jug. c. 17, *ibi* Burnouf, tom. XX de la coll. Lemaire).   (J. D. G.)

[1] Il semble que, de bonne heure, les lettres grecques aient prévalu à Carthage. La philosophie y était enseignée par des Grecs, et des Grecs écrivirent son histoire. *Voy.* Fabric. Biblioth. gr., p. 826 Harles.; Beck, *Allgem. Gesch.* I, 1, p. 798-799.

[2] *Voy.* Bellermann, *Versuch einer Erklærung der Punischen Stellen*, etc., Berlin 1812. Le même savant a entrepris de décrire et d'expliquer les médailles phéniciennes et puniques subsistantes, dans des cahiers plus d'une fois cités, Berlin 1812-1816. Le 1er cahier, p 31-34, résume tous les travaux antérieurs, tant sur les médailles que sur les inscriptions. Il faut y joindre l'ouvrage suivant : Onorato Bres *Malta antica illustrata co' monumenti e coll' istoria*, Roma 1816, 4°. — Et le travail remarquable de M. Hamaker sur les monumens rapportés

ces sources passablement stériles, le savant évêque Münter a cependant su tirer un tableau étendu et instructif de la religion des Carthaginois [1], tableau dont la présente esquisse ne sera en grande partie qu'une réduction.

De même que la langue de Carthage fut un idiome phénicien, on peut dire avec certitude que ses croyances et ses rites religieux furent également, dans le fond, ceux de la mère-patrie. Aussi les dénominations générales des divinités s'y retrouvent-elles toutes semblables. *Elim*, *Alonim*, et *Alonoth* au féminin ; *Baal* et *Baalath*, *Melech* et *Malcath*, *Don* pour *Adon* [2], noms appliqués aux dieux et aux déesses de Carthage comme à ceux de la Phénicie [3], exprimaient dans les deux pays la majesté de ces êtres tout-puissans et leur domination sur les hommes. C'était surtout le soleil, comme premier principe de la nature, comme pouvoir générateur, que les Carthaginois, à l'exemple des nations du Canaan, appelaient *Baal* ou *Moloch*, le seigneur, le roi, ou encore *Belsamen*, le seigneur du ciel [4]. Du reste, ils adoraient

---

de Tunis par M. Humbert, et déposés au Musée de Leyde : *Diatribe philologico-critica monumentorum aliquot punicorum..... interpretationem exhibens*, Lugd. Bat. 1822, 4°.   (J. D. G.)

[1] La 1ʳᵉ édition avait paru en 1816 ; la 2ᵉ, corrigée et augmentée, a été publiée en 1821, 1 vol. in-4°. L'auteur a donné depuis, comme appendices, les deux opuscules suivans : *Sendschreiben an Creuzer*, *über einige Sardische Idole*, Copenh. 1822 ; *der Tempel der himmlischen Gœttin zu Paphos*, Cop. 1824.   (J. D. G.)

[2] Plaut. Pœnul., act. V, scen. I, v. 15, 1, 11 ; scen. II, v. 41. *Conf.* Bellermann, I, p. 45, 33 ; II, 15.

[3] *Voy.* plus haut, ch. II, art. II, p. 12 sqq. *Conf.* la note 3 sur ce livre, fin du volume.

[4] *Conf. ci-dessus*, ch. III, art. I, p. 19-22.

le dieu suprême avec une terreur religieuse si profonde, qu'à peine osaient-ils prononcer son nom propre, se contentant de le désigner à l'ordinaire sous ceux de l'*Ancien* ou de l'*Éternel* [1]. Ainsi les Juifs redoutaient-ils de proférer le nom de *Jehova*, qu'ils invoquaient simplement comme le seigneur, *Adonaï*, titre qui revient à l'Adon des Phéniciens. Les Grecs traduisent *Baal* par *Cronos*, et les Romains par *Saturne*, sans doute à cause du rapport commun de ces divinités avec l'idée du temps. Ici vient se rapprocher naturellement et la planète de Saturne, dont la révolution est la plus lente de toutes, et son nom de *Phænon* chez les Égyptiens et les Chaldéens, de qui le prirent les Grecs, et l'étymologie que ceux-ci demandèrent à leur propre langue du nom même de *Cronos* [2]. *Phænon* est probablement identique au *Phanes* des Orphiques; l'un et l'autre trouvent leur explication dans l'égyptien *Phenes*, qui veut dire *l'Éternel* [3].

Les images aussi bien que les titres du dieu-soleil, maître du temps, étaient les mêmes, selon toute apparence, chez les Phéniciens ou les Cananéens, et chez les Carthaginois. La description que nous a laissée Diodore de la statue de Cronos-Saturne à Carthage s'accorde

---

[1] Augustin. de consensu Evangel. I, 36, vol. III, p. 11, ed. Maur. On se rappelle l'*Ancien des jours* de Daniel, VII, 9, 13, 22.

[2] *Voy.* le passage remarquable de Jean le Lydien, de Mensib., p. 25, ed. Schow. (Φαίνοντι..... ἀστέρι τῷ πάντων ἀνωτάτῳ..... Κρόνον δὲ αὐτὸν Ἕλλησιν ἔθος καλεῖν κατὰ μὲν θεολογίαν, κατὰ δὲ ἐτυμολογίαν Διακορῆν, οἱονεὶ πλήρη καὶ μεστὸν ἐτῶν, ἀντὶ τοῦ μακραίωνα.) *Conf.* Cic. de N. D. II, 20, 25, *ibi* Creuzer. — Ce *plein de jours* ou *d'années* rappelle l'étymologie non moins forcée du nom de *Saturnus* (*quia se saturat annis*) mentionnée par Cicéron, *ibid.*, et III, 24.   (J. D. G.)

[3] *Conf.* liv. VII, chap. des Cosmogonies Orphiques, tom. III.

en général avec le récit que nous font les rabbins de celle de Moloch, dans le Canaan[1]. Toutes deux étaient de métal, ayant les bras étendus, avec une cavité intérieure, espèce de fournaise alimentée par un foyer placé au bas, et où venaient s'engloutir les enfans, victimes infortunées que l'affreuse idole recevait dans ses mains ardentes. Par la suite, lorsque les Carthaginois eurent lié avec les Grecs d'étroites relations, il est à croire que Baal se rapprocha lui-même de l'Apollon de ces derniers : son culte dut alors se modifier ainsi que sa figure, et de là cet Apollon de Carthage dont la statue colossale toute dorée fut transportée à Rome par Scipion [2]. Apollon avait également un temple à Utique, autre colonie de Tyr [3]. Dans la Carthage romaine, qui conserva ses anciens dieux, tout en changeant leurs formes et leurs noms, le Saturne latin sembla prendre la place du phénicien Baal; mais les sacrifices humains renouvelés sans cesse, malgré la

---

[1] Diodor. Sic. XX, 14, Wesseling., coll. Rabb. ap. Selden. de Diis Syris, I, 6, et *ibi* Beyer.

[2] Polyb. VII, cap. 9, Schweigh.; Appian. de bell. punic., c. 79; Plutarch. in Flaminino, c. 1. — Rien ne prouve, dans les témoignages cités, que le dieu dont il s'agit ait été le même que Baal, un Baal transformé. On serait tenté d'y soupçonner plutôt une divinité grecque, adoptée par les Carthaginois, surtout quand on les voit faire présent à la ville de Tyr, leur métropole, d'une statue colossale d'Apollon conquise à Gela en Sicile (Diodor. Sic. XIII, 108, coll. XVII, 41, 46; Plutarch. Alex. 24; Curtius IV, 3). Peut-être, il est vrai, reconnaissaient-ils dans ce dieu un de leurs Baals; car ils en distinguaient certainement plusieurs. Les Grecs, à leur tour, peuvent avoir pris l'un de ces Baals pour leur Apollon, mais non pas le terrible Moloch qui vient d'être décrit, le Baal qu'ils comparaient à Cronos-Saturne dévorant ses enfans. (J. D. G.)

[3] Plin. H. N. XVI, 79.

défense répétée des maîtres du pays, attestent la permanence des idées et des rites antiques [1]. Baal-Saturne maintint ses honneurs jusqu'aux extrémités de l'Occident, à Gades, où, sous les Romains, subsistait encore un temple de ce dieu [2].

Divers animaux étaient consacrés à Baal comme à toutes les grandes divinités du paganisme. On lui sacrifiait des bœufs, et lui-même vraisemblablement il portait les attributs du taureau [3]. Les chevaux aussi lui étaient dédiés à titre de dieu du soleil [4], et leur sang devait également couler dans ses fêtes. Il est encore assez probable que les éléphans, si renommés chez les anciens pour l'espèce de culte qu'ils rendaient, dit-on, au soleil et à la lune [5], furent voués à Baal. Du moins, en Afrique, ces pieux animaux étaient-ils mis en rapport avec Ammon, dieu-soleil comme lui. Les médailles de Juba, roi de Mauritanie, montrent d'un côté la tête de Jupiter-Ammon,

[1] *Voy.* les excellentes recherches de Münter sur ce point, *Relig. d. Carth.*, p. 17-27, 29 sqq.; *über Sardische Idole*, p. 8, 9. (J. D. G.)

[2] Strab. III, p. 169 Cas.

[3] Reg. I (III), XVIII, 25, 26. *Conf. ci-dessus*, ch. III, art. I, p. 22, et la description rapportée dans Selden, *loc. laud.* A propos d'une médaille phénicienne qui porte l'inscription *Baal Thurz*, et montre l'image d'un dieu semblable au Jupiter des Grecs, avec une tête de bœuf sur son trône, Payne Knight (*Symbol. lang.*, § 31) rappelle le nom de *Thor*, donné à cet animal chez les Phéniciens, suivant Plutarque (Sylla, c. 17), et le *Thor* des Scandinaves, dont l'idole avait une tête de taureau. — *Voy.* notre pl. LVI, 214.

[4] C'est ce que Münter, p. 14, n. 44, induit d'un passage du livre des rois, II (IV), XXIII, 11, où il est aussi question d'un char du soleil. (J. D. G.)

[5] Ælian. H. A. VII, 44; Plutarch. de sollert. animal., p. 972; Plin. H. N. VIII, 1.

et de l'autre un éléphant [1]. En Libye, les éléphans avaient quelque chose de si mystérieux que l'on faisait des funérailles magnifiques, accompagnées de chants solennels, à ceux qui étaient tués à la chasse [2]. Nous avons vu ailleurs que la tête d'éléphant était un symbole de l'Afrique, et l'attribut caractéristique du génie de cette contrée [3].

Au dieu-soleil, roi des cieux et générateur suprême, était associée comme la grande déesse par excellence, comme la reine des cieux, et le principe de la nature fécondée, une puissance femelle que nous avons déjà rencontrée sous des noms divers dans toutes les religions asiatiques, et dans laquelle nous sommes fondés à reconnaître principalement la lune [4]. A Carthage, de même qu'en Syrie et en Phénicie,

[1] Eckhel Doctr. Num. vet., IV, p. 154. Sur les médailles lyciennes d'Antiochus Ier, roi de Syrie, l'on voit un trépied à côté d'une tête d'éléphant, ce qui indique également un rapport religieux. *Conf.* Cuper de elephantis in numis obviis, p. 63, — et notre planche LXXI, 272.

[2] Rhodigini lect. antiq., p. 1036.

[3] Introduct., tom. Ier, p. 62, et la Table des planches, n[os] cités.

[4] M. Hamaker a cru retrouver ce couple divin dans les inscriptions puniques du major Humbert, sous les noms corrélatifs *Tholad* et *Tholath* (celui qui engendre et celle qui conçoit), représentant, suivant lui, le γένος et la γενεά de Sanchoniathon ou plutôt de Philon de Byblos, son traducteur, et en même temps *Baal et Astarté*. Mais M. Et. Quatremère, dans un travail récent sur ces inscriptions, ne laisse subsister que le nom féminin *Thalath*, où il reconnaît une déesse distincte d'Astarté, et à *Tholad* il substitue *Baal Hamman*. *Voy.* Nouveau Journal Asiatique, tom. Ier, 1828, p. 11 sqq., surtout 17-19; et les conséquences que nous croyons devoir tirer de ces faits et de quelques autres, relativement à la théogonie phénico-carthaginoise, beaucoup plus riche que ne la font MM. Münter et Creuzer, dans la note 3 sur ce livre, fin du vol.   (J. D. G.)

elle paraît avoir porté de préférence le nom d'*Astarté* ou *Astaroth* [1], qui répond à l'idée de souveraine du ciel et des astres. Aussi les Grecs l'appellent-ils dans leur langue *Uranie*, et les Romains la *Déesse céleste*. Les uns et les autres la comparent encore à Héra-Junon, à Vénus, à Diane, même à Minerve, mais toujours avec l'épithète de *céleste* ou de *reine des cieux* [2]. Les Carthaginois eux-mêmes crurent la retrouver en Sicile, dans la Vénus Érycine, et à Crotone, dans la Junon Lacinienne; car ils prodiguèrent les hommages à ces deux divinités, et favorisèrent leur culte [3]. Ce *démon des Carthaginois* [4], invoqué dans le traité entre Annibal et le roi de Macédoine Philippe, est vraisemblablement la déesse Astarté; et c'est elle encore sans doute que les Romains évoquèrent solennellement lors du siége de cette ville, conformément à leur ancienne coutume [5]. Mais ils ne savaient pas le nom du génie tutélaire de Carthage, ni même, à ce qu'il paraît, son sexe; peut-être le prenaient-ils pour un être mâle, si toutefois il faut le soupçonner dans ce jeune homme à formes divines, qu'ils nous disent avoir apparu en songe à Annibal, pour lui montrer la route de l'Italie [6].

[1] M. Et. Quatremère lit *Aschtoret* dans les inscriptions citées. *Conf.* ci-dessus, ch. III, art. I, p. 25 sq.　　　(J. D. G.)

[2] *Voy.* dans Münter les inscriptions et les auteurs rapportés p. 62, 74 sq. La *Minerva Belisama* d'une de ces inscriptions, citée par Selden, p. 171 (*al.* 246), rappelle le *Belsamen* dont nous parlions tout à l'heure.

[3] Diodor. IV, 83. *Conf.* Münter, p. 69, 80.

[4] Δαίμων Καρχηδονίων. Polyb. VII, 9, Schweigh.

[5] Macrob. Saturn. III, 9. *Conf.* l'Introd., tom. 1er, p. 91.

[6] Livius, XXI, 22. *Conf.* Münter, p. 65 sq.

La Déesse céleste était adorée dans des temples nombreux à Carthage, sur les côtes d'Afrique, à Malte et dans les autres îles de la Méditerranée, en Espagne près de Gades [1], et son culte n'était pas moins voluptueux que celui de Mylitta à Babylone, d'Anaïtis en Arménie, de Vénus-Uranie en Cypre et ailleurs [2]. Ce culte se maintint dans Carthage, devenue romaine, et fut même cause que Caïus Gracchus appela *Junonienne* la colonie qu'il y avait conduite [3]. Le temple d'Astarté ou de Junon, comme les Romains nomment ordinairement la déesse, fut rebâti avec une grande magnificence; ses fêtes se renouvelèrent, ses honneurs se répandirent au loin, et les pères de l'église, Augustin surtout et Salvien de Marseille, déplorent les excès qui en faisaient partie, et qui, de leur temps, avaient eu sur l'état des mœurs une si funeste influence [4].

Quelle fut la figure de l'idole qui représentait Astarté dans son temple de Carthage, c'est ce que l'on ne saurait dire avec certitude; les témoignages manquent à ce sujet. Il est probable qu'aux diverses époques la déesse eut des images différentes, et peut-être en fut-il de même dès les temps les plus reculés. Un rapprochement fort naturel porte à croire que l'antique idole de la reine des cieux dut être une pierre conique semblable à celle de la Vénus-Uranie de Paphos, identique en effet avec

---

[1] Sur ce dernier, *voy*. Strabon, III, p. 170 Cas.
[2] *Voy.* les développemens intéressans de Münter, p. 80 sqq. *Conf.* le chap. III ci-dessus, *passim*.
[3] Macrob. I, 15; Solin., cap. 30; Plutarch. C. Gracch., c. 11.
[4] Münter, p. 76, 81 sqq., *ibi* citata.

la divinité carthaginoise, et, comme elle, originaire de Phénicie [1]. Dans le Canaan, Astarté paraît avoir été représentée sous la forme d'une vache [2], ainsi que Baal ou Moloch sous celle d'un veau ou d'un taureau; souvent aussi l'un et l'autre prenaient simplement la tête de ces animaux, qui leur étaient consacrés [3]. De là sans doute ces médailles siculo-puniques, de travail grec, portant une tête de femme, dont l'oreille est surmontée d'une corne de vache [4]. Peut-être encore faut-il voir l'Astarté de Carthage dans cette autre tête de femme, ornée d'un voile ou d'un diadême, que l'on trouve sur les monnaies des îles de Malte et de Gaulos [5]. Cette figure, dans quel-

---

[1] *Conf.* le chap. précéd., art. II. Le major Humbert dit avoir trouvé parmi les ruines de Carthage un cône en pierre d'une dimension considérable (Hamaker, p. 27). Ce qu'il y a de sûr, c'est que les pierres mêmes qu'il a rapportées, et sur lesquelles sont gravées des inscriptions puniques en l'honneur des divinités Carthaginoises, ont une forme analogue. Bien plus, on y remarque, parmi divers symboles, une figure conique ou triangulaire, soit simple, soit répétée deux fois, et alors les deux figures sont liées ensemble, à peu près comme celles que montrent sur un char les médailles de Sidon. Peut-être en faut-il conclure que non seulement Astarté, mais aussi Baal son époux, les deux grands principes unis, étaient adorés sous ces emblèmes. Au revers des médailles de l'île de Cossura se trouve également le symbole conique. *Voy.* notre volume IV, pl. LV, 209, 210, 211. (J. D. G.)

[2] A en juger par le texte des Septante, Tob. I, 5, où la leçon τῇ δαμάλει semble devoir être préférée à τῇ δυνάμει.

[3] *Ci-dessus*, ch. III, art. I, p. 25 sq., coll. 22.

[4] *Voy.* pl. LV, 212 coll. 212 a. — Souvent la corne manque, comme dans la fig. 212 b, même planche; et alors la déesse, couronnée d'épis, est absolument identifiée avec Cérès. *Confér. ci-après*, p. 247, et l'explication des planches. (J. D. G.)

[5] Torremuzza Sicil. vet. Num., tab. XCII. *Conf.* Münter, *Antiquar. Abhandl.*, tab. I, 5, 6.

ques unes, se rapproche de celle de l'Isis égyptienne, étant comme elle coiffée de lotus; mais il ne paraît pas que l'on doive en tirer aucune induction relativement à la déesse carthaginoise [1]. D'ailleurs, il reste fort douteux qu'au temps de l'indépendance, cette déesse ait jamais été adorée sous une forme complétement humaine [2]. Sur les médailles des empereurs romains, ainsi que sur quelques pierres gravées, on la voit devenue presque semblable à Cybèle, couronnée de tours, la foudre dans la main droite, le sceptre dans la gauche, et portée sur le lion solaire, qui court au-dessus ou à côté d'un courant d'eau [3]. Le lion lui était donc dédié,

[1] Il y a un mélange évident des religions égyptiennes dans ces monumens, comme le prouve d'une manière incontestable le revers des médailles qui viennent d'être citées. Une autre médaille de Malte porte au revers une tête de belier, à la face une tête de femme qui nous semble être celle d'Astarté assimilée à la Héra grecque. *Voy.* pl. LV, 215.   (J. D. G.)

[2] C'est ce que reconnaît maintenant M. Münter, qui avait d'abord pensé le contraire: *der Tempel zu Paphos*, p. 14, n. 15, coll. *Relig. d. Carth.*, p. 69. La Sardaigne aussi, sous la domination phénico-carthaginoise, reçut, outre le culte de Baal et ses affreux sacrifices, celui de la Déesse céleste, comme en fait foi l'une des médailles déjà citées, fig. 212 a. Faut-il rapporter à la même religion et l'idole grossièrement significative, publiée par le savant évêque de Séeland, d'après l'original existant à Cagliari (notre pl. LVI, 213, la reproduit), et les antiques constructions terminées en cône, qui se trouvent en si grand nombre dans toutes les parties de l'île et sont connues sous le nom traditionnel de *Nuraghs?* nous nous contenterons, quant à présent, de poser cette double question. *Conferr.* Münter, *Relig. d. Carth.*, p. 115, n. 21, et l'appendice *über Sardische Idole*, p. 9 sq.; Petit-Radel, Notice sur les Nuraghes de la Sardaigne, etc., Paris 1826, avec des planches représentant plusieurs de ces monumens singuliers.   (J. D. G.)

[3] *Voy.* notre pl. LIV, 208. *Conf.* Münter, *Relig. de Carth.*, p. 70 sq.

au moins à cette époque, et, parmi les oiseaux, probablement la colombe, attribut constant de la Vénus de Paphos et de celle du mont Éryx [1]. Parmi les animaux aquatiques elle paraît avoir eu, comme la Diane d'Éphèse, l'écrevisse de mer, que portent au revers, avec le cheval, les médailles siculo-puniques dont nous avons parlé, et celles de l'île de Malte [2]. Ce fut, aussi bien que le lion, un symbole du solstice d'été, ou de la lune, dominatrice de l'humide élément, et à laquelle, du reste, était assignée dans le zodiaque la constellation du cancer [3].

Immédiatement après Baal et Astarté se plaçait, parmi les divinités nationales de Carthage, *Melkarth*, le *roi de la cité*, le génie tutélaire de Tyr, sa métropole [4]. Partout où les Phéniciens pénétrèrent, des autels élevés en l'honneur de ce dieu, des vestiges divers de son culte et de son nom, attestaient leur présence et leur vénération pour lui. Les colonies de Tyr surtout le regardaient comme leur protecteur commun, l'adoraient comme le divin médiateur, comme le lien sacré qui les unissait, soit entre elles, soit avec la commune patrie. Symbole de la course victorieuse du soleil qui embrasse l'univers,

---

[1] Aussi veut-on, quoique sans preuves suffisantes, voir la déesse de Carthage dans une statue trouvée à Malte, et portant deux colombes sur la poitrine, mais dont la tête est malheureusement perdue. *Conf.* Houel, Voyage pittoresque, tom. IV, pl. 261, p. 107; Bres, *Malta antica*, p. 124; Münter, *ibid.* (J. D. G.)

[2] Bres, tab. I, 5, et p. 176, 177. *Conf. ci-dessus*, ch. IV, p. 139 sq.

[3] Macrob. Sat. I, 17, 21; Somn. Scip. I, 21, Sextus Empiric. adv. Mathematic., V, p. 343 Fabric.

[4] *Confér.* chap. V, art. II, p. 171 sqq.; Münter, p. 36 sqq.

il devint naturellement, pour ces hardis navigateurs, le guide céleste de leurs expéditions lointaines, et par suite le dieu du commerce [1]. *Melkarth-Héraklès* se rapprocha ainsi d'une autre divinité, de *Sumes-Hermès*, dont le nom phénicien rappelle le *Som* d'Égypte, si toutefois ce n'est pas au fond un seul et même dieu sous deux noms différens [2]. Une semblable alliance existait, chez les Romains, entre Hercule et Mercure, considérés tous deux comme dieux des richesses et de l'abondance, et recevant des hommages en cette qualité. Les Romains avaient coutume d'offrir à Hercule la dixième partie de leur gain, comme les Carthaginois envoyaient au Melkarth de Tyr la dîme des revenus publics [3]. A Rome aussi, suivant le témoignage de Varron [4], Hercule s'identifiait avec Mars dans le système des Saliens et des Pontifes. Pareillement on pourrait croire, d'après l'autorité d'un savant évêque du moyen âge [5], que, chez les Carthaginois, le roi de la cité ou le roi fort était honoré comme dieu de la guerre.

[1] *Ci-dessus*, p. 172 et la note 4.
[2] Bellermann, *über Phœnic. Münz.*, I, p. 25; Münter, p. 90, note 13. *Confér.* notre pl. LV, 216, et l'explication.
[3] Diodor. Sic. XX, 14. Sur l'usage romain il faut voir Heindorf ad Horat. Sat. II, 6, 12, p. 382.
[4] Ap. Macrob. Saturnal. III, 12, p. 33 Bip.
[5] Jean de Salisbury, évêque de Chartres, mort en 1182 (25 octobre 1180, suivant M. de Pastoret, d'après les meilleures autorités). Il raconte qu'après la bataille de Cannes, les anneaux d'or des chevaliers romains furent envoyés dans deux boisseaux à Carthage, par Annibal, *unde Martem suum Libyæ præsidem aureo clypeo ob insignem victoriam honoraret* (Polycratic. III, p. 179, ed. Joh. Maire, Lugd. 1629, in-8°). A la vérité, aucun des historiens anciens qui nous sont parvenus ne fait mention de cette circonstance; mais on sait que l'au-

Quoi qu'il en soit, il faut, ainsi que nous l'avons indiqué ailleurs [1], remonter à la notion primitive du héros solaire, luttant contre tous les dangers, et versant tous les biens sur la terre dans le cours de sa carrière céleste, pour découvrir l'unité de ces attributions diverses. Melkarth, en effet, était le même que le soleil considéré dans sa vigueur sans cesse renaissante, et aussi dans sa faiblesse accidentelle. De là plusieurs rites que nous avons déjà signalés, entre autres celui de charger de liens les statues de ce dieu. Les Tyriens, dans son temple de Gades, avaient élevé un autel à l'Année [2], et c'est sous un point de vue analogue que Nonnus appelle Hercule le conducteur des douze mois [3]. Tous les ans on allumait en son honneur, à Carthage comme à Tyr, et probablement dans toutes les colonies phéniciennes, un immense bûcher d'où s'élevait un aigle, pareil au phénix d'Égypte, symbole du soleil et du temps qui renaît de ses propres cendres [4]. Cette scène fut transportée par les Grecs sur le mont OEta, où Hercule, en se brûlant lui-même, célèbre son apothéose après l'achèvement de ses douze

---

teur du *Polycraticus* connaissait plusieurs écrits de l'antiquité, perdus depuis, et en partie retrouvés récemment. *Voy.* Heeren, *Gesch. des Stud. der classischen Literatur*, I, p. 203 (et la Notice de M. de Pastoret dans l'Histoire littéraire de la France, XIV, 89 sqq.).

[1] Chap. V, p. 172 sq.
[2] Eustath. ad Dionys. Perieget. v. 453.
[3] Dionysiac. XL, v. 338.
[4] *Conf.* liv. III, ch. VII, tom. Ier, p. 474. — M. Münter croit retrouver l'image de cette cérémonie, et le type de celle qui avait lieu à la mort des Césars, sur une médaille de Tarse que nous reproduisons pl. LV, 218, sans rien préjuger quant à la valeur de cette interprétation. On peut voir l'explicat. des planches. (J. D. G.)

travaux [1]. La grande solennité commémorative de ce sacrifice annuel chez les Phéniciens, et que souillaient sans doute des victimes humaines [2], avait lieu, selon toute apparence, à l'ouverture du printemps, dans la métropole [3]. Là se rendaient, à l'époque de la fête, des ambassades ou *théories* de toutes les colonies sans exception, apportant au dieu national par excellence leurs hommages et de riches tributs [4]. Melkarth était donc, comme nous l'avons dit, le lien sacré du système fédératif des cités phéniciennes, et son sanctuaire le foyer des communs sacrifices de tous les peuples d'origine punique. Une flamme éternelle y brûlait aussi bien que dans tous ses temples d'Afrique, et jusque sur les rivages de l'Océan occidental; c'est ce que nous savons positivement du fameux temple de Gades, où le dieu n'avait pas d'autre représentation [5]. Nous ignorons s'il en était de même de son temple à Malte, dont l'existence

---

[1] Dion. Chrysostom. Orat. XXXIII, ed. Reisk., tom. II, p. 23. *Conf. ci-dessus*, p. 170 sq.

[2] Plin. H. N. XXXVI, 5, coll. Appian. de bell. Hispan., ed. Toll., p. 425.

[3] Comme en Égypte, où le signe du bélier était commun à Hercule et à son père Ammon; *ci-dessus*, p. 168. Sur la médaille de Malte déjà citée (fig. 215), les caractères phéniciens qui accompagnent la tête de bélier font croire qu'elle peut avoir rapport à Melkarth. *Conf.* Münter, p. 169, coll. 40, n. 23. (J. D. G.)

[4] La puissante Carthage elle-même ne manqua jamais à ce devoir filial. *V.* Polyb. excerpta de legation., c. 114, etc. *Conf.* les curieux détails rassemblés à ce sujet par Münter, p. 52-54.

[5] *Voy.*, sur ce temple, Strab. III, 169; Philostrat. Vit. Apollon. V, 5; Silius Ital. III, v. 29 sqq. Une tradition disait que les reliques d'Hercule y étaient conservées : Mela, III, 6. D'immenses débris témoignent de son étendue. *Conf.* Münter, p. 45, *ibi* citata.

et la grandeur nous sont attestées aujourd'hui encore par des ruines considérables, entre autres par des substructions colossales d'une haute antiquité [1]. Du reste, il ne faudrait pas croire que l'Hercule phénicien, même à Gades, manquât totalement d'images, et d'images humaines. Les monnaies de cette ville et de quelques autres, avec des légendes, soit puniques, soit latines, prouvent le contraire; car elles portent ordinairement la tête d'un dieu plus ou moins jeune, que caractérisent la peau de lion et la massue [2]. Le lion était consacré à Melkarth, de même que l'aigle, comme le démontrent encore les médailles [3]. Nous avons vu que, sur les plus anciennes de celles de Thasos, colonie des Tyriens, Hercule est armé de l'arc et des flèches [4].

Le culte d'un Hercule bien distinct de l'Hercule thobain, qui paraît lui avoir été associé en divers lieux [5], se conserva jusqu'aux derniers temps du paganisme, à Carthage et dans toutes les villes phéniciennes. Les images de ces deux divinités, fort rapprochées dès l'origine, durent se confondre de plus en plus, et les inscriptions seules purent faire reconnaître avec certitude l'Hercule libyque, ou celui de Gades, ou celui de Thasos [6].

Melkarth appartenait certainement à la série des *Ca-*

---

[1] Bres, *Malta antica*, p. 144, et autres dans Münter.
[2] *Voy.* notre pl. LV, 217, 217 *a, b, c. Conf.* l'explicat. des pl.
[3] Même planche, fig. 217 *b* et *c*, 218.
[4] *Ci-dessus*, p. 177, et pl. LVI, 220.
[5] Par exemple à Gades, si l'on en croit Philostrate (Vit. Apollon. V, 1), qui, ainsi que quelques autres anciens, appelle *égyptien* l'Hercule phénicien, sans doute à cause de son origine.
[6] Münter, p. 49, 60; *ibi* citat.

bires ou *Patæques*, dieux gardiens ou protecteurs, forces élémentaires, telles que le feu, l'eau, la terre, en même temps astres et puissances sidériques, ordinairement au nombre de sept, avec un huitième *Esmun*, dieu de la médecine, identique à Esculape [1]. Les Phéniciens portaient avec eux sur leurs vaisseaux les idoles bizarres et équivoques de ces génies tutélaires, dont les monumens, comme nous le verrons, confirment l'existence chez les Carthaginois [2]. Ce furent, selon toute vraisemblance, des Tyriens qui fondèrent à Samothrace le célèbre sanctuaire des Cabires, et nous aurons bientôt à nous occuper plus au long de ce culte mystérieux, en traitant des religions primitives de la Grèce [3]. Le père et le premier des Cabires, le même que le Phtha d'Égypte et l'Hephæstus (Vulcain) des Grecs, était chez les Phéniciens *Sydyk*, le principe du feu [4]. On conjecture que c'est lui ou quelqu'autre de ces dieux qui est représenté à la face des médailles de Malaga, colonie punique, avec un bonnet en forme de cône, et des tenailles dans le champ [5]. Probablement aussi il faut reconnaître tel ou tel des Ca-

---

[1] *Voy.* ce qui en a déjà été dit dans la religion de l'Egypte, liv. III, ch. X, tom. I*er*, p. 521, et le passage d'Hérodote cité là même.

[2] M. Münter croit maintenant que les *Abbadires*, divinités africaines dont il est question dans saint Augustin (Ep. 17, ed. Maur., al. 44), et qu'il avait pris pour des Bétyles (*conf.* tom. I*er*, Éclaircissem., p. 556), peuvent être les mêmes que les Cabires, et il explique leur nom par *dieux* ou *pères puissans*. Leurs prêtres se nommaient *Encaddires* (*Relig. d. Carth.*, p. 87). (J. D. G.)

[3] Liv. V, sect. I, chap. II. Là seront donnés les développemens et les preuves.

[4] *Conf. ci-dessus*, ch. II, p. 9, 13, 16.

[5] *Voy.* notre pl. LIV, 198-199, coll. 200, et l'explication.

bires dans ces figures de nains ventrus que portent les monnaies de l'île de Cossura [1]. *Esmun*, le huitième, comme paraît l'exprimer son nom à la fois égyptien et phénicien [2], fut adoré à Carthage ainsi qu'à Béryte, où il avait un temple fameux [3]. Nous avons déjà indiqué et nous développerons ailleurs ses rapports avec le soleil, dont Esmun paraît avoir été une incarnation, de même qu'en Grèce Esculape était donné pour fils d'Apollon [4]. Peut-être le dieu phénicien porta-t-il aussi, chez les Carthaginois, le nom de *Pæon* [5]; ce qu'il y a de sûr, c'est qu'ils lui reconnaissaient le pouvoir de guérir. Son culte fut en grand honneur dans toute l'Afrique jusqu'à l'époque romaine; l'on ne parlait que des cures miraculeuses opérées dans ses temples, et très-probablement l'on y venait dormir comme dans ceux du Canaan et de la Phénicie [6].

Plusieurs écrivains anciens font mention du temple d'Esmun-Esculape à Carthage [7]. Il était situé sur l'Acropolis, appelée Byrsa, d'une étendue considérable, et, soit par sa position, soit par ses murailles, d'une force à

---

[1] Neumann, Numi inediti, II, tab. IV, 10-14. *Conf.* notre pl. LII, 157 *a* ou *bis*.

[2] *Schmoun* en copte (*conf.* tom. Ier, Éclaircissem., p. 864, n. 1, coll. 830, 832, 833). M. Et. Quatremère lit *Aschmun* sur les inscriptions puniques du Musée de Leyde (Nouv. Journ. Asiatique, tom. Ier, p. 16 et 21). (J. D. G.)

[3] Damascius ap. Phot. Cod. 242. — *Conf. ci-dessus*, ch. IV, p. 125, et la note 3.

[4] Chap. IV, *ibid.*, et *ci-après*, liv. V, sect. I, ch. III, art. II.

[5] Damascius *ibid. Conf.* Münter, p. 92.

[6] C'est ce qu'on est en droit de conclure par induction du passage d'Isaïe, LXV, 4.

[7] Strab. XVII, 832 Cas.; Appian. Punic., c. 81.

toute épreuve. Certains rites que l'on y célébrait rappellent le culte d'Apollon à Thèbes et les mystères de Samothrace [1]. Ce temple se releva de ses cendres comme la plupart des autres, sous la domination des Romains, et les médecins, les savans, avaient coutume de s'y réunir, suivant l'usage des Grecs, pour y tenir des séances, y faire des cours, etc. [2].

Aux Cabires Phénico-Carthaginois se rattachent sans doute les *Dioscures*, qui protégeaient les navigateurs sur la mer infidèle, et que représentent, à ce que l'on croit, dans cette fonction les médailles phéniciennes [3]. Il faut en dire autant de la petite Ourse, qui, selon le témoignage formel d'Aratus [4], servait de guide sur les flots aux pilotes de la même nation. Le dieu de la mer dut aussi passer de Tyr à Carthage. Nous savons positivement que son culte se liait en Phénicie à celui des Cabires, que les généraux de Carthage précipitaient dans les ondes pour l'apaiser des multitudes de victimes, et que ses amiraux lui élevaient des autels dans les parages lointains nouvellement découverts [5]. Malheureusement son nom punique, que les Grecs traduisent par celui de *Poseidon* (Neptune), n'est point parvenu jusqu'à nous; ce qui a contribué,

---

[1] Appian. *ibid. Conf. ci-dessus*, ch. IV, p. 126 sq.

[2] Appul. Florid., p. 361 sq.; Münter, p. 95.

[3] Bellermann, *über Phœn. Münz.*, IV, p. 9. — *Conf.* notre pl. LVI, 221, et l'explicat.

[4] Phænom. v. 39, avec la trad. de Cic. N. D. II, 41, *ibi* Creuzer, p. 372 sqq.

[5] Sanchoniath. fragm. ed. Orell., p. 38, coll. 32; Diodor. Sic. XIII, 86; Hannon. Peripl. et Scylax in Hudson. Geogr. Minor. I, p. 2, 53.

avec l'assertion d'Hérodote, qui donne Poseidon et Triton comme des noms et des divinités originairement libyques [1], à jeter des doutes sur leur véritable berceau. Cependant il serait possible que l'antique dieu *Ogenos*, analogue à *Oceanos*, à *Ogygès*, et au personnage mythique *Agénor*, phénicien d'origine et fils de Neptune, comme le précédent [2], eût conservé des traces réelles de la dénomination nationale du Neptune phénicien.

Nous avons par les inscriptions la preuve que les Tyriens eux-mêmes, en commerce avec la Grèce, reconnurent l'identité de leur dieu de la mer et de Poseidon, aussi bien que celle de l'Hercule de Thèbes et de leur Melkarth [3]. Les médailles de Carteia, dans la Bétique, de Béryte dans la Phénicie, comparées à celles des Béotiens, semblent mettre cette identité hors de contestation [4]. Mais les premières étant de l'époque romaine, on pourrait croire qu'il y a, sur ces monumens, amalgame des formes grecques avec une divinité orientale. Ce qui est plus que probable, c'est que le cheval était consacré au dieu de la mer, chez les Carthaginois comme chez les Grecs et les Romains, que l'on admette ou non l'origine

---

[1] Herodot. II, 50, et *ci-dessus*, p. 226. — Ce passage et toute la question touchée ici d'après M. Münter (p. 97 sqq.), sont discutés plus au long dans le chapitre de Poseidon-Neptune, qu'il faut voir, livre VI.   (J. D. G.)

[2] Suidas, *v.* Ὤγεν., Schol. ad Lycophr., v. 1206; Eudoc. Violar., p. 23 et 438.

[3] *Voy.* l'inscription déjà citée plus haut, p. 176, n. 1, d'aprs Wheeler.

[4] *Voy.* notre pl. LVI, 222, 222 *a*, avec l'explicat. *Conf.* Eckhel D. N. V. II, p. 197.

libyque de cet animal et du dieu lui-même. Le cheval, symbole de l'humide élément, fut aussi celui de Carthage, dès l'instant de sa fondation [1]; il se retrouve à toutes les époques sur les monnaies de cette ville, et paraît également sur un très-grand nombre des médailles puniques de la Sicile [2]. Strabon nous apprend que les habitans de Gades avaient de petits navires qu'ils appelaient *chevaux*, à cause de l'image qui décorait leurs éperons [3]. De là ces têtes de chevaux et quelquefois de beliers que montrent certaines médailles très-vraisemblablement cilico-phéniciennes [4]. Parmi les poissons, révérés en général dans la Phénicie et dans la Syrie [5], plusieurs espèces doivent aussi avoir été dédiées au dieu phénicien de la mer, entre autres le dauphin et le thon, qui se voient fréquemment sur les monnaies de Gades, de Kanaka et de Carteia [6].

Indépendamment de l'eau, leur élément favori, les Carthaginois comme les Phéniciens rendaient encore un culte à l'air et aux vents, au feu et à la terre, mère nourricière des hommes [7]. Les localités même de la Libye devinrent pour les premiers, ainsi que l'avaient été

[1] *Voy.* Servius ad Virgil. Æneid. I, 441 sqq.
[2] Rasche Lexic. in Carthag.; Bellermann., *l. l.*, III, p. 17, IV, p. 9; Münter, *Antiq. Abhandl.*, p. 301.
[3] Strab. II, p. 99 Cas. *Conf.* Eustath. ad Odyss. I, 174; Pindar. Pyth. IV, 29-32.
[4] *Voy.* notre pl. LVI, 223, 223 *a*, et l'explicat. *Conf.* Eckhel D. N. V. III, p. 413.
[5] *Ci-dessus*, ch. III, p. 31 et *passim*.
[6] Münter, p. 103, *ibi* citat.
[7] Sanchoniath. fragm., p. 18 Orell.; Jul. Firmic. ad calc. Minucii Felic. ed. Ouzel., p. 9; Polyb. XV, c. 1. Münter, p. 104.

pour leurs pères celles des côtes de Syrie, des objets d'une vénération religieuse [1]. Nul doute qu'ils n'aient adopté, par une conséquence nécessaire, certaines divinités locales des Libyens. C'est ainsi que, dans les temps postérieurs, ils apprirent en Sicile le culte de *Cérès* et de *Proserpine* [2]. Vraisemblablement il se fit un amalgame de la première de ces déesses avec l'Astarté de Phénicie, et de là l'explication la plus naturelle de cette figure couronnée d'épis, entre lesquels perce une corne, sur les médailles siculo-puniques [3]. Ce culte étranger se nationalisa tout-à-fait à Carthage après la conquête [4], et la Cérès Africaine fut entourée d'hommages d'autant plus éclatans, que les fertiles provinces d'Afrique devinrent l'un des principaux greniers de Rome et de l'Italie entière.

C'était, dit un auteur [5], dans le temple consacré à *Didon* ou *Elissa*, et en quelque sorte sous son œil tutélaire, qu'étaient placées les statues des divinités siciliennes. En effet, tant que Carthage demeura libre, sa poétique fondatrice y fut honorée à l'égal d'une déesse [6]. Cet exemple suffirait pour nous convaincre que les Carthaginois avaient des héros et des héroïnes sanctifiés par la religion, et auxquels l'état lui-même rendait un culte. Sur les médailles d'un temps postérieur, on voit Didon, le sceptre en main, dans telle ou telle des si-

[1] Polyb. VII, 9. *Conf. ci-dessus*, ch. II, p. 13.
[2] Sous le premier Denys. *Voy*. Diodor. Sic. XIV, 63, 76, 77.
[3] *Conf.* p. 235, la note 4, et les figures indiquées.
[4] Münter, p. 109 sq.
[5] Silius Italic. I, v. 92.
[6] Justin, XVIII, 6, l'atteste formellement.

tuations connues de sa vie ¹. Sans doute *Anna*, sa sœur, partagea avec elle les honneurs divins; du moins les poëtes de Rome l'ont-ils confondue avec la nymphe Italique *Anna Perenna* ², dont il sera question dans le livre suivant. Peut-être aussi le héros sarde *Iolaüs*, neveu d'Hercule suivant la tradition des Grecs ³, fut-il révéré à Carthage. Son nom figure dans le traité d'Annibal avec Philippe de Macédoine ⁴; et comme la Sardaigne était la première et la plus importante province de l'empire punique, les Carthaginois paraissent avoir admis au nombre de leurs divinités protectrices l'auteur réel ou prétendu de la civilisation de cette île ⁵. N'oublions pas

¹ Eckhel, D. N. V., III, p. 388; Mionnet, Descript. de Méd., V, p. 442 sq. — *Conf.* Table des planches et l'explication, nᵒˢ cités.

² Silius Ital. VII, 232; VIII, 221. Ovide lui-même, Fast. III, 523.

³ Hesiod. Scut. Herc. v. 87 sqq.; Apollodor. II, 4, 11; Pausan. VII, Achaic., 2.

⁴ Polyb. VII, 9.

⁵ Sur la Sardaigne antique et les races diverses qui l'habitèrent ou la colonisèrent, il faut consulter le morceau capital de Pausanias, X, Phocide, ch. 17 tout entier. M. Münter rejette la plupart de ces traditions comme empreintes du génie exclusif des Grecs; il ne croit pas à leurs établissemens anciens en Sardaigne, ni à l'origine grecque d'*Iolaüs*, qu'il est porté à rapprocher de *Sardus*, autre héros national, et où il voit, ainsi que dans ce dernier, un représentant mythique tout à la fois des *Ioléens* et des *Iliens*, peuplade unique, selon lui, et de race libyque ou africaine. Ce qu'il y a de certain, c'est que, d'après Pausanias, les Libyens furent les premiers colons de l'île, qu'ils eurent pour chef *Sardus*, fils d'Hercule, mais de l'Hercule égyptien et libyen surnommé *Maçeris* (ci-dessus, p. 202), que les *Iliens*, encore appelés ainsi à l'époque du voyageur, ressemblaient en tout aux Libyens, et que ceux-ci, lors de l'arrivée des Carthaginois, dominaient en Sardaigne avec les Corses. Remarquons aussi que, parmi les plus antiques habitans de l'île, se placent des Ibériens venus sous la conduite d'un chef nommé

les *Philènes*, ces deux illustres frères qui se dévouèrent pour l'agrandissement de leur patrie, et dont les autels érigés sur les limites des possessions de Carthage et de Cyrène, récompensèrent dignement l'héroïque sacrifice [1].

En général, c'étaient plutôt des *Génies*, des *Esprits*, que les corps naturels eux-mêmes qui faisaient, à ce qu'on pourrait croire, l'objet du culte carthaginois. Dans les fragmens puniques de Plaute, il est question d'un «grand Esprit des divinités» et de «leur Providence» [2]. Les âmes elles-mêmes des morts qui avaient bien vécu s'associaient à la gloire des dieux, et allaient, vers les régions supérieures, « se réunir à la troupe de ceux dont l'habitation est dans la lumière [3]. » Peut-être, il est vrai, s'agit-il ici

Norax, et, qui, dit on, y fondèrent la première ville, *Nora*. Il est impossible de ne pas soupçonner dans ce double nom celui des *Nuraghs*, c'est-à-dire, de ces mystérieux édifices dont il a été question plus haut, et qui sembleraient être d'origine ibérique ou celtique plutôt que pélasgique, surtout s'il est vrai qu'on en rencontre de semblables dans la Nord-Ecosse et en Irlande. *Voy.* les développemens de l'opinion de M. Münter, *Relig. d. Carth.*, p. 114 sq., et l'appendice *über Sard. Id.*, p. 10-16. Le héros *Sardus* paraît sur les monnaies romaines de Sardaigne, pl. LVI, 224 a. Quant à *Iolaüs*, Münter croit le reconnaître sur une médaille punique donnée pour être de la même île, et que nous reproduisons également, même pl., 224. *Conf.* l'explication. (J. D. G.)

[1] Sallust. Jug. 81; Val. Max. V, 6, ext. 4. *Conf.* Strab. III, 171 Cas.
[2] Pœnul. act. V, v. 4. Bellerman, I, p. 26.
[3] V, 15. Bellerm., *ibid.* — L'interprétation de Bochart est toute différente, comme l'observe M. Münter. C'est ici le lieu d'observer nous-mêmes que les diverses traductions tentées jusqu'ici d'un texte à peu près impossible à rétablir, sont loin d'atteindre un haut degré de probabilité, même celle de M. Bellermann. Les dix premières lignes publiées en 1815 par l'abbé Mai, dans les Fragmens inédits de Plaute, offrent des leçons totalement neuves, et qui rendent nécessaire un nouveau travail. (J. D. G.)

des chœurs des étoiles, symbole du bonheur sans fin dans les mystères de Samothrace [1]. C'étaient sans doute encore des esprits, ces spectres qui apparurent aux soldats d'Annibal lorsque, devant Agrigente, ils eurent profané les tombeaux des morts; c'étaient les mânes troublés dans leur repos [2]. Du reste, si les Carthaginois admettaient un séjour supérieur pour les bons démons et les âmes qui leur ressemblaient, il est plus que probable qu'un séjour inférieur correspondant était destiné, dans leur croyance, aux démons malfaisants et aux âmes perverses [3]. Un poëte nous dit qu'ils avaient des autels en l'honneur de l'Érèbe [4]. Ils reconnaissaient de plus un génie de la Mort, le même apparemment que les habitants de Gades, seuls entre les hommes, remarque un autre auteur, célébraient par des chants solennels [5]. C'était, chez les Phéniciens, *Mouth*, fils de Cronos, c'est-à-dire de Baal, considéré comme le dieu du temps [6]. Ces peuples, d'ailleurs, ne se faisaient point de la mort en elle-même une idée très-sombre, si, comme les Gaditains, ils l'appelaient le repos commun et le dernier port [7].

Le caractère de la religion carthaginoise n'en fut pas moins, comme celui de la nation qui la professa, mélanco-

---

[1] *Voy.* le livre suivant, sect. I, chap. II, art. V, *fin*.
[2] Diodor. Sic. XIII, 86 Wessel.
[3] C'est encore une induction tirée du *Pœnulus*, act. V, sc. 2, v. 53. Bellerm. II, p. 21. *Conf.* Münter, p. 134 sq.
[4] Sil. Ital. I, 92.
[5] Philostrat. Vit. Apollon., V, 4.
[6] Sanchoniath. fragm. ed. Orell., p. 36 sq., et n. 98.
[7] Philostrat. *ibid*.

lique jusqu'à la cruauté. La terreur était le mobile de cette religion qui avait soif de sang, et s'environnait des plus noires images. A voir les abstinences, les tortures volontaires, et surtout les horribles sacrifices dont elle faisait un devoir aux vivans, on s'étonne peu que les morts aient dû leur sembler dignes d'envie. Elle imposait silence aux sentimens les plus sacrés de la nature, elle dégradait les âmes par des superstitions tour à tour atroces et dissolues, et l'on est réduit à se demander quelle influence vraiment morale elle put exercer sur les mœurs du peuple [1]. Aussi le portrait que l'antiquité nous a laissé des Carthaginois est-il loin d'être flatteur; à la fois durs et serviles, tristes et cruels, égoïstes et cupides, inexorables et sans foi, il semble que l'esprit de leur culte ait conspiré avec la jalouse aristocratie qui pesait sur eux, avec leur existence toute commerciale et industrielle, à fermer leurs cœurs aux émotions généreuses, aux besoins d'un ordre élevé. Ils pouvaient avoir quelques nobles croyances, mais dont la pratique se ressentait peu. Une déesse présidait à leurs conseils publics [2]; mais ces conseils, ces assemblées se tenaient la nuit, et l'histoire dépose des terribles mesures qui s'y agitaient. Le dieu de la clarté solaire, Hercule, fut le patron de Carthage comme celui de Tyr; il y donna l'exemple des grandes entreprises et des hardis travaux; mais le sang y souillait sa lumière, et tous les ans, nous l'avons vu,

---

[1] Münter, *Relig. d. Carth.*, p. 150 sqq., et citat. *passim*.

[2] Appian. Punic., p. 81 Tollii. — Münter est porté à voir Didon dans la θεὰ βουλαία dont il s'agit; mais cette fonction et l'épithète de βουλαῖος n'appartiennent guère qu'à des divinités du premier ordre. Nous y soupçonnerions donc plutôt Astarté. (J. D. G.)

des victimes humaines tombaient au pied de ses autels aussi bien qu'aux fêtes de l'impitoyable Baal [1]. Partout où les Phéniciens, où les Carthaginois après eux, portèrent leur commerce et leurs armes, non seulement à certaines époques, mais dans toutes les conjonctures critiques, leur fanatisme exalté renouvela ces immolations sanguinaires. En vain Gélon de Syracuse avec l'autorité de la victoire, en vain par une pacifique influence les Grecs eux-mêmes fixés à Carthage tentèrent d'y mettre un terme [2]; l'antique barbarie reparut sans cesse et se maintint dans la Carthage romaine. Au commencement du troisième siècle de notre ère, on découvre encore des vestiges de ce culte affreux, tout au moins alors pratiqué en secret [3]. Dès l'an 655 de Rome tous les sacrifices humains avaient été prohibés; mais plus d'une fois les empereurs se trouvèrent dans la nécessité de répéter cette défense [4]. Le monstre ne fut point entièrement extirpé, et l'on vit dans Rome même le frénétique Élagabale immoler des enfans parmi les pratiques de la magie [5].

[1] *Conf. supra*, p. 240 coll. 230 sq., et Münter *ibid.*
[2] Timæus Tauromen. ap. Schol. Pindar. Pyth. II, 3, et cæter. ap. Münter, p. 25.
[3] Tertullian. Apologetic., c. 9. Münter, p. 29 sqq.
[4] Plin. Hist. Nat. XXXI, 1, XXXVIII, 1; Porphyr. de Abstin. II, p. 202 Rhœr; Fabric. ad Sext. Empiric. III, 24, p. 180.
[5] Xiphilin., p. 1360 Reimar. — Quelques nouveaux développemens sur la religion de Carthege sont donnés dans la note dernière du livre IV, fin du volume. (J. D. G.)

LIVRE CINQUIÈME.

PREMIÈRES ÉPOQUES DES RELIGIONS DE LA GRÈCE
ET DE L'ITALIE.

SECTION PREMIÈRE.

ORIGINE, CARACTÈRES GÉNÉRAUX ET DÉVELOPPEMENS PRIMITIFS
DES RELIGIONS DE LA GRÈCE,
JUSQU'AU SIÈCLE D'HOMÈRE ET D'HÉSIODE.

CHAPITRE PREMIER.

Sources diverses des institutions religieuses des Grecs; colonies d'Égypte, de Libye, de Phénicie et d'Asie-Mineure; établissemens étrangers dans la Thrace et dans les îles; rapports obscurs et primitifs avec la Scythie, le Caucase et la Haute-Asie; nature et portée de ces influences extérieures.

La Grèce est et devait être le point central de nos recherches sur les religions de l'antiquité. C'est à elle que viennent principalement aboutir ces rayons épars dont nous avons tâché d'éclairer jusqu'ici les cultes des peuples qui la précédèrent dans la carrière de la civilisation. D'un autre côté, des rapports aussi certains que nombreux unissent les races qui couvrirent le sol de cette contrée, leurs idiomes, leurs institutions religieuses avec les institutions religieuses, les idiomes et les races d'hommes de l'ancienne Italie. L'œuvre de la population comme celle de la culture intellectuelle, dans ces deux pays, se rattachent également à des migrations, à des colonies venues de l'orient et du midi. Ce que l'Italie ne put recevoir par elle-même, la Grèce le lui communiqua tôt ou tard. Civilisée la première, elle fut à plusieurs reprises l'institutrice de sa sœur, plus éloignée des sources antiques de la sagesse et des arts. Si donc la religion grecque doit en définitive avoir le pas dans nos développemens ultérieurs, il était essentiel de rapprocher d'abord, sous un même coup d'œil, les origines communes des deux nations. C'est ce que nous avons tâché de faire dans les deux sections parallèles de ce livre cinquième [1].

C'est surtout à Hérodote et à Strabon qu'il faut demander des lumières sur les sources des idées religieuses et des cultes répandus en Grèce. Hérodote, animé du plus pur amour de la vérité, entreprit, à une époque relativement ancienne, des recherches spéciales pour éclaircir cet important sujet [2]. Le résultat obtenu par le père de l'histoire fut que l'Égypte était la première patrie de la plupart des divinités, des rites et des cérémonies qui constituaient la religion des Grecs. Telle fut aussi l'opinion la plus généralement reçue chez les anciens, et qui se fondait en partie sur l'antériorité et la

---

[1] Cette courte introduction nous a paru nécessaire, soit pour lier ce livre aux précédens, soit pour justifier le nouveau changement de disposition que nous nous sommes permis, en rapprochant ainsi, des religions primitives de la Grèce, les religions de l'Italie ancienne; changement qui, du reste, a reçu l'approbation de notre illustre auteur.   (J. D. G.)

[2] *Voy.* le second livre de ses Histoires, chap. 48-58, comparés aux chap. 43, 81, 145 et suiv.

haute antiquité de la civilisation égyptienne, deux points également incontestables, mais que prouverait au besoin le témoignage formel des livres hébreux [1]. Si Plutarque, ici comme en tant d'autres choses, contredit Hérodote, dans l'amère critique qu'il nous a laissée de ce vénérable historien [2], il faut convenir que les raisons du philosophe de Chéronée sont d'une grande faiblesse, et que ses autorités poétiques ont bien peu de valeur. D'une autre part, l'on ne saurait non plus oublier que le père de l'histoire puisa beaucoup dans la tradition des prêtres de Dodone, et que ce corps sacerdotal avait un intérêt direct à revêtir la Grèce entière d'une couleur égyptienne [3]. Mais Hérodote lui-même, comme nous nous en assurerons plus loin, signale d'autres routes et d'autres foyers des croyances religieuses importées parmi les Grecs.

La première et la mieux attestée des colonies venues d'Égypte en Grèce est celle qui s'établit à Argos. Les plus anciennes traditions qui s'y rapportent, celles des Inachides, d'Io, d'Épaphus et autres, sont enveloppées d'épaisses ténèbres; mais *Danaüs* nous apparaît sous un aspect beaucoup moins douteux. Parti de Chemmis dans la Haute-Égypte, il aborda, dit-on, en Argolide, avec ses cinquante filles; et cette terre, encore aride et sauvage, reçut de lui les bienfaits de la culture et de la religion.

---

[1] *Voy.* Spencer de Leg. Hebr. ritual. II, Diss. I, Sect. 2. — *Conf.* notre tom. Ier, part. 2 ou Éclaircissemens, note 2 sur le livre III, surtout p. 777-784. (J. D. G.)

[2] De malign. Herodot., t. IV, p. 442 sq, Oper. Moral. ed. Wyttenb.

[3] *Conf.* Heeren, *Ideen über die Politik*, etc., II, 1, p. 436.

Des fêtes antiques, des dénominations locales subsistaient en mémoire de ce grand événement [1].

La tradition des Mégariens citait également l'égyptien *Lélex* comme auteur de la civilisation de leur pays [2].

En Attique, tout nous reporte plus décidément encore vers l'Égypte, et cependant il règne beaucoup de vague sur la nature des antiques relations de ces deux contrées. Athènes et Saïs, parentes seulement chez Platon, sont tour à tour présentées comme colonies et comme métropoles l'une de l'autre chez les historiens qui lui sont postérieurs [3]. Toutefois l'opinion finit par prévaloir, en Grèce comme en Égypte, que les Athéniens tiraient leur origine des Saïtes, que *Saïs* était le nom égyptien de la déesse *Athéné* (Minerve), et que le crocodile qui l'accompagnait sur l'Acropolis prouvait incontestablement sa patrie égyptienne [4]. Quant au saïte

---

[1] Les *Lernœa*, dont le fondateur était, suivant la tradition, Danaüs (Perizonii Orig. Ægypt., c. XVI); et le lieu nommé ἀπόβαθμοι, parce que, dit-on, Danaüs y prit terre pour la première fois avec ses filles (Pausan. II, Corinth., 38).

[2] Pausan. I, Attic., 39.

[3] *Voy.* le passage important de Proclus sur le Timée de Platon, p. 30, où sont rapportées les diverses opinions de Théopompe, de Callisthène et de Phanodème. Ces deux derniers faisaient descendre les Saïtes des Athéniens. Quant au premier, il est cité vulgairement comme le premier auteur qui reconnaisse, au contraire, les Athéniens pour colons de Saïs; mais si, au lieu de ἀποίκους, on lit chez Proclus ἐποίκους, dans le passage sur lequel se fonde ce sentiment, il y faudrait voir tout autre chose. *Conf.* Wyttenb. ad Jablonski Opusc. III, p. 19, ed. Te Water; *id.* ad Plutarch. II, 1, p. 5 sq.

[4] Diodor. Sic. I, 28, *ibi* Wesseling.; Charax ap. schol. mscr. ad Aristid. Panath., t. I, p. 95, in Creuzer. Meletem. I, p. 63 sq.; Tzetz. schol. ad Lycophr. v. 11, t. I, p. 388, *ibi* Müller; et Siebelis ad Phanodem. fragm., p. 3 sqq.

Cécrops; ce nom, entre plusieurs autres non moins remarquables, devint, dans la tradition nationale, le symbole de la civilisation égyptienne apportée dans l'Attique; et, de quelque divers ornemens que les poëtes aient revêtu cette tradition, le fond historique s'y reconnaît toujours [1].

Au nord de la Grèce, on entrevoit aussi des traces obscures d'établissemens égyptiens chez les Pélasges de la Thesprotie. Nous avons déjà parlé de l'oracle de Dodone, et nous y reviendrons plus d'une fois dans la suite [2].

Des savans français ont objecté que les Égyptiens, peuple riche, civilisé et superstitieux, très attachés au sol de leur pays, et pleins d'horreur pour la mer Méditerranée [3], ne purent être les fondateurs de ces nombreuses colonies qu'on leur attribue sans aucune vraisemblance. Ce furent bien plutôt, suivant eux, les différentes tribus de pasteurs, qui long-temps parcoururent l'Égypte ou ses environs, et plus d'une fois peut-être y dominèrent. Nous savons qu'une de ces hordes nomades tint, durant cinq siècles, sous son joug la plus grande partie de la contrée, et en fut chassée par Aménophis, père du fameux conquérant Sésostris [4].

---

[1] *Voy.* les témoignages recueillis par Meursius de regno Athenar. I, cap. 8; de Fortuna Athen., c. 1; et Wyttenb. ad Plutarch. de Ser. num. Vind., p. 36.

[2] *Conf.* tom. Ier, p. 98, avec les Éclaircissem., p. 561, et les développemens donnés dans l'art. I du chap. de Jupiter, liv. VI.

[3] *Voy.* la note 8 dans les Éclaircissem. du liv. III, t. Ier, p. 845 sqq.

[4] Tom. Ier, Eclaircissem., p. 781 sqq., et l'article *Sésostris*, dans la Biographie universelle, tom. XLII. (J. D. G.)

C'est à cet événement et aux longues persécutions qu'entraîna le fanatisme religieux des souverains nationaux de l'Égypte, qu'on rapporte la colonisation de plusieurs districts de la Grèce. On cite à l'appui de cette conjecture l'émigration contemporaine des Israélites, pasteurs aussi, et l'on est même tenté de regarder comme un fait la parenté supposée des Hébreux et des Lacédémoniens [1]. Le séjour prolongé de ces tribus pastorales parmi les Égyptiens ou autour d'eux, expliquerait la ressemblance de mœurs qui se remarque entre leurs colonies d'un côté, et l'Égypte avec la Phénicie de l'autre. M. Raoul-Rochette s'emparant de cette hypothèse [2], que nous ne saurions admettre qu'en un sens fort restreint, la généralise au point de reconnaître exclusivement dans les pasteurs phéniciens, appelés *Hycsos*, les auteurs de la civilisation grecque [3]. Repoussés du Delta, siége principal de leur antique domination, ils se seraient en partie repliés sur l'ouest, vers la petite Syrte, et y auraient formé de nouveaux établissemens. C'est de là qu'à diverses reprises ils auraient fait voile pour la Grèce, où ils auraient introduit entre autres cultes celui de Poseidon ou Neptune, qui était propre aux Libyens. En effet,

---

[1] *Voy.* la lettre d'Aréus, roi de Lacédémone, au grand-prêtre Onias, dans Josèphe, liv. XII, c. 5, et celle de Jonathas, XIII, 9. Ces deux épîtres ne sont rien moins qu'authentiques.

[2] Nous avons déjà dit (tom. Ier, p. 783) qu'elle avait été mise en avant par Fréret; depuis, M. Dubois-Aymé l'avait développée à son tour dans la grande Description de l'Égypte, Antiquités, Mémoires, tom. Ier, p. 304. C'est d'après ce dernier que M. Creuzer vient d'en donner l'analyse. (J. D. G.)

[3] Histoire de l'établissement des colonies grecques, I, chap. 4, p. 60 sqq.

ce dieu est expressément distingué par Hérodote des divinités importées d'Égypte; il est, selon lui, d'origine libyque [1]. Le vieil historien nous parle aussi d'une Pallas libyenne, et des rapports de la Grèce primitive avec l'oracle d'Ammon en Libye [2]. Mais c'est encore de Dodone, c'est de l'Égypte qu'il s'agit ici au fond, et nous avons promis d'y revenir.

Le père de l'histoire connaît également la Phénicie comme un des foyers de la religion des Grecs. Le Tyrien *Cadmus*, et ceux qui s'établirent avec lui en Béotie, dit-il, furent les instituteurs religieux du devin Mélampus [3]. Mais déjà les anciens étaient fort divisés d'opinion sur le personnage de Cadmus, et sur sa vraie patrie. Quelques uns le faisaient venir d'Égypte aussi bien que Danaüs [4].

L'Asie-Mineure, d'où partit un dernier colon, le Phrygien *Pélops*, qui donna son nom au Péloponnèse [5], la Thrace voisine, et les îles intermédiaires, réclament

---

[1] Herodot. II, 50. — *Confér.* le chap. complémentaire du livre IV, *ci-dessus*, p. 244 sqq.; et livre VI, chap. de Neptune.

[2] Herodot. *ibid.*, et IV, 180 sq., coll. Apollodor. I, 3, 6, *ibi* Heyne.

[3] Herodot. II, 49.

[4] Pausan. IX, Bœot., 12 ; Photii Bibl. Cod. CCXLIV, ex Diodoro, et ejusd. Eclog. vol. X, p. 215 Bip., coll. Creuzer. fragm. Histor. Gr. antiquiss., p. 35 sqq. — Récemment les colonies d'Égypte et de Phénicie en Grèce, et avec elles les origines égyptiennes et phéniciennes des religions grecques, ont été révoquées en doute, et même niées formellement par O. Müller, Welcker, Völcker, etc. Leurs principaux argumens sont résumés dans les Éclaircissemens de notre note 1re sur ce livre, § 1. (J. D. G.)

[5] Pausan. II, Corinth., 22. — Cette colonie orientale a été contestée aussi bien que les précédentes, et le nom de Pélops, renvoyé aux mythes pélasgiques d'origine, comme ceux de Cécrops, de

maintenant notre attention. Ce furent de nouvelles routes par où les religions étrangères pénétrèrent en Grèce. Peut-être les traditions sur *Orphée* et sur les autres chantres sacrés que l'on donne pour élèves des prêtres Égyptiens [1], se rattachent-elles encore à quelque antique établissement de cette nation dans la Thrace. Hérodote lui-même regarde comme synonymes, chez les Grecs, les qualifications d'*égyptien* et d'*orphique* [2]. Cependant les poëtes, qui plus est des historiens, appellent la Thrace une contrée sauvage, et la représentent avec des couleurs qui excluent toute idée de civilisation, de sagesse et de science [3]. Tandis que les uns vont chercher dans ce pays l'origine de la famille des Eumolpides et des célèbres mystères d'Éleusis, d'autres revendiquent en faveur de l'Attique et cet institut religieux et cette race privilégiée qui le dirigeait. Le culte des Muses d'abord florissant dans la Piérie, les enseignemens donnés aux Athéniens par les Pélasges établis depuis à Samothrace [4], et bien d'autres circonstances ne permettent point de balancer entre ces deux opinions. Il fut un temps où la Thrace et les îles voisines, gouvernées par des espèces de castes ou d'écoles sacerdotales, sortirent de la barbarie, qui les ressaisit dans

---

Danaüs et de Cadmus. *Voy.* la note indiquée à la fin de ce volume, même §. (J. D. G.)

[1] Diodor. Sic. I, 92, 96.
[2] II, 81, coll. 53.
[3] *Voy.* le passage de l'Atthis d'Androtion chez Élien, Var. Hist. VIII, 6, avec les remarques de Périzonius. (Androtion. fragm. ed. Lenz et Siebelis, p. 117.)
[4] Herodot. II, 51.

la suite [1]. Ce fait, que nous développerons en son lieu, concilie des contradictions apparentes, et jette une vive lumière sur l'histoire des religions grecques [2]. Tout annonce, en effet, que les pays situés au nord de la Grèce furent médiatement ou immédiatement l'une des sources les plus fécondes de ses primitives institutions. Samothrace connut un culte antique, distinct de la religion égyptienne, et propre aux *Pélasges*, population mystérieuse dont le nom paraît désigner en général toute la période antérieure aux Hellènes. Avec les migrations et les colonies nombreuses de cette race, les élémens du culte qu'elle professait, quelle qu'en soit du reste l'origine, furent portés dans diverses parties de la Grèce et bien ailleurs [3].

Au nom de Samothrace se lie naturellement celui de *Dardanus*, personnage mythique qui passa, dit-on, de cette île en Troade, mais qui précédemment était venu de l'Étrurie [4]. Des traditions non moins remarquables montrent les Pélasges émigrant d'Arcadie en Italie, et

[1] *Voy.* les développemens à l'appui de cette assertion et de tout ce qui précède, tant dans le chapitre suivant que dans les livres VII et VIII, vol. III; et *confér.* l'Introduction, t. Ier, p. 104.

[2] Le rôle des Thraces dans les origines religieuses et poétiques de la Grèce, et les traditions relatives à Orphée, au culte des Muses, etc., ont été conçus et présentés tout différemment par O. Müller. *Voy.* la note déjà citée, à la fin du volume. (J. D. G.)

[3] La question des Pélasges, une des plus épineuses de toutes celles qui concernent l'antiquité grecque, sera touchée dans la même note, consacrée à l'exposition succincte des principaux systèmes sur l'origine et les époques primitives de la population, de la religion, de l'art, et en général de la civilisation en Grèce. (J. D. G.)

[4] *V.* Dionys. Halicarn. Archæolog. I, 68 sq. *Conf.* le sixième Excursus de Heyne sur Virgile, Æn. III, p. 486 sq.

d'autres Pélasges, surnommés *Tyrrhènes*, revenant d'Italie en Grèce [1]. Il nous semble entrevoir ici les vieux souvenirs d'une époque antérieure à Orphée, et peut-être aux influences égyptiennes ; d'une époque où l'Asie occidentale, la Thrace avec ses îles, et l'Étrurie, reçurent les germes d'une civilisation et d'une religion communes. Mais ces souvenirs épars, à demi effacés, malgré tous les efforts des plus savans hommes parmi les Grecs pour les réunir et les éclaircir [2], ne sauraient briller désormais de la lumière historique. Nous connaissons un peu mieux les liaisons prolongées des peuples de l'Asie-Mineure avec ceux d'Europe, et l'action réciproque de leurs institutions et de leurs idées [3].

Enfin des élémens scythiques se découvrent aussi dans la religion grecque. Nous voulons parler de quelques indices d'où l'on peut conclure que certaines inventions, certaines notions étaient venues aux Grecs des régions inconnues situées vers le nord-est, et désignées par eux sous la dénomination vague de Scythie [4]. Les mythes si riches de la race de Prométhée nous reportent aux monts

---

[1] Creuzer. fragm. Histor. Græcor. antiquiss., p. 41. — *Conf.* la note citée fin du vol., § 1.

[2] *Voy.* le premier livre des Antiquités romaines de Denys d'Halicarnasse, et les recherches de Strabon sur les Curètes, etc., livre dixième de sa Géographie.

[3] L'émigration des Brigiens ou Phrygiens de Macédoine en Asie-Mineure, et l'établissement déja mentionné du Phrygien Pélops en Grèce, sont deux des principaux faits de ce genre. *Voy.*, sur le premier, fragm. Histor. Gr. ant., p. 170.

[4] *Voy.* Levesque, sur l'origine septentrionale des Grecs, etc., à la fin du 3ᵉ vol. de sa traduction de Thucydide, p. 278 sqq. *Conf.* Ouwaroff, *über das Vorhomerische Zeitalter*, p. 13, 14.

Caucase[1]. Le culte d'Artémis dans la Tauride, les présens que les Hyperboréens envoyaient à travers le pays des Scythes jusqu'au golfe Adriatique, de là à Dodone, et enfin à Délos, paraissent être, ainsi que nous l'avons montré plus haut[2], de nouveaux vestiges de la route septentrionale par où les Grecs reçurent une portion de leur culture religieuse. Une vague mémoire de communications analogues semble s'attacher aux noms mystérieux de l'hyperboréen Abaris et du Gète Zamolxis, en rapport, l'un avec la religion d'Apollon, l'autre avec celle de Bacchus et les dogmes orphiques[3]. La plupart des développemens dont se compose le précédent livre, témoignent d'une part non moins réelle, mais plus éloignée encore, que l'Inde, la Perse, et en général la Haute-Asie, réclament dans les origines de la religion et de la mythologie grecques[4]. La suite de nos recherches établira mieux encore ce fait important.

Ce qu'il y a de certain, c'est qu'il n'était pas une peuplade en Grèce qui n'eût de bonnes raisons pour fêter

---

[1] Telle n'est pas l'induction que tire de ces mythes un jeune et hardi critique, dans la dissertation intitulée : *Die Mythologie des Japetischen Geschlechtes von* K. H. W. Völcker, Giessen 1824, dont nous donnerons ailleurs une idée plus étendue. *Voy.* la note et le § indiqués. (J. D. G.)

[2] Liv. IV, chap. IV, art. I, *passim*.

[3] *Voy.* l'appendice à la fin du présent chapitre.

[4] Ce point de vue fécond a été traité, ou, pour mieux dire, anticipé par K. Ritter, dans l'ouvrage dont nous avons déjà parlé (tom. Ier, p. 304, 658 sqq. : *Vorhalle Europæischer Völkergeschichten vor Herodotus um den Kaukasus und an den Gestaden des Pontus*). Baur (*Symbolik und Mythologie*, I, p. 238 sqq.) l'a suivi en grande partie. *Voy.* la note citée, fin de ce volume. (J. D. G.)

les *dieux étrangers*, comme faisaient entre autres les Athéniens, d'ailleurs si fiers du culte de leurs pères[1]. Mais, parmi toutes ces influences que l'esprit des Grecs reçut du dehors, il n'en conserva pas moins un caractère qui lui est propre, et qui se retrouve dans sa religion, ainsi que dans mille autres choses. Ni les prêtres de Dodone ne réussirent à rendre la Grèce égyptienne, ni les importations de l'Orient ou du Nord ne parvinrent à effacer l'empreinte originale que gardèrent constamment et ses institutions et sa poésie. Tolérans jusqu'à l'excès envers les cultes étrangers, les Grecs, si prompts à admettre toutes les idées religieuses, même les plus diverses, demeurèrent néanmoins toujours grecs. Toujours ils manifestèrent cette espèce d'instinct que nous appellerons hellénique par excellence, ce penchant à l'anthropomorphisme, qui, assimilant les dieux aux hommes, les classa dans l'histoire en longues généalogies, et plus tard mit sur leur compte de si fabuleuses aventures. Cependant il y eut du plus ou du moins, selon les temps, et des époques distinctes se remarquent dans la mythologie grecque. Quelle distance entre les traditions sacrées des prêtres de Samothrace[2], brèves et pleines de sens comme elles devaient être, et les récits héroïques des chantres étrangers au sacerdoce, qui s'attachèrent à revêtir tous les sujets religieux de formes purement humaines, de couleurs de plus en plus brillantes! Ce

---

[1] Θεοξένια. *Voy*. Pausan. VII, Achaic., 27; Athenæus, IX, 13, *ibi* Casaub. et Schweigh.; Hesych. I, p. 1694, Alb. *Conf*. Gronov. Thes. Antiq. Græc. VII, p. 671, 791, 878.

[2] ἱεροὶ λόγοι, Herodot. II, 51.

sont là ces histoires des dieux que les Dodonéens nommaient des inventions d'hier, et dont ils parlaient avec tant de dédain [1]. C'est en ce sens aussi qu'Hérodote appelle Homère et Hésiode les auteurs de la théogonie des Hellènes [2].

On voit, par ce qui précède, que nous étant proposé de développer, dans cet ouvrage, les points fondamentaux des religions de la Grèce, de l'Étrurie et de Rome, il était indispensable d'embrasser d'abord d'un coup d'œil général les religions plus anciennes de l'Inde, de la Perse, de l'Égypte, de la Phénicie et de l'Asie-Mineure. Maintenant, comme nous l'avons déja dit, nous allons réunir sous un même point de vue les cultes primitifs et les vieilles théogonies, d'abord de la Grèce, puis de l'Italie. De là nous passerons, dans un livre suivant, à l'examen comparé des divinités plus connues, auxquelles étaient consacrés les temples et les autels publics chez les Grecs et les Romains.

[1] Herodot. II, 143.
[2] Herodot. II, 53, coll. 81, et Plat. Tim., p. 12, Bekker; Procl. in Tim., p. 40; Justin. Martyr. Cohortat. ad Græc., sect. 13, p. 16 ed. Venet. — *Voy.*, sur le développement historique de la mythologie grecque et sur les époques correspondantes de l'art, aussi bien que sur les sources archéologiques ou littéraires de cette mythologie, les §§ 2 et 3 de la note 1re sur ce livre, à la fin du volume. (J. D. G.)

APPENDICE DU CHAPITRE PREMIER.

ABARIS ET ZAMOLXIS.

I. A ces deux noms se rattachent, comme nous l'avons dit, de curieux quoique vagues souvenirs de communications probablement fort antiques et toutes religieuses entre la Grèce et le Nord. Voici en résumé les élémens principaux du mythe d'*Abaris*, tels qu'ils se trouvent épars chez divers auteurs de l'antiquité [1]. Abaris vint du pays des Hyperboréens chez les Grecs, puis retourna chez les Hyperboréens. Il parcourt la Grèce avec une flèche; il est serviteur et prêtre de l'Apollon hyperboréen ou grec; il reçoit de ce dieu une flèche, le don des miracles, et celui de prophétie. Porté sur sa flèche, il voyage dans les régions de l'air [2]; c'est un inspiré qui rend des oracles, qui compose des chants de conjuration, d'expiation et d'initiation, donne une théogonie, célèbre les noces du fleuve de l'Hèbre, et chante l'arrivée d'Apollon, son maître, dans la contrée des Hyperboréens. Il forme pour les Athéniens, des ossemens de

---

[1] *Voy.* les sources de ce mythe dans Fabricius, Bibliotheca Græca, vol. I, p. 11 sq., ed. Harles., et dans les notes sur la narrat. 20 de Nonnus (Creuzeri Meletemat. I, p. 76). — *Conf.* le Dictionnaire de Bayle, art. *Abaris* (t. I, p. 3 sqq., ed. in-fol., 1740), sur les différentes époques assignées à son existence, laquelle varie de la 3e à la 5e olympiade. (J. D. G.)

[2] Hérodote, IV, 36, apparemment dans l'hypothèse d'un Abaris humain, ne peut retenir ses doutes sur ce point. — *Voy.*, quant au texte, les notes de Wesseling, Valckenaer et Larcher. (J. D. G.)

Pélops, un Palladium; il délivre les peuples de la peste, de la famine, et de tous les fléaux.

Le personnage d'Abaris appartient évidemment aux religions septentrionales d'Apollon, et se rattache à ces *théories* hyperboréennes, à ces pieux messages qui, des profondeurs du Nord, étaient envoyés à Délos [1].

Platon, dans le Charmide [2], rapproche *Abaris* et *Zamolxis*, et tous les deux, donnés comme Scythes, sont mis, chez les anciens, en relation avec Pythagore. Maintenant écoutons un précieux témoignage qui nous a été conservé dans la *Hialmarsaga* : « De la Grèce vinrent *Abor* et *Samolis*, avec maints hommes excellens; ils reçurent un accueil empressé; leur successeur et serviteur fut Hersé de Glisisvalr. » En suivant cette donnée, Abaris serait un druide du Nord, et le pays des Hyperboréens pourrait être les Hébrides [3]. La doctrine des druides, aussi bien que celle de Zamolxis, a, comme on le verra tout à l'heure, de frappans rapports avec les dogmes pythagoriciens; elle paraît être dérivée de la même source [4]. Mais si Zamolxis s'unit à Abaris dans

---

[1] *Conf.* liv. IV, ch. IV, art. I, p. 97 et *passim*.

[2] Pag. 312, Bekker.

[3] *Voy.* le Ier vol. des OEuvres posthumes de Toland, Histoire des Druides. — Il est fâcheux pour la solidité de ces rapprochemens et des conclusions qui en sont tirées, d'être obligé de reconnaître le défaut d'authenticité de la donnée première. La Saga de Hialmar est une œuvre absolument controuvée, comme en conviennent les plus savans critiques du Nord. *Conf.* entre autres P. E. Müller, *Sagabibliothek*, II, 663 sqq. (J. D. G.)

[4] *Voy.* Origen. philosophum., cap. 2, p. 882, et cap. 25, p. 906, ed. de la Rue. *Confér.* Chardon de la Rochette, Mélanges de critique, etc., t. I, p. 58 sqq.

la tradition qui vient d'être citée, ainsi que chez Platon, le second seul est qualifié expressément de ministre d'Apollon par tous les témoignages. Or Apollon est le dieu qui naquit le septième jour, et la fête du septième jour lui était consacrée à Sparte [1]. Les sept dieux de la semaine, dans la religion scandinave primitive, sont aussi les sept élémens de l'écriture runique [2]. Dans les lettres décorées des noms d'Abaris et de Pythagore, cet axiome entre autres se rencontre : que l'œil a de l'analogie avec le feu [3]. Enfin, l'on raconte d'Abaris qu'il avait écrit ses oracles [4].

Si l'on rassemble ces diverses indications, et si on les compare avec les traditions résumées plus haut, peut-être sera-t-on conduit avec nous aux résultats suivans. Les runes sont en grande partie des flèches, des caractères en forme de flèches [5]. Les runes, suivant l'étymologie du nom [6], s'écoulent, s'échappent comme le temps, comme les jours de la semaine ; elles se répandent de tous côtés, du nord au sud et du sud au nord ; elles circulent parmi les peuples sur le fleuve du temps, dans la carrière que parcourent les prêtres et les prophètes ; elles sont, pour ainsi dire, la flèche de la parole qui

---

[1] Herodot. VI, 57. *Conf.* Valckenaer de Aristobul. Jud., § 37, p. 13-16. — Apollon ἑβδομαγέτας, ἑβδομαγενής (Plutarch. Quæst. Sympos. VIII, 1, 2, p. 958 Wyttenb.).

[2] Gœrres *Mythengesch.*, p. 575.

[3] Proclus in Plat. Tim. III, p. 141.

[4] Apollon. Hist. commentit., cap. 4.

[5] *Voy.* les tables runiques, par ex. dans les *Antiquariske Annaler*, Kiobenhave 1817, vol. I, tab. IV, fig. 1, 3 ; vol. II, 1er cahier, tab. I ; vol. III, 1er cah., tab. III, fig. 2.

[6] *Conf.* tom. I er, Éclaircissem., p. 535.

blesse et guérit à la fois, pareille aux traits, c'est-à-dire aux rayons tout ensemble meurtriers et salutaires du soleil. Le soleil lui-même, ce grand chronomètre, trace en caractères de feu, sous la voûte céleste, les types primitifs de l'écriture durant les sept jours de la semaine. C'est par eux que le prêtre du soleil est à la fois scribe sacré et *voyant*, c'est-à-dire prophète; car, dans les sept élémens divins de l'écriture solaire ou planétaire, toutes choses sont révélées à ses yeux. Comme la flèche du soleil, la flèche de l'écriture, lumineuse aussi et prophétique, vole de peuple en peuple le long des fleuves, dans le cours de la durée, portant de toutes parts la doctrine, les prescriptions salutaires, les consolations et la vraie lumière. En un mot, Abaris voyageant sur sa flèche est *Runa*, le voyant, le scribe, le prophète et le sauveur, mais en même temps l'écriture, véhicule de toutes les connaissances, et le salut [1]. Il figure, dans la tradition des Grecs et dans celle des Germains à la fois, comme une rune parlante du culte antique de la lumière, selon la primitive croyance qui embrassa la Grèce et le Nord.

Abaris serait donc au fond, selon nous, une personnification de l'écriture et de la doctrine qu'elle renferme, des bienfaits de cette doctrine et de la science ou sagesse en général; enfin, de la propagation de l'écriture et de la sagesse descendant des hauteurs du Caucase pour éclairer les Grecs aussi bien que les Scythes [2].

[1] Comparez quelques traits de l'Hermès égyptien, scribe céleste, tom. I*er*, liv. III, ch. IV, *passim*.
[2] Nous ne nous dissimulons pas que cette interprétation du mythe d'Abaris, tout ingénieuse qu'elle est, pourra sembler à quelques personnes singulièrement hasardée. Cependant O. Müller (*Dorier*, I, p. 364 sq.,

II. La fable de *Zamolxis,* qui tient, comme celle d'A-
baris, aux religions scythiques, va nous fournir quelques lumières sur les dogmes et le caractère de certaines
de ces religions, et sur leur relation antique avec celles
de la Grèce. Hérodote raconte que les Gètes de la Thrace
se croyaient immortels, pensant que celui d'entre eux
qui mourait s'en allait auprès de leur dieu ou génie Zamolxis[1]. Bientôt il ajoute, d'après les Grecs du Pont,
qui donnaient Zamolxis pour un homme : « Frappé de
la vie misérable et grossière que menaient les Thraces,
ce Zalmoxis, qui connaissait la manière de vivre des Ioniens, et des mœurs plus raffinées que celles de ses compatriotes, car il avait fréquenté les Hellènes et l'un de
leurs premiers sages, Pythagore, se fit bâtir une salle
pour y recevoir les principaux de la nation. Or, pendant le festin, il leur enseignait que ni lui-même, ni ses
convives, ni leurs descendans à perpétuité ne devaient
mourir, mais qu'ils iraient dans un lieu où ils joui-
raient éternellement de toute sorte de biens. Tandis qu'il
traitait ainsi ses concitoyens et leur tenait de tels discours, il se faisait faire une demeure souterraine. Quand

---

coll. 69, n. 1, et II, 395), après avoir fait remarquer le caractère en
quelque sorte extatique qui règne dans ce mythe, et qui se retrouve
plus ou moins dans toute la religion d'Apollon, avoue que la légende
d'Abaris ne s'explique point complètement par cet hyperboréen, auteur d'oracles, de chants d'expiation, et possédant le don des miracles, en qui l'on croit voir d'abord un prêtre antique du dieu ou
un sage inspiré, revêtu d'un pouvoir surnaturel. Schwenck (*Etymo-
logisch-Mythologische Andeutungen*, p. 358 sq.) y voit le dieu lui-même,
Apollon ἀφαρεύς ou ἀφαῖος, le *lumineux*, sous la forme macédonienne Ἄβα-
ρις (d'où l'*Abarnis* de Lampsaque), devenu son propre prêtre. (J. D. G.)

[1] Herodot. IV, 94-96, *ibi* interpret.

cette demeure fut prête, il disparut aux yeux des Thraces, et étant descendu dans le souterrain, il y passa trois ans. Les siens cependant le regrettaient et le pleuraient comme mort. Mais, la quatrième année, il reparut au milieu d'eux, et ainsi leur devinrent croyables les choses qu'avait dites Zamolxis. » Hérodote n'accorde ni ne refuse définitivement sa croyance à ce dernier récit; mais il déclare en termes formels qu'à son avis « Zamolxis était antérieur de bien des années à Pythagore, » sans se prononcer du reste sur la question de savoir s'il y eut un homme du nom de Zamolxis, ou si ce fut un dieu national des Gètes [1].

Rien de plus impartial et de plus sensé à la fois que cette réserve et cette déclaration du père de l'histoire. La doctrine de la permanence et de l'immortalité de l'ame humaine se rattachait, chez les Hellènes, aux mystères de Bacchus, dont le siége très ancien fut en Thrace, où Orphée les apporta à une époque reculée. Il est possible que de ce foyer ils se soient propagés vers le nord, dans la région du Bas-Danube, et dans les demeures des peuples appelés, d'une dénomination vague, Scythes. En ce sens Zamolxis pourrait être qualifié d'orphique ou de disciple d'Orphée, aussi bien que Pythagore venu long-

---

[1] Hérodote se sert de l'expression δαίμων; d'autres l'appellent θεός (Plat. Charmid., p. 309 Bekk.; Strab. VII, p. 298; Jamblich. Vit. Pythag., § 173). Clément d'Alexandrie (Stromat. IV, 590) le nomme un *héros*, conformément aux idées des Grecs. Eustathe (ad Odyss. IX, 65, p. 335, l. 3 sqq. Basil.) parle de Zamolxis à peu près comme Hérodote, mais sans s'expliquer sur ce point. Il faut voir, dans le vieil historien, les barbares députations qu'envoyaient les Gètes à leur dieu-homme, tous les cinq ans, d'autres disent tous les ans. (J. D. G.)

temps après lui [1]. Tous deux puisèrent à la même source, à celle de l'antique tradition égyptienne, décorée du nom d'Orphée ; tous deux y trouvèrent le dogme de l'immortalité de l'ame, et le transmirent à la postérité dans des représentations scéniques et dans des mythes dont le sens supérieur était connu des seuls initiés. Hellanicus, parlant de Zamolxis, rapporte qu'il avait *montré* les mystères aux Gètes de la Thrace [2], sans doute dans des lieux souterrains, dans des grottes. Rappelons-nous les grottes souterraines de l'Inde, de la Perse et de l'Égypte [3], destinées en effet à des rites mystérieux, et surtout ces cavernes que Mœser a découvertes en Westphalie, Thorlacius sur l'un et l'autre rivage de la mer Baltique [4]. Il est vraisemblable que des notions d'un ordre élevé y étaient enseignées au moyen de scènes mimiques, et en même temps des cérémonies secrètes, liées à ces notions, célébrées par les druides. Si ces conjectures sont fondées, nous aurions ici des vestiges d'une connexion réelle entre les vieilles religions de l'Égypte et les dogmes druidiques, celtiques et scythiques.

Zamolxis, dit la tradition, disparut pendant trois ans, c'est-à-dire qu'il institua une fête triennale de l'immor-

---

[1] Abaris semble lui-même avoir été confondu avec Orphée à Lacédémone, et mis en rapport avec *Coré* (Proserpine), surnommée *Soteira* ou *qui sauve*, conséquemment avec les mystères. *Voy.* Pausan. III, Laconic., 12. (J. D. G.)

[2] Ap. Etymol. M. *s. voc.;* Hellanic. fragm. ed. Sturz, p. 64. — *Conf.* tom. Ier, Introduct., p. 8, 9, note.

[3] *Voy.* tom. Ier, p. 12, 13, 354, etc.

[4] Mœser *Vermischte Schriften*, II, p. 215 sqq., 277 ; Thorlacius *populære Aufsætze*, p. 250 sqq. *Confer.* Creuz. Commentat. Herodot., p. 171 sq.

talité, une triétéride. C'est ainsi que Mycérinus, celui qui donne le repos [1], le pieux Mycérinus, se tint six années sous terre en Égypte, à la lueur des flambeaux [2], lui dont la fille avait été ensevelie dans une vache de bois, qui, tous les ans, pour la fête du soleil, était exposée à la lumière du jour. Ces mythes et d'autres semblables de l'antiquité paraissent donc véritablement avoir pris naissance dans les scènes des mystères, et, comme nous l'avancions tout à l'heure, dans des représentations mimiques du dogme consolant de l'immortalité ou de la permanence des ames.

Si maintenant nous recherchons l'origine du nom de *Zamolxis* ou *Zalmoxis*, qui semble dériver de *Zalmos*, peau d'ours, en langue thrace [3], il faudrait voir dans le personnage qui porte ce nom un prophète à la peau d'ours, comme nous trouverons plus tard dans Silène un prophète à la peau de lynx ou de chevreuil, qui, dans les bosquets de roses de la Piérie, enseigne aussi aux

---

[1] Zoëga (de usu et orig. Obelisc., p. 415) explique en ce sens le nom de Mycérinus ou *Méchérinus*. Il est remarquable que, suivant Bayer (Origin. Sinic., p. 283), *Gébéléizis*, autre nom ou épithète donnée à Zamolxis, selon Hérodote, présente absolument la même idée dans l'idiome lithuanien. (J. D. G.)

[2] Hérodote (II, 133) ne dit point que Mycérinus passa *six ans sous terre*, mais que de ces six ans il en voulut faire douze, changeant les nuits en jours, pour convaincre de mensonge l'oracle fatal qui avait limité la durée de sa vie. *Conf.* tom. Ier, p. 468, et les renvois indiqués aux livres VII et VIII. (J. D. G.)

[3] Porphyr. Vit. Pythag., § 14. (Zamolxis, à sa naissance, fut, dit-on, couvert d'une peau d'ours). D'autres donnaient à ce nom le sens d'*étranger;* d'autres encore lui substituaient celui de *Thales*, adoré par les Thraces comme un Hercule. — Bayer, d'après le lithuanien, l'interprète *dieu de la terre*.

peuples la valeur relative de cette vie et de l'autre [1]. C'est là encore une fête triennale de l'immortalité, où Silène, docteur et satyre, montre trois cornes, c'est-à-dire trois coupes et trois temps. Les années, nous l'avons vu déja, étaient figurées dans l'antiquité par des taureaux ou des cornes de taureaux; la corne de taureau ou de gazelle, le premier vase à boire, et l'emblème naturel de la saison humide et des fêtes de la vendange, devint, dans le langage hiéroglyphique, un gage de salut [2]. Ici donc, et dans le même ordre d'idées, doivent sans doute trouver leur place ces cornes d'or découvertes en Jutland, aux extrémités de la Scythie, et qui portent de remarquables hiéroglyphes [3].

[1] *Voy.* liv. VII, ch. de la Religion de Bacchus.
[2] Tom. Ier, p. 376, n. 4, p. 437, etc.
[3] *Conf.* P. E. Müller's *antiquarische Untersuchung über die ohnweit Tondern, gefundenen goldenen Hœrner.*

CHAPITRE II.

DE LA PLUS ANCIENNE RELIGION DES GRECS, ET DU CULTE DES PÉLASGES, PARTICULIÈREMENT A LEMNOS ET A SAMOTHRACE.

I. Premiers instituteurs de la Grèce confondus avec ses premiers dieux; Dactyles Idéens, Telchines, etc.

Les religions de l'Égypte et de la Phénicie se trouvent dans une liaison étroite avec les anciens cultes de la Phrygie. En effet, nous avons vu Hercule apparaître sur le mont Ida comme l'un des Dactyles, et le dieu-soleil mutilé, Attis, reproduire en soi l'Esmun des Phéniciens, ainsi que l'Égyptien Osiris [1]. D'un autre côté, les dieux de l'Ida et des côtes de l'Asie-Mineure se rapprochent singulièrement des dieux de Samothrace et de ceux des contrées voisines. Ces derniers étaient Pélasgiques, et nous reportent par conséquent à la première époque de la religion des Grecs.

Dès le temps de Strabon, la religion jadis pratiquée autour du mont Ida était ensevelie dans une obscurité profonde. On peut en dire presque autant des antiques institutions de Samothrace; toutefois ici les faits sont plus nombreux et les caractères mieux déterminés. En approchant de ces parages, qui séparent l'Asie de l'Europe, et mettent en communication ces deux parties du monde, on se voit

[1] *Conf. ci-dessus*, livre IV, chap. V, p. 175 sq.; IV, 125, III, 72.

pour ainsi dire enfermé dans un cercle magique de noms confus, appliqués tantôt à des divinités, et tantôt à leurs prêtres : ce sont les Dactyles Idéens et les Corybantes de la Phrygie, les Cabires et les Coës de Samothrace, les Carcines et les Sintiens de Lemnos, les Telchines de Rhodes et des pays circonvoisins, les Curètes de l'île de Crète, et bien d'autres encore. Tous ces êtres, plus ou moins mystérieux, ont du reste entre eux beaucoup de rapports, et paraissent reposer sur un petit nombre d'idées élémentaires.

D'anciens poèmes, perdus aujourd'hui, tels que la Phoronide, où il était question des *Dactyles Idéens*[1], avaient conservé ces vieux souvenirs, dont la plupart se rattachent certainement à la propagation des cultes et des connaissances de la Phénicie et de l'Égypte parmi les tribus grossières des Grecs-Pélasges. Ces poèmes durent en même temps jeter dans les traditions cette confusion étrange que les efforts de Strabon n'ont pas toujours réussi à débrouiller. Et cependant les fragmens épars des extraits qu'en firent, bien avant lui, les logographes, sont encore les meilleures sources où nous ayons à puiser ici. Phérécydes, l'un de ces historiens primitifs de la Grèce, parlait de vingt Dactyles Idéens placés à droite, et de trente-deux placés à gauche, tous enfans d'Ida, leur mère, tous travaillant le fer, jongleurs et magiciens[2]. Hellanicus prétendait que les Dactyles de la droite s'occupaient à rompre le charme que formaient ceux de la gauche. On en cite même quelques

[1] Scholiast. Apollon, I, 1129.
[2] Schol. Apollon. *ibid*, et Pherecyd. fragm., alt. ed. Sturz., p. 146.

uns par leurs noms [1]. Mais une cause nouvelle de trouble et d'équivoque, c'est que les anciennes religions de la Phrygie et de l'île de Crète ayant entre elles la plus grande analogie, et une montagne appelée Ida se trouvant également dans les deux pays, les Dactyles sont rapportés tantôt à l'un et tantôt à l'autre. L'historien Éphore affirme positivement que les Dactyles Idéens étaient ainsi nommés de l'Ida, mont de Phrygie, où ils faisaient leur séjour [2]. On ajoute que ce fut par l'effet d'un incendie allumé dans les forêts de cette montagne, qu'ils découvrirent les mines cachées dans son sein, et qu'ils apprirent à mettre en œuvre le fer et le cuivre [3]. La chronique de Paros place l'époque de cette invention sous le règne de Pandion, roi d'Athènes, c'est-à-dire 1432 ans avant la naissance de Jésus-Christ [4].

A Hercule sont associés comme Dactyles, dans la tradition des Éléens, qui disaient les avoir reçus de la Crète, Pæonius, Épimédès, Jasion et Idas [5]. Deux de ces noms, Jasion et Pæonius, dont le premier se retrouve à Samothrace, montrent par leur sens que les Dactyles Idéens, à l'art d'employer le fer et le cuivre, joignaient celui de guérir les blessures et de préparer les médicamens. En même temps, ces dénominations divines et ces fonctions

[1] *Kelmis, Acmon, Damnameneus* (*conf.* p. 151, n. 4), d'après la Phoronide; Strabon X, p. 473, y ajoute *Héraklès* et *Salaminus*.

[2] Ephor. ap. Diodor. Sic. V, 64, *ibi* Wesseling; ejusd. fragm. ed. Marx, p. 176 sq.

[3] Clem. Alex. Strom. I, p. 420.

[4] Marmor. Oxon. Epoch. XI.

[5] Pausan. V, Eliac. (I), 7. — Le texte de Clavier porte: Παιωναίου, Ἰάσιόν τε, qu'il faut traduire *Pæonæus* et *Jasius*. Le sens, d'ailleurs reste le même. (J. D. G.)

humaines ainsi rapprochées, témoignent de la réalité du fait général signalé plus haut : c'est que les hommes et les dieux sont ici confondus dans un rôle commun, et que les premiers instituteurs des Grecs leur apportèrent à la fois les élémens de la religion et ceux des arts, unis par une mystérieuse alliance. Tel était le génie de ces âges reculés. Les puissances célestes, c'est-à-dire les planètes adorées comme des divinités, avaient sous leur domination et sous leur influence les métaux aussi bien que les plantes salutaires ou nuisibles. En domptant les métaux, en extrayant les sucs des simples, les prêtres ne faisaient que suivre les indications de leurs dieux ; ils les imitaient ; ils leur rendaient le culte le plus agréable, car ils devenaient semblables à eux. Les danses militaires des Corybantes et des Curètes figuraient les révolutions des planètes et la marche harmonieuse de l'armée des cieux.

Strabon raconte qu'au dire de quelques anciens, les Curètes et les Corybantes étaient issus des Dactyles Idéens ; que cent hommes, les premiers en Crète, s'appelèrent de ce dernier nom ; qu'ils engendrèrent neuf Curètes, et que chacun de ceux-ci engendra à son tour dix fils, nommés Dactyles Idéens comme leurs grands-pères [1]. Déjà le savant géographe remarquait à ce propos que la haute antiquité avait coutume d'envelopper dans des fables les notions qu'elle s'était faites sur la nature des choses. Un ingénieux antiquaire de nos jours, pénétré de cette vérité, après avoir appelé l'attention sur le sens métrique du mot *Dactyle* ou *doigt*, ajoute avec

[1] Strab. X, p. 473 sq.

raison que les nombres de 100, 9 et 10, appliqués aux Dactyles et aux Curètes, ont probablement trait à quelque théorie arithmétique ou physique. Quant à l'étymologie du nom même des Dactyles, soit qu'il faille la chercher dans le nombre des doigts de la main, soit qu'elle repose sur l'idée de mesure et par suite de cadence, également empruntée du doigt, et qui d'ailleurs est identique avec celle de nombre, M. Jomard pense que ce fut en forgeant le fer, par le moyen de leurs mains et de leurs doigts, que les Crétois observèrent d'abord le mètre poétique appelé *dactyle;* que ce mètre fut désigné ainsi parce que le doigt de la main était déja une mesure, et que les forgerons l'ayant les premiers appliqué à la danse et au chant, durent eux-mêmes, par ce motif, être nommés *Dactyles* [1].

Les *Telchines* aussi passaient pour avoir inventé l'art de mettre en œuvre le fer; eux aussi ils étaient magiciens; et le sens de leur nom, suivant les grammairiens grecs, flotte entre ces deux idées [2]. Ils exécutèrent les premières images des dieux [3]. Dans les antiques généalogies de Sicyone, on trouve un *Thelxion* à la suite d'un *Telchin* [4]; et nous savons, en partie par l'histoire *Telchiniaque* attribuée à Épiménide de Crète ou à un

---

[1] Dactyli inventores literarum et *numerorum*, Isidor. Orig., p. 380. — *Conf.* Jomard, sur le système métrique des anciens Égyptiens, Descript. de l'Égypte, Antiquités, Mémoires, t. I, p. 744 sqq.

[2] *Voy.* Hesych. II, p. 1363 Alb. *Conf.* Photii Lexic. gr., p. 123, *ibi* Schleusner. Cur. noviss., p. 438, et Animadv., p. 103; Zonaræ Lex. gr., p. 1716.

[3] Diod. Sic. V, 55 sq.; Strab. XIV, p. 653 sq.

[4] Apollodor. II, 1, 6, *ibi* Heyne.

autre[1], qu'un culte des poissons, qu'une sorte de divination d'après certaines espèces de ces animaux, tels que le dauphin et le pompilus, cher aux dieux de Samothrace, existèrent jadis chez les peuples navigateurs de la Grèce. Dans les îles et dans les contrées maritimes, les habitudes de tel ou tel poisson durent être observées de bonne heure, et fournirent matière à de véritables prédictions, aux annonces du vent favorable ou de la tempête. Les auteurs de ces prédictions furent regardés comme des magiciens, comme des personnages inspirés, d'intelligence avec les dieux qu'ils honoraient, comme des *Telchines*. Ceux-ci se retrouvent en effet en Crète, à Cypre, à Rhodes[2]; et il semble que l'on ait voulu représenter en eux les premiers essais de la navigation, dont le travail des métaux est une condition nécessaire. Bientôt nous voyons ces marins demi-sauvages en lutte avec les agriculteurs. Les Telchines, disait la tradition, mirent à mort Apis[3]. On parle aussi de leur révolte contre Bacchus[4]. Sont-ce là des vestiges de luttes antiques entre des religions et des peuplades ennemies? ou bien faut-il envisager les Telchines sous un point de vue différent; et quand une autre légende nous les montre versant les eaux sulfureuses du Styx sur les animaux et les plantes, qu'ils font périr par ce moyen[5], faut-il reconnaître en eux

---

[1] Ap. Athen. Deipnosoph. VII, p. 282, p. 30 Schweigh. (*confer.* Fabric. Bibl. gr. I, p. 33 Harles.); alii *ibid*.

[2] Strab. *ibid.* et X, 472. *Conf.* Meursii Creta I, 4; Cyprus I, 6; Rhodus I, 4.

[3] Apollodor. *ibid.*, coll. I, 7, 6.

[4] Himerii Orat. IX, 4, p. 560 Wernsdorf.

[5] Strab. XIV, p. 654.

des puissances physiques, de funestes influences de la mer et de l'abîme infernal sur les végétaux et les êtres animés? Ces influences furent dominantes dans les âges primitifs, voisins des grandes catastrophes de notre globe. Aussi les vieux souvenirs des Rhodiens portaient-ils que les Telchines, établis dans leur île au nombre de neuf, avaient dû en disparaître pour que les Héliades vinssent l'habiter[1]; c'est-à-dire, suivant un autre mythe, qu'il fallut que le soleil desséchât le territoire de l'île avant que Rhode, son épouse, y donnât le jour aux fruits de leur hymen[2].

Voilà donc les Telchines reportés jusqu'au commencement des temps. Ils ne pouvaient manquer de jouer leur rôle dans une théogonie telle que paraît avoir été cette histoire Telchiniaque, dont nous parlions tout à l'heure. On les trouve en relation avec Cronos ou Saturne, pour lequel ils forgèrent la faucille dont il mutila son père Uranus; avec Rhéa et Jupiter[3]. Nous sommes tentés de les considérer, en général, comme une personnification mythique de tout ce qui, soit dans les îles, soit sur les côtes de la mer, retarda, seconda, accompagna la civilisation primitive. Ils figurent sous les traits les plus divers, tantôt génies bienfaisans autant qu'ha-

---

[1] Strab. *ibid., ibid.*
[2] Pindar. Olymp. VII, 100 sqq.; Diodor. V, 56. *Conf.* Creuzer. ad Cic. de N. D. III, 21, p. 596 sqq.
[3] Strab. *ibid., ibid.* Du sang d'Uranus, répandu dans la mer, naquit, comme l'on sait, Aphrodite ou Vénus, et avec elle, ajoute une tradition, le poisson nommé *pompilus* (πομπίλος), qui suit ou accompagne les vaisseaux, et passe pour très adonné à l'amour. *Conf.* Athen. *ubi supra.*

biles, tantôt démons malfaisans, jaloux, adonnés à la magie [1]. Cette dernière idée semble surtout inséparable de leur caractère bon ou mauvais [2]. Auteurs et consécrateurs des premières idoles, ils leur communiquent ce pouvoir équivoque qui les rend tour à tour objet de reconnaissance et d'exécration [3]. Du reste, leur puissance est sans bornes; ils fondent les durs métaux, ils brisent les barrières de la nature, ils tournent à leur gré le cœur des hommes, et fléchissent sans résistance la volonté même des dieux. Il ne faut donc pas s'étonner de voir les Telchines passer eux-mêmes dans la sphère des antiques divinités de la nature et de leurs ministres sacrés, tellement qu'ils paraissent quelquefois s'identifier avec les Cabires.

[1] *Voy.* le fragment remarquable de Nicolas de Damas, conservé dans Stobée (serm. XXXVIII, p. 406; Nicol. Damasc. fragm., p. 146, ed. Orell.). *Conf.* Bergler ad. Alciphron. I, p. 75; Jacobs ad Anthol. gr. II, 2, p. 177; Withof et Valckenaer ad Callim. Eleg. fragm., p. 145 sq. Le nom de *Telchines* fut appliqué dans la suite, soit par lui-même, soit par ses dérivés, aux hommes d'un caractère jaloux, envieux, opiniâtre, aux méchantes actions exécutées avec adresse ou profondeur de combinaison (Hesych. *loc. citat.;* Suidas III, p. 445 Kust.; Liban. vol. III, p. 334 Reisk.).

[2] Aussi les Grecs inclinaient-ils à rapporter leur nom au verbe θέλγειν, dans le sens d'*enchanter* (Τελχῖνες *quasi* θελγῖνες). Eustath. ad Odyss. I, 57, p. 25 Bas.

[3] Les premiers ils élevèrent une statue à Minerve, surnommée *Telchinia*, c'est-à-dire, la *Sorcière* (βασκάνου, Nicol. Dam. *ubi supra*), la même probablement que Minerve *Gorgo*, adorée par les peuples des bords de la mer (Palæphat. XXXII, 6, *ibi* Fischer, p. 136); et tel dut être aussi le caractère du plus antique palladium. *Confér.* liv. VI, chap. de Minerve.

II. Dieux Cabires; leurs rapports généraux avec l'Égypte, la Phénicie et la Haute-Asie.

Tout confirme, en effet, la conjecture que nous avons formée plus haut; tout annonce que prêtres et dieux sont ici rassemblés sous une dénomination commune. Bien plus, il y a lieu de croire que la diversité des noms de Cabires, Telchines, Dactyles, Corybantes, etc., n'a d'autre cause que la diversité des localités et des idiomes [1]. Voilà pourquoi Hercule se retrouve à la fois parmi les Dactyles et parmi les Cabires. Son association avec Jasion et Pæonius, soit en Crète, soit à Samothrace, montre que ce n'est point seulement à titre de dieu fort, ainsi qu'on l'a pensé [2], mais encore comme puissance tellurique, comme auteur de la chaleur de la terre et des sources bienfaisantes d'eaux chaudes qui s'en échappent, enfin comme allié d'Esculape et dispensateur de la santé [3].

En Égypte, Hercule était surnommé *Gigon* [4]. Que ce nom signifie *celui qui est conforté*, ou le *danseur*, ou le *dieu de la table*, ces idées nous reportent également aux divinités antiques de la Phénicie, de la Phrygie, et de l'île de Samothrace. Comme conducteur des danses, le

---

[1] Telle n'est point précisément l'opinion de M. Welcker, qui s'est appliqué à distinguer plus encore qu'à rapprocher tous ces êtres mythiques, dans une savante dissertation jointe à sa *Trilogie de Prométhée* (Darmstadt, 1824, in-8°). On en trouvera les résultats principaux dans notre note 2 sur le livre V, fin du vol. (J. D. G.)

[2] Sainte-Croix, Recherches sur les Myst. du Pagan. I, p. 65, ed. de M. Silvestre de Sacy.

[3] *Conf. ci-dessus*, 277, et *ci-après*, ch. III, art. II.

[4] Hesych. I, p. 830, *ibi* interpret. *Conf.* Creuzer. Dionysus I, p. 136.

héros se rattache aux chœurs des Dactyles et des Corybantes ; comme dieu de la table, il figure dans les plus anciennes religions, et l'art perfectionné des beaux temps de la Grèce se plut encore à représenter Hercule à table avec la coupe à la main [1]. Il est probable que les traditions romaines, relatives aux vieux prêtres d'Hercule appelés *Potitii* et *Pinarii* [2], dérivaient aussi d'un Hercule buveur. Peut-être le Melkarth phénicien fut-il un dieu de la table [3], en même temps qu'il était l'un des dieux gardiens et défenseurs nommés *Patæques*, dont les Phéniciens plaçaient les images à la proue de leurs vaisseaux pour les protéger contre les périls de la mer [4]. En effet, ces Patæques, ordinairement à forme de nains ou de pygmées, prenaient fréquemment aussi des corps ventrus et sphériques [5]. On peut croire que, transformés tout-à-fait en dieux-vases, en canopes surmontés d'une tête, ils étaient placés sur les tables à cause des dons qu'ils prodiguaient, tout comme au-devant des navires en qualité de défenseurs et sous la figure de pygmées.

[1] Ἐπιτραπέζιος. *Voy.* Aristid. Orat. in Herc., p. 35 Jebb ; Lucian. Conviv., t. IX, p. 56 Bip. *Conf.* Visconti, Mus. Pio-Clem., tom. V, p. 27 *b* ; Millin, Monum. inéd., tom. I, pl. 24 ; — et nos pl. CXCII, 683, CXCIV, avec l'explication. (J. D. G.)

[2] Tit. Liv. I, 7.

[3] Hesych. I, p. 1536, donne Παταικὸς, ou Παταῖκὸς ἐπιτραπέζιος, pour commentaire à εὐφράδης (*sic*), qui est évidemment une épithète d'Hercule (Hesych. et Creuz. *ubi sup.*), et que Casaubon rapporte au verbe εὐφραίνεσθαι dans le sens du latin *epulari* (in Sueton. Jul. 28, ed. Wolf.). (J. D. G.)

[4] Herodot. III, 37. Παταϊκοί, παταικοί, de l'hébreu בטח *firmus fuit, firmiter innixus est*, suivant Bochart. *Conf.* ch. compl. du liv. IV, p. 242.

[5] *Conf.* liv. III, ch. X, tom. Ier, p. 521 sq., et les développemens dans Creuzer, Dionysus, p. 131 sqq.

Aux Patæques ainsi représentés, Hérodote compare les Cabires égyptiens, qui avaient leur siége à Memphis dans le temple de Phtha, leur père, de même forme que ses enfans. Phtha passait en Égypte pour le père de toutes les grandes divinités. C'est l'éternel souffle de vie qui anime le monde, qui soutient et réunit toutes choses, qui donne la naissance aux Cabires, et par eux à toutes les créatures. Il n'est guère douteux que ces enfans de Phtha ne soient, au moins en un sens, identiques avec les sept planètes, et ne composent avec leur père une ogdoade de puissances supérieures. On trouve aussi des traces remarquables du culte de ces dieux grands et bons dans la cité de Canope, au voisinage d'Alexandrie. Hercule y avait un temple, et le vase mystique appelé canope, du même nom que la ville, y jouissait des honneurs divins, sans doute à cause de son rapport avec les Cabires [1].

Ce furent vraisemblablement les Phéniciens qui importèrent dans la religion primitive des Grecs les dieux Cabires, qu'ils adoraient au même titre que les Égyptiens. On les a vus plus haut jouer leur rôle dans la cosmogonie phénicienne [2]. Ils y paraissent comme fils de Sydyk, identique à Phtha; ils sont au nombre de sept, suivis d'un huitième, Esmun ou Esculape. Ce sont, ainsi qu'en Égypte, les sept planètes, auxquelles s'ajoute un pouvoir suprême, tantôt Phtha, tantôt Esculape, fort rapprochés tous deux quoique distincts l'un de l'autre. Les Cabires

---

[1] *Conf.* liv. III, tom. Ier, p. 408, 415, 426, 514 sq., 519 sqq., et les Éclaircissemens, p. 819, 828 sq., 833.
[2] Livre IV, ch. II, p. 9, 13, 15 sq.

phéniciens passèrent à Carthage, où nous les avons trouvés également[1]. A Malte le mot même de *Cabire* semble s'être conservé dans le dialecte propre de l'île, reste précieux de l'ancienne langue punique[2]. Les médailles du pays prouvent concurremment que le culte des dieux grands par excellence s'étendit jusque-là[3].

Il y a plus, le nom des *Cabires*, et peut-être même leur rôle mythologique, paraissent se retrouver jusque dans la Haute-Asie. Sur la route nous rencontrons d'abord *Cabira*, ville du Pont, et plus loin, dans la Mésopotamie, *Carræ*, dont les médailles semblent associer la religion des Cabires à celle du dieu Lunus, tandis que le fleuve chaldéen *Chobar* ou *Chaboras* reproduirait aussi leur nom[4]. D'autres croient découvrir en Perse la trace des Cabires; ce seraient les *Gabirim*, ou les hommes forts, que les idées essentielles de la métallurgie et des armes rapprocheraient naturellement, soit des robustes forgerons de Vulcain à Lemnos, soit des vieux héros, prêtres ou dieux armés de la Phrygie, de l'île de Crète et des différentes parties de la Grèce[5]. On se rappelle d'ailleurs le vaillant forgeron *Gao*, dont le tablier devint l'étendard national des Perses[6], tradition qui date d'une

---

[1] Chap. complém., *ci-dessus*, p. 241 sqq.

[2] *Qbir* ou *Kibir* paraît y désigner une ancienne divinité payenne, prise aujourd'hui pour le Diable. *Voy.* Münter, *Relig. der Carthag.*, 2ᵉ édit., p. 87, et les auteurs cités là même.

[3] *Conf. ci-dessus*, p. 242 sqq., et les planch. indiquées avec l'explicat.

[4] Livre IV, ch. III, p. 83, 84, et la note 1.

[5] *Conf.* Foucher, sur la religion des Perses, Mémoires de l'Acad. des Inscript. et Belles-Lettres, tom. XXIX(?).

[6] Livre II, ch. I, tom. Iᵉʳ, p. 313.

époque où le culte du feu n'était point encore exclusif chez eux, et n'avait pas fait du nom de *Guèbre* un terme de mépris [1]. Enfin, l'on a cherché dans le *Cuvera* et dans quelques autres personnages mythologiques de l'Inde [2], de nouveaux termes de comparaison avec les dieux qui nous occupent en ce moment.

Mais peut-être vaut-il mieux s'en tenir aux rapports les plus intimes et les mieux établis, que d'aller saisir au hasard, dans un lointain obscur, des analogies vagues ou incertaines. Tout annonce que ce fut des Égyptiens ou des Phéniciens que les Pélasges reçurent immédiatement leurs Cabires comme les êtres grands et puissans par excellence [3]. Le nom très probablement phénicien de *Cabires* ne paraît pas lui-même signifier autre chose que les *puissans* ou les *forts* [4]. Ce seraient les *Dii potes* des livres des augures chez les Romains [5]. Un savant de nos jours y reconnaît au contraire, d'après une étymologie nouvelle, les *Dii consentes* ou *Dii complices* que les Romains empruntèrent des Étrusques [6].

---

[1] Foucher, *ibid. Conf. Anhang z. Zendavesta*, I, 2, p. 217.

[2] Tom. Ier, p. 248 sq. *Conf.* Wilford, *Asiatic Researches*, tom. V, p. 297 sqq.; Polier, Mytholog. des Indous, tom. II, p. 312 sqq.

[3] Θεοὶ μέγαλοι, δυνατοί, titres qu'ils reçoivent fréquemment, ainsi que celui de χρηστοί, bons.

[4] כבירים (*Cabirim*), *potentes. Conf.* Grotius ad Matth. IV, 24.

[5] Varro de L. L. IV, 10, p. 16, ed. Scalig., avec la note p. 25.

[6] חברים (*Chaberim*), *socii*, les dieux associés. Schelling, *über die Gottheiten von Samothrace*, p. 107 sqq. — Le même savant rapproche les noms, identiques suivant lui, Κάβειροι, Κάβαροι, Κόβαλοι, de l'allemand *Kobold*, et y trouve une idée commune. Du reste, sa théorie de la religion des Cabires, qu'il rapporte exclusivement aux origines phéniciennes, hébraïques, et sémitiques en général, diffère de celle de

III. Cabires de Samothrace, leur nombre divers, leurs noms mystérieux diversement représentés par les Grecs.

Revenons à la Grèce et à ses origines religieuses. Suivant Hérodote, ce furent les Pélasges qui fondèrent les orgies de Samothrace [1]. Cette île, ainsi que les îles et les côtes voisines, avait essuyé de grandes révolutions

M. Creuzer sur un assez grand nombre d'autres points importans, elle a excité à un assez haut degré l'attention de l'Europe savante, pour que nous nous croyions obligés de reproduire l'analyse critique que notre auteur lui-même en a donnée (*voy.* la note 2 sur ce livre, à la fin du vol., § 1ᵉʳ). C'est en suivant les traces de M. Schelling, que M. Adolphe Pictet a retrouvé depuis, dans la mythologie des anciens Irlandais, et les idées, et jusqu'aux noms des Cabires de Samothrace (du Culte des Cabires chez les anciens Irlandais, Genève 1824, et dans la Bibliothèque universelle, tom. XXIV. *Conf.* la même note, *ibid.*). Ni O. Müller, dans une dissertation extrêmement remarquable placée à la fin de son Orchomène (*Orchomenos und die Minyer, Beilage* 2, p. 450 sqq.), ni Welcker, dans l'ouvrage cité plus haut, n'admettent l'origine phénicienne ou même orientale proprement dite, soit du nom, soit du culte des Cabires. Ils y reconnaissent, le premier un culte purement pélasgique, et jusqu'à un certain point la religion primitive des Grecs tout entière, avec un regard possible mais éloigné aux théogonies de l'Inde; le second un mélange de divers élémens successivement amalgamés, et dont les plus anciens seraient les Pénates Dardaniens ou Troyens, devenus par la suite les Dioscures, ou confondus avec eux, et de bonne heure transportés à Rome. M. Welcker sépare, du reste, absolument les Cabires de Samothrace de ceux de Lemnos, quoique Dardaniens aussi, selon lui, et les mêmes que les Dactyles Idéens. Il ne veut voir les planètes ni dans les uns ni dans les autres (ni même dans les Cabires de l'Égypte et de la Phénicie), et dérive le nom qui leur est commun, ou ne sait trop pourquoi dans son système, de κάειν, καίειν, brûler, Κάειροι, Καίειροι, et avec le digamma, Κάϐειροι. Il reste là plus d'une grave difficulté. *Voy.* les éclaircissemens et développemens de la note citée, fin du volume, § 2. (J. D. G.)

[1] Herodot. II, 51.

naturelles [1]. En acceptant la donnée du père de l'histoire, on serait tenté de penser que ces événemens physiques firent, pour la première fois, descendre du ciel sur la terre, chez les Pélasges effrayés, la puissante armée des planètes, qu'ils adoraient de tout temps [2]. Ce peuple cré-

---

[1] *Voy*. Herodot. VII, 6; Pausan. VIII, Arcadic., 33 *fin*. *Confér.* Choiseul-Gouffier, Voyage pittoresque, tom. II.

[2] *Voy*. le passage remarquable de Platon dans le Cratyle, p. 32 Bekker., coll. de Leg., p. 264 sq., X, p. 182; Clem. Alex. Protrept., p. 22 Potter.; Simplic. in Epictet., p. 358 Schweigh.; Eustath. ad Iliad. I, p. 9 Bas., XIV, p. 966. Il en résulte que, dès les temps les plus anciens, le culte des Grecs ne s'était point borné à des fétiches plus ou moins grossiers; mais que, pareils aux Orientaux, aux anciens Germains, etc., ils avaient divinisé de bonne heure et les élémens et les astres, le soleil, la lune, le ciel, aussi bien que la terre, ses forces occultes, et tous les grands phénomènes de la nature. C'est ce panthéisme primitif et, dès l'origine, éminemment symbolique, dont il a été question, tome Ier, Introduction, chap. Ier. Ce sont là ces dieux auxquels les Pélasges sacrifièrent d'abord sans connaître leurs noms, et qu'ils appelaient, d'une dénomination générique, θεοί (Herodot. II, 52). Quant à l'étymologie de ce mot, qui signifie *dieux*, Hérodote le rapporte à l'ordonnance et au gouvernement du monde (θέντες); Platon, dans le passage cité du Cratyle, au mouvement des corps célestes (θέειν); d'autres le font venir de θέω, θεάω, θεάομαι, contempler ou surveiller; d'autres enfin de l'idée de crainte, δέος. On n'a pas manqué non plus d'en chercher la racine en Égypte. Il est plus que probable que θεός est identique au latin *deus*, sa forme éolique ou grecque-primitive ayant dû être Δεύς ou Δίς, qui se retrouve aussi en latin, *Dis*, et a donné le génitif Διός appliqué à Ζεύς ou Σδεύς, nom du plus grand des dieux, dont θεός, quant au son, ne serait qu'un adoucissement, et, quant au sens, une extension. La forme Δέα, au féminin, appliquée à Rhéa, comme à la déesse par excellence, est donnée pour tyrrhénienne dans Hésychius (I, p. 896 et 917, *ibi* Alb.). Le *Déva* sanscrit, le *Div* Zend, le *Dew* slave, tous signifiant *dieu*; le *Tivi*, dieu encore, et le *Disen*, déesses, chez les anciens Scandinaves, le *Teut* des anciens Teutons, peut-être aussi le Pater *Dis* des Gaulois, sont analogues. Quelle est l'idée fon-

dule s'imagina que les astres seuls, agissant au sein des montagnes et dans les profondeurs de la mer, étaient capables de produire de pareilles catastrophes. Eux seuls pouvaient gouverner les flots par l'action des vents, eux seuls dompter les métaux par celle du feu. Il est à croire toutefois que les Égyptiens, les Phéniciens et les habitans de l'Asie-Mineure, long-temps avant les Pélasges, avaient associé, dans les dieux forts, l'idée du pouvoir tellurique à celle du pouvoir céleste. Si maintenant l'on observe que des preuves de toute espèce démontrent l'existence et la longue durée d'établissemens phéniciens, soit à Samothrace, soit dans les îles du voisinage, il paraîtra vraisemblable que les Pélasges, ici comme ailleurs, avaient eu des instituteurs étrangers. Jadis la langue phénicienne fut parlée dans ces contrées, et ce dut être par conséquent dans cette langue ou en égyptien que la première instruction religieuse fut communiquée aux indigènes, encore fort barbares, et dont l'idiome peu cultivé ne pouvait suffire à un tel emploi [1].

damentale qui se cache sous ces formes variées d'un mot unique et si répandu, c'est ce qu'il est moins facile de dire; mais elle doit être fort générale, comme celle de *maître* ou *seigneur*, qu'y soupçonne Barthélemy. *Conf.* Lennep. Etymolog. ling. gr., p. 251 sq., 234, *ibi* citat.; Zoëga de Obelisc., p. 207, *ibi* Barthélemy; Payne Knight Prolegom. ad Homer., p. 79, ed. Lond., 151 ed. Lips.; Von der Hagen, *Irmin*, p. 66; Schwenk, *Etymolog.- Mytholog. Andeutungen*, p. 32 sqq., où d'utiles rapprochemens se mêlent à beaucoup de pures hypothèses; et, pour le nom de *Zeus* ou *Jupiter*, les développemens *ci-après*, liv. VI, chap. I, art. I, II, etc. (C—R et J. D. G.)

[1] Hérodote distingue cependant d'une manière formelle les mystères institués à Samothrace par les Pélasges venus de l'Attique, des cultes importés, à son avis, d'Égypte en Grèce, et M. Creuzer avait paru lui-même reconnaître cette distinction (p. 261 sq., *ci-*

Probablement la langue grecque s'introduisit dans le culte des Cabires à une époque plus récente, et peut-être même les idées en reçurent-elles quelques modifications. Une raison plus certaine et plus générale des différences assez considérables que l'on remarque dans les relations des anciens auteurs sur ces divinités, c'est que leurs mystères, comme tous les autres, eurent sans doute des degrés divers et une hiérarchie d'enseignemens plus ou moins relevés.

Le plus remarquable de tous les récits de l'antiquité sur les Cabires nous paraît être celui de Phérécydes [1], non seulement à cause de l'époque relative de cet écrivain, mais parce que son temoignage s'accorde à merveille avec les doctrines égyptiennes et phéniciennes. Suivant lui les Cabires sont enfans d'Héphæstus ou de Vulcain, et de Cabira, fille de Protée. Ce sont trois êtres mâles et trois êtres femelles (les nymphes Cabirides), qui reçoivent un culte dans les îles de Lemnos, Imbros, et les villes de la Troade. Ils portent des noms pleins de mystère. Le vieil historien Acusilaüs connaît également

---

dessus). Peut-être y a-t-il ici, quant aux influences égyptiennes et à cet état de barbarie absolue dans lequel sont représentés les Pélasges, confusion des Pélasges primitifs de Dodone avec les Pélasges-Tyrrhènes, établis en Béotie, en Attique, à Samothrace et ailleurs, et qu'il est difficile au surplus de ne pas mettre en rapport avec les Phéniciens. *Voy.* les notes 1 et 2 sur ce livre, *passim*. (J. D. G.)

[1] Ap. Strab. X, p. 472 sq., et Pherecyd. fragm. ed. alt. Sturz., p. 141, *ibi* annotata. Il faut lire les remarques du savant éditeur, qui non content de rapprocher les autres passages des anciens, a cité et résumé les opinions des érudits des deux derniers siècles sur la question. Sainte-Croix et Zoëga doivent y être ajoutés. *Conf.* Creuzer. Dionys., p. 150.

Cabira comme femme d'Héphæstus; il cite trois Cabires et trois nymphes Cabirides [1]. Voilà l'ogdoade sacrée des Égyptiens et des Phéniciens. La seule différence, c'est qu'ici Phtha-Sydyk et Esmun, pères des sept Cabires, sont présentés sans épouses, peut-être à titre d'androgynes engendrant de leur propre substance, selon la croyance antique des Orientaux. D'ailleurs, nous ne connaissons point exactement la généalogie des Cabires primitifs. On peut croire que déjà ils avaient été hellénisés en Grèce, au temps de Phérécydes : l'idée fondamentale d'une ogdoade divine n'en subsiste pas moins. Les Cabires pélasgiques, comme les Cabires de l'Égypte et de la Phénicie, n'en sont pas moins les grandes divinités planétaires, les puissances du ciel, qui dominent à la fois sur l'air, la terre et la mer, et forment entre elles diverses combinaisons. De là ces nombres divers de deux, de trois et de quatre Cabires, auxquels le nombre primitif des Cabires de la Grèce se trouve ordinairement réduit. Chaque nombre et chaque combinaison étaient, suivant toute apparence, pris en des sens différens dans les différens degrés ou systèmes de la doctrine [2]. Nous en trouverons bientôt des exemples.

[1] Le passage d'Acusilaüs (ap. Strab. et Sturz., *ibid.*) est pour le moins aussi important que celui de Phérécydes, comme l'a très bien saisi Müller. *Camilus* y figure entre Héphæstus avec sa femme Cabira, et les Cabires tant mâles que femelles. *Conf.* la note 2 sur ce livre, § 2. (J. D. G.)

[2] Sainte-Croix (Myst. du Pagan., t. I, p. 38 sqq., éd. de M. de Sacy), après Fréret (Mémoires de l'Académie des Inscript. et Belles-Lettres, tom. XXIII, p. 27 sqq.), se place au contraire dans le point de vue d'un développement successif et purement historique, comme l'a fait depuis M. Welcker. Le premier soutient en outre que le culte,

Le scholiaste d'Apollonius de Rhodes nous a conservé, d'après l'historien Mnaséas, un précieux fragment des dogmes originaux de Samothrace. Ce sont d'abord les noms véritables d'une triade de divinités que voici : *Axieros, Axiokersos, Axiokersa*. A cette triade vient s'ajouter un dieu subordonné, appelé *Casmilus*[1]. Tous ces noms paraissent décidément orientaux, et voici maintenant les étymologies plus ou moins vraisemblables que l'on en donne. *Axieros* signifie en égyptien, le *tout-puissant*, le *grand*, et ne saurait être que *Phtha* ou Héphæstus-Vulcain. La seconde personne, *Axiokersos*, veut dire le *grand fécondateur:* ce doit être Arès-Mars, la planète nommée, en langue égyptienne, *Ertosi*, mot qui présente la même idée [2]. *Axiokersa* est conséquemment la *grande fécondatrice*, Aphrodite ou Vénus, compagne de Mars [3]. Quant au quatrième personnage, *Casmilus*, Zoëga l'explique aussi d'après l'égyptien, et traduit son nom le *tout-sage;* Bochart, avec plus de probabilité, l'avait rapproché de l'hébreu *Cosmiel*, qui signifie un *serviteur*, un *ministre de dieu* [4]. Ce nom s'écrit diversement, chez les Grecs, *Ka-*

originairement pélasgique, de Samothrace se combina seulement par la suite avec des élémens égyptiens et phéniciens. (J. D. G.)

[1] *Schol. Apollon. Rhod.* ad I, 917. — Mnaséas, à ce qu'il paraît, donnait seulement les trois premiers noms; quelques uns, suivant le scholiaste, ajoutaient, comme quatrième Cabire, *Casmilus*, que Dionysodorus assurait être Hermès. Les trois autres, selon Mnaséas, étaient Déméter, Perséphone et Hadès. (J. D. G.)

[2] *Conf.* les Éclaircissemens du tom. Ier, p. 833, n. 2.

[3] Ces étymologies coptes sont de Zoëga, de *Obelisc.*, p. 220; Bassirilievi, I, p. 9. Elles ont été adoptées par Münter, *Antiquar. Abhandl.*, p. 190 sq. *Conf.* Jablonsk. Voc. Ægypt., p. 71 sq.

[4] *Geograph. sacr.*, I, p. 396. Bochart tire également les autres noms

milos, Kasmilos, Kadmilos, et même *Kadmos,* mais sans changer d'acception. C'est l'*Hermès-Camillus* des Étrusques, pouvoir subordonné, reproduit dans le jeune *Camillus,* ministre des sacrifices chez les Romains, et dont l'idée remonte, à travers les mystères de Bacchus, jusqu'à ce *Cadmus* tout mythique, qui en Phénicie, à Samothrace, en Béotie, était le premier serviteur des grands dieux [1].

Mais que sont en eux-mêmes ces grands dieux; que veut dire au fond cette triade, et pourquoi ce rôle de dépendance où se trouve vis-à-vis d'elle une quatrième per-

---

de l'hébreu, et y trouve la confirmation des interprétations de Mnaséas et de Dionysodorus. Récemment Schelling, partant du même principe, est arrivé au même résultat, mais d'une manière toute différente (*Samothrac. Gottheiten,* p. 16, 17, 63, 67-75 sqq.). Ses étymologies nouvelles sont jugées peu favorablement par M. Silvestre de Sacy, aussi bien que celles de Zoëga (note sur Sainte-Croix, t. Ier, p. 43). Münter défend ces dernières contre Schelling, et soutient en général, avec M. Creuzer, l'origine égyptienne des Cabires, quoiqu'il incline à reconnaître le dernier comme phénicien, au moins quant au nom, et l'explique, avec Schelling, plus simplement que ne fait Bochart, *Cadmiel,* celui qui se tient devant Dieu, ou qui voit la face de Dieu (*Relig. d. Carthag.,* p. 89 sq., 2e édit.). Müller, Welcker, Schwenk et Völcker ont, comme on le pense bien, demandé au grec seul la raison de ces noms mystérieux. Le premier de ces savans toutefois, en dépit de son système purement hellénique, ne peut s'empêcher d'être frappé du rapport, non pas tant encore verbal que réel, de *Cama,* l'Amour indien, avec *Camilus,* dont on va voir le rôle. *Conf.* la note 2 sur ce livre. (J. D. G.)

[1] Κάδμιλος ὁ Ἑρμῆς Βοιωτικῶς, Tzetzes in Lycophron. v. 162, coll. 219; où *Kadmos* est présenté comme une syncope de *Kadmilos,* en sorte que le *Camillus* étrusco-romain serait une contraction d'une autre espèce. — Κάδμος ὁ Ἑρμῆς παρὰ τοῖς Τυρσηνοῖς, Etymol. Gudian. p. 290, d'après la correction d'O. Müller, qui voit ici les Pélasges-Tyrrhènes (*Orchom.,* p. 461, n. 1). (J. D. G.)

sonne? A la forme seule, on reconnaît une doctrine sacerdotale d'un caractère ésotérique et mystérieux. Ces dieux sont les suprêmes puissances cosmogoniques, et l'ensemble est un grand symbole de l'harmonie du monde. *Axieros* ou Héphæstus représente, comme nous l'avons dit, le Phtha égyptien, force primitive, premier souffle de vie, Cabire par excellence, père de tous les autres, qui à leur tour empruntent son nom, étant sortis de sa substance [1]. Même dans la mythologie poétique des Grecs, on voit encore percer les antiques conceptions orientales. Ainsi Héré ou Junon engendre Vulcain d'elle-même, ou, si Jupiter est son père, elle n'en précipite pas moins ce fils informe et boiteux dans la mer, où Thétis et Eurynome le cachent au fond de leurs grottes [2]. Une seconde fois tombé de l'Olympe, les Sintiens le reçurent à Lemnos [3]. Ce sont là évidemment les dogmes égyptiens du feu, générateur universel, du soleil fécondant la terre et les eaux; et ils ne l'ignoraient pas ces penseurs Hellènes qui expliquaient la marche inégale de Vulcain par la course oblique de l'astre du jour [4]. Mais aussitôt que les poètes se furent emparés de ce dieu, ils divisèrent son unité primitive en une multitude de personnes, qu'ils rattachèrent à différentes généalogies. Alors on put compter jusqu'à quatre Vulcains différens [5].

Maintenant, sous le pouvoir suprême d'Axieros, les

[1] Κάβειροι-Ἥφαιστοι, Photii Lex. gr. in Κάβ.
[2] Hesiod. Theogon. 927; Odyss. VIII, 112; Iliad. XVIII, 395.
[3] Iliad. I, 590.
[4] J. Lydus de Mensib., p. 105 Schow., p. 246 Rœther.
[5] *V.* Cic. de N. D. III, 22, *ibi* Creuzer, p. 598 sqq. *Conf.* Lydus, *loc. cit.*

deux autres puissances émanées de lui consomment le grand œuvre de la génération. La doctrine de Samothrace donne à Mars, qui est *Axiokersos*, Vénus ou *Axiokersa* pour légitime épouse; idée fidèlement conservée par la sculpture antique, qui toujours rapprochait Mars et Vénus dans les temples comme sur les lits solennels [1]. Mars et Vénus, par leur alliance, mettent au jour Harmonie. La discorde mariée à l'union produit l'ordre du monde. C'est le dogme philosophique d'Empédocle sur la dispute et l'amitié; c'est l'axiome déjà cité de l'Ionien Héraclite : le combat est le père de toutes choses [2]. Passé des mystères de Samothrace dans la théologie des Orphiques, où le puisèrent ces anciens sages, ce dogme se propagea d'école en école jusqu'aux derniers temps [3].

Pendant que les deux grandes divinités nées d'Axieros s'unissent pour enfanter le monde, un quatrième personnage assiste à leur opération en qualité de ministre ou de serviteur. C'est ce *Gigon* dont nous parlions tout à l'heure, ce joyeux dieu de la table, ce danseur, qui figure ici comme rieur et moqueur, comme un génie aphrodisiaque favorisant l'acte de Mars [4]. A l'instant où

---

[1] *Voy*. pl. C, 381, coll. XCV, 380.   (J. D. G.)

[2] *Voy*. Eustath. ad Odyss. VIII, 266 sqq., p. 310 Bas.; Empedocl. fragm. v. 203 sqq., p. 522, *ibi* Sturz. p. 598; Julian. Orat. IV, p. 150 Spanh. *Conf*. livre II, chap. II, tom. Ier, p. 324, note; et *ci-dessus*, liv. IV, p. 149 sqq.

[3] Plutarch. de Isid., p. 459 sq. Reisk.; Heraclid. Allegor. Hom., p. 206 Schow; Proclus in Plat. Tim., p. 147.

[4] Cyrill. Lex. mscr. in Γίγων; Eustath. ad Odyss. XX, p. 718, 35 Bas. *Conf. ci-dessus*, p. 283 sq. On verra, dans la suite, que les mystères de Bacchus et de Cérès avaient aussi leurs génies *farceurs*.

la lutte et l'union des forces contraires produisent hors des profondeurs de l'être le monde éclatant d'une harmonieuse beauté, le Démiurge se contemple avec satisfaction dans son ouvrage accompli, et sourit à la création nouvelle. *Gigon*, dans lequel cette idée se trouve ici personnifiée, est un nom donné tantôt à Hercule, tantôt à Dionysus, et tantôt à un prétendu roi d'Éthiopie [1]; c'est-à-dire qu'il faut voir en lui une incarnation qui se rattache à la théogonie égyptienne ou éthiopienne, un ministre de Phthas et d'Ertosi, représenté à Samothrace par *Casmilus*, fils d'Héphæstus-Axieros et de Cabira, fille elle-même de Protée [2]. Les Grecs l'appelèrent *Hermès*, l'intelligence incarnée, et par là le serviteur naturel des dieux créateurs, aux différens degrés de la cosmogonie. Les Égyptiens l'associaient entre autres à la Lune, mère féconde et dépositaire des germes de toutes les créatures [3]. Une tradition sacrée disait : Hermès (Thoth) voulut un jour faire violence à Proserpine (Bubastis-Luna); celle-ci tout-à-coup changea de figure, et parut sous les traits redoutables de Brimo en colère. C'est l'Hermès *ithyphallicus* dont parle Cicéron, chez lui également en rapport avec Proserpine [4]. Plutarque, dans cette tradition sacrée, explique avec raison Hermès comme un

---

[1] Etymol. M. *v.* Γιγωνίς, coll. Stephan. Byz. in Γιγωνός.

[2] Acusilaüs et Pherecydes ap. Strabon., *ubi supra*. — On a vu dans le chapitre complémentaire du livre IV, p. 238, combien étaient rapprochés l'un de l'autre l'Hercule et le Mercure des Phéniciens, si semblables au *Som* et au *Thoth* de l'Égypte. (J. D. G.)

[3] Plutarch. de Isid., p. 449 Reisk. — *Conf.* tom. Ier, Éclaircissem. du livre III, p. 864, 830, 834.

[4] De Nat. Deor. III, 22, p. 604 sqq., *ibi* Creuzer. animadv., coll. Etymol. M. *v.* Βριμώ, Tzetz. ad Lycophron. v. 698.

principe ou une intelligence solaire, et Proserpine comme
la lune, en tant que la régularité et la juste proportion qui
se manifestent dans les phases de cet astre, sont un effet
de sa conjonction avec Mercure [1]. Porphyre généralisant
davantage, voit dans cette alliance des deux principes
solaire et lunaire, l'action de la force fécondante et à la
fois intelligente qui communique à Proserpine, non seulement la fécondité, mais la vertu et la raison forma-
trices [2]. Plotin considère la chose sous un point de vue
encore plus élevé. Pour lui Hermès *ithyphallicus* est l'i-
dée, la forme; Proserpine-lune, la matière. Celle-là seule
est féconde, celle-ci stérile [3]. Sans forme et sans loi par
elle-même, la matière rebelle a besoin d'être constamment domptée et disciplinée par la forme. Leur union
représente le principe fécondant et formateur enfin réa-
lisé; la loi, la raison incarnée. En donnant à Aphrodite
ou Vénus le rôle d'épouse dans cet hymen mystique, personnifié à son tour sous l'image d'un seul corps réunissant les deux sexes, on obtient l'être symbolique appelé
Hermaphrodite, emblème du mariage chez les anciens [4].

Hermès est donc le même que Cadmus ou Cadmilus,
le ministre divin par excellence. C'est un dieu médiateur
qui met en communication le ciel et la terre, le monde
des corps et le monde des esprits, et par là conduit à fin
l'œuvre de la création universelle [5]. Tel devait être le

[1] De fac. in orb. lun., p. 815 sq. Wytt.; de Isid., *ibid*.
[2] Ap. Euseb. Præpar. Ev. III, p. 114 Colon.
[3] Plotin., p. 321.
[4] Alciphron. III, 37, p. 117, *ibi* Wagner.
[5] Schelling se représente Cadmilus-Hermès sous un point de vue
tout-à-fait analogue (*Samothr. Gottheit.*, p. 28, et la note 2 sur ce

sens caché de ce mystérieux symbole du phallus, célébré dans les religions de Samothrace. De cette île il passa, avec les rites et les dogmes qui s'y rattachaient, en Béotie et dans le reste de la Grèce [1]. Long-temps cette doctrine antique et son appareil de symboles, cette mystique Genèse, comme on pourrait la nommer à bon droit, se conservèrent au fond des temples : on l'entrevoit encore, même à travers le voile brillant de l'épopée. Hésiode, conformément à la légende de Samothrace, appelle Aphrodite ou Vénus l'épouse d'Arès ou Mars; mais il ne parle point de ses rapports avec Héphæstus-Vulcain [2]. Homère, quoiqu'il fasse de Vulcain l'époux de Vénus [3], et donne Mars pour son amant, est ici plus fidèle du reste à la mythologie primitive. Jetons un regard sur la fable racontée dans l'Odyssée par le chantre Démodocus [4], et les

livre, § 1). — Il faut y joindre les développemens de M. Creuzer sur le passage cité de Cicéron. Les autres passages auxquels vient de renvoyer notre auteur, y sont transcrits textuellement.   (J. D. G.)

[1] Müller et Welcker le font, au contraire, passer avec les Pélasges de la Béotie ou de l'Attique à Samothrace. *Voy.* fin du vol., la note citée, § 2.   (J. D. G.)

[2] Il donne à ce dernier Aglaïa pour femme. Theogon. 923, coll. 945.

[3] Dans l'Iliade XVIII, 382, Héphæstus a pour femme Charis, et dans l'Odyssée Aphrodite, ce qui porta les Chorizontes à reconnaître aux deux récits deux différens auteurs. *Conf.* Heyne ad Iliad., tom. VII, p. 492.

[4] VIII, 266 sqq. Indépendamment des interprétations philosophiques d'Empédocle et de Julien, cités dans la note 2, p. 296 *ci-dessus*, Eustathe rapporte plusieurs autres explications de ce mythe, qui avaient cours chez les anciens, et dont l'une, toute physique, considérait Vénus, épouse de Vulcain, comme la beauté resplendissante ou du feu, ou des ouvrages en métaux du divin artisan; Mars comme le fer, de tous les métaux le moins beau, le moins écla-

vestiges du sens profond des vieux symboles frapperont aussitôt notre esprit. Vulcain, qui prend et retient immobile dans d'invisibles filets le couple adultère de Mars et de Vénus, est le grand Axieros, le dieu tout-puissant du feu, dont le souffle invisible pénètre, enveloppe et captive tout ce qui respire, même les puissances créatrices. Le soleil qui trahit les deux amans pourrait être le même qu'Hercule, incarnation solaire au service des dieux suprêmes en Égypte. Neptune implorant la délivrance de Mars n'est pas moins significatif. Mais c'est surtout dans Mercure excitant le rire des dieux immortels, que l'on reconnaît le gai railleur Gigon, l'enjoué Casmilus; et, à en juger par la nature de ses plaisanteries, c'est de Mercure ithyphallique qu'il s'agit. D'autres symboles, puisés à la même source, furent également développés en mythes par les poëtes de cet âge ou des suivans. Tel est, par exemple, ce lien fatal du monde, ce collier mystérieux forgé par Vulcain en haine d'Harmonie, fruit de l'adultère, et qui devint si funeste à toute sa postérité [1].

Une forme nouvelle de la doctrine de Samothrace, peut-être empruntée à l'une des écoles orphiques, est indiquée dans un passage de Pline [2]. Scopas, dit le Naturaliste, avait fait trois statues, représentant *Vénus, Pothos* et *Phaëthon*, qui jouissent à Samothrace du plus saint de tous les cultes. Phaëthon paraît être *Axieros*, qui donne

tant; aussi ne s'unit-il à Vénus qu'en secret, et pour lui ravir à la dérobée quelque peu de ses charmes.

[1] Apollodor. I, 9, 13.
[2] H. N. XXXVI, 4, 7.

la lumière, Vénus *Axiokersa*; quant à Pothos, il faudrait y voir le génie serviteur que Platon nomme *Eros* ou l'Amour, et par conséquent le jeune *Cadmilus*. Pausanias parle aussi de trois statues attribuées à Scopas, et qu'il avait vues; mais il les nomme *Eros*, *Himeros* et *Pothos* [1]. En supposant qu'elles soient les mêmes que celles de Pline, Pothos et Éros ou l'Amour sembleraient devoir être distingués l'un de l'autre. Peut-être faudrait-il alors exclure Cadmilus du nombre de ces divinités, et appliquer les noms de Pausanias et de Pline à Axieros, Axiokersos et Axiokersa [2].

[1] L'Amour, le Désir et la Passion. Pausan. I, Attic., 43.
[2] C'est la pensée de M. Silvestre de Sacy sur Sainte-Croix, p. 42-44, pensée à laquelle M. Creuzer paraît aujourd'hui s'arrêter, d'après les observations du savant éditeur, qui ne peut admettre l'identité du *Pothos* de Pline avec l'*Eros* de Pausanias, *Pothos* étant le seul nom commun à ces deux écrivains. Il y a, selon M. de Sacy, beaucoup d'arbitraire dans l'application faite par Sainte-Croix, et suivie d'abord par notre auteur, des trois statues de Scopas, telles qu'elles sont désignées par Pline, à trois des divinités cabiriques. Y en a-t-il moins dans le rapprochement de ces trois statues et de celles que mentionne Pausanias comme existant de son temps à Mégare? Müller (*Orchomen.*, p. 458) a fait le même rapprochement avec des applications peut-être encore plus hasardées. Welcker conteste le rapport, soit des unes, soit des autres, avec les Cabires et leur culte mystérieux. (*Prometh.*, p. 241). Cependant il reconnaît lui-même ailleurs (p. 217) qu'un des noms de l'Hermès pélasgique ou de Cadmilus, principe formateur du monde, était *Imbramos* ou même *Imbros* (d'où le nom de l'île, Stephan. Byz. *s. v.*), qu'il identifie justement avec *Himeros*. *Conf.* la note 2 sur ce livre, § 2. (J. D. G.)

IV. Anaces, Tritopatores, Dioscures, et leurs rapports avec les Cabires; représentations figurées de ces dieux.

Outre les huit grandes puissances primitives, les quatre auxquelles celles-ci se trouvent réduites dans le fragment original de la doctrine de Samothrace, et la triade ou trinité qui y ressort principalement, il est encore question d'une autre triade divine célébrée dans les mystères de cette île. Deux *Corybantes*, nommés aussi *Cabires*, disait une tradition sacrée, mirent à mort leur frère. Ils enveloppèrent sa tête dans un voile de pourpre, après avoir ceint les tempes d'une couronne, la placèrent sur un bouclier d'airain, et l'ensevelirent au pied du mont Olympe. Les deux meurtriers, ajoutaient quelques initiés d'un rang supérieur, mirent ensuite dans une ciste le membre viril du frère qu'ils avaient tué, et le portèrent en Tyrrhénie[1]. Ce frère infortuné était, à ce qu'il paraît, *Dionysus*[2]. Dans ce mythe remarquable, il joue le rôle d'une troisième puissance, d'un dieu incarné, et rappelle la mort d'Osiris. C'est une espèce de Cadmilus ou de ministre divin, et nous le retrouverons avec ce caractère dans les mystères de Cérès. Cicéron connaît un Dionysus, fils de Cabirus, parmi les Cabires, aussi bien que parmi les *Anaces* ou les *Tritopatores* de l'Attique[3]. C'est en son honneur, ajoute-t-il, que sont célébrées les fêtes cabiriques. D'autres disaient: Jupiter est le premier Ca-

[1] Clem. Alex. Protrept., p. 15 sq. Potter.
[2] Les habitans de Thessalonique l'invoquaient avec des mains sanglantes, en mémoire de son sanglant trépas (Jul. Firmic. de error. profan. relig., cap. 12.)
[3] Cic. de N. D. III, 23, p. 618, coll. 21, p. 587.

bire et Dionysus le second [1]. Tous deux ensemble s'appelaient les anciens Cabires.

Cette nouvelle combinaison, cette dualité de Cabires est, en effet, de la plus haute antiquité. Mais quels furent réellement ces deux Cabires? Nous venons d'entendre une réponse, en voici d'autres. L'opinion populaire, au temps de Varron, faisait les Cabires identiques aux *Dioscures*, ou à ces frères belliqueux qui avaient combattu pour les Romains dans plus d'une bataille. Varron n'est point de cet avis [2]; à ses yeux sans doute, comme à ceux d'Hérodote, les anciens Cabires étaient des dieux égyptiens, et les Égyptiens ne connaissaient point les Dioscures [3], c'est-à-dire ces fils de Tyndare, ces héros mortels, dont les formes étaient tout humaines et l'histoire toute mythique. Ceux-ci, suivant la remarque judicieuse de Sextus Empiricus [4], avaient usurpé les honneurs dus aux véritables Dioscures, dieux aussi bien que

---

[1] Schol. Apollon. I, 917.
[2] De L. L., IV, 10.
[3] Herodot. II, 43.
[4] Adv. Mathemat. IX, p. 557 sq. Fabric. — M. Welcker ne partage point l'opinion de Sextus, ni par conséquent celle de M. Creuzer et de beaucoup d'autres savans, sur les Tyndarides, dans lesquels il voit, non des héros humains divinisés et substitués avec le temps aux anciens Dioscures Achéo-Doriens; mais ces dieux eux-mêmes, sous une forme nouvelle, héroïque, poétique, qui finit par prévaloir et par être appliquée, ainsi que le nom de *Dioscures*, à toutes les divinités analogues, particulièrement aux Cabires primitifs de Samothrace, eux aussi jumeaux divins. Ces derniers, du reste, n'auraient rien à démêler, suivant M. Welcker, avec les trois frères Cabires, propres aux religions de Lemnos, non plus apparemment qu'avec les Tritopatores de l'Attique. *Conf*é*r. ci-dessus*, p. 288, et la note 2 sur ce livre, § 2, fin du vol. (J. D. G.)

les Cabires. Les Dioscures primitifs occupaient la moitié supérieure de l'œuf du monde, ou le royaume de Jupiter; de là leur descente alternative dans l'hémisphère inférieur ou le royaume de Pluton [1]; de là enfin la première origine de l'œuf de Léda, mère des Dioscures, fécondée par Jupiter sous la figure d'un cygne. Les deux anciens Dioscures n'étaient autres que les deux anciens Cabires de Samothrace, ou ces *Dii potes* venus de là en Étrurie. C'étaient les dieux puissans, les dieux grands, les dieux bons, mais conçus d'une manière différente, selon les différens degrés de la doctrine. Voilà pourquoi Varron les appelle soit le ciel et la terre, soit le corps et l'ame, soit même l'humide et le froid. Épiménide de Crète, qui avait chanté la naissance des Curètes et des Corybantes, représentait déjà les deux Cabires comme mâle et femelle, comme les deux grandes puissances cosmiques. Le mâle était, suivant lui, *Æon* ou la Monade. La femelle était la Dyade ou *Physis* (la Nature). De l'unité et de la dualité procéda le nombre créateur de tous les êtres [2]. Les Cabires, en ce sens, sont les premiers principes de l'existence, et en ce sens aussi les Romains les identifiaient avec leurs *Pénates* [3].

La même idée était attachée aux *Tritopatores* ou aux

---

[1] Διόσκουροι ou Διόσκοροι, ἑτερημερία. *Conf.* J. Lydus de Mensib., p. 65 Schow., p. 164 Rœther.

[2] J. Lydus, *ibid.*, coll. Varron., *ubi supra*.

[3] Per quos *penitus* spiramus. Suivant Cassius Hemina (ap. Macrob. Saturn. III, 4), les Pénates de Rome n'étaient autres que les dieux de Samothrace. — C'est, ainsi qu'on l'a vu plus haut, la pensée de M. Welcker, qui donne à ceux-là comme à ceux-ci la même origine troyenne. *Conf.* la note citée, fin du volume. (J. D. G.)

trois pères, aux trois générateurs des anciens. Chez les Athéniens ils se nommaient *Anaces* ou *Anactes*, c'est-à-dire administrateurs, présidens, chefs [1]; et leur nombre, qui rappelle celui des trois frères de Samothrace, doit probablement aussi s'entendre de deux êtres supérieurs auxquels un troisième est subordonné à titre de Camille [2]. L'identité des Tritopatores et des trois frères Cabires serait prouvée par cette seule circonstance que le troisième frère et le troisième père portent le même nom, celui de *Dionysus*. Aussi les Tritopatores passaient-ils pour les premiers Dioscures, à la suite desquels venaient, en seconde ligne, les deux Tyndarides, puis en troisième ligne une nouvelle triade de fils de Jupiter [3]. En réunissant les trois séries, nous retrouvons ici le nombre primitif des

[1] Les Ἄνακες, forme primitive et consacrée de ce nom, étaient par excellence les dieux que l'on croyait veiller spécialement aux intérêts, soit publics, soit privés, à Athènes; leur temple s'appelait Ἀνάκειον ou Ἀνάκτορον, quoique cette dernière forme fût une dénomination commune à tous les temples des dieux, et que portait en particulier celui de Cérès et de Proserpine à Éleusis. Spanheim (ad Callimach. Jov., 79) et Schelling (*Samothr. Gottheit.*, p. 95) dérivent le mot Ἄνακες de l'hébreu *Enakim*, Deuteronom. I, 28. Les grammairiens grecs en ont cherché l'étymologie dans leur propre langue, et le font venir de ἄνω, exprimant l'idée de supériorité, de domination. Ils attachent à ce nom le triple sens de θεός, βασιλεύς et οἰκοδεσπότης. De là encore l'adverbe ἀνακῶς (Herodot. I, 24; Thucyd. VIII, 102), expliqué par les scholiastes προνοητικῶς καὶ φυλακτικῶς. *Conf.* Tzetz. ad Iliad., p. 69; Eustath. ad Odyss. I, 397; Orion Theban. mscr.; Marcellin. Vit. Thucyd., p. 730, ed. Beck.

[2] Les Ἄνακτες παῖδες d'Amphisse étaient, pour les initiés, identiques aux Cabires. Pausan. X, Phocic., 38.

[3] Cic. de N. D. III, 21, p. 586 sqq., Creuzer. — Les deux premiers membres de cette dernière triade sont nommés dans Cicéron *Alco* et *Melampus*, et rappellent les deux Cabires, fils de Vulcain et de Ca-

huit grands dieux de l'Égypte, de la Phénicie et de Samothrace. Pour revenir aux trois pères, leurs noms étaient *Zagreus*, *Eubuleus* et *Dionysus* [1]. Ce dernier, le plus jeune des trois, et leur ministre ou serviteur, fut élevé au dessus d'eux dans le système orphique, et par suite rassembla sur lui seul, dans les mystères de Bacchus, les fonctions, les honneurs, et même les noms de ses deux frères. Il n'y fut plus question que de *Dionysus-Zagreus*, fruit de l'hymen mystique du dieu-serpent Jupiter et de Proserpine, et connu également sous le nom d'*Eubuleus*. C'est ainsi que souvent, dans les religions de l'antiquité, un être symbolique paraît ici avec un rôle très su-

biro, chez Nonnus (Dionysiac. XIV, 16 sqq.), *Alcon* et *Eurymedon*; le nom du troisième est évidemment corrompu, *Emolus*, peut-être et *Tmolus*, suivant la conjecture de Davis. Toujours est-il qu'il paraît s'agir ici des Cabires-forgerons de Lemnos, de la Thrace et de la Phrygie.   (J. D. G.)

[1] Cic. ibid., d'après l'excellente conjecture de Tib. Hemsterhuis (ad Lucian. Dial. Deor. XXVI, 1, p. 335 Bip.), qui, au lieu de *Tritopatreus*, lit *Tritopatores* (ou *Tritopatres*) *Zagreus*...; conjecture reçue par Schütz, et adoptée par MM. Moser et Creuzer, quoiqu'ils aient conservé le texte d'Ernesti dans leur édition. Un ami et disciple de M. Creuzer, M. W. Fr. Rink, pasteur protestant à Venise, peu satisfait d'une partie de la leçon d'Hemsterhuis, propose de substituer à *Zagreus*, *Triptolemus*, ce personnage étant donné pour frère d'*Eubuleus*, dans Pausanias, I, Attic., 14. Mais *Zagreus*, comme nous le verrons par la suite, aussi bien que *Dionysus* dans lequel il revit, est fils de Jupiter, métamorphosé en serpent, et de Proserpine; or, c'est précisément de ces deux grandes divinités que naquirent, suivant Cicéron, les *Anaces* ou les *Tritopatores*. *Eubuleus* lui-même n'est, dans cette Trinité de pouvoirs générateurs si semblable à la *Trimourti* de l'Inde, où Siva, la troisième personne, absorbe en soi les deux autres, qu'une nouvelle forme de *Zagreus-Dionysus*. *Conf.* adnotat. ad Cic. de N. D. III, 23, p. 617 sq., ed. Creuz.; et notre livre VII, chap. des Mystères de Bacchus, vol. III.   (C-R. et J. D. G.)

balterne, tandis que là il aspire au rang de la divinité suprême.

Outre les idées d'un ordre supérieur rattachées aux anciens Dioscures, ils étaient révérés comme dominateurs des vents et comme protecteurs sur la mer, aussi bien que les Tritopatores d'Athènes [1]. Ces attributions passèrent aux Tyndarides, sauveurs dans la furie des tempêtes comme dans le tumulte des combats [2]. Les Dioscures étaient en même temps dieux du feu, et lorsqu'ils avaient apaisé l'orage et fait taire les vents, ils apparaissaient à la pointe des mâts sous la forme de ces petites flammes d'heureux augure, que les marins aujourd'hui encore appellent le feu Saint-Elme ou Saint-Hélène [3]. Ce couple divin dominait donc à la fois sur l'eau et sur le feu, ces primitifs élémens de la vie, qui jouaient un rôle si important dans les cérémonies nuptiales des anciens Romains [4]. Athènes aussi, dès les temps les plus reculés, adora, dans ses Tritopatores et ses Anaces,

---

[1] Sur les Tritopatores, génies ou maîtres des vents, et auxquels on donnait des noms divers, suivant leurs divers points de vue, il faut lire Suidas *s. v.*, coll. Phanod., Demon. et Clitodemi fragm. ed. Siebelis, p. 3, 17 et 43. Quant aux Dioscures, nous les avons déjà trouvés comme gardiens des navigateurs sur les médailles phéniciennes (chap. compl. du liv. IV, p. 244), et il serait facile de multiplier à cet égard les autorités poétiques.

[2] *Sic fratres Helenæ lucida sidera*, Horat. Carm. I, 3, 2, *ibi* interpret., coll. Hesych. *v.* Διόσκ., I, p. 1005 Alb. — Selon ce dernier, Zéthus et Amphion auraient partagé avec Castor et Pollux le titre de Dioscures. (J. D. G.)

[3] Diodor. IV, 43, *ibi* Wesseling.; Hemsterh. ad Lucian. Dial. Deor. XXVI, tom. II, p. 342 sq. Bip.; Horat. Carm. I, 12, 27 sqq., *ibi* Fea, p. 19.

[4] *V.* Festus, *in* aqua.

les dieux de l'hymen, les auteurs de la fécondité [1]. Nul doute que les vieux Pélasges n'aient même été jusqu'à reconnaître aux idoles de leurs Cabires une vertu fécondante. Dans la religion de Samothrace, ces idoles étaient gardées avec un soin tout mystérieux, qui rappelle les *Theraphim* de la Genèse, si soigneusement et si secrètement cachés par Rachel, sans doute comme un remède à sa trop longue stérilité [2]. Les Théraphim, espèce de dieux Pénates ou Lares, probablement de forme humaine, paraissent avoir fait partie du culte domestique des anciens patriarches hébreux [3].

Ceci nous conduit à la question générale des formes extérieures sous lesquelles étaient représentées les divinités primitives de Samothrace et de la Grèce. Nous en avons traité au long dans l'ouvrage intitulé Dionysus [4]; aussi nous bornerons-nous dans celui-ci à quelques remarques indispensables ou nouvelles. Hérodote, comme on l'a vu plus haut, connaissait les Cabires égyptiens et les Patæques de la Phénicie sous la figure de dieux nains, difformes et ventrus [5]. Ce fut sous cette même figure

---

[1] Suidas *v.* Τριτοπ. *Conf.* Lucian. Conviv., tom. IX, p. 66 Bip. Le sanctuaire des Dioscures se nommait aussi θαλαμαί, à la différence de θαλάμαι, les retraites des animaux. *V.* Ammonius et *ibi* Valckenaer, p. 68 sq., etc.

[2] Genes. XXX, 19, 34, coll. XXX, 1 sqq.; Michaëlis *Bibelübersetzung*, II, p. 142.

[3] *Conf.* Schelling, *Samothr. Gotth.*, p. 95; Sickler, *die Hierogl. im Myth. des Æsculap.*, p. 61 sqq.; Creuzer. Commentat. Herodot. I, p. 277, *ibi* citata.

[4] I, p. 115 sqq., 166 sqq.

[5] *Ci-dessus*, p. 284 sq., avec les renvois de la note 5 au t. Ier, liv. III. *Conf.* le chap. complém. du liv. IV, p. 242 sq.

qu'ils passèrent dans les vieilles religions pélasgiques. En Laconie on voyait encore, au temps de Pausanias, quatre statues d'airain semblables, avec des bonnets, probablement de forme conique, sur leurs têtes. Trois sont nommées par conjecture Dioscures ou Corybantes; la quatrième est donnée pour Minerve [1]. C'étaient les Tritopatores laconiens accompagnés d'une grande Mère. On parlait aussi de deux Dioscures seulement, toujours avec une Mère. Peut-être même comptait-on jusqu'à sept puissances sidériques de cet ordre : Zeus ou Jupiter, Léda, Castor, Pollux, Hélène, puis Hilaïra et Phébé, filles de Leucippus, qui furent enlevées et épousées par les Dioscures [2]. Dans la tradition historique des Lacédémoniens, la triade divine devint le couple héroïque des Tyndarides avec leur sœur Hélène. Quant à la croyance populaire qui les faisait naître d'un œuf, déjà nous avons indiqué le symbole qui en fut l'origine. Les deux hémisphères du monde avaient pour images naturelles deux demi-globes, tantôt séparés et parsemés d'étoiles, tantôt réunis pour marquer le lever et le coucher des astres. Leur réunion produisit cet œuf mystérieux que l'on voyait suspendu dans les temples, que l'on disait enfanté par Léda, mais qu'une légende plus significative prétendait tombé de la lune, et où la lune se trouvait réellement sous le personnage allégorique d'Hélène [3]. Maintenant supposons un

---

[1] Pausan. III, Laconic., 24.
[2] Apollodor. III, 10, 2. — *Conf.* notre pl. CLXXXVII, 737.
[3] Pausan. III, Laconic., 16; Athenæus, II, p. 58, p. 221 Schweigh. *Conf. ci-dessus*, liv. IV, chap. III, p. 32 et n. 1, avec la citation d'Eustathe ; le même, ad Odyss. IV, 122, p. 157, 6 sqq. Bas. — La nais-

des dieux-nains placé sous l'une des moitiés de l'œuf du monde, celle-ci le couvrira, lui formera une sorte de bonnet conique. Supposons-le, au contraire, placé dessus comme dominateur, cette combinaison rappellera une autre série de symboles antiques, celle des dieux-vases ou des Canopes [1]. En effet, un mythe infiniment remarquable rattachait Canobus, si révéré dans la Basse-Égypte, aux Dioscures. Il s'appelait comme eux Amycléen, du nom d'Amycles, ville de Laconie, sa patrie prétendue [2]. La fable disait que Canobus, en qualité de pilote, avait accompagné Ménélas et Hélène en Égypte. Ce sont évidemment trois Patæques ou dieux protecteurs des vaisseaux, que la tradition des Grecs, selon son habitude, renvoie à leur première patrie. Canobus, poursuit la fable, mourut en Égypte du venin d'un serpent; mais il y fut honoré comme un dieu, et la tête de sa statue posée sur un vase où le feu et l'eau se combattent [3]. On reconnaît ici le génie populaire de la Grèce interprétant à sa manière les idoles phéniciennes ou égyptiennes qui, diversement combinées, tantôt étaient portées sur la mer pour en écarter les périls, tantôt figuraient sur les tables, dans les festins, pour y répandre l'abondance [4].

sance d'Hélène et des Tyndarides est représentée dans notre planche CCXVI, 736. (J. D. G.)

[1] *Conf.* livre III, chap. II, p. 415, et, pour ce qui suit, chap. X, p. 515 sq., avec les Éclaircissem., p. 819, 825.

[2] Dionys. Perieget. v. 13.

[3] Suidas *v.* Κάνωπ.; Rufin. Hist. eccl., II, 26. *Conf.* notre dissertation sur Sérapis, p. 22 sqq., *ibi* citat. (J. D. G.)

[4] Des médailles d'argent de Laconie montrent le serpent sur le ventre d'une Diota, et à côté les bonnets étoilés des Dioscures *Voy.* Pellerin, Recueil I, tab. 19, 1-3. *Conf.* notre pl. CCXXI, 740.

Partout où fut introduit le culte des divinités de Samothrace, de pareilles idoles se retrouvaient[1]. Mais tout comme, à côté des Canopes, les nains ventrus prirent naissance, et ne furent peut-être, dans l'origine, qu'une modification de cette forme première; de même, dans les dieux-nains, la figure humaine se dégagea peu à peu, et les pygmées armés de lances leur succédèrent[2]. De ces pygmées naquirent à leur tour, par un développement progressif, les formes aussi belles qu'élancées des jeunes Dioscures avec leurs bonnets coniques ou étoilés, dernier vestige de l'antique symbole[3]. Telles n'étaient point les primitives divinités tutélaires, non seulement des îles et des côtes de la Grèce, mais des côtes voisines de l'Asie-Mineure, où les mêmes religions étaient professées. Tel n'était point le vieux Palladium, ni le Jupiter Herceus de la Troade, ni les Pénates vénérables que le pieux Énée porta en Italie[4]. On voit encore, sur les pierres gravées et sur quelques bas-reliefs, le Palladium

---

[1] Sur les médailles de Thasos, île voisine de Samothrace, on voit deux urnes qui ont trait aux anciens Dioscures, aussi bien que les Diotes, quelquefois au nombre de deux également, des monnaies de Sparte. — *Conf.* notre pl. CCXXI, 740 *a*. (J. D. G.)

[2] *V.*, seulement comme objet de comparaison, pl. CCXXXVII, 814.

[3] Ainsi les voyait-on représentés en bronze aux portes d'Ambracie (ou d'Imbrusia, comme lit Scaliger), suivant Varron, de L. L. IV, p. 17. — C'est à Samothrace même, devant le port, que paraissent avoir été placées les deux figures mâles d'airain dont parle Varron, la leçon vulgaire *Samothracia* et le changement de *portas* en *portum* étant autorisés par Servius ad Æneid. III, 12. *Confér.* nos pl. CCXVI, 738, 739, CCXXI, 740, etc. (J. D. G.)

[4] Apollodor. III, 12, 3, *ibi* Heyn., p. 295 sqq.; Pausan. VIII, Arcad., 46; Dionys. Halic. I, 67, p. 54 ed. Sylburg. *Conf.* sect. II de ce livre, ch. II, art. II, et liv. VI, chap. de Minerve.

figuré comme un simple Hermès, avec les jambes étroitement serrées [1]. Nous savons également que les Pénates phrygiens étaient enfermés dans des bandelettes ou des voiles, comme l'urne sacrée de la ville de Canope, comme la tête du jeune Camille tué en Phrygie même, comme le globe dans la pompe sacrée de Bacchus. Cet usage de voiler les idoles, et d'en faire des espèces de momies, paraît donc avoir été une particularité nouvelle des cultes dont il s'agit [2]. Mais nous reviendrons sur ces caractères et rites symboliques, communs à toute la haute antiquité grecque et italique, tant dans la seconde section de ce livre que dans le cours du livre suivant.

Qu'il nous suffise de remarquer ici avec quelle naïveté, avec quelle simplicité énergique les hommes de ces temps reculés exprimaient leurs idées sur l'ordonnance du monde, et sur les forces de la nature qu'ils avaient déifiées. Plus tard vint la réflexion, et, sous l'empire du mythe, l'art perfectionna et arrêta les formes dans un esprit tout différent. La coiffure antique des Dioscures fut diversement modifiée; mais les étoiles qui l'accompagnaient se retrouvent encore sur presque tous les monumens [3]. Cette coiffure significative passa des Ca-

---

[1] Winckelmann, Hist. de l'art, I, 1, § 11, tom. Ier, p. 12, n. 2 de la traduction franç. *Conf.* pl. CCXVII, 777, CCXLIV, 778, 780, etc.

[2] *Voy.* la médaille phrygienne publiée par Pellerin, Recueil II, tab. 36, f. 70. — On trouvera de nouveaux détails et des indications plus précises sur ces primitives représentations des dieux de la Grèce dans la note 2 sur ce livre, fin du vol., § 3.   (J. D. G.)

[3] Münter, *Antiquar. Abhandl.*, p. 202 sqq. *Conf.* les planches citées plus haut. Pausanias ne parle point d'étoiles dans sa description rap-

bires à leurs adorateurs; Énée, Ulysse, la portent aussi bien que leurs dieux. Avant de parler des autres symboles qui se rattachent aux religions de Samothrace, il nous faut développer un nouveau point de vue dans lequel les mystères cabiriques sont en contact évident avec les Éleusinies.

V. Différens points de vue et différens systèmes de la religion des Cabires; sa liaison antique avec les mystères de Cérès Éleusine et avec ceux de Bacchus; aperçus de l'histoire, de la doctrine et des rites des mystères cabiriques à Samothrace.

Sous ce point de vue *Axieros* devient Déméter ou Cérès, *Axiokersa* Perséphoné ou Proserpine, *Axiokersos* Hadès ou Pluton; *Casmilus* reste Hermès, mais il se rapproche aussi d'Iacchus, c'est-à-dire de Bacchus comme génie attaché à Cérès [1]. Ce système de la religion des Cabires se répandit au loin. On en trouve des vestiges à Thasos, en Béotie, en Crète, en Messénie, et principalement à Athènes. Une branche des mystères d'Eleusis

portée ci-dessus des Dioscures ou Corybantes de Laconie, auxquels peut-être il faut donner plutôt le nom de Cabires, ainsi qu'aux deux jumeaux de notre pl. CCXVIII, 740 *b*, dont les bonnets sont également dénués d'étoiles. — Selon M. Welcker, les chevaux, les bonnets, l'œuf et les deux étoiles, primitivement étrangers aux grands dieux de Samothrace, n'auraient été attribués à ces derniers qu'après leur mélange avec les Dioscures, mélange par suite duquel ceux-ci, de leur côté, reçurent la mission de protéger les navigateurs. Ce serait, d'après le même savant, par une coïncidence purement accidentelle, que le bonnet, comme le nom des Cabires, se trouve être commun au couple divin de Samothrace et aux trois frères de Lemnos. Les navigateurs et les forgerons, Ulysse et Vulcain, ont également le bonnet. *Voy*. nos pl., *passim*, et *conf.* la note citée, à la fin du vol. (J. D. G.)

[1] *Conf. ci-dessus*, art. III, p. 293 sqq., et n. 1, 4. (J. D. G.)

tirait évidemment son origine de Samothrace. Des mythes, des noms sacrés avaient conservé l'histoire de la propagation du culte antique de cette île, et de son alliance avec divers autres cultes. D'abord se présente à nous un nouveau couple de frères, *Jasion* et *Dardanus*. Jasion, fils de Jupiter et de la pléiade Électre, apprit de son père les mystères de Samothrace. Aux noces fameuses de sa sœur Harmonie, Cérès s'éprit d'amour pour sa beauté, et eut de lui Plutus et Corytus; lui-même, après avoir été frappé de la foudre par Jupiter, fut placé au nombre des dieux [1]. Une autre tradition, au lieu de Cérès, met Cybèle en rapport avec Jasion, et leur donne pour fils Corybas. Quand Jasion eut été reçu parmi les dieux, Dardanus, Corybas et Cybèle vinrent en Asie, où ils fondèrent le culte de la grande-Mère [2]. Plusieurs monumens constatent cette liaison de la religion de Phrygie avec celle des Cabires [3].

[1] Diodor. V, 48 sq. Homère fait allusion à cette légende, Odyss. V, 125. Hésiode, Théogon. v. 969, met la scène en Crète. Harmonie passait pour fille d'Arès-Mars, ce qui nous reporte jusqu'aux puissances cosmogoniques (*ci-dessus*, p. 296). Conf. Creuzer. Meletem. 1, p. 52 sq.; Nonni Dionysiac. III, 375-377, et Moser ad Nonn. VIII, 160, p. 178.

[2] Diodor. *ibid.* — Les noms de Jasion, et surtout de Dardanus, indiquent une relation fort antique des religions de Samothrace avec celles de la Troade. *Conf.* la note citée, § 2.   (J. D. G.)

[3] *Voy.* les médailles de Thessalonique reproduites dans notre pl. LIX, 234, 234 a. A la face paraît Cybèle voilée, au revers un Cabire avec le marteau. *Conf.* l'explicat. des pl. — C'est un Cabire de Lemnos et non de Samothrace que voit ici M. Welcker. Ce savant rapporte à des additions ou importations successives toutes les alliances de dieux et de cultes dont il vient d'être parlé. *Conf.* la note citée, § 2 et 3.   (J. D. G)

Le culte de la Cérès cabirique était un des plus sacrés chez les Grecs. D'après un récit de Pausanias, on pourrait croire que ce culte fut primitivement celui d'Isis ou de la Déméter égyptienne, et qu'il passa d'Égypte ou de Crète à Samothrace et dans les contrées voisines [1]. En effet, Varron cite Isis parmi les divinités qu'il appelle Cabires ou *Dii potes* [2]. Cette Isis ou Cérès cabirique, comme protectrice de la navigation, se rapproche naturellement des Dioscures ; aussi la trouve-t-on rapprochée d'eux sur les médailles de l'île de Thasos, et, sur celles de Sardes en Lydie, de la période romaine, on la voit avec la rame à côté de la corne d'abondance, du calathus et des épis [3]. C'est Cérès-Fortune, reine de la terre et de la mer, dont il sera question dans la section suivante de ce livre. La Béotie avait un temple de Cérès et de Proserpine cabiriques, où ne pouvait pénétrer personne qui ne fût initié [4]. A l'idée d'une sainteté extraordinaire se liait celle d'un pouvoir magique extrêmement redoutable, dans ces antiques et mystérieuses divinités de Samothrace. Des Athéniens, des Pélasges Ioniens les avaient

---

[1] Pausan. X, Phocic. 28. — Il est simplement question, dans ce passage, de la vierge Cleobœa, qui apporta la première, de Paros à Thasos, les mystères de Cérès, et que Polygnote avait représentée avec la ciste mystique sur les genoux. (J. D. G.)

[2] Varro, *ubi supra*.

[3] *Voy.* pl. CCXVIII, 740 b, LXXXIX, 320. *Conf.* tom. Ier, Éclaircissem., p. 847, et les planch. indiquées.

[4] *Voy.* les détails curieux donnés à ce sujet par Pausanias, IX, Bœotic., 25. Cérès, est-il dit, fondatrice de ses propres mystères, avait confié un dépôt sacré (sans doute la ciste mystique dont il s'agit plus haut) à Prométhée, l'un des Cabiréens, et à Ætnæus, son fils.

introduites en Béotie; ce fut encore d'Eleusis et d'Athènes, véritables foyers de ces religions pélasgiques sur le continent, que les deux grandes déesses furent portées en Messénie [1].

Partout où se rencontrent ces religions, les prêtres sont étroitement unis aux divinités, reproduisent leurs noms, leur nombre, leur caractère, et jusqu'à leur pouvoir. Les Cabires s'appellent *Hephæstes* ou Vulcains; les prêtres des Cabires se nomment eux-mêmes Cabires. Il en est de même des Corybantes, des Carcines, des Sintiens [2], et de bien d'autres. Ainsi encore Jasion figure parmi les dieux de l'Ida, et parmi les fondateurs du culte des Cabires. Nous démontrerons ailleurs ce que déjà nous avons avancé plus d'une fois, que, dans la Grèce primitive comme dans tout l'Orient, le prêtre représentait

---

[1] Caucon, Lycus, fils de Pandion, et Méthapus l'Athénien sont cités dans Pausanias (IV, Messen., 1) comme les missionnaires et les réformateurs successifs des mystères de Cérès et de ceux des Cabires. — M. Welcker ne veut reconnaître, dans toutes ces traditions, qu'un mélange assez tardif des cultes mystérieux d'Athènes et de Thèbes avec la religion de Lemnos. M. O. Müller, au contraire, fait, comme nous l'avons vu, de cette même Thèbes le foyer primitif du culte des Cabires, auquel se rattache essentiellement dans son opinion celui de Cérès, et qu'il croit s'être propagé de là tant à Lemnos qu'à Samothrace. *Conf.* la note citée, § 2.   (J. D. G.)

[2] Καρκῖνοι est un nom des Cabires de Lemnos qui paraît signifier *porte-tenailles*, ou qui peut-être se résolvant en Καραχῖνοι, rentre dans l'idée attachée à celui de *Corybantes* (livre précéd., chap. III, p. 60). Quant au nom des *Sintiens*, premiers habitans de la même île, inventeurs des armes, pirates ou prêtres des Cabires, il est encore appliqué à un mauvais génie qui fait sa demeure dans les eaux et y tend des piéges (Σίντιες, Σίντιοι, Σιντοί, Σίντης ou Σίντις, du verbe σίνεσθαι). Hesych. *v.* Καρκ., *ibi* interpr.; Eustath. ad Iliad. I, 593; Zonar. Lexic., p. 1640, *ibi* Tittmann.

réellement son dieu aux fêtes solennelles, où se jouaient des espèces de drames religieux. Selon les différens systèmes, ou les différens points de vue sous lesquels était envisagé un même système, le nombre des prêtres variait avec le nombre des divinités. Jasion et Dardanus répondent aux deux grandes puissances cosmiques de Samothrace; leur sœur Harmonie se joignant à eux forme la triade; et si l'on ajoute Cadmus, son époux, l'on obtient les quatre Cabires de la légende mystérieuse expliquée plus haut. Mais, de ces rites singuliers et des mythes qui s'y rattachèrent, il résulta que les dieux et leurs ministres, surtout les premiers instituteurs de leur culte, se confondirent ensemble à tel point qu'il est souvent impossible de les distinguer avec certitude. Les doubles noms sous lesquels se produisent si fréquemment, dans l'antiquité, les prêtres assimilés ainsi à leurs dieux, ne font qu'augmenter la difficulté. A Samothrace, Dardanus s'appelait aussi *Polyarches*, et Jasion, son frère, *Eetion* [1].

L'histoire de l'origine et du développement des religions cabiriques n'est pas tellement claire que l'on puisse, avec Sainte-Croix, y reconnaître quatre périodes successives [2]. Des systèmes assez distincts s'y remarquent à la

[1] Hellanicus ap. Schol. Apollon. I, 916.
[2] Recherches sur les Myst. du pagan., t. Ier, p. 40 et suiv., sec. édit. Schelling (*Samothr. Gottheit.*, *Anmerk.* 112, p. 100 sqq.) s'élève avec raison contre cette chronologie prétendue, où il ne voit qu'une série d'assertions arbitraires et sans fondement. — Sainte-Croix n'a fait en grande partie qu'exagérer et fausser l'opinion de Fréret (Acad. des Inscript., t. XXVII, p. 12 sqq.), dont se rapproche beaucoup la théorie de M. Welcker. O. Müller, au contraire, penche avec notre auteur

vérité, mais sans dates précises, et l'histoire même de Samothrace porte une empreinte mythique dans presque toutes ses époques. Cette île se nomma d'abord Leucosie, et prit ensuite le nom de *Saos* ou *Saon*, premier législateur de ses habitans [1]. Saos ou Saon, qui peut-être fut ainsi appelé de l'île elle-même, où se trouvait un mont *Saoce* [2], était fils soit de Jupiter, soit d'Hermès. C'est encore le prêtre rattaché à la généalogie de ses dieux. Bientôt paraît Dardanus, qui invente l'art de construire des radeaux, sur lesquels il porte en Asie les divins protecteurs de la navigation, les Cabires. Son frère Jasion, réformateur du culte national, ouvre aux étrangers l'accès des mystères. Orphée arrive à Samothrace avec les Argonautes, qui se font initier d'après ses conseils [3]; et l'on ajoute que, dans la suite, fidèle aux exemples

à voir plutôt des formes diverses que des élémens d'origine différente, successivement amalgamés, dans la religion des Cabires, telle qu'elle nous est connue par les passages si peu d'accord entre eux des anciens. *Conf. ci-dessus*, p. 292, n. 2, et les Éclaircissem., fin du volume. (J. D. G.)

[1] Schol. Apollon. Rhod. I, 917, ex Aristot. — Aristotelis Rerumpublicarum reliq., p. 148, ed. Neumann; Diodor. Sic. V, 48 Wesseling. (J. D. G.)

[2] Diodor. *ibid.*; Plin. H. N. IV, 23. D'autres pensent que *Samos* fut la forme primitive du nom de Samothrace, et le dérivent, soit du grec, soit de l'hébreu, avec le sens de *hauteur* (Schelling, *l. l.*, p. 44 sq.). — M. Welcker rapporte Σάμος à Σάος, où il voit primitivement un nom d'Hermès, et le même mot que Σάβος en phrygien. Σῶκος en est une autre forme donnée par Suidas, d'où Σαωκίς et Σαώκη. Imbros tirait pareillement son nom d'un autre nom de la même divinité (*ci-dessus*, p. 301). *Conf. Æschyl. Trilog.*, p. 217. (J. D. G.)

[3] Eschyle avait employé cette tradition dans son drame satyrique des Cabires, où figuraient sur la scène Jason et ses compagnons en état d'ivresse, traces évidentes d'un culte orgiastique (Chamæleon ap.

d'Orphée, Pythagore en fit autant [1]. C'est ainsi que l'île sacrée, toute dépourvue de ports qu'elle était, ne cessa pas d'être visitée dans tous les âges par de pieux étrangers. Le grand-prêtre recevait sur le rivage ceux qui abordaient [2]. De même que les Argonautes, suivant la tradition, y avaient trouvé la délivrance au fort de la tempête, chacun des initiés aux mystères se croyait assuré contre les fureurs des vents et de la mer. Les *Anactotélestes*, ou chefs des mystères, garantissaient encore d'autres biens physiques, tels que la santé du corps, idée à laquelle se rapporte surtout le nom de *Jasion*, comme nous le verrons plus loin. Nul doute que la santé de l'âme et le perfectionnement moral ne fussent aussi l'un des buts principaux de ces antiques cérémonies; des témoignages positifs en font foi. De sévères épreuves, une confession en forme [3], des sacrifices expiatoires, des purifications précédaient l'admission de l'initié. Le prêtre qui y présidait se nommait *Coës* [4]. Il avait le pou-

Athenæum, X, 33, p. 68 Schweigh.; Plutarch. Sympos., II, 1, p. 368 Wytt.).

[1] Jamblich. Vit. Pythag. 28, p. 318 Kiessel.
[2] Valer. Flacc. Argon. II, 435 sqq.
[3] *Voy.* Plutarch. Apophthegm. Lacon., p. 217, 229, ed. Francof.
[4] Κόης ou encore Κοίης, que Bochart (Geogr. Sacr., p. 747) dérive de l'hébreu כהן (*cohen*), *sacerdos*, prêtre. Les lexicographes nous ont conservé les formes Κοιόλης, Κοίοκα, et le verbe κοιᾶσθαι (Hesych. II, p. 293-296 Alb.). Isaac Vossius (ad Catull., p. 85) fait venir de là l'ancien mot sacerdotal des Latins *incohare* ou *inchoare*. Schelling, p. 81, avait proposé d'expliquer *Coës* ou *Coies* par *prophète*, d'après une autre racine hébraïque; depuis il est revenu sur cette étymologie, et en a donné une nouvelle, d'où il tire le sens de *purificateur*, tout-à-fait conforme aux fonctions du prêtre de Samothrace. — Fréret interprète Κόης, l'*auditeur*, le rapportant à l'idée de confession,

voir d'absoudre du meurtre; mais le parjure était considéré comme un crime capital [1]. Des exemples remarquables prouvent aussi que les grands attentats, tels que le meurtre commis dans les temples, n'étaient point pardonnés, mais portés devant un tribunal antique, qui jugeait les coupables, et pouvait même prononcer la mort [2]. Les habitans de l'île et des pays voisins avaient la coutume presque générale de se faire initier dès la tendre enfance, ce qui les dispensait naturellement de la plupart des préparations dont nous avons parlé. On cite entre autres l'exemple de Philippe de Macédoine, initié avec Olympias, qui fut dans la suite son épouse, tous deux fort jeunes encore [3].

Dans les cérémonies de l'initiation, le novice, couronné d'un rameau d'olivier, et ceint d'une écharpe de pourpre [4], était placé sur une chaise ou un trône; tous les initiés présens formaient un cercle autour de lui, et se tenant par la main, ils exécutaient une danse circulaire au bruit des hymnes sacrés [5]. Une impression auguste et profonde saisissait l'ame du nouvel initié, qui gardait tout le reste de sa vie la ceinture, comme un signe de son caractère.

d'après une ancienne forme grecque de ἀκούω. Welcker le considère aussi comme grec, mais sans rien préciser à cet égard; il renvoie, du reste, à Lobeck sur Phrynichus, p. 613. (J. D. G.)

[1] Hesych. II, p. 293; Suidas in διαλαμβάνει.
[2] Livius XLV, 5. *Conf.* Sainte-Croix, p. 49 sq.
[3] Plutarch. Alexand., cap. 2 *init.* Schelling, p. 5, 49 sq.
[4] Ταινία, Schol. Apollon. I, 917.
[5] Cet acte était appelé θρόνωσις ou θρονισμός. *Conf.* Plat. Euthydem., p. 405 Bekker; Dio Chrysostom. XII, p. 388 Reisk. Un des hymnes d'Orphée se nomme θρονισμοί.

On parle aussi d'une espèce de voile[1], également de couleur de pourpre, qui couvrait ou ceignait la tête[2], et passait, de même que l'écharpe, pour être doué d'une vertu merveilleuse[3]. La couleur en était significative; c'était celle des puissances telluriques et des divinités de la mort chez les Égyptiens. A Messène et à Sparte les Dioscures portaient une chlamyde de pourpre[4], et de là vint peut-être par imitation la teinte du vêtement de guerre des Spartiates. La tradition sacrée du voile de pourpre dans lequel avait été enveloppée la tête de Cadmilus immolé par ses frères[5], était sans doute chargée d'expliquer l'usage antique de Samothrace, comme il arrivait toujours pour les principaux symboles des mystères. Quant à l'écharpe sainte, elle passa dans les initiations du culte secret de Bacchus, mis à mort comme Cadmilus; et ces bandelettes, ces ceintures, que l'on remarque si souvent sur les vases de la Grande-Grèce, dans les mains des personnages bachiques, ou suspendues aux murailles, n'ont pas d'autre origine que les rites anté-

---

[1] Κρήδεμνον, Pseudo-Didymus ad Iliad. I, 100, ad Odyss. I, 334.
[2] Cependant c'est autour de sa poitrine qu'Ulysse ceint le κρήδεμνον que Leucothée lui avait donné pour sa délivrance (Odyss. V, 346). Ce héros, ajoute-t-on, était initié aux mystères de Samothrace, et il se servit du κρήδεμνον au lieu de la ταινία (Schol. Apollon. *ubi supra*). Münter, comme nous, distingue ces deux ornemens, et il y voit avec beaucoup de vraisemblance deux degrés différens des mystères. Il retrouve la ceinture ou bandelette en rapport avec les Cabires, sur les médailles de Thessalonique et de Capoue. *Conf. Antiquar. Abhandl.*, p. 204 sqq. — Et notre pl. CCXLV, 853, avec l'explicat. (J. D. G.)
[3] *Briefe über Homer u. Hesiod.*, p. 31.
[4] Pausan. IV, Messeniac., 27.
[5] *Ci-dessus*, p. 302.

rieurs du culte mystérieux des Cabires. La couleur de pourpre était également sacrée à Éleusis, d'où l'on peut conclure que le costume des Eumolpides provenait de la même source [1].

Aux fêtes de Samothrace, comme aux fêtes de Cérès et de Bacchus, l'on portait encore non seulement des couronnes mais des rameaux, et particulièrement des rameaux d'olivier [2]. Le sens de cet usage était déjà tombé en oubli à l'époque de Clément d'Alexandrie, ou du moins n'était plus connu que d'un petit nombre d'initiés; car ce savant écrivain balance entre des interprétations diverses : soit une allusion à la nourriture primitive des hommes, soit un symbole de la vie humaine qui se flétrit aussi promptement que le feuillage des arbres [3]. C'était vraisemblablement aussi d'une branche d'olivier qu'avait été couronnée, suivant la légende, la tête de Cadmilus, identifié avec Bacchus dans la doctrine des Orphiques [4]. Bacchus ou Dionysus était à la fois le dieu des arbres et celui des fleurs; il aimait les couronnes [5]; lui-même se nommait symboliquement la couronne odorante [6]. C'est donc avec raison, c'est con-

---

[1] *Confér.* livres VII et VIII, avec les planches qui y sont relatives, *passim*.

[2] Proclus in Platon. Polit., p. 377.

[3] Clem. Alex. Strom. V, p. 672 Potter.

[4] *Ci-dessus*, p. 302, et livre VII, chapitres de la religion et des mystères de Bacchus.

[5] Φιλοστέφανος, Plin. H. N. XVI, 4.

[6] Βάκχος, ἴακχα étaient le nom d'une couronne de fleurs dans le dialecte dorien et chez les habitans de Sicyone. *Conf.* Lexic. rhetor. ms. in Auctar. ad Hesych. Ruhnken., et in Bekker. Anecdot. gr. p. 224 sq.; Philetas ap. Athen. et in Fragm., p. 78 ed. Kayser.

formément à l'usage de leur ancienne langue, que les mythologues grecs expliquent leur Dionysus-Bacchus comme la force qui opère et qui vit dans les fleurs et dans les végétaux en général [1]; et la couronne portée à ses fêtes devait avoir, entre autres, ce sens physique supérieur.

Après tous les développemens qui précèdent, il nous reste peu de chose à dire sur le fond de la doctrine enseignée à Samothrace. Nous avons vu se dérouler sous nos yeux les différens systèmes ou plutôt les différentes faces du système unique qu'elle renfermait, et qui se rapproche, tantôt plus, tantôt moins du polythéisme devenu, par la suite, dominant chez les Grecs. Dans la forme primitive de la religion des Cabires, où Axieros occupe le premier rang comme unité suprême et source féconde des dieux et de l'univers, se révèle, selon nous, un grand système d'émanation analogue à celui que nous avons découvert en Égypte. Tout sort d'un être unique, tout y rentre, dogme sans doute réservé aux plus éclairés parmi les initiés. Quant aux Pélasges barbares dont la grossière intelligence n'aurait pu s'élever jusque-là, il est probable qu'on leur donna en place une série de dieux visibles, d'astres divinisés et de bétyles ou idoles magiques qui y correspondaient. La force génératrice de la nature dut aussi se produire à leurs yeux sous la forme d'un Hermès ithyphallique. Ce qu'il y a de sûr, c'est que l'adoration des planètes et de leur chef suprême se retrouve dans toutes les branches de cette religion. Vient s'y rattacher le dogme des démons ou génies, et même

[1] Euseb. Præpar. Ev. III, p. 110.

celui des récompenses et des peines après la mort. Une inscription grecque fort curieuse[1] en fournit la preuve; elle montre en même temps la vaste extension et la longue durée du culte des Cabires. Quoiqu'elle soit, comme on l'a conjecturé, du second ou du troisième siècle de notre ère, et qu'elle appartienne à la Gaule, il est certain que la doctrine morale qui s'y trouve consignée remonte beaucoup plus haut, et se lie étroitement à cet antique sabéisme que l'on enseignait à Samothrace. Le jeune marin sur le tombeau duquel était gravée cette inscription, dut être lui-même, selon toute apparence, un initié aux mystères cabiriques. On lit dans les quatre derniers vers :

« Mais les ames des morts sont divisées en deux troupes, dont l'une erre vagabonde sur la surface de la terre, l'autre forme des chœurs avec les astres qui brillent aux cieux. C'est à cette armée céleste que j'appartiens; car j'ai eu le bonheur d'avoir un dieu pour guide. »

La religion des Cabires fut, comme nous nous en assurerons bientôt, l'une des plus importantes et des plus caractéristiques de l'ancienne Italie. Elle se répandit au loin vers l'occident, dans le pays des Celtes, où les Grecs

---

[1] Cette inscription métrique, donnée d'abord par Spon d'une manière fort incorrecte (Miscellan. erudit. antiquit., p. 374), a été retirée des caves de la maison du célèbre Peiresc à Aix, par Fauris de Saint-Vincens, et insérée par son fils dans la Notice sur J. F. P. Fauris de Saint-Vincens, Aix, an VII, avec une double traduction de Villoison. Chardon de la Rochette l'a reproduite dans le Magasin encyclopédique, ann. V, tom. V, p. 7 sqq., avec les remarques de Villoison et les siennes. Depuis, M. Münter l'a commentée au long dans la dissertation citée nombre de fois, et qui est la VIIe de ses *Antiquar. Abhandlungen*, Copenhag. 1816.   (J. D. G.)

paraissent l'avoir reconnue [1]. On en trouvait des vestiges jusque dans les îles Britanniques [2]. Les Romains, devenus maîtres du monde, voulurent honorer l'île sainte de Samothrace, en lui accordant une sorte de liberté [3]; et l'héroïque Germanicus avait eu le dessein de se faire initier à ses mystères [4]. Quant à l'usage de représenter sur les médailles, avec les attributs des Cabires, tels ou tels personnages de la famille impériale, ce ne fut jamais qu'une basse flatterie des Romains dégénérés, tandis que maint Grec pieux continua de puiser, dans ce culte primitif de ses ancêtres, l'espoir de l'immortalité.

[1] Diodor. IV, 56.
[2] Strab. IV, p. 198 Cas. — *Conf.* la dissertation déja mentionnée de M. A. Pictet, et la note 2 sur ce livre, § 1, fin du vol. (J. D. G.)
[3] Plin. H. N. IV, 23.
[4] Tacit. Annal. II, 54. *Conf.* Schelling, *Samothr. Gotth.* p. 5, 49.

CHAPITRE III.

DIVERSES PERSONNIFICATIONS
RELATIVES A LA PLUS ANCIENNE RELIGION
ET A LA CIVILISATION PRIMITIVE DE LA GRÈCE.
APPENDICE AU CULTE DES CABIRES;
ESCULAPE ET HYGIE.

Le chapitre précédent suffirait seul pour montrer à quel point l'histoire de la primitive religion et de la primitive civilisation des Grecs porte un caractère symbolique et figuré. Les planètes, les vents, les métaux et l'art de les tourner à l'usage des hommes, les phénomènes du ciel, les révolutions physiques de la terre, les premiers établissemens de la société, même les faits ou les idées d'un ordre supérieur et tout intellectuel, se sont présentés devant nous comme autant de personnes. L'agriculture aussi a ses personnifications historiques, mêlées à des notions plus ou moins élevées. C'est seulement dans la suite de nos recherches qu'il nous sera permis de traiter des grandes institutions, fondées sur cette base, qui se rattachaient aux cultes de Bacchus et de Cérès. Nous nous bornerons, quant à présent, à essayer de développer quelques symboles relatifs au même ordre d'idées, et qui se lient sur différens points à la religion des Cabires.

I. Jasion, Trophonius, les Aloïdes et les Molionides : symboles de la santé, de l'abondance et de la richesse; des obstacles et des travaux à dompter ou à subir pour maîtriser la terre et obtenir les biens de l'agriculture.

Ces symboles s'offrent à nous sous la forme de généalogies, et l'extrême simplicité du sens qu'ils renferment atteste leur haute antiquité. La Force et la Prudence, est-il dit d'abord, mettent au jour *Jasion*[1] et Déméter, qui à leur tour donnent naissance à Plutus. Cela signifie : la force, le courage au travail, et la prudence ou l'habileté excitent la puissance instinctive de la terre, puissance qui fait cesser la disette, nourrit l'homme, le rend vigoureux et sain; l'abondance des moissons est la récompense de l'activité et de l'industrie[2]. Suivant une tradition analogue, Jasion ne découvrit qu'après le déluge les semences du blé. En commémoration de ce même déluge, les Athéniens, dans leur mois anthestérion, qui tombait en février et mars du calendrier romain, présentaient à Hermès *Chthonius* des vases remplis de semences de toute espèce, comme offrandes expiatoires pour ceux qui avaient péri sous les eaux[3]. Cet *Hermès*

---

[1] *Jasion* et *Jason* sont au fond un seul nom et un seul personnage. La mère de Jason est *Polymédé* ou *Alcimédé*, noms qui impliquent la prudence unie à la force (Apollodor. I, 9, 16; Apollon. Rhod. I, 233, *ibi* Schol. ex Pherecyde). Jason, comme nous le verrons plus loin, n'est étranger ni à l'agriculture, ni aux religions cabiriques de Lemnos.

[2] *Voy.*, pour ce qui précède et pour ce qui suit, Creuzer. Meletem. I, p. 53, *ibi* citata.

[3] Theopomp. et Philochor. ap. Schol. Aristoph. Acharn., v. 1075; Philochor. fragm., p. 86. C'était à la fois une fête des morts et une fête des semailles. Suivant la croyance héréditaire des Grecs, les

Chthonius est le Mercure qui habite sous la terre, dont parle Cicéron [1], c'est-à-dire l'instinct de formation, le principe qui ordonne, pénètre, vivifie la matière, en un mot la vie et l'esprit en tant que résidant et opérant dans les régions souterraines. Il s'appelle encore *Trophonius* ou le nourricier, et, de même que Jasion, il passe pour fils de la Force [2]. Mais *Trophonius* et *Erichthonius*, autre forme de *Chthonius* [3], tantôt s'identifient avec l'Hermès souterrain, tantôt figurent à part et pour leur propre compte, celui-ci révéré en Attique, celui-là en Béotie, tous deux comme premiers auteurs de la culture dans ces contrées, comme héros et demi-dieux.

Jasion et Trophonius sont l'un et l'autre nourriciers et

ames des ancêtres étaient devenues des génies tutélaires qui prodiguaient les biens de la terre (δαίμονες πλουτοδόται, Hesiod. Op. et D. 122, coll. Platon. Cratyl., p. 33 Bekker). La religion des Pénates et des Lares, chez les Étrusques et les Romains, reposait sur des conceptions analogues.

[1] De N. D. III, 22, p. 607 sq., *ibi* Creuzer.

[2] De *Valens*, par où Cicéron traduit Ἰσχύς (Pausan. II, Corinth., 26), et de *Coronis*, que l'on est fondé à substituer dans son texte à *Phoronis*. — Ce nom coïncide d'une façon singulière avec Φρονία, unie à Κράτος pour donner le jour à *Jasion*, dans la généalogie précédente. Mais comme le second Esculape est frère du second Mercure, suivant Cicéron lui-même (*ibid.*, p. 612 sq.), il y a tout lieu de croire qu'il a voulu parler de Coronis, mère bien connue d'Esculape. Ampélius fait le Mercure dont il s'agit ici, fils de Jupiter et de *Cronia*, c'est-à-dire de Proserpine. (J. D. G.)

[3] Etymol. M., p. 371, p. 336 Lips.: οὕτως ἐριούνιος Ἑρμῆς καὶ χθόνιος καὶ ἐριχθόνιος Ἑρμῆς. *Conf.* Etymol. Gudian., p. 208, 31. Eustathe (ad Iliad. XX, 72) dérive la première de ces épithètes de ἔρι et ὄνω, et l'explique par ὁ λίαν ὀφελῶν, κερδῶος. Elle paraît aussi avoir trait au nom de la terre, ἔρα, qui se retrouve peut-être sous une double expression dans la troisième épithète.

sauveurs. Ce dernier avait une seconde généalogie, qui appartenait à l'antique et opulente Orchomène, capitale des Minyens de la Béotie[1]. *Erginus*, le protecteur du travail, eut deux fils, *Trophonius*, le nourricier, et *Agamédès*, le prudent par excellence[2]. On raconte de ces deux frères une merveilleuse histoire. Ils sont les architectes du temple du soleil ou d'Apollon à Delphes; ils bâtissent un trésor souterrain au roi *Hyriéus*, et ils en profitent pour s'enrichir eux-mêmes par l'adresse et la ruse; mais enfin ils deviennent la proie de l'abîme qui les engloutit. Cependant l'un d'eux, Trophonius, fait incessamment entendre sa voix du sein de ces ténébreuses profondeurs; il se montre, ici encore, sous les traits de l'esprit souterrain, d'Hermès Chthonius. Bien plus, il commande aux puissances de l'abîme, il devient Jupiter-Trophonius [3]; parmi des rites mystérieux et terribles, il accorde conseil et secours à ceux qui osent descendre dans le gouffre de Lébadée. C'est Hadès, c'est le dieu sage et bon, comme Platon l'appelle [4]. C'est aussi la suprême intelligence qui domine aux enfers comme aux cieux, qui sert de guide aux ames après la mort, et les accompagne dans leurs migrations. Jasion, comme nous nous en convaincrons dans

---

[1] *Voy*. Pausan. IX, Bœotic., 34 et 38. — M. O. Müller a fait d'Orchomène et de ses traditions le sujet de recherches critiques d'un haut intérêt. Les résultats de ces recherches et de celles de M. Völcker, relativement aux personnages mythologiques dont il s'agit ici, sont consignés dans la note 3 sur ce livre, à la fin du vol. (J. D. G.)

[2] Pausan. IX, 37; Schol. ad Aristoph. Nub., 508, *ibi* Spanheim.; Ælian. Var. Hist. III, 45, *ib.* Perizon.

[3] Ζεὺς χθόνιος, Ἅιδης. Hesych. *s. v.*

[4] Phædon., p. 51, coll. Cratyl., p. 43 Bekker.

la suite, joue un rôle absolument semblable, et rappelle également l'Hermès Psychopompe. Le roi *Hyriéus*, auquel les deux frères Trophonius et Agamédès bâtissent un trésor, est l'homme de la ruche ou des abeilles, selon l'étymologie de son nom [1]. Son trésor pillé rappelle celui de Rhampsinit, de ce Pharaon qui reçut en présent de Cérès, dans les sombres demeures, une serviette d'or [2]. Nous avons déjà dit, et nous prouverons plus loin, que le symbole de l'abeille a trait aux mystères de Cérès et à la métempsychose [3]. Ainsi toujours des personnages et des fables dont le fond est emprunté à l'agriculture, et où viennent se rattacher des idées d'un ordre supérieur. Poursuivons.

Hyriéus, roi d'Hyria en Béotie, fils de Neptune et d'Alcyone, donna le jour à Orion, qui eut lui-même deux filles, Métioché et Ménippé, surnommées dans la suite les *Coronides* [4]. Ces deux filles, aimées de Vénus et de Minerve, aussi belles qu'adroites, se dévouèrent à la mort, en vertu d'un oracle d'Apollon, pour apaiser les dieux souterrains qui avaient envoyé une peste. Mais Pluton et Proserpine, à la place de leurs corps, firent sortir de terre deux comètes, et l'on bâtit un temple aux vierges Coronides, comme elles furent dès lors appelées par les Éoliens. Ce mythe veut dire : les puissances

---

[1] Ὑριεύς, de ὕρον, ὕριον.

[2] Herodot. II, 121, 122. — *Conf.* liv. III, tom. Ier, p. 468, et le renvoi indiqué au livre VIII.

[3] *Conf.* liv. IV, chap. IV, p. 140 sqq. *ci-dessus*, avec le renvoi au livre VIII.

[4] Eratosthen. Catasterism. 23; Antonin. Liberal., cap. 25; Apollodor. III, 9, p. 309 Heyn. *Conf.* Creuzer. Meletem. I, p. 51, 69 sqq.

nourricières de la terre envoient quelquefois des fléaux au lieu de bénédictions; elles donnent la richesse, mais parfois elles exigent le bien le plus précieux du monde, la vie humaine dans sa fleur. Avec la peste, des astres redoutables, des étoiles à queue semblent s'élever de terre, ministres de Proserpine et de Pluton, de ces mêmes divinités de l'abîme qui prodiguent les trésors. Mais les biens reviennent chaque année, tandis que les fléaux sont rares. Les filles irritées d'Orion cessent d'épouvanter la terre dans leur course vagabonde, et prennent leur place aux cieux comme les astres paisibles. Orion lui-même est une constellation, qui, se levant au solstice d'été et se couchant au solstice d'hiver, ramène deux fois par an les tempêtes [1].

Voilà donc les forces de la nature et celles de l'esprit personnifiées et déifiées dans le langage du monde primitif. En premier lieu, la puissance de la terre et la puissance de l'eau, comme principes nourriciers et conditions du bien-être physique, de la force, de la santé, de la richesse. En second lieu, les mêmes puissances comme forces élémentaires résidant au sein de l'abîme, avec allusion aux antiques révolutions du globe, aux cataclysmes. En troisième lieu, la puissance de la terre comme force attractive : le laboureur, le nourricier descend dans les profondeurs souterraines, et devient la proie de la

---

[1] *Conf.* Virgil. Æneid. I, 535, *ibi* Heyn. Indépendamment d'Orion, **Hyriéus** a deux autres fils, *Nycteus*, l'homme de la nuit, et *Lycus*, le lumineux (*ci-dessus*, liv. IV, ch. IV, p. 111, n. 1). *Voy.* Apollodor. III, 10, p. 309 sq., coll. III, 5, p. 267, où Nyctéus est surnommé le fils de la terre ou le *souterrain*.

mort. Enfin l'eau et la terre comme pouvoirs donnant l'inspiration, comme élémens prophétiques. Trophonius rend des oracles du fond de sa caverne, et il est dit de Jasion que Cérès et Proserpine lui avaient accordé le don de prophétie [1].

De nouvelles et plus bizarres personnifications des puissances telluriques et agraires vont maintenant nous apparaître sous les formes de géans, de monstres, d'êtres merveilleux. Viennent s'y lier, comme plus haut, des souvenirs d'un déluge, des traditions relatives aux obstacles que l'agriculture eut à vaincre pour s'établir en Grèce, ou bien aux premières et si simples institutions de la société civile. Commençons par les gigantesques *Aloïdes* [2]. Ce sont les hommes ou les fils de l'aire à battre le grain. Leur généalogie se rattache, de même que celle d'Hyriéus, à Poseidon ou Neptune, qui eut de Canaché, Aloéus, marié à Iphimédie, fille de Triops, laquelle mit au jour, par suite de ses amours secrètes avec le dieu des eaux, *Otus* et *Éphialtès,* les Aloïdes. Ceux-ci passent donc pour fils de l'homme de l'aire, *Aloéus* [3], mais en réalité ils descendent doublement de Neptune. Iphimédie, la *très avisée*, est unie à l'agriculteur, mais elle lui préfère encore le souverain de la mer [4]. Aussi ses enfans, bien qu'ils exercent la profession de leur père putatif, sont-ils les forces prodigieuses de l'humide empire,

---

[1] Arrian. ap. Eustath. in Homer., p. 1528.

[2] Les sources de ce mythe sont exactement rapportées dans le tom. Ier des Meletemata, p. 83.

[3] Ἀλωεύς de ἡ ἀλωά, qui signifie encore un champ ensemencé, d'où la fête des semailles, appelée τὰ Ἀλῶα. Les Aloïdes, Ἀλωεῖδαι.

[4] Apollodor. I, 7, p. 46 Heyn.

les sauvages et audacieux fils de Poseidon [1]. L'un d'eux s'appelle *Otus* ou le hibou, l'oiseau des nuits; l'autre *Éphialtès*, ou l'agresseur, le génie qui oppresse et tourmente, le cauchemar [2]. Leur force est démesurée comme leur taille [3]; ils osent défier les dieux au combat, prétendre à la possession des déesses; d'un autre côté, ils bâtissent des villes, fondent en Béotie le culte des Muses; enfin, ils périssent par les mains l'un de l'autre, ou par les flèches d'Apollon et de Diane [4]. Qui n'entrevoit ici la terre des régions maritimes et des côtes en lutte avec la mer, et les révolutions physiques jadis opérées dans les bassins du Pénée et de l'Asope? Ce sont les agens désordonnés des premiers âges de notre continent, et, avant qu'ils soient enchaînés, l'aire ne saurait se couvrir de grains. En vain l'homme de l'aire met en œuvre toute son industrie; la terre, son infidèle épouse, a toujours commerce avec la mer, et celle-ci enfante avec violence des forces gigantesques, volcaniques, qui obscurcissent le jour, interceptent l'air et coupent la respiration, des masses et des puissances oppressives et ténébreuses [5].

[1] Gellii Noct. Attic. XV, 21.
[2] Ὦτος de ὠτός, le moyen-Duc. Ἐφιάλτης, proprement l'oppresseur, *incubo*. Conf. *Homerische Briefe*, p. 146.
[3] Odyss. XI, 304.
[4] Iliad. V, 385, *ibi* Schol.; Diodor. Sic. IV, 87.
[5] MM. O. Müller et Welcker ont examiné de nouveau le mythe des *Aloïdes*, l'un sous un point de vue historique, l'autre, comme M. Creuzer, sous un aspect purement mythologique. On trouvera la substance de leurs recherches dans la note 3 sur ce livre, fin du vol. *Éphialtès*, passé dans la Gigantomachie (Apollodor. I, 6), se voit sur quelques peintures de vases, combattant contre Neptune et Apollon. *Conf.* notre pl. CXXXI, 509, avec l'explicat. (J. D. G.)

Passons à la fable des *Molionides* ou des *Actorides*, nommés *Eurytus* et *Ctéatus*. Dans les vers d'Homère sur ces êtres singuliers[1], la plupart des mythologues n'ont vu jusqu'ici autre chose que des guerriers jumeaux et combattant tous deux ensemble sur un même char. Peu leur importe que déjà le sévère Aristarque y eût reconnu un double corps à deux têtes et à quatre bras, tels que ces hommes doubles dont parlait Hésiode. On rejette ce sens comme trop artificiel pour le siècle d'Homère, et l'on doit traiter de même, à l'exemple de quelques anciens, la tradition du poëte lyrique Ibycus, qui faisait sortir d'un œuf d'argent ce couple héroïque[2]. Pour nous, examinons d'abord la généalogie des Molionides. Ce sont encore des fils à deux pères, l'un homme et l'autre dieu; ce sont les enfans de *Molione*, qui les eut d'*Actor*, ou plutôt de Neptune. *Actor* est l'homme du rivage contre lequel vient se briser le flot de la mer; il est aussi l'homme de la mouture, du blé écrasé et moulu[3]. *Molione* est la femme des combats[4]; c'est d'elle que les guerriers, ses fils, prennent le nom de *Molionides*, tandis que, sous un autre aspect, ils s'appellent *Actorides*, du nom de leur père. Sans la guerre on ne peut conquérir ni défendre

---

[1] Iliad. XXIII, 638 sqq., surtout 641-642, coll. II, 621, XI, 708, 749. *Conf.* Heyne, Obss. ad Iliad., t. VI, p. 246 sq., VIII, p. 481; *id.* ad Apollodor. II, 7, p. 184 sq. *Add.* Pherecydis fragm. ed. alt. Sturz., p. 178 sq.; Creuzer. Meletem. I, p. 83. (J. D. G.)

[2] Ap. Athenæum, 11, p. 58, p. 221 Schweigh.

[3] Ἄκτωρ de ἀκτή. Δημήτερος ἀκτή, Hesiod. Op. et D., 32.

[4] Μόλος (μῶλος) est le nom de son père, suivant Phérécyde, et Apollodore (I, 7, coll. III, 3) cite deux *Molos*, l'un fils de Mars, l'autre de Deucalion. (J. D. G.)

le sol destiné à la culture. Voilà pourquoi un de ces héros se nomme *Eurytus* [1], ou le bon défenseur, le gardien, pareil aux deux gardiens d'Athènes, aux Anaces, aux Dioscures, que la tradition de Sparte faisait naître d'un œuf [2]; l'autre est *Ctéatus* [3], ou le possesseur, ou le propriétaire. Quand la mer est rentrée dans ses limites et que le rivage la contient, alors paraissent les laboureurs, le hoyau dans une main, le glaive dans l'autre. L'homme qui veut rester maître de sa terre natale doit, en quelque sorte, se doubler. Il lui faut deux bras pour l'épée et le bouclier, deux pour le fouet et les rênes dont il dirige ses coursiers de guerre [4]. Un seul corps doit porter le double appareil de ses membres, une seule volonté mouvoir en lui deux ames. Ce sont là les hommes doubles d'Hésiode, et tel fut aussi le double Cécrops [5], cet homme-serpent aux deux natures, l'une douce et parfaitement droite, l'autre terrible, tortueuse, pleine d'astuce [6]. C'est

---

[1] Εὔρυτος, de εὖ et ῥύομαι, avec la signification active. Buttmann (*Lexilogus*, I, p. 146, coll. 63 sqq.) regarde le mot Ἔρυτος, qui se rencontre chez les plus anciens auteurs, comme la vraie forme de ce nom propre dans la tradition de la tribu à laquelle appartient le héros qui le porte.

[2] *Conf.* le chap. précéd., p. 302 sqq.

[3] Κτέατος, κτέαρ, *res mancipi*.

[4] Τὰ ῥυτά signifie les rênes (J. Diacon. ad Hesiod. Sc., p. 213), et n'est peut-être pas sans rapport avec le nom Ἔυρυτος. Le nom d'*Actor*, père des *Actorides*, peut aussi rentrer dans le même sens, ἄγω, Ἄκτωρ (Hesych. *s. v.*, p. 212 Alb.).

[5] Διφυής, διφυεῖς.

[6] Plutarch. de Sera Num. Vind., p. 227 Wyttenb. — M. Hermann (*über das Wesen und die Behandlung der Mythologie*, p. 55) a donné de la fable des Molionides une explication toute différente et singulièrement prosaïque, comme la plupart de celles qu'il oppose à M. Creu-

le modèle du cultivateur, fin et redoutable envers ses ennemis, juste et bon avec ses amis. La haine et l'amour sont les deux grands mobiles du monde, au physique et au moral. Ils assistent au berceau de la société civile.

II. Esculape, soit dans son rapport avec l'Égypte et la Phénicie, soit dans son caractère primitif chez les Grecs; Télesphorus, Hygie et autres divinités salutaires du cortége d'Esculape, leurs attributs et leurs images; liaison antique de la médecine avec la magie, les amulettes et l'adoration des serpens, dans le culte d'Esculape; point de vue historique; familles consacrées à Esculape chez les Grecs et les Romains.

Jetons maintenant un coup d'œil sur le huitième frère des Cabires, *Esmun* ou *Esculape*, qui nous offrira plus d'un rapport avec les symboles précédens. Cette huitième puissance peut encore être considérée comme la première. En effet, que Phthas s'ajoute aux sept Cabires, il devient leur père et leur chef, et le huitième, avant sa naissance, est en lui et avec lui le premier. Tel est aussi le *Schmoun*, le Mendès ou le Pan de l'Égypte, identique à l'*Esmun* de Phénicie. Il est le *huitième*, ce qu'exprime son nom, parmi les dieux du premier ordre, et pourtant il s'identifie avec Ammon ou Kneph, à la fois leur chef et leur père [1]. Esmun n'est qu'une émanation de

---

zer. Se fondant également sur l'étymologie, il voit dans les noms de *Molione* unie à Neptune, d'*Actor*, son époux, d'*Eurytus* et de *Ctéatus*, leurs enfans, le sens général qui suit : « Des hommes arrivant par mer, et apportant des marchandises qui s'écoulent bien, font de bonnes affaires et gagnent des richesses. » Une interprétation non moins singulière au premier abord, mais beaucoup plus conforme au génie de la mythologie grecque, a été proposée depuis par M. Welcker : nous la reproduisons dans notre note déja citée. (J. D. G.)

[1] *Confér. ci-dessus*, ch. II, art. II, p. 285; liv. IV, chap. complém.

Phtha-Sydyk, issue de cette source divine et individualisée à part. C'est le beau jeune homme de Béryte, qui se mutila lui-même, et fut placé au nombre des dieux [1]. En cette qualité il se nomme *Pæon* ou *Pæan*, le médecin, et il est dit de lui qu'il avait allumé un grand feu au sein des ténèbres [2]. Nous avons donc ici encore une incarnation divine, un dieu-soleil personnifié dans sa beauté et dans sa faiblesse. Esmun-Esculape se rattache au bel Apollon, dont il passe pour fils chez les Grecs [3]; comme dieu mutilé, il se confond avec l'Attis de Phrygie, il se rapproche d'Adonis, son compatriote, et même de l'Hercule enchaîné des Tyriens, deux autres formes de la même idée. Il est, comme ces derniers, le soleil sans force de la fin de l'automne [4]. Sous tous ces rapports, on le voit répondre aux divinités égyptiennes, à Horus dans le premier sens, dans les autres à Harpocrate, à Sem, au dieu de la terre Sérapis. De tout temps l'Égypte fut célèbre par les connaissances de ses habitans en médecine; de tout temps elle se représenta les grands dieux, symboles des forces de la nature, comme doués de la puissance curative [5]. Isis, dans les inscriptions, reçoit l'épithète de *salutaire* [6]. Sérapis, dont le nom s'y ren-

---

p. 242 sq.; et surtout tom. Ier, liv. III, ch. IX, p. 495 sq., X, 519, 521, avec les Éclaircissemens, p. 830, 832, 833, 856, 864, note.

[1] *Ci-dessus*, liv. IV, ch. IV, p. 125.

[2] Ce n'est pas précisément là le sens des paroles de Damascius, citées dans la note 3 sur la pag. 125.   (J. D. G.)

[3] *Voy.* sur leur rapport, tel que l'admettaient les Phéniciens eux-mêmes, le curieux passage de Pausanias, même page *ci-dessus*.

[4] *Conf.* liv. IV, ch. V, p. 170, 173 sq., et *passim*.

[5] Tom. Ier, p. 516, coll. 450, etc.

[6] Gruter., p. 83; Fabrett., p. 470; Reines. cl. I, n° 132.

contre souvent à côté du nom de son épouse, possédait à Canope, ville déjà fameuse par son temple d'Hercule, un sanctuaire non moins renommé pour les cures merveilleuses qui s'y opéraient et dont on y tenait registre [1]. Sur les monumens figurés, l'une et l'autre de ces divinités portent des serpens, des agathodémons, emblèmes de la santé; elles portent encore le calice ou la coupe salutaire de la nature, entourée de serpens, et qui fut peut-être leur plus ancienne idole [2]. Ce qu'il y a de sûr, c'est que des serpens sacrés étaient nourris dans leurs temples comme les vivantes images de ces dieux de la santé [3]. La nourriture de ces véritables fétiches nationaux consistait en gâteaux de miel, et c'était aussi celle des serpens consacrés aux divinités de la mort, aux puissances souterraines. En effet, le dieu de la médecine est en même temps un pouvoir tellurique; c'est lui qui, du sein de la terre, fait sortir les sources bienfaisantes des eaux minérales [4]. Sous ce nouveau point de vue, et comme dieu de la terre, Esmun-Schmoun-Esculape est encore le fils de Phtha-Sydyk. Ainsi le huitième frère des Cabires est, dans son essence, identique avec le Sérapis de Canope; comme lui il a pour attribut le vase entouré de serpens; il est ori-

---

[1] Strab. XVII, p. 801 Cas. *Conf.* Creuzer. Dionys. I, p. 122; — et notre Dissertation sur le dieu Sérapis, p. 20, 22.   (J. D. G.)

[2] *Conf.* tom. Ier, Éclaircissem., 818 sq., et les renvois aux planches.

[3] Sérapis, p. 19 sq., *ibi* citat.   (J. D. G.)

[4] M. Sickler a donné du mythe d'Esculape et des symboles qui se rattachent au culte de ce dieu, une théorie fondée principalement sur l'idée de la vertu curative des eaux minérales dans leur rapport soit avec l'air et le soleil, soit avec divers accidens physiques. On peut en voir un extrait dans la note 4 sur ce livre, à la fin du volume.   (J. D. G.)

ginairement ce même vase, le sacré Canope[1]. D'après tout ce qui précède, on est fondé à croire que l'antique dieu de la médecine en Égypte, aussi bien que l'Esmun de Phénicie, étaient représentés sous la forme de pygmées, dérivée de celle du Canope, et commune à la fois aux Cabires de Memphis et aux Patæques de Tyr[2].

Toutes ces idées, tous ces symboles, nous allons les retrouver en Grèce. A Ægium en Achaïe, près du temple antique de la salutaire et secourable Ilithyia, on voyait les statues des divinités de la santé, *Asclépius* ou Esculape, et *Hygie*[3]. A Titané, ville du pays de Sicyone, dont le premier habitant fut, suivant la tradition, Titan, frère du soleil, Alexanor, fils de Machaon et petit-fils d'Esculape, avait bâti le temple de ce dieu, autour duquel logeaient ses ministres[4]. Sa statue, que l'on y voyait aussi, était presque entièrement couverte d'une tunique de laine blanche avec un manteau par dessus, en sorte que la face et les extrémités des mains et des pieds étaient seules apparentes. Là se remarquait également une idole d'Hygie tout environnée des tresses de cheveux que lui consacraient les femmes du pays, ainsi que de bandelettes d'étoffes babyloniennes[5]. Alexanor et Évamérion

[1] *Conf.* Dionysus, p. 220; Religions, tom. Ier, p. 415, et les Éclaircissemens, p. 818 sq.; — Sérapis, p. 23 sq.   (J. D. G.)

[2] Chap. précéd., art. IV, p. 308 sqq.

[3] Pausan. VII, Achaic., 23.

[4] Id. II, Corinth., 11. — Περιοικοῦσι... καὶ τὸ πολὺ οἱ ἱκέται τοῦ θεοῦ κ. τ. λ. Il s'agit des *supplians* du dieu, c'est-à-dire de ceux qui venaient implorer son assistance, comme traduit fort justement Clavier, t. Ier, p. 403.   (J. D. G.)

[5] Ces bandelettes, τελαμῶνες, *fasciæ* (Hesych. s. v., t. II, p. 1360 Alb.), avaient sans doute quelque chose de magique, comme les ται-

avaient eux-mêmes leurs statues dans ce temple. On faisait au premier les offrandes dues à un héros, après le coucher du soleil; mais on sacrifiait au second comme à un dieu. Son nom signifie le *bon jour*, dont il est le génie, et Pausanias nous apprend en outre que cet *Évamérion* de Titané passait pour être le même que le *Télesphorus* de Pergame et l'*Acésius* d'Épidaure. Quant aux noms d'*Alexanor* et de *Machaon*, celui-ci veut dire l'*aide*, celui-là le *protecteur*.

Les habitants d'Épidaure avaient trois généalogies différentes de leur dieu de la médecine. La tradition orthodoxe le donnait pour fils d'Apollon et de *Coronis*[1], fille elle-même de *Phlégyas* ou de l'homme du feu[2]. Il naquit secrètement sur le mont Titthéum, et fut allaité par une chèvre, jusqu'au moment où le berger qui la cherchait, averti par l'éclatante auréole dont l'enfant était environné, le découvrit et l'annonça comme un dieu dans tout le pays. Suivant le deuxième récit, Diane perça de ses flèches Coronis, et, sur son bûcher en flammes, Hermès reçut d'elle le jeune Esculape[3]. Le père

νίαι de Samothrace (*ci-dessus*, p. 320 sq.). Sur la manière dont elles pouvaient être ajustées, il faut voir Cuper, Apotheos. Homer., p. 143.

[1] Coronis aussi avait sa statue en bois à Titané, mais placée hors du temple.

[2] Phlégyas, dit-on, était venu de Thessalie dans le Péloponnèse. Une autre légende plaçait la naissance d'Esculape en Thessalie même, non en Argolide, et le faisait élever par Chiron, le fameux Centaure (Apollod. III, 10). L'Arcadie et la Messénie revendiquaient aussi le berceau d'Esculape. (J. D. G.)

[3] Dans Apollodore, Apollon tue lui-même Coronis, pour se venger de son infidélité, après avoir maudit le corbeau qui la lui avait annoncée, et lui-même il retire Esculape du bûcher. (J. D. G.)

de cet enfant divin est toujours Apollon, mais il a pour rival la Force, ce qui nous rappelle la généalogie absolument semblable d'Hermès Chthonius [1]. Une troisième légende fait Esculape fils d'Arsippus et d'Arsinoé, fille de Leucippus et sœur d'Hilaïra et de Phébé [2]. Dans toutes ces diverses traditions, Esculape demeure le fils du soleil, et ce n'est pas sans raison que les Grecs d'un âge récent l'ont regardé comme le soleil lui-même [3]. En effet, nous le voyons successivement rayonnant de lumière, sortant du sein des flammes, comme Bacchus et Hercule, et descendant du blanc coursier, du coursier solaire, son aïeul maternel, tandis que la lune, sous deux formes, est sœur de sa mère, qui fait probablement une troisième forme [4].

Les Arcadiens s'occupaient surtout d'Esculape enfant, et ils le représentaient avec cette figure [5]. Ainsi le vieux sol de la Grèce nous offre déjà le dieu sous trois points de vue : nous y trouvons un Esculape enfant, un Esculape soleil, et un Esculape enveloppé de la tête aux pieds.

Esculape fut apporté, dit-on, d'Épidaure à Pergame.

[1] *Conf.* l'article précédent, pag. 328.
[2] Pausan. II, Corinth., 26, coll. Apollod. *ubi supra.* C'est le troisième Esculape de Cicéron, de N. D. III, 22, p. 612 sqq., *ibi* Creuzer. — Ces généalogies et ces légendes sont analysées dans la note 3, sur ce livre, à la fin du volume, d'après O. Müller et Völcker, sous le point de vue de l'origine historique et toute grecque du culte d'Esculape.   (J. D. G.)
[3] J. Lydus de Mens., p. 78 Schow., p. 192 Rœther.
[4] Le nom de Phébé (Φοίβη) s'explique de lui-même, c'est la *luisante;* quant à Hilaïra (Ἱλάειρα), nous savons qu'Empédocle avait appliqué ce nom à la lune. *Conf.* Empedocl. fragm., p. 524 Sturz.; et, sur *Leucippus*, liv. IV, ch. VI, p. 217 et 218.
[5] Pausan. VIII, Arcad., 25. Autolaüs, fils naturel d'Arcas, avait, dit-on, trouvé le dieu enfant exposé près de Thelpuse.

On ajoute que, dans cette ville asiatique, l'*Acésius* d'Épidaure prenait le nom de *Télesphorus* [1]. Ce personnage y avait un temple aussi bien qu'à Smyrne; nous en sommes informés par le panégyriste de tous les Asclépiades, l'orateur Aristide, qui, lui-même habitant de cette dernière cité, a célébré cette famille divine dans trois de ses discours [2]. Quel était donc ce Télesphorus? Son nom veut dire celui qui est mûr et celui qui mûrit. C'est le dieu qui achève et le dieu achevé tout ensemble. C'est l'année mûre et mûrissant, le soleil parvenu à sa maturité en même temps que les fruits, et par conséquent tout près du déclin [3]. Esculape, d'après la tradition conservée en Attique, se présenta le huitième jour pour être initié aux Éleusinies, et il le fut [4]. C'est le tardif, le dernier-venu assistant à la fête de l'arrière-saison, à la fête de l'automne et des moissons. Le huitième jour était un dernier jour de salut, et quiconque se trouvait en retard pouvait encore, à l'exemple du dieu, se faire initier ce jour-là, avant la clôture de la fête. C'était donc un *bon jour*, un jour auquel présidait celui qui l'avait fondé, *Évamérion*, le dieu ou le génie du bon jour, autre nom donné à Télesphorus, qui n'est, lui aussi, qu'une forme d'Esculape. Cérès elle-même, pour l'amour du dieu,

---

[1] Pausanias cité plus haut, note 4, p. 339 sq.

[2] On peut voir, sur le culte et les temples des villes mentionnées, les détails rassemblés par Schulze, Historia medicin., p. 120 sqq.

[3] Τελεσφόρος, δένδρα τελεσφόρα. Aussi les Arcadiens donnaient-ils à Esculape *Trygon* pour nourrice, vraisemblablement de τρύγη, récolte, d'où τρυγάω. *Conf.* Joseph. Antiq. Jud. I, 6, 3.

[4] Philostrat. Vit. Apollon. IV, 18. *Conf.* livre VIII, sect. II, chap. des Éleusinies, tom. IV.

semblait avoir établi ce jour de grâce. C'est la Cérès cabirique que nous avons vue éprise de *Jasion*, du beau sauveur venu de l'île de Crète [1]; c'est Isis salutaire, l'amante ou l'épouse du dieu-serpent. A Samothrace, où Jasion figurait parmi les dieux et parmi les ministres des dieux, les initiés croyaient obtenir, comme à Éleusis, la santé de l'âme et du corps [2]. Sans doute on y connaissait aussi un Évamérion, un dieu du bon jour, et probablement du huitième jour; car Esmun-Esculape passait pour le huitième des Cabires. Quoi qu'il en soit, dans Évamérion et Télesphorus viennent se réunir les idées de la perfection physique, morale et religieuse. Esculape, de même que Jasion, est le sauveur qui guérit de tous les maux; aussi a-t-il pour fille *Jaso*, celle qui guérit et qui sauve [3].

La langue hellénistique, qui est celle des interprètes alexandrins de l'ancien Testament, nous place dans une tout autre sphère d'idées. Traduisant par *Telesphoros* le mot hébreu qui signifie *prostituée* [4], elle semble nous ramener à ces excès d'une débauche fanatique, à ces prostitutions dans les temples, qui souillaient les cultes de Mylitta et d'Adonis à Babylone et en Phénicie. Peut-être

[1] Article précédent, *init.*
[2] *Conf.* chap. II, art. V, p. 319 *ci-dessus.*
[3] Schol. Aristoph. Plut., v. 639. — *Jasion* et *Jason* ont été rapprochés à la fois d'Hermès-Trophonius et d'Esculape, identifiés ensemble, par O. Müller et Völcker. *Voy.* la note qui vient d'être citée, fin du volume. (J. D. G.)
[4] *Voy.* Deuteron. XXIII, 17, et Gesenius *Hebr. Vœrterb.*, p. 966. *Conf.* Cyrille et Théodoret sur le passage cité de la Bible; Etymol. M. *v.* Τελεσφ.; Salmas. de trapez. fœn., p. 460; Biel Thesaur., Τελεσφ ; Wettstein ad N. T. I, p. 707; Sturz. de Dial. Maced., p. 196 sq.

les tresses de cheveux et les bandelettes babyloniennes qui enlaçaient, à Titané, la statue d'Hygie, étaient-elles des vestiges de ces rites voluptueux enseignés jadis aux femmes du pays de Sicyone. Vraisemblablement et les hommes et les femmes croyaient honorer, par les monstrueuses voluptés des orgies, l'amant impuissant de la brûlante Astronoé. Il est donc probable que, dans la Basse-Égypte et dans les contrées voisines, des idées de ce genre s'étaient rattachées au culte de cette incarnation solaire, comme de plusieurs autres, et que ces idées se conservèrent dans le mot *Telesphoros*, chez les Hellénistes d'Alexandrie.

Les orgies et les représentations impudiques n'étaient nullement étrangères à la religion de Samothrace, ainsi que nous l'avons vu dans le chapitre précédent. Esmun-Esculape, le huitième Cabire, fut primitivement l'un des dieux de cette religion; et c'est encore à elle qu'il appartient comme divinité de l'hiver, c'est-à-dire du soleil tombé aux signes inférieurs, comme *Ophiuchus*, le maître du serpent, placé sur le scorpion [1], par conséquent comme puissance tellurique. Tous les Cabires sont des puissances de cette espèce. Ce sont les planètes opérant dans les régions souterraines, les forces cachées du feu agissant sur les métaux. Habitans des profondeurs de la terre, ils les font retentir du bruit de leurs marteaux, et, dans les éruptions volcaniques, les obligent de produire au jour les trésors qu'elles recèlent. Aussi la constellation du capricorne est-elle le signe consacré aux Cabires [2]. Escu-

[1] J. Lydus de Mensib., p. 125 Schow., p. 288 Rœther.
[2] M. Welcker a montré que le symbole pris long-temps pour un

lape, à ce titre, est nommé la lumière qui luit au sein des ténèbres [1]. Cérès, sous le même aspect, et devenue une Furie, engendre avec Neptune le cheval merveilleux Arion, qui sort de l'abîme, paré d'une crinière bleuâtre [2]. Ainsi nous avons, dans cette antique mythologie de la Grèce, deux coursiers en opposition, le coursier blanc du soleil et le sombre coursier des ténèbres; et plus d'une fois déja ce contraste significatif des couleurs s'est offert à notre attention [3].

Les puissances souterraines et les divinités de la mort sont aussi les divinités du sommeil. Tel est en effet Esculape. Il donne le sommeil et le repos, et par eux la santé [4]. De là cet usage d'aller dormir dans son temple à Épidaure [5], pour recouvrer ce bien précieux par les moyens que le dieu de la médecine indiquait lui-même en songe aux malades. C'est sans doute pour une raison analogue que les habitans de la Sicyonie faisaient leurs offrandes au héros Alexanor après le coucher du soleil [6]. Mais et ce gardien, petit-fils d'Esculape, et le génie du bon jour Évamérion ne sont, comme on a déja pu l'en-

---

capricorne, dans l'une des mains du Cabire représenté sur les médailles de Thessalonique et d'autres villes, n'est autre chose qu'un *Rhyton*, qui se termine en un petit quadrupède (*Æschyl. Trilogie*, p. 258). *Conf.* le chap. précéd., art. V, p. 314, avec les renvois de la note 3, soit aux planches, soit aux Éclaircissemens.

[1] *Ci-dessus*, p. 337, et la note 2.
[2] Pausanias, passage cité plus haut, p. 341, n. 5.
[3] *Voy.* par exemple, livre III, tom. Ier, p. 427, 486, 492.
[4] J. Lyd. de Mens., p. 78 Schow., p. 192 Rœther.
[5] Ἐγκοίμησις, *incubatio*. *Confér.* Sprengel, *Gesch. der Medicin*, I, p. 107 sqq.
[6] *Ci-dessus*, p. 340.

trevoir, que des propriétés ou des attributions détachées et personnifiées à part, sous une forme généalogique, d'un seul et même être fondamental. L'antique Esculape, originaire d'Égypte ou de Phénicie, et venu de bonne heure à Samothrace, parut d'abord en Grèce avec une figure fort rapprochée de celle de ces dieux vases, nains ou pygmées que l'on enveloppait, et auxquels on reconnaissait une vertu magique [1]. La richesse du sens répondait à la bizarrerie de l'extérieur dans ces mystérieuses idoles. Toutefois, déjà l'esprit des vieilles croyances pélasgiques tendait à décomposer cet ensemble de notions réunies en un symbole unique et à les individualiser chacune pour soi. C'est ainsi que peu à peu il se forma autour du grand dieu de la médecine un cortége de génies des deux sexes, supposés ou ses femmes ou ses fils et ses filles, et même ses petits-fils [2]. Cependant l'épopée grecque créait l'idéal des divinités, et l'art s'en emparait presque aussitôt. Épidaure reçut dans son temple un Esculape d'un aspect plus simple et plus noble à la fois [3]. La figure

[1] *Conf.* le chap. précéd., art. IV, p. 310-312.

[2] Épioné, Lampétia, Hygiée, Églé, Panacée, Jaso, Janiscon, Machaon, Alexanor, Évamérion, Acésius ou Télesphorus. Ce dernier, dans un passage d'un livre inédit de Damascius, transcrit sur Cicéron de N. D., III, 23, p. 614 (il faut y lire παιώνιον au lieu de παιόνιον), est présenté comme un pouvoir secondaire relativement à Esculape, dont il ne fait qu'achever l'œuvre en accomplissant la guérison (ἐπιτελειοῖ τὴν ὑγίειαν).

[3] Thrasymèdes de Paros était l'auteur de cette statue faite d'or et d'ivoire comme celle du Jupiter Olympien de Phidias (Pausan. II, Corinth., 27). Les plus grands artistes s'exercèrent sur le même sujet, entre autres Praxitèles et Céphissodore, qui paraît avoir fixé l'idéal du dieu. *Voy.* Heyne de auctorib. formar., p. 25; et surtout Quatremère de Quincy, le Jupiter Olymp., p. 352 sqq., avec la pl. XXIII.

de Jupiter, un peu modifiée, devint le modèle de tous les Esculapes [1]. Les Grecs, amis du beau, devaient d'autant moins s'en tenir, ici comme ailleurs, aux grossières représentations des Pélasges, que la mythologie phénicienne célébrait elle-même un bel Esmun. Mais la piété, l'habitude, l'amour du merveilleux réclamaient, par une tendance contraire, en faveur des images antiques, plus significatives et plus mystérieuses. Il fallut donc placer à côté du nouveau dieu un de ses attributs personnifiés, un de ses assesseurs, sous l'ancienne forme de nain enveloppé. Ce fut Télesphorus, et voilà pourquoi celui-ci était regardé comme un dieu, et jouissait des honneurs divins. Sur les médailles et les pierres gravées, on le voit tantôt seul, tantôt auprès d'Esculape, tantôt auprès d'Hygie, et quelquefois auprès de tous les deux [2]. Sa figure d'enfant et son vêtement le font reconnaître tout d'abord. Il porte un court manteau auquel est adapté un bonnet ou un capuchon qui lui couvre la tête, imitation des vieilles idoles pélasgiques, entourées de voiles magiques et de bandelettes. On se rappelle le voile et la ceinture sacrée de Samothrace, qui préservaient de tous les maux [3].

Partout où les Asclépiades enseignèrent ou guérirent dans les temples de leur père et de leur maître, à Mé-

---

[1] *Voy.* pl. LXXXVI, 307, avec l'explication, et *compar.* pl. LXIII, 249, LXX, 256.   (J. D. G.)

[2] *V.* les détails et les indications de toute espèce résumés dans Zorn, de Telesphoro, in Miscell. Groning. II, 2, p. 201 sqq.; Eckhel, D. N. V. II, p. 425 et 468. — *Conf.* pl. LXXXVII, 310, 311, et l'explication.   (J. D. G.)

[3] Chap. précéd., p. 320 sq.

galopolis, à Cyrène, à Sicyone, à Smyrne, à Cos, à Pergame, à Épidaure, à Nicée, etc., Esculape et ses bons génies furent célébrés comme les dieux sauveurs par excellence, sur les tables votives, les inscriptions, les médailles et les pierres gravées [1]. Partout reparaissent les vestiges de la haute antiquité, et nous sommes reportés par une foule de traits divers aux dieux sauveurs de l'Égypte. Ce n'est donc pas sans raison que l'on a rapproché Télesphorus d'Harpocrate; Esculape aussi bien qu'Hercule se confond à certains égards avec cette divinité égyptienne [2]. Tous ces êtres, à titre de puissances célestes ou terrestres, sont également subordonnés à Vulcain, dont ils émanent en différens degrés. Héphæstus-Vulcain, suivant d'autres Athéné-Minerve, le dieu ou la déesse du feu, étanche la soif d'Hercule par les eaux des sources chaudes aux Thermopyles [3], et tous les breuvages salutaires sont sous l'empire d'Esculape et de ses enfans [4]. Ici se représente l'idée de l'hiver, auquel préside Harpocrate, le soleil affaibli, devenu nain, enfant, le petit soleil, comme l'appellent encore les sauvages de l'Amérique. C'est évidemment Télesphorus. Celui-ci, de

---

[1] *Voy.*, indépendamment des figures citées, les deux *ex-voto* représentés pl. LXXXVII, 312, et XCI, 313. Dans ce dernier monument, les trois Grâces accompagnent Esculape.   (J. D. G.)

[2] *Conf. ci-dessus*, p. 337. — Esculape se trouve accidentellement rapproché d'Hercule sur le médaillon que reproduit notre planche LXXXVI, 315, celui-ci portant l'image de la Diane d'Éphèse, celui-là porté lui-même par Galien, son célèbre ministre, qui était né à Pergame. *Compar.* LXXXVII, 314.   (J. D. G.)

[3] Ibycus et Pisander ap. Schol. Aristoph. Nub. v. 1047, 1050 Herm. *Conf.* Herodot. VII, 176.

[4] Aristid. Orat. in Asclepiad., p. 82, p. 46 Jebb.

même qu'Harpocrate, était-il figuré avec un doigt sur la bouche, en qualité de dieu du silence; nous ne saurions l'affirmer. Ce geste, que l'on remarque dans certaines images d'Esculape, s'explique plus naturellement comme une allusion au silence prescrit dans le fameux serment d'Hippocrate. Peut-être aussi cette prescription elle-même se rattachait-elle aux antiques symboles religieux.

Dans la croyance populaire des Grecs, les prophètes, les chantres inspirés furent les premiers médecins. Voilà pourquoi Chiron passe pour le maître d'Esculape [1]. Vraisemblablement la doctrine supérieure concevait en un sens cosmique transcendant cette alliance de la musique et de la médecine. Rappelons-nous que la déesse cosmogonique Ilithyia avait son temple près de l'enceinte consacrée à Esculape, fils d'Apollon; rappelons-nous la haute acception de la lyre, et la théorie primitive de la lumière développée plus haut [2]. C'était à Épidaure, dans la cité favorite d'Esculape, que Pausias avait peint l'Amour saisissant la lyre après avoir jeté son arc et ses flèches. Le médecin Éryximaque faisait de l'Amour le dieu de la médecine, et mentionnait l'arc et la lyre sous ce point de vue [3]. Enfin, la lyre céleste qui, suivant Varron, se lève avec le soleil vers le 1er novembre [4], put induire les Grecs à rapprocher ainsi d'Apollon, dieu

[1] Apollodor. III, 10. — Le dieu se voit encore sur un médaillon de Commode, escorté par deux Centaures, dans notre pl. LXXXVII, 309. (J. D. G.)

[2] *Ci-dessus*, p. 339, et liv. IV, chap. IV, p. 150, 153 sq.

[3] *Voy.* les passages de Platon et de Pausanias, cités liv. IV, ch. IV, *ibid.*, *ibid.*

[4] J. Lydus de Mens., p. 125 Schow, p. 288 Rœther.

de la lyre, le dieu des signes inférieurs, Esculape. Pour revenir aux idées populaires, le chant était supposé avoir une vertu curative. Les incantations et les conjurations formaient une partie importante de la médecine antique[1]. Le médecin, chantre sacré, pouvait même conjurer les morts. Jupiter, disait la fable, foudroya Esculape, parce qu'il allait jusqu'à leur rendre la vie. Le dernier qui fut ainsi ressuscité était Hippolyte, fils de Thésée, devenu par la suite un symbole de l'immortalité[2]. Une plante merveilleuse, trouvée par un serpent, qui en éprouva la vertu sur un autre serpent, avait opéré de semblables résurrections[3]. En général, on attribuait aux serpens bienfaisans la découverte des herbes salutaires, et le bon serpent, Agathodémon, avait été le premier instituteur des Asclépiades.

Le peuple, partout incapable de garder une juste mesure, se précipita dans le culte des serpens, si répandu chez les anciens, et mis en vogue principalement par les mystères de Bacchus. De là les jongleurs avec leurs serpens apprivoisés, et le crédit de cette race d'imposteurs en Asie-Mineure et en Grèce[4]. La religion d'Esculape a mille rapports avec la magie en général. Les bétyles, les

---

[1] Hom. Odyss. XIX, 457; Pindar. Pyth. III, 91, 92, *ibi* Schol.; Æschyl. Prometh. 482, *ibi* interpret.

[2] Eratosthen. Cataster. 6; Hygin. fab. 49, *ibi* Muncker et Staveren.

[3] Cette plante se nommait βάλις. *Conf.* Creuzer. fragm. Hist. Græc. antiquissim., p. 193 sqq., *ibi* citata.

[4] C'est dans l'art grossier de ces jongleurs, importé d'Égypte en Grèce par les marchands phéniciens, que M. Böttiger, d'après une hypothèse qui s'éloigne beaucoup de celle de notre auteur, cherche et trouve l'origine du culte entier d'Esculape. *Voy.* la note 4 sur ce livre, à la fin du volume. (J. D. G.)

idoles-pygmées, les voiles, écharpes ou ceintures consacrées, les amulettes de toute sorte devinrent avec le temps, entre les mains des adeptes, autant de remèdes ou de préservatifs contre les maladies. Les Romains, si avides de superstitions étrangères, donnèrent surtout dans ce fanatisme comme dans tous les autres. Bientôt les images, jadis symboliques, d'Esculape et de Télesphorus, ne furent plus que des espèces de talismans, des instrumens magiques, employés comme moyens curatifs ou comme procédés de la divination, par les fourbes qui se faisaient nommer Asclépiades, à Épidaure et à Pergame[1]. C'est donc avec raison que le saint auteur de l'Apocalypse, fixant son regard prophétique sur cette dernière cité, l'une des sept communautés de l'Asie, félicite les chrétiens d'être demeurés fermes aux lieux mêmes où Satan avait établi son trône[2].

Mais, à toutes les époques, les enfans de l'esprit se séparèrent des enfans de la chair. De même que, dans la haute-antiquité, le peuple des Pélasges adorait servilement à Samothrace les puissances magiques, les idoles et les amulettes, tandis qu'un petit nombre d'hommes supérieurs trouvait dans les mystères de cette île les nobles espérances de la religion; de même ces hautes idées se propagèrent au milieu de la corruption des siècles dégénérés. L'antique dieu de la médecine conserva pour les initiés un caractère vraiment religieux. Jasion et Esculape, ainsi que les autres divinités descendues du ciel,

[1] Par exemple, le Télesphore ἐγγαστρίμυθος ou *ventriloque* (Suidas in Τελεσφ.).
[2] Apocal. II, 13.

sur la terre, avaient la mission de ramener les âmes de la terre dans les cieux [1]. Tous les grands dieux de la nature partagent cet emploi, et nous en trouverons plus loin la preuve, en traitant de la religion de Bacchus.

Tout comme Hercule, Esculape a son rôle dans l'histoire humaine. Sydyk, son père, paraît déjà avoir été le patron divin de quelques uns des anciens monarques de l'Asie antérieure qui portent son nom, par exemple d'*Adoni-Sedek*, roi de Jérusalem, selon le livre de Josué. Esculape, fils de Phtha-Sydyk, figure sous le nom de *Tosorthrus* dans la troisième dynastie des Pharaons égyptiens, parmi ceux de Memphis, immédiatement après Ménès [2]. Ce Pharaon, est-il dit, fut l'inventeur de la médecine, de l'art d'écrire, et des hautes sciences que l'on rapporte ordinairement à Thoth-Hermès. C'est le même qui soutient avec ce dernier des dialogues philosophiques dans certains livres du soi-disant Hermès-Trismégiste. Chez les Grecs, les noms des dieux ou des génies de la santé se rencontrent aussi mêlés aux généalogies héroïques. Le chef de l'expédition des Argonautes fut appelé *Jason* par Chiron, son précepteur, à cause de l'art de guérir qu'il avait appris de lui [3]. Le nom de *Jasion*, l'amant de Cérès, quelqu'étymologie qu'on lui donne [4], emporte la même idée, qui se retrouve jusque dans Plu-

---

[1] C'est ce que Serenus nous apprend d'Esculape, si l'on suit la leçon du plus grand nombre des mss., leçon mal à propos rejetée par son éditeur (Serenus Samonicus de Medicina, *ibi* Ackermann. annotat. p. 2).

[2] Syncell. Chronograph., p. 54 C.

[3] Pindar. Pyth. IV, 211, *ibi* Schol. — *Conf. supra*, p. 343, n. 3.

[4] On l'a rapporté à la *production* du blé, aux riches moissons que

tus, leur fils; car la richesse, dit un ancien, est le remède à tous les maux[1]. La chirurgie, aussi bien que la médecine, eut ses dieux, ses héros et ses familles sacrées. Si le père d'Esculape était *Pæan*, le médecin par excellence, *Acésius*, autre épithète d'Apollon, signifiait le chirurgien[2]. Phébus, dans Euripide, est surnommé *Acestor*, qui veut dire la même chose[3], et les descendans d'Acestor étaient au nombre des Archontes d'Athènes. Le mythe de Philoctète et le nom d'*Acesia*, donné à une portion de l'île de Lemnos, nous reportent à la primitive patrie de ces dieux pélasgiques, de leurs enfans, et de leurs héritiers divins dans l'art de guérir.

On sait que les Romains, l'an de la ville 461, pour être délivrés d'une épidémie, envoyèrent demander par une ambassade solennelle le merveilleux serpent d'Épidaure. Un temple fut bâti à Esculape dans l'île du Tibre,

---

sortent du sein de la terre, et au verbe ἵημι; mais le verbe ἰάομαι, *guérir*, et le nom du médecin, ἰατρός, qui en dérive, sont eux-mêmes ramenés à cette racine (Foës. OEconom. Hippocrat. *s. v.*). D'ailleurs, n'est-ce pas Cérès aussi qui produit les plantes salutaires?

[1] Schol. Palatin. ad Odyss. V, 123, in Creuzer. Meletem. I, p. 53. L'alliance des idées de richesse et de guérison ou de santé paraît également dans l'hymne orphique XL, 20, où Cérès est invoquée sous les deux points de vue. De même encore Esculape est présenté à la fois comme le dieu qui guérit les mortels et celui qui leur prodigue tous les biens, dans un autre fragment orphique, écrit en dorien, où il faut lire sans aucun doute, avec Saumaise, ὀλβιοδώτα pour ὁραιοδότα, et non point ὡραιοδότα comme le veut Heeren (Stob. Eclog. I, 3, p. 68 de son édit., coll. Hermann dans le *Classical Journal*, n° XXXV, p. 23). *Conf. ci-dessus*, p. 343.

[2] Du verbe ἀκεῖσθαι, Lennep. Etymol. gr., p. 69. *Conf.* Pausan. VI, Eliac. (II), 24.

[3] *V.* Schol. min. in Iliad. XXII, 2.

où le reptile sacré s'était caché parmi les roseaux [1]. A la même place on voit aujourd'hui l'église de Saint-Barthélemi. La statue la plus accomplie du dieu, ouvrage du ciseau de Céphissodore, devint également le partage des Romains [2]. Mais ce n'était point assez; ils voulurent avoir aussi leurs Asclépiades, et ils les trouvèrent dans la famille des Acilius. Cette famille portait sur ses monnaies ou l'image d'Esculape, ou celle d'Hygie, de la Santé ou du Salut, mots synonymes dans la langue latine [3]. Est-ce une allégorie du nom *Acilius*, une allusion au verbe grec qui signifie guérir, un rapprochement imaginé entre les *Acilii* et les *Acesii* ou *Acestorides?* Telle est l'opinion de plusieurs savans [4]. D'autres ont cherché avec plus de fondement, dans un passage de Pline [5], l'origine de ces représentations des dieux de la santé, affectées à la famille Acilia. Nous savons, en effet, par le naturaliste, qu'à l'époque où le premier médecin grec, Archagathus, vint du Péloponnèse à Rome, en 535, sa résidence lui fut assignée dans le carrefour des Acilius. Quoi qu'il en soit, cette famille romaine, en reproduisant sur ses monnaies les symboles des divinités de la médecine, paraît avoir voulu se rattacher à elles d'une manière immédiate,

---

[1] Valer. Max. I, 8, 2. — *Conf.* notre planche LXXX, 308, et l'explication.   (J. D. G.)

[2] Pline en parle comme l'ayant vue, H. N. XXXVI, 4, p. 727 Hard.

[3] *Valetudo* ou *Salus*. — *Voy*. notre pl. LXXXVI, 310 *a*, avec l'explication.   (J. D. G.)

[4] Orsini, Vaillant, Eckhel. *Confér.* ce dernier, D. N. V., tom. V, p. 119.

[5] H. N. XXIX, 6, p. 495 Hard. *Conf.* Morelli ap. Spanheim. de usu et præstant. Numism. II, p. 15; Havercamp ad Morelli Thesaur., p. 2 sq., p. 637 sqq.

et se placer plus spécialement sous la protection d'Esculape et d'Hygie. Nous retrouvons donc ici ce penchant général dans toute l'antiquité à unir les hommes avec les dieux par le lien de l'histoire.

CHAPITRE IV.

HOMÈRE ET HÉSIODE.

Au dessus des sanctuaires antiques fréquentés par les Pélasges, règne en quelque sorte un ciel ténébreux, qui nous laisse à peine entrevoir, sous ses voûtes profondes, des divinités plus ou moins nombreuses, groupées et combinées diversement, dessinées en traits aussi vagues que fugitifs, se confondant les unes avec les autres, et finissant toutes par s'absorber au sein de l'être primitif d'où elles étaient émanées comme d'une source unique. Avec la brillante épopée tout s'éclaircit, tout se détermine dans la religion grecque. Les dieux reçoivent leurs honneurs respectifs, leurs fonctions distinctes, et pour jamais s'individualisent et se fixent les caractères et les images de ces hôtes élégans de l'Olympe poétique. Hésiode forme la transition entre ces deux époques. Quoiqu'il ait chanté après Homère, il tient encore beaucoup du génie symbolique et allégorique de la haute antiquité; il dépouille moins les mythes religieux de leur sens primitif. Après avoir exposé les dogmes principaux de sa Théogonie [1], nous essayerons de développer les

---

[1] Cette exposition est un extrait de la critique détaillée, faite par M. Creuzer, dans les Lettres sur Homère et Hésiode, d'une dissertation latine de M. Hermann (de Mythologia Græcorum antiquissima, Lips. 1817), renfermant un système d'interprétation différent, et qui se fonde principalement sur les étymologies grecques. Cette interprétation, défendue plus tard par son auteur, se trouve analysée, aussi

rapports de ces deux poëtes, soit entre eux, soit avec les auteurs dans les ouvrages ou les fragmens desquels nous devons puiser, en outre, la connaissance des religions de la Grèce.

I. Analyse de la Théogonie d'Hésiode; fragmens des antiques cosmogonies; triple système des divinités de la Grèce.

Hésiode nous présente comme essences primordiales : le *Chaos*, la *Terre*, le *Tartare* et l'*Amour*[1]. Tâchons de démêler les relations mutuelles de ces quatre principes, aussi bien que des êtres secondaires qui en dérivent. Le *Chaos*, selon les anciens, est l'espace vide, pris dans une acception sensible pour l'air et l'eau; la nature qui reçoit tout dans son sein, comme dit Platon[2]. La *Terre* (*Gæa*) n'est pas tant la matière que la terre proprement dite, au sens du même Platon, comme base et fondement réel du monde[3]. Mais la vue d'Hésiode était moins haute et son langage plus conforme aux idées populaires. Sans abstraction philosophique, la terre, pour lui, c'est la mère qui enfante toutes choses, la déesse puissante dont le vaste sein porta les géans[4]. Le *Tartare* conséquemment

---

bien que ses nouvelles remarques, dans notre note 5 sur ce livre, à la fin du volume. On y trouvera également la mention et les résultats essentiels de la plupart des autres explications de la Théogonie, publiées soit avant soit depuis cette intéressante discussion, dont nous avons déjà parlé, tom. Ier, Éclaircissemens, p. 567.   (J. D. G.)

[1] Theogon. v. 116 sqq., p. 13 ed. Wolf, 11 Boissonad.
[2] Πανδεχῆ φύσιν, ap. Schol. Theogon. ex cod. Schellersheim.
[3] Sympos. VI, 2, p. 20 Wolf., p. 380 sq. Bekker.; Schol. Theogon., *ibid.*
[4] Γαῖα εὐρύστερνος. Pausanias (VII, Achaic., 25) parle d'un temple

doit être le penchant que conserve la terre ou la nature dégagée du chaos sans forme à s'y replonger partiellement. L'*Amour* (*Eros*) est la tendance contraire, le principe qui meut, maintient et unit [1]. Du Chaos naissent l'*Érèbe* et la *Nuit* : l'Érèbe, masse pesante et oppressive des ténèbres sous la forme de brouillard, qui rappelle l'Éphialte d'Homère [2], pris en un sens cosmogonique; la Nuit, naturellement épouse de l'Érèbe, dont elle eut l'*Éther* et le *Jour* (*Hemera*). Cette dernière conception est tout-à-fait analogue à celle que nous avons expliquée plus haut [3], et suivant laquelle Apollon et Diane, le soleil et la lune, sont enfans de Latone, la déesse des ténèbres.

Ensuite la Nuit engendra d'elle-même le Sort, la Destinée (*Ker*), la Mort, le Sommeil, les Songes, Momus ou le Rire, l'Affliction, les Hespérides, les Parques, les Peines divines (*Keres*), Némésis, la Fraude, l'Amitié, la Vieillesse, la Discorde. Suivent les enfans de cette dernière : le Travail, l'Oubli, la Faim, les Douleurs, les Combats, les Meurtres, les Batailles, les Destructions d'hommes, les Disputes, les trompeuses Paroles, les Contestations, l'Injustice, l'Iniquité, le Serment [4].

---

de la Terre *à la vaste poitrine*, appelé d'elle Γαῖος, et où peut-être elle était représentée sous une image analogue à celle de la Diane d'Éphèse.

[1] Aristot. Metaphys. I, 4, p. 13 ed. Brandis. *Conf. ci-dessus*, liv. IV, ch. IV, p. 99.

[2] Chap. précéd., art. I, p. 332 sq.

[3] Liv. IV, ch. IV, p. 99, 106 sqq.

[4] Theogon. v. 211-232. Ce passage, que nous rapprochons de ce qui précède pour le faire mieux saisir, en intervertissant l'ordre d'Hé-

Voici la pensée de cette vue à la fois cosmique et profondément morale jetée sur le monde. La création se consomme, et la nature, par sa propre force, peut maintenant produire une œuvre régulière; mais les instincts aveugles n'en continuent pas moins d'agir dans ses ténébreux abymes. Du sein de la Nuit sort la Discorde avec son cortége de puissances funestes. La matière, dont est fait le monde, ne saurait devenir étrangère au mal, qui reparaît au milieu même de l'ordre. Nous retrouvons ici les débris successivement accumulés de divers systèmes orientaux fort anciens. On se rappelle la Maya de l'Inde, première émanation de l'Éternel s'apprêtant à la création, l'illusion, l'apparence, qui a pour fils Cama, l'Amour [1]. L'Amitié et la Discorde sont également principes créateurs, soit dans la cosmogonie des Perses, soit dans celle que révélaient les mystères de Samothrace : Empédocle s'en empara, comme nous l'avons vu [2]. La Faim, dans le sens de l'extrême passion, du désir violent de produire, appartient aussi aux mystères cabiriques [3], où le rieur Momus se présente sous les traits du railleur Gigon, ministre du dieu créateur [4]. La Souffrance et les Larmes, personnifiées chez Hésiode, figurent avec le même caractère cosmogonique dans toutes les traditions

---

siode, a été regardé comme une interpolation par la plupart des savans depuis Ruhnken, et récemment encore par Hermann. — *Conjér.* la note citée, fin du volume. (J. D. G.)

[1] Livre Ier, ch. V, tom. Ier, p. 268-272.

[2] Chap. II, *ci-dessus*, p. 296.

[3] C'est une idée de Schelling, dont il faut voir le développement dans la note 2 sur ce livre, fin du vol., § 1er. (J. D. G.)

[4] Ch. II, *ibid.*

primitives. On dirait qu'un accent de douleur fut le premier signe de vie que donna le monde à sa naissance; que les pleurs durent mouiller partout les premières pages de l'histoire humaine. Ève, la mère commune, pleure la mort de son fils Abel; Kayoumaras, l'Adam de la Perse, gémit sur le trépas prématuré du bon Siamek, l'un de ses trois enfans; les Égyptiens avaient un chant plaintif dans lequel ils déploraient la perte du jeune Manéros, de Manéros le même que le Linus des Grecs, que ce fils d'Apollon, également tombé à la fleur de ses ans [1].

Ici vient encore se rattacher une série de représentations figurées et symboliques de la Nuit, du Sommeil et de la Mort, où se marquent d'une manière frappante les progrès de l'art, depuis ses plus grossières ébauches jusqu'à ses chefs-d'œuvre les plus parfaits. Sur le fameux coffre de Cypsélus, la Nuit était représentée sous la figure d'une femme portant deux enfans endormis, l'un blanc et l'autre noir, tous deux avec les pieds crochus [2]. On la voit, sur quelques pierres gravées, tenant au dessus de sa tête un voile étoilé qui rappelle l'épithète que lui donne Eschyle [3]. Souvent on trouve le Sommeil sous l'image d'un génie endormi, debout, avec son flambeau

---

[1] Liv. II, p. 311, III, 489 sq. du tom. Ier.

[2] C'étaient le Sommeil et la Mort, ajoute Pausanias, V, Eliac. (I), 18. *Conf.* Heyne *über den Kasten des Cypselus*, p. 24; Visconti Museo Pio-Clement. III, p. 59; Brœckus. ad Tibull., II, 1; 85. — Est-ce la Nuit qui dort elle-même environnée d'enfans, dans notre planche CLI, 333 *a*? *Voy.* l'explication des planches, où cette question est examinée. (J. D. G.)

[3] Νὺξ ποικιλείμων, Prometh., 23, *ibi* Schütz. — *Conf.* pl. CL, 333.

renversé et la tête appuyée dessus ou sur sa main droite [1]. Ailleurs il est couché et entouré de divers attributs significatifs [2]. Quant aux emblèmes de la Mort, nous nous contenterons de renvoyer le lecteur au célèbre écrit de Lessing sur ce sujet, et au Traité de l'allégorie de Winckelmann. Parmi les enfans de la Nuit se trouve Némésis, dont nous avons indiqué ailleurs et le caractère et les différentes représentations [3]. Mésomédès, dans l'hymne cité, lui associe Diké ou la Justice, que, par une pantomime barbare, l'art des Grecs, encore dans l'enfance, avait figurée comme une belle femme étranglant une femme hideuse, et la frappant d'un bâton. Ainsi paraissait-elle sur le coffre de Cypsélus [4]. Une autre compagne de Némésis était, suivant Hésiode [5], la Pudeur, sur laquelle nous nous sommes également expliqués dans notre Introduction [6]. Reprenons la Théogonie.

La *Terre* produisit d'elle-même *Uranus*, ou le Ciel, la voûte céleste personnifiée [7], puis les *Montagnes*, puis la *Mer*, ou plutôt le profond abyme (*Pontus*); bientôt

---

[1] Quelques uns prennent cette figure pour celle de *Thanatos* ou de la Mort. *Voy.* pl. CLVIII, 603, avec l'explicat. (J. D. G.)

[2] Des têtes de pavots, un lézard, une chauve-souris, etc. *Conf.* Visconti Mus. Pio-Clem. III, n° 44. — *Morphée*, dieu du sommeil, porte des ailes aux tempes, quelquefois aussi au dos, et une couronne d'asphodèle. *Voy.* pl. LXXXIX, 323, XC, 324, CXLII, 334. (J. D. G.)

[3] Tom. Ier, Introd., p. 70 sq. *Conf.* pl. CXLVI, 559, CLXIX, 636.

[4] Pausan., *ubi supra*.

[5] Op. et D., v. 198.

[6] Tom. Ier, p. 71. *Conf.* pl. CXL, 561.

[7] On le voit, comme simple divinité cosmique, dans notre pl. CL, 304 *a*. La Terre est représentée sous le même aspect, pl. LXXXV, 305, CXLVI, 550, etc. (J. D. G.)

après, elle enfanta l'*Océan*, la masse des eaux primitives, qui vint combler l'abyme et embrasser toutes choses [1]. Ce dernier elle l'eut du Ciel, et de cette alliance naquirent encore les êtres suivans [2] : *Kœos*, *Kreios*, *Hyperion*, *Japetos*, *Theia*, *Rheia*, *Thémis*, *Mnémosyne*, *Phœbé*, *Téthys*, et enfin l'impénétrable *Cronos*, le plus noble de tous. Les uns sont des personnifications des élémens confusément entassés dans le Chaos, et qui peu à peu s'en dégagent, se limitent réciproquement, et entrent en accord. Les autres représentent symboliquement les relations du soleil, de la lune et des étoiles, dont l'observation donna la mesure du temps. D'autres sont les lois religieuses, les mœurs et les institutions personnifiées. Quant à *Cronos* ou Saturne, c'est, comme l'indiquent à la fois son nom et son épithète [3], le dieu caché, retiré en lui-même, l'abyme ténébreux et incommensurable du temps.

D'autres productions du Ciel et de la Terre furent les *Cyclopes*, *Brontès*, *Stéropès*, *Argès*, et les *Hécatonchires* ou *Centimanes*, *Cottus*, *Briarée* nommé *Égéon* dans Homère [4], et *Gygès*. Dans cette double triade de frères, nous voyons une opposition symétrique de l'été et de l'hiver, ou bien, au sens cosmogonique, la tendance de l'atmosphère à se mettre en équilibre. Les Cyclopes sont, d'après leurs dénominations respectives, les explosions électriques de l'air, propres à la saison brûlante [5]. Les

---

[1] Il est aussi personnifié pl. CLVIII, 603.   (J. D. G.)
[2] Theogon., v. 132 sqq.
[3] Κρόνος-χρόνος, ἀγκυλομήτης. — *Conf.* le chap. complém. du liv. IV, *ci-dessus*, p. 229.   (J. D. G.)
[4] Iliad. I, 403 sqq.
[5] Βρόντης, le tonnerre, Στερόπης, l'obscurcissement, Ἄργης, l'éclair.

Centimanes, à consulter également leurs noms, paraissent désigner l'hiver avec le vent de la tempête et l'inondation, les deux compagnons naturels de la saison pluvieuse [1]. A peine ces six aînés des fils d'Uranus avaient-ils vu le jour, que le dieu les emprisonna dans le Tartare. Gæa, leur mère, en fut courroucée, elle appela ses enfans à la révolte, et remettant à Cronos la tranchante *harpé*, elle lui conseilla de mutiler Uranus, à l'instant même où il viendrait pour avoir commerce avec elle. Du sang qui jaillit de la blessure, et que reçut la terre, naquirent les *Érinnyes*, les *Géans* et les nymphes *Mélies;* de la semence divine mêlée à l'écume de la mer où était tombé l'organe viril d'Uranus, fut engendrée *Aphrodite*. Le dieu, dans sa colère, voulant punir ces fils rebelles qui avaient osé porter la main sur l'auteur de leurs jours, les appela *Titans*, d'un nom qui caractérisait leur crime et en présageait la vengeance [2].

Sur le nom des *Cyclopes* en général, dont l'étymologie remonte jusqu'à Hésiode, v. 144 sq., *conf.* Eustath. ad Odyss. I, 69, p. 22 Bas.; Sturz ad Empedocl. fragm., p. 621. Une double explication allégorique du cyclope Polyphème, tel qu'il figure dans l'Odyssée, se trouve chez le même Eustathe, ad Odyss., p. 1392, et chez Nicephor. Gregor. de errorib. Ulixis, c. 2, *ibi* Columb., p. 94.

[1] *Briarée* passait réellement pour l'hiver, chez les anciens mythologues (J. Lyd. de Mens., p. 58 Schow., 150 Rœth.). Κόττος, analogue à κότος, est traduit *Sævio* par Hermann. Quant à *Gygès*, l'homme des eaux, c'est un autre *Ogygès*, un autre Deucalion (liv. IV, ch. III, p. 36, 39; V, 187, 188, n. 1; chap. compl., p. 245). — Des explications fort différentes ont été proposées par Hermann et Buttmann. *Conf.* la note citée sur ce livre, fin du volume. (J. D. G.)

[2] Theogon., v. 154-210. Τιτᾶνες, Τιτῆνες, de ταίνω (τείνω) τιταίνω (Lennep. Etymol., p. 732 sq., *ibi* Scheid.). D'autres le dérivent de Τιταῖα, nom antique de la terre (Diodor. Sic. III, 57, V, 66, coll.

Cronos, qui finit par s'identifier avec *Saturne*, comme nous le verrons dans la section suivante de ce livre, est ordinairement représenté la tête voilée par derrière, rarement sans voile; et la main gauche élevée au dessus [1]. La harpé qu'il porte est une serpe ou plutôt une espèce de faucille, souvent dentelée sur les monumens, et quelquefois monstrueuse [2]. Le dieu a encore pour attributs un serpent formant le cercle, un globe, symbole du monde ou de la planète à laquelle il préside, et le sceptre ou bâton de commandement [3].

Le nouvel empire de Cronos nous offre maintenant une série nouvelle de créations [4]. *Pontus*, ou l'abyme qui contient les eaux, engendre avec la Terre *Nérée*, c'est-à-dire le fond à jamais immobile de la mer; *Thaumas*, ou les merveilles de cette mer personnifiées; *Phorcys*, ses promontoires et ses écueils; *Céto*, les monstres qui habitent son sein. Nérée prend pour femme la fille de l'Océan, *Doris*, la riche; car la mer apporte aux hommes des trésors en abondance. Doris pourrait être aussi une Nymphe des sources, car ce sont elles qui nourrissent les biens de la terre [5]. Les cinquante filles nées de cet hymen rappellent les cinquante filles de Danaüs, où l'on

---

Schneiders *Wœrterb.*, s. v.) — On trouvera dans la même note, à la fin du vol., une interprétation plus développée des Titans, et les détails nécessaires sur les Érinnyes, etc. (J. D. G.)

[1] *Voy.* pl. LX, 240, 240 a, LXII, 247. (J. D. G.)

[2] Theogon. v. 162, μέγα δρέπανον; 175, ἅρπην καρχαρόδοντα; 179, πελώριον. — *Conf.* pl. LX, 240, LXI, 241. (J. D. G.)

[3] Pl. LX, 240 a, LXI, 241. *Conf.* t. 1ᵉʳ, p. 508, 515, et les Éclaircissem., p. 952. (J. D. G.)

[4] Theogon. v. 233 sqq.

[5] Νύμφαι καρποτρόφοι. *Conf.* la note citée, fin du volume.

a reconnu avec raison, sous un point de vue, les cinquante fontaines du pays d'Argos [1]. Ce sont les sources et les Nymphes qui y président; mais les noms de quelques unes ont trait à d'autres idées [2]. En effet, dans l'antiquité, les prophètes, les législateurs, les sibylles, les devineresses sortent des abymes souterrains; les Muses primitives, qui toutes sont des Nymphes, s'élèvent du sein des eaux, chantent près des sources et des rivières [3]. Est-ce une allégorie du sentiment profond donné en partage à la femme, ou bien un symbole de sa volonté variable et changeante comme le cours des eaux? L'Acca et l'Anna de l'Italie, les femmes du Danube dans les Niebelungen, nous offriront les mêmes caractères.

Thaumas s'unit avec *Électre*, la vague qui s'enfle, et eut d'elle *Iris*, l'arc aux sept couleurs, avec les *Harpyies*. De Phorcys et de Céto naquirent les *Vieilles* (les *Græes*), c'est-à-dire les flots blanchissans d'écume. Par delà l'Océan habitent les *Gorgones*, *Stheino*, *Euryale* et *Méduse*. Persée trancha la tête à cette dernière, et de son corps provinrent *Chrysaor* et *Pégase* : Chrysaor épousa *Callirhoé*, dont il eut *Géryon*, qui fut percé des flèches d'Hercule [4]. Nous avons développé ci-dessus nos idées sur les

---

[1] *Voy.* les détails et les diverses explications de ce mythe important, liv. VI, chap. de Minerve, art. IV; liv. VII, chap. de la doctrine des mystères, et particulièrement de ceux de Bacchus. Nérée et les Néréides, entre lesquelles on distingue *Thétis*, la mère d'Achille, sont représentés dans nos pl. CCII, 765, XCIX, 383, etc. (J. D. G.)

[2] Par exemple, *Polynomé, Autonoé, Lysianassa*, etc.

[3] *Conf.* tom. Ier, liv. III, ch. VIII, p. 492, et le renvoi indiqué au liv. VII, ch. de la religion de Bacchus, art. des Muses.

[4] Theogon., v. 265-294.

deux héros du soleil, purificateurs au ciel et sur la terre, et montré à cette occasion que les trois Gorgones, sœurs mugissantes, sont des symboles de la lune dans son état ténébreux, tandis que Géryon, le vieillard aux trois corps, est un emblème de l'hiver, qui cachait dans ses sombres demeures les saisons sous leur figure antique de bœufs [1]. Il se pourrait que les Grées ou Vieilles fussent elles-mêmes une allégorie de l'hiver. Aux personnifications volcaniques appartiennent l'*Echidne*, femme et serpent, le souffle brûlant *Typhon*, et *Orthrus*. *Eurytion*, qui inflige au loin les supplices, aussi bien que *Cerbère*, né de l'Échidne, ont trait à l'Enfer, selon les idées égyptiennes, qui se laissent entrevoir sous le voile à demi transparent de la poésie d'Hésiode. De l'Échidne naquirent en outre l'*Hydre de Lerne*, étouffée par Hercule, et la *Chimère* que vainquit Bellérophon, monté sur le Pégase. La Chimère engendra avec Orthrus le *Sphinx* et le *Lion de Némée*. Quant au *Dragon* gardien des pommes d'or du jardin des Hespérides, il eut pour mère Céto, et son père fut Phorcys [2].

Les enfans de l'Océan et de Téthys furent les *Fleuves*, et trois mille filles, les nymphes *Océanides*, qui sont les sources, et dont Hésiode cite les plus anciennes, c'est-à-dire les principales [3]. La plupart de leurs noms sont certainement tirés des cosmogonies antiques. Nous avons

[1] Liv. IV, ch. V, p. 160 sqq., 199 sq., avec les planches et figures indiquées. (J. D. G.)

[2] Theogon., v. 295-336. — *Conf.* même chap., p. 200, 201, coll. 198, n. 4, et les renvois aux planch.; quant à Pégase, à la Chimère et au Sphinx, *voy.* pl. CLVII, CCXIV, etc. (J. D. G.)

[3] Theogon., v. 337-370.

déja parlé de *Doris,* nom que la libérale Cérès portait aussi en qualité de terre mère et nourrice. *Uranie* rappelle l'une des Muses; il est remarquable, en effet, que celles-ci, du moins les plus anciennes, étaient presque toutes nommées d'après les sources et les fleuves, Céphiso, Nilo, Asopo, Achéloïs, etc. [1].

Comme enfans de Hypérion et de Theia ou Thia, figurent le *Soleil,* la *Lune* et l'*Aurore,* qui tous, de même que les fils de Creios ou Krios (le belier) et d'Eurybia, *Astræus, Pallas* et *Persès* (autre forme de Persée), se rapportent aux astres du ciel, ce que montrent suffisamment leurs noms. *Eos,* l'Aurore, eut d'Astræus les *Vents,* plus l'*étoile du matin*, avec d'autres encore. *Styx* (le fleuve de glace), la plus ancienne des Océanides, eut de Pallas le *Zèle* (l'ardeur jalouse), la *Victoire,* la *Force* et la *Violence.* Sous cette généalogie apparente se cache un sens profond et fort antique. Sitôt que Pallas s'unit avec Styx, c'est-à-dire, sitôt que la source ténébreuse de la nature physique et de l'homme naturel est agitée et mise en mouvement, à l'instant se soulèvent les passions, les penchans tumultueux, la jalousie et la violence, qui triomphent de tout et foulent tout aux pieds. Enfin, Phœbé engendra avec Cœus *Léto* ou Latone, et *Astérie,* laquelle eut de Persès *Hécate* [2].

---

[1] *Voy.* les renvois de la note 3, pag. 365, et la réponse aux objections de Hermann dans la note 5, à la fin du vol. (J. D. G.)

[2] Theogon., v. 371-452. Styx et surtout Hécate sont longuement célébrées par le poète. *Conf.* liv. IV, ch. IV, p. 103. — Les représentations figurées de la plupart des personnages mythologiques ici compris, aussi bien que de ceux qui vont suivre, ont été déja indiquées ou le seront par la suite. (J. D. G.)

Maintenant se déploie à nos yeux la postérité de Cronos et de Rhéa [1]. Ils eurent trois fils et trois filles, d'abord *Hestia* ou Vesta, *Déméter* ou Cérès, *Héré* ou Junon; ensuite *Aïdès* ou *Hadès* (Pluton), *Poseidon* ou Neptune, et *Zeus* ou Jupiter. Cronos les engloutit tous dès leur naissance, excepté le dernier, parce qu'il avait appris d'Uranus et de Gæa que son trône était menacé par l'un de ses enfans. Mais quand Rhéa se vit enceinte de Jupiter, elle recourut aux mêmes dieux pour s'assurer de l'arrêt du destin relativement à son époux. Sur leur conseil, elle se rendit à Lyctos en Crète, où elle mit au monde un fils, et à sa place elle présenta au barbare Cronos une pierre emmaillotée [2]. Cependant Jupiter, le futur instrument des vengeances de Gæa, croissait rapidement. Cronos, au moyen d'un breuvage, se vit forcé de rendre au jour les enfans qu'il avait avalés, jusqu'à la pierre. Jupiter en fit un monument qu'il fixa à Pytho, au pied du Parnasse. Bientôt il délivra de leurs chaînes les Cyclopes et les Centimanes, qui lui donnèrent en reconnaissance de ce bienfait le tonnerre et les éclairs. Muni de ces armes redoutables, il précipita son père du trône et le chargea de fers.

Dévoilons l'idée fondamentale de ce mythe. De même que nous avions tout à l'heure dans *Cronos* un dieu caché, de même nous avons à présent dans *Zeus* un dieu manifesté, soit par la lumière, soit par les eaux [3]. Saturne est détrôné et enchaîné par son fils, c'est-à-dire

---

[1] Theogon., v. 453 sqq.
[2] *Voy.* pl. LXII, 246, 247.
[3] *Deus in statu abscondito, deus in statu manifesto.*

que le temps d'abord sans mesure et sans loi, et précipitant sa course en aveugle, est ordonné, réglé par le nouveau maître du monde, et comme lié au cours des astres [1]. Sous un autre point de vue, Cronos est l'être dépourvu d'intelligence et de conscience, Jupiter est la conscience et l'intelligence mêmes. En d'autres termes, l'un est l'*absolu*, l'autre l'*intelligible* [2].

Cependant les Titans refusaient de se soumettre à la nouvelle domination. Il s'ensuivit une guerre terrible entre les Cronides ou les fils de Cronos, ayant à leur tête Jupiter, et les Titans ou les Uranides, fils d'Uranus. Ces derniers furent vaincus et précipités au fond du Tartare. Le camp des enfans de Cronos était sur l'Olympe, celui de leurs ennemis sur l'Othrys [3]. La *Titanomachie* et la *Gigantomachie*, ou le combat contre les Géans, qui la suivit [4], fournirent de riches sujets à l'épopée antique. C'est la lutte des élémens, des forces aveugles et désordonnées du monde matériel contre l'ordre et la

---

[1] C'était l'explication des Stoïciens. *Conf.* Cic. de N. D., II, 25, p. 305 Creuzer.

[2] *V.* Creuzer. Meletem. I, p. 44, *ibi* laud. Platon. Cratyl., p. 30 Bekk., Euthydem., p. 243; Chrysippus ap. Etymol. M., p. 540; Sallust. de Mund., cap. 4; Plotin. de Pulchrit., p. 138; Damasc. mscr. — L'idée de Cronos-Saturne a été développée de nouveau avec plus d'étendue et de nouvelles preuves par M. Creuzer, en opposition avec M. Böttiger, dans sa *récension* de l'ouvrage de ce dernier (*Ideen zur Kunst-Mythologie*, vol. I, 1826). Nous donnons un extrait de ces développemens dans la note citée. (J. D. G.)

[3] Theogon., v. 617 sqq., coll. Iliad. VIII, 459 sqq.

[4] Sur les *Géans* d'Homère, il faut voir Odyss. VII, 59, 206, X, 120; sur la Gigantomachie, dont Hésiode ne parle point, et les scènes diverses qui lui sont assignées, Heyn. Obss. ad Apollodor., p. 28 sqq. — *Conf.* note citée, fin du volume.

juste proportion des lois intelligentes de la nature. Il se peut qu'un tremblement de terre, que les grandes catastrophes qui bouleversèrent et la terre et la mer, avant l'ordonnance actuelle de notre globe, soient aussi pour quelque chose dans ces fables cosmogoniques. De pareilles idées doivent être le fond du combat des Cronides contre le monstrueux géant *Typhoée*, le plus jeune des fils de Gæa et du Tartare, qui rappelle le *Typhon* égyptien, auquel il doit probablement son origine [1].

Pour revenir une dernière fois aux Titans, la famille de Japet et ses destinées, source féconde de tant de mythes, méritent d'arrêter un instant notre attention [2]. *Japet* eut de *Clymène*, fille de l'Océan, *Atlas*, *Ménétius*, *Prométhée* et *Épiméthée*. Japet est une espèce de Vulcain, un dieu du feu habitant dans les profondeurs de la terre, avec l'Océanide, son épouse, également puissance souterraine. Prométhée et ses frères, en y comprenant la femme d'Épiméthée, *Pandore*, expriment, pour nous en tenir à cette indication rapide, la noble étincelle de la vie humaine, qui tantôt s'allume et tantôt s'éteint, et tout ce que cette vie a d'incompréhensible dans les biens et les maux qui la partagent [3].

---

[1] Hesiod. Theogon., v. 820-868, coll. Homer. Iliad. II, 781 sqq.; Creuzer. fragm. Histor. Græcor. antiquiss., p. 166 sqq.; Moser ad Nonni Dionysiac. VIII, 272.

[2] Theogon., v. 507-616, coll. Op. et D., 45 sqq.

[3] Cette famille de Japet, ces mythes si riches d'idées, que notre auteur n'a pu qu'effleurer ici en passant, sont devenus pour le jeune mythologue dont nous avons cité plus haut (p. 263) l'ouvrage, le sujet de développemens pleins d'intérêt. Nous en donnons un extrait dans la note 6 sur ce livre, à la fin du volume. (J. D. G.)

Suit l'empire des enfans de Cronos et le troisième degré de la hiérarchie divine, avec lequel se consomment la création, la formation et l'ordonnance de toute la nature. L'Océan, le Soleil, l'Aurore et la Lune demeurent en possession de leurs anciens honneurs, tandis que Jupiter, après la défaite des Titans, distribue entre lui, ses frères et ses enfans, les dignités et les emplois dont ces nouveaux souverains du monde sont revêtus [1]. La terre et l'Olympe sont la jouissance commune de toutes les divinités [2]; Jupiter se réserve le ciel avec le commandement suprême; Neptune reçoit la mer en partage, et Pluton les enfers. Mais c'est dans les livres suivans que nous traiterons en détail des dieux et déesses de la Grèce, et que nous entrerons dans tous les développemens relatifs à leurs caractères et à leurs fonctions.

II. Rapports d'Homère et d'Hésiode avec les croyances primitives de la Grèce; influence de ces deux poëtes sur la religion de leurs contemporains.

Maintenant nous devons essayer de répondre à la question plus d'une fois posée des rapports qui peuvent exister entre Hésiode et Homère d'un côté, et de l'autre, cette poésie sacerdotale, fille de l'Orient, dont nous reconnaissons la haute priorité. Quant à celle-ci, sa réalité, son histoire seront établies et développées dans notre septième livre [3] : ici nous nous bornerons à déter-

[1] Theogon., v. 881 sqq.
[2] *Conf.* Iliad. XV, 193.
[3] Chap. de la Religion de Bacchus, art. des Écoles Orphiques.

miner le point de vue sous lequel il faut envisager les poëmes d'Homère et d'Hésiode, relativement à ces chants primitifs, aux croyances de leurs ancêtres, et à la religion des Grecs en général [1].

Pourquoi cette division profonde entre la vieille mythologie pélasgique exposée dans les deux précédens chapitres, mystérieuse et toute pleine de sens comme elle nous a paru, entre le caractère théologique d'un petit nombre de fragmens qui nous restent d'anciens poëtes, et les fables homériques, si éminemment populaires, empreintes d'une couleur tout humaine, et d'une naïveté de forme qui presque jamais ne laisse soupçonner rien au delà? Et cependant, pour la forme comme pour le fond, les ouvrages d'Homère et d'Hésiode sont les monumens les plus antiques de la poésie grecque que le temps ait laissés intacts. Sans prendre la route si connue, de ceux qui ne voyant qu'Homère en Grèce, s'en imposent à eux-mêmes et croient en imposer aux autres, à force de répéter qu'il n'y a jamais eu qu'Homère; on peut, nous le pensons, expliquer d'une manière satisfaisante l'anthropomorphisme de ce poëte et d'Hésiode, son successeur. La Grèce, sous ses antiques rois, faillit, durant plusieurs siècles, à devenir une contrée sacerdotale et, pour ainsi parler, orientale. Tel dut être le but des fon-

---

[1] Ces réflexions sont encore, en grande partie, un extrait des lettres sur Homère et Hésiode, particulièrement de la quatrième, p. 46 sqq. Les objections de Hermann, dans la cinquième, p. 57 sqq., et les développemens ultérieurs des deux savans antagonistes, ainsi que les vues plus ou moins récentes, plus ou moins diverses de quelques autres mythologues, leurs disciples ou leurs adversaires, sont résumés dans la note 7 sur ce livre, fin du volume. (J. D. G.)

dateurs de ces merveilleuses constructions, de ces murailles, de ces portes et de ces grottes que l'on voyait à Tirynthe, à Mycènes et à Nauplie [1]; tel était l'esprit dont furent animés les prêtres de Sicyone et d'Argos. Mais sous le ciel de la Grèce, sur cette terre, dans ces îles, coupées par des montagnes, des forêts et des rivières, baignées de tout côté par la mer, de pareilles institutions ne pouvaient venir à maturité. Les Hellènes chassèrent les Pélasges, nous dit le concert unanime des traditions locales [2]. Cela doit s'entendre, en grande partie, du soulèvement général de l'énergie populaire des Grecs contre les formes sacerdotales qui leur avaient été imposées, soit par les colonies étrangères, soit autrement. Toutefois des traces nombreuses de cet ordre de choses subsistèrent tant que les monarchies héréditaires furent debout. Mais quand, après l'extinction de la plupart des familles royales, des tribus venues du nord et dans toute la sève de la vie primitive, eurent envahi la contrée entière, et jusqu'au domaine antique de la race de Pélops, le génie vigoureux d'un peuple libre et fier prévalut de plus en plus en toutes choses. Mœurs et constitution, pensée et poésie allèrent s'éloignant toujours davantage de la profondeur orientale; tout devint plus déterminé, plus intelligible, plus clair, mais par cela même plus vide de sens. Tel fut l'effet des longues secousses causées par les entreprises successives des Héraclides. Depuis le dou-

---

[1] Pausan. II, Corinth., 25; VII, Achaic., 25.
[2] *Voy.*, par ex., Herodot. I, 60; VI, 137. — Ces faits primitifs de l'histoire grecque sont éclaircis, discutés, classés dans la note 1re sur ce livre, à la fin du vol., § 1. (J. D. G.)

zième siècle avant notre ère, où elles prirent leur commencement, jusqu'au neuvième siècle où vivaient Homère et Hésiode, cette grande révolution avait imprimé à la Grèce une forme toute nouvelle. Il est à croire que déjà la révolution plus ancienne, à laquelle se rattache ce qu'on appelle l'expulsion des Pélasges, avait eu pour résultat d'obliger les vieilles familles sacerdotales à se concentrer davantage en castes, et à n'admettre que le moins possible les rois et les guerriers au partage de leurs connaissances. Ce dut être bien autre chose après l'invasion des Héraclides. Mais il n'était plus au pouvoir des prêtres de reprendre ce qu'ils avaient donné. Née sous leurs auspices, la civilisation avait pris son essor. Tandis que l'héritage des croyances primitives se perpétuait exclusivement dans des associations mystérieuses, les cités continuaient à prospérer, la richesse et le bien-être, et à leur suite les besoins de l'esprit, se répandaient de plus en plus sous les auspices de la liberté commune, enfin, l'imagination vive et mobile des Grecs enfanta des chantres nouveaux, étrangers au sacerdoce, qui trouvèrent pour le peuple des chants tout populaires. N'ayant rien de commun avec les anciens chantres sacrés, les poëtes nationaux formèrent une classe à part, qui n'entra point en communication d'idées ni de savoir avec les prêtres, et qui même fut bientôt en opposition avec eux. En effet, des traces nombreuses se rencontrent encore, chez Homère, des divisions et des haines profondes qui séparaient ces deux classes d'hommes. La mission, le caractère moral des poëtes y sont sans cesse exaltés aux dépens des sacrificateurs et des prophètes, presque toujours présentés sous un jour défavorable [1]. C'est donc avec beaucoup de raison qu'un ancien regarde les chantres populaires comme les précurseurs des philosophes en Grèce [2].

Tout porte donc à penser que l'antique poésie sacerdotale, symbolique et théologique, qui présida à la première civilisation de cette contrée, périt en grande partie dans le cours des siècles et des révolutions écoulées jusqu'à l'époque relativement récente d'Homère et d'Hésiode. Le peu qui en subsista fut conservé dans l'ombre des mystères, ou se perpétua par la tradition, sous la sauvegarde d'une forme qui avait cessé d'être comprise. Voilà pourquoi l'on trouve assez fréquemment, chez les deux poëtes épiques que nous avons tant de fois cités, des expressions et des légendes d'une haute antiquité, dont ils ne paraissent plus soupçonner le vrai sens [3]. Mais il ne faudrait pas s'imaginer pour cela qu'ils fussent complètement étrangers à la connaissance de leur ancienne théologie nationale, ni que la simplicité et la naïveté ignorante des sauvages respirent dans leurs chants. Cette idée ne se concilierait ni avec la perfection admirable de ces chants et l'art infini que l'on y remarque, particulièrement dans Homère, ni avec les faits positifs et incontestables que fournissent leurs ouvrages mêmes. Lorsque s'opéra

[1] Calchas est plus d'une fois maltraité dans l'Iliade, et, dans l'Odyssée (XXII, 320 sqq.), le devin Liodès périt misérablement, tandis que le chantre Phémius est épargné par une honorable distinction. *Conf.* Odyss. III, 267; VIII, 479-481.

[2] Eustath. ad Odyss. III, 267, p. 126, d'après Démétrius de Phalère et autres.

[3] Pour n'en citer qu'un seul exemple, Hésiode (Théogon., 131 sq.) commet une méprise de ce genre sur le mot Πόντος, l'interprétant par πέλαγος κ. τ. λ. *Conf.* l'article précéd., p. 361 sq.

la grande scission du sacerdoce et des fonctions du chantre, les vieilles croyances toutes significatives avaient pénétré trop avant, s'étaient trop bien fondues dans le génie des Grecs, pour que des hommes aussi éclairés, aussi habiles pour leur temps, pussent s'isoler de leur influence. D'ailleurs, la persécution contre les anciennes familles sacerdotales ayant cessé peu à peu, les mystères dont l'origine remonte jusqu'aux premiers temps de la Grèce, redevinrent plus accessibles, et les dogmes principaux de l'antique religion de la nature continuèrent d'y être enseignés. De plus, quelle qu'ait été la patrie d'Homère, il dut s'approprier les plus beaux fruits de la culture intellectuelle des Ioniens, qui dès lors étaient en commerce avec la Phénicie et l'Égypte, ces deux foyers de la science religieuse. Au voisinage de l'Ionie était Éphèse avec son culte tout asiatique, et peut-être la tradition qui nous présente le père de la poésie grecque puisant à la source même le savoir égyptien, n'est-elle pas dénuée de toute espèce de fondement.

Parler à des lecteurs instruits, d'Homère artiste et de la beauté poétique de ses ouvrages, serait superflu. Passons donc aux preuves positives d'où il résulte que le chantre populaire de l'Iliade et de l'Odyssée était cependant bien au dessus des croyances communes. Lorsqu'au sixième livre de l'Iliade [1], il nous parle des nourrices de Dionysus furieux, et qu'il nous peint le dieu se cachant sous les flots de la mer, quelque légèrement qu'il passe sur cette tradition importante, il en dit assez pour faire voir que, de son temps, les rites du culte

[1] V. 132-136.

mystérieux de Bacchus étaient en vigueur, et qu'il en connaissait le sens. Dans les vers sur Érechthée, nourrisson de Minerve et fils de la Terre, au second livre [1], il touche de même en passant un mythe profond dont le plus simple récit chez Apollodore [2] suffit pour montrer la source, qui fut également l'antique religion de la nature [3]. Il y a plus, on dirait que ce grand poëte se plaît de temps en temps, par quelque rapide allusion de ce genre, à exciter la curiosité de ses auditeurs; et ces traits si vifs, mais si courts de lumière, qui laissent entrevoir un nouvel horizon, donnent, en effet, à sa manière habituellement franche et naïve, quelque chose de piquant. C'est ainsi que, dans une foule de passages de l'Odyssée, Ulysse inconnu semble vouloir se faire deviner, soit par une épithète caractéristique, soit par une expression équivoque, qui se glisse à la dérobée à travers ses paroles [4]. De même, quand le héros joue un personnage supposé ou raconte une aventure imaginaire, il ne manque pas de mettre la scène dans l'île de Crète [5], pour que l'auditeur attentif et instruit se dise

[1] V. 546-547.
[2] III, 14, 6.
[3] On voit percer le même fond symbolique et significatif dans le célèbre passage de l'Iliade (I, 396 sqq.), sur le projet d'enchaîner Jupiter et sur Briarée aux cent bras, ainsi que dans ceux de l'Odyssée sur l'herbe merveilleuse appelée *moly* (X, 305), sur les compagnons d'Ulysse métamorphosés par Circé (X, 135 sqq.), sur la grotte des Nymphes (XIII, 164 sqq.), etc.
[4] XIV, 490, XIX, 585, XX, 232, XXI, 402 sqq. Aussi n'est-ce pas sans dessein qu'Homère applique à ce rusé mortel l'épithète de αἴθων, XIX, 402 sq. On sait que l'apologue a dans l'épopée antique ses plus profondes racines. *Conf.* l'Introduct., t. 1er, p. 34 sqq.
[5] XIII, 256, XIV, 199, 382, XIX, 172 sqq.

à l'instant : voilà une histoire du pays des mensonges. La plupart des hymnes homériques, et particulièrement l'hymne à Cérès, qui offre une imitation si frappante des formes de l'Odyssée, portent le même caractère. Familiarisés avec une allusion savante, les auteurs cherchent à dessein un langage bref et concis, qui tranche avec le ton habituel de l'épopée, quand ils ont à rendre des idées religieuses d'un ordre supérieur. Non pas que la poésie puisse ou doive s'occuper des mystères : mais il faut que le poëte, et surtout le chantre d'hymnes, alors même qu'il s'adresse au peuple assemblé, donne à entendre aux hommes éclairés, aux initiés qui l'écoutent, que lui aussi il sait comprendre la religion[1].

Toutefois nous ne prétendons pas que ni Homère, ni même Hésiode, aient jamais possédé en entier l'enchaînement, le système des dogmes théologiques connus de leur temps. Au contraire, les notions antiques, passées depuis des siècles dans les chants populaires, s'y étaient pour la plupart tellement empreintes d'anthropomorphisme, qu'il leur eût été impossible de les concevoir en un sens différent. De ce nombre sont peut-être les passages où est raconté le voyage de Jupiter et de Neptune chez les Éthiopiens; celui de la fameuse chaîne d'or, cité plus haut dans l'Introduction; celui du châtiment de Junon suspendue au milieu des airs[2], et maint autre dont

---

[1] Schelling se représente sous un point de vue tout semblable les poëmes d'Homère et d'Hésiode (*über die Gottheit. v. Samothrace*, p. 30). *Voy.* aussi Welcker, *Zoëga's Leben*, II, p. 133. — *Conf.* note 2, § 1, et note 7 sur ce livre, fin du volume.   (J. D. G.)

[2] Iliad. I, 422, Odyss. I, 22; Iliad. VIII, 17, XV, 18. *Conf.* t. Ier, p. 46 sqq.

la forme historique semble avoir complètement effacé l'idée fondamentale.

L'Odyssée, prise dans son ensemble, fait naître une question plus grave. Déja les anciens admiraient la profondeur du plan de cette épopée, la liaison intelligente et la conséquence de toutes ses parties, de tous ses développemens. Ce n'est point une raison, cependant, de croire que le poëte ou les poëtes aient suivi dans tous ses détours le fil allégorique qui semble régner secrètement sous l'enveloppe extérieure de ce grand ouvrage. On dirait, à l'envisager sous ce point de vue, que le fond en est une sorte de tableau symbolique, une véritable allégorie de la vie humaine. Mais ce fond primitif avait reçu dans le cours des temps une multitude d'accessoires plus ou moins historiques, tirés des anciennes traditions nationales, jusqu'à l'époque où Homère s'inquiétant plus de la forme poétique que du sens moral ou autre, vint y mettre la dernière main et lui donner une couleur entièrement populaire [1].

Voici donc en quelques points le résultat de nos vues sur ce sujet :

1° Nous reconnaissons un trésor fort antique de poésie grecque provenu de l'Orient; cette poésie fut marquée de tous les caractères du symbole, même de la magie et de l'allégorie.

2° Cette poésie et cette doctrine théologiques se pliè-

---

[1] Plusieurs modernes, avant et depuis Zoëga (*Leben*, *v*. Welcker, II, 62, 132), ont été frappés d'un fond symbolique primitif dans l'Iliade et dans l'Odyssée, et ont même cherché à le dégager. *Voy.* note 7 sur ce livre, fin du volume. (J. D. G.)

rent aux formes changeantes des âges les plus divers, mais, quant au fond, elles ne devinrent jamais complètement étrangères aux Grecs; au contraire, elles se conservèrent en grande partie dans les colléges des prêtres, furent l'objet des recherches des historiens et des philosophes, et peuvent même aujourd'hui encore être retrouvées par leur secours en beaucoup de dogmes essentiels, surtout si nous appelons à notre aide ce que la Bible, Hérodote et d'autres écrivains dignes de foi nous apprennent des anciennes religions de l'Égypte et de l'Asie, et si nous comparons ces documens avec les fragmens qui nous restent des vieux poëtes de la Grèce, particulièrement avec ceux qui portent le nom d'Orphée.

3° Ces débris d'une poésie théologique sont anciens quant au fond, en général, et ils contiennent les dogmes essentiels des religions orientales, tels que les Grecs les avaient reçus et développés. La poésie d'Homère et d'Hésiode est plus jeune de fond, quoique plus vieille de forme, en tant du moins qu'il s'agit d'ouvrages entiers. Lorsqu'Hérodote, dans un passage déja cité plus d'une fois[1], avance qu'Homère et Hésiode furent les auteurs de la Théogonie grecque, il veut dire que ces poëtes, inventeurs de nouveaux chants héroïques qui s'adressaient à tous, trouvèrent le secret d'y présenter les dieux, déja personnifiés par un penchant nécessaire de notre nature, sous des formes purement humaines, de les impliquer dans une action, dans une série d'événemens que l'imagination du peuple grec pût embrasser sans peine.

[1] II, 53. *Conf. ci-dessus*, p. 265.

En un mot, leur habile anthropomorphisme acheva de populariser les dieux parmi les Hellènes, en les faisant, pour ainsi dire, agir et vivre au milieu d'eux.

III. Notions physiques et morales, idées sur le monde, les âmes et les dieux, attribuées par Homère à ses héros.

Pour achever de nous former une idée nette du fond de la poésie homérique et de ses rapports, soit avec les connaissances du temps qui la vit naître, soit avec celles des temps antérieurs, voyons quelles notions y sont données comme populaires sur le ciel étoilé, sur le monde, sur les âmes et sur les dieux.

Quant au premier point, la connaissance du ciel, Homère et Hésiode y sont bien en arrière des prêtres égyptiens. Mais peut-être les plus anciens prêtres de la Grèce eux-mêmes n'en surent-ils jamais davantage. Peut-être les colons égyptiens qui furent leurs précepteurs, ne purent ou ne voulurent-ils pas leur apprendre tout ce que l'on savait en Égypte. Peut-être enfin ces étrangers avaient-ils trop de discernement pour enseigner en Grèce des faits astronomiques qui ne trouvaient plus d'application dans cette contrée. Les étoiles que l'on apercevait au nord de Rhodes et d'Alexandrie étaient, selon l'observation d'un ancien, différentes en partie de celles qui devenaient visibles au sud de ce point géographique[1]. Homère et Hésiode connaissent la détermination des saisons de l'année d'après le lever et le coucher non point réels, il est vrai, mais apparens, de certaines con-

[1] Procli Sphæra, p. 9 sq., p. 34 ed. Antverp.

stellations [1]. Homère connaît l'étoile du soir et l'étoile du matin [2]; mais il ignore ou paraît ignorer que c'est un seul et même astre, la planète de Vénus, identité constatée pour la première fois par Pythagore ou Parménide, probablement d'après la tradition orientale [3]. Du reste, les levers et les couchers des étoiles connues sont loin d'être définis exactement, soit dans l'un, soit dans l'autre poëte ; ces observations grossières ne servent qu'à marquer les grandes divisions de l'année et les principaux travaux de la campagne. Il n'est pas question dans Homère de ce qu'on appelle les pronostics, tombant sur des jours fixes et annonçant les variations de la température. Le chantre de l'Iliade et de l'Odyssée cite positivement les constellations suivantes : le Taureau avec les Hyades et les Pléiades, Orion, Sirius, Arcturus et la grande Ourse [4]. Mais de ce que ces constellations sont les seules nommées dans Homère, il ne s'ensuit pas qu'il n'en ait point connu un plus grand nombre. Certains passages semblent impliquer le contraire [5]. D'ailleurs n'oublions pas en lui la mission du poëte. Souvenons-nous du fait important consigné dans Platon, c'est

---

[1] *Conf.* Pfaff de ortibus et occasibus siderum (Gotting. 1786, 4°), p. 36 sqq.

[2] Iliad. XXII, 318, XXIII, 226.

[3] Suidas *v.* Ἕσπερος ; Diogen. Laërt. VIII, § 14 ; Cic. de N. D., II, 20, p. 287, *ibi* Davis. et Creuz.

[4] Iliad. XVIII, 486 sqq.; V, 5 ; XXII, 25 sqq. ; Odyss. V, 29. — Hésiode ne cite également que ces constellations. *Conf.* Schaubach, *Geschichte der Astronom.*, p. 11-23.   (J. D. G.)

[5] Par exemple le τείρεα πάντα de l'Iliade, XVIII, 485 sqq. *Conf.* l'Excursus V de Tollius ad calc. Apollon. Lexic. Homeric., p. 743-748 ; Heyne, sur le même passage.

que les plus anciens Grecs regardaient comme des dieux le soleil, la lune et les étoiles [1]. Homère, conformément aux croyances et au langage populaires de son temps, met en action les constellations; il représente le ciel et l'armée des étoiles avec les traits sous lesquels se les peignaient le peuple et les rois, les héros et les derniers des hommes. Poëte et auteur d'une épopée toute nationale, il fallait bien qu'il se tînt dans la limite des connaissances familières à ses compatriotes : remarque féconde, qui doit former la base d'un jugement solide sur Homère et sur le sens de ses poésies [2].

Nous trouvons encore chez Homère un commencement d'anthropologie, c'est-à-dire des notions grossières sur le siége, la nature et la destinée des âmes [3]. Quant au siége de l'âme, le Grec hésitait entre le sang et le souffle; il y faisait résider non seulement le principe de la vie, mais encore celui de la pensée et du sentiment, d'une manière tout-à-fait analogue à l'antique croyance des Hébreux [4]. L'âme en elle-même, dans l'opinion d'Homère, c'est comme l'ombre qui suit le corps, un être fugitif. A l'heure dernière elle abandonne le corps par

---

[1] *Ci-dessus*, chap. II, p. 289, n. 2.

[2] O. Müller (*Prolegom. zu einer wissenschaftlichen Mythologie*, p. 191 sqq.) restreint singulièrement le nombre des mythes astronomiques proprement dits, dans l'ancienne croyance des Grecs. On trouvera dans la note 8 sur ce livre, fin du vol., § 1er, un aperçu de ses idées avec quelques remarques. (J. D. G.)

[3] *Voy*. Halbkart Psychologia Homerica, Zullichau, 1796; la *récension* de cet écrit par A. W. Schlegel, dans le vol. I des *Kritiken und Charakteristiken*; Zoëga de Obelisc., p. 270 sqq.; Carus *Gesch. d. Psycholog.*, p. 125 sqq.

[4] *Conf.* Davis. ad Cic. Tusculan. I, 9.

la bouche ou par une blessure mortelle, et se rend à la demeure qui lui est assignée dans les profondeurs ou autour de la terre, demeure dont le poëte a fait diverses peintures [1]. Les songes eux-mêmes sont personnifiés, et ont leur séjour dans les régions souterraines. Mais, selon les passages, ces conceptions psychologiques offrent des degrés différens et comme une sorte de progression. Dans le onzième livre de l'Odyssée, il est question de *l'ombre* d'Hercule [2], résidant aux enfers, et aussitôt suivent ces paroles :

« *Lui-même*, dans la société des dieux immortels, se réjouit parmi les banquets. »

Ainsi l'âme est en quelque façon divisée en deux parts, l'une inférieure, reléguée dans le sombre séjour; l'autre supérieure, admise dans l'Olympe, auprès de Jupiter [3]. Ce passage, au reste, forme un frappant contraste avec le début de l'Iliade, où les *âmes* des héros sont envoyées dans les enfers, tandis qu'*eux-mêmes*, c'est-à-dire leurs corps deviennent la proie des chiens et des oiseaux [4].

Passons aux idées d'Homère sur les dieux en général. Ce sont des divinités de tribus, des divinités essentiellement locales, les dieux des Phrygiens, des Troyens et des Grecs; car, chez les Grecs, tout était subordonné à

---

[1] Halbkart, cap. IV, p. 61 sqq., *ibi* citat.

[2] Εἴδωλον, Od. XI, 602.

[3] *Conf.* diverses interprétations des anciens dans Creuzer, ad Cic. de N. D., III, 16, p. 551.

[4] Les principaux points de la psychologie homérique ont été examinés de nouveau et déterminés avec plus de précision par M. Wölcker, dans une courte dissertation dont nous donnons un extrait, note 8 sur ce livre, fin du vol., § 2. (J. D. G.)

cette organisation en tribus. Ils sont immortels, c'est-à-dire que leur existence se prolonge bien au delà des bornes de la vie humaine. Ils peuvent même faire partager aux hommes ce don de l'immortalité; et toutefois il leur est souvent impossible d'empêcher la mort de leurs favoris, quand cette mort est arrêtée par le destin [1]. Le sort et le destin [2] sont deux puissances devant lesquelles les dieux eux-mêmes sont obligés de plier. Le destin, dans son extension la plus absolue, n'est point connu d'Homère; néanmoins ce grand poëte a comme un pressentiment obscur de cette force irrésistible à laquelle tout doit céder. Cela ne l'empêche pas de reconnaître des dieux immortels, qui ne sont point soumis au destin, et dont la puissance est pour ainsi dire sans mesure. Homère a le sentiment de la nécessité infinie, d'une justice distributive et vengeresse, et d'une destinée toute-puissante; c'est sur ces grandes vérités que repose en quelque sorte toute l'action de ses deux poëmes; et pourtant ses dieux rendent, pour ainsi parler, l'impossible possible. Les exemples ne manquent pas où Jupiter s'efforce de franchir les limites imposées à son pouvoir. Telle est la naïve, la populaire et tout-à-fait poétique inconséquence d'Homère, dans la création de ses dieux faits à l'image des hommes. Le poëte, pareil à ses héros, plein de la conscience de sa liberté, oublie souvent le destin qui la domine, et ose lutter contre lui. Mais une contradiction de cette nature a d'autant moins le droit

[1] *Conf.* Iliad. XX, 230 sqq.; Odyss. V, 135; Od. I, 35; Il. XVI, 426 sqq.
[2] Μοῖρα, αἴση.

de nous étonner chez Homère, qu'un écrivain venu bien plus tard, Hérodote, y est encore sujet [1]. Le début de l'Odyssée nous offre un passage où l'idée de la liberté morale de l'homme, de la volonté libre, brille dans toute sa pureté [2].

Les dieux sont distingués des mortels par une plus grande agilité. Ils se précipitent avec la rapidité de l'éclair ou des vents, avec la vitesse des oiseaux [3], et leur marche est d'ailleurs toute différente de celle des hommes [4]. Cette promptitude extraordinaire, mais dans un moindre degré, est vantée comme l'une des plus belles qualités des héros. Les dieux sont plus forts et plus lourds que les hommes, quoique ne goûtant aucune nourriture terrestre. Leur voix aussi est plus forte [5], et leur taille surpasse de beaucoup celle des faibles mortels. Mars couvre de son corps sept arpens de terre [6]. C'est un avantage que partagent également les héros dans une juste proportion [7]. La beauté des corps divins, car les dieux ont des corps faits d'une matière plus pure que les nôtres, est

---

[1] *Conf.* Creuzer, *die historische Kunst der Griechen*, p. 151. Sur le point de vue homérique, Muret. ad Senec. de Provid., t. III, p. 93 sqq., ed. Ruhnk.

[2] Od. I, 32 sqq.

[3] Iliad. IV, 75; Odyss. V, 51.

[4] *Voy.*, sur ce point, les réflexions de Hieron. Aleander (in Jac. Morellii Epistol. septem variæ eruditionis, Patav. 1819, p. 18 sqq.), à propos du passage d'Héliodore sur les dieux d'Homère (Æthiop. III, 12, p. 125 Coray.).

[5] Iliad. V, 859 sqq.

[6] Iliad. XXI, 405 sqq.

[7] Oreste passait pour avoir sept coudées, d'autres encore davantage. *Conf.* Creuzer. Comment. Herodot. I, p. 391, ad Herodot. I, 68.

surhumaine, ineffable, entièrement idéale[1]. Ils sont invisibles, pour l'ordinaire au moins; quelquefois cependant ils apparaissent sous la figure humaine, plus grands et plus beaux que les hommes[2], et communément environnés d'un éclat lumineux[3]. Mais la vue d'une divinité est souvent funeste aux simples mortels[4]. Les dieux peuvent encore à leur gré rendre leurs favoris visibles ou invisibles[5].

Tels sont les dieux d'Homère, conçus à l'image des hommes, mais embellie et en quelque sorte exaltée; car le sentiment de l'infini ne saurait perdre ses droits. Ils sont, par rapport aux rois et aux grands, ce que ceux-ci sont eux-mêmes par rapport au peuple. Toute la vie de ces dieux n'est, au reste, que la vie des chefs grecs ainsi rehaussée. L'Olympe, palais commun des douze grands dieux, offre, au dedans comme au dehors, tout l'aspect de la royale demeure de l'un des monarques de la Grèce. La journée des dieux, comme celle des héros, s'y partage entre le jeu et le chant, entre les exercices du corps, les banquets et les conseils[6]. Ce n'en sont pas moins les dieux immortels, et tout ce qui les environne, tout ce qui leur sert est immortel comme eux. Leur vie, d'ailleurs, n'est point aussi pénible, aussi chargée de

---

[1] Homer. Hymn. in Cerer., v. 277, *ibi* interpret. *Conf*. Plat. Epinom., p. 259 Bip.; Julian. Orat. VII, p. 219 Spanh.

[2] Iliad. III, 396; Odyss. XVI, 158 sqq.

[3] Iliad. IV, 75. *Conf*. Heyne Excurs. I ad Iliad. I, de interventu deorum in Homero (Obss. t. IV, p. 168 sqq.).

[4] Iliad. XX, 130.

[5] Iliad. III, 380.

[6] *Conf*. Heyne Excurs. VIII ad Iliad. I, 494 (Obss. t. IV, p. 187).

soins que celle des mortels; au contraire, elle est douce et facile, selon l'expression du poëte [1]. Leur nourriture même s'appelle *ambroisie*, c'est-à-dire breuvage d'immortalité [2]. C'est que, dans la pensée naïve des hommes d'Homère, cette immortalité des dieux ressemble à la lumière d'une lampe; elle finirait par se consumer si l'ambroisie ne venait sans cesse lui fournir un nouvel aliment. Peut-être, et cette conjecture pourrait s'étendre beaucoup plus loin, est-ce là une conception d'origine indienne. Nous savons, en effet, que les dieux de l'Inde se nourrissent sur le Mérou, l'Olympe indien, d'un breuvage nommé *amrita*, comme les dieux grecs d'ambroisie et de nectar [3]. Or, non seulement ce mot *amrita* est semblable pour la forme au mot *ambrosia* (*ambrota*), d'où vient ambroisie; mais encore il est composé de même, et signifie également *privation de la mort*, c'està-dire breuvage d'immortalité [4]. Les dieux de la Grèce, pareils à ceux de l'Inde, sont donc immortels, mais non éternels. Sous tous les aspects, ce sont, relativement aux lois de la nature, des pouvoirs extrêmement limités [5].

---

[1] Ῥεῖα ζώντες.

[2] Ἀμβροσίη de ἄμβροτος. *Conf.* Heyne Excurs. IX ad Iliad. I, 529 (Obss. t. IV, p. 190); Buttmann, Lexilogus, I, n° 34, p. 131 sqq.

[3] *Conf.* livre I, ch. III, tom. Ier, p. 184, et les Éclaircissem., p. 616, n. 1.

[4] De *a* privatif, en sanscrit comme en grec, et de *mrta*, *mort*, à la lettre *immortalis*, ἄμβροτος.

[5] Ce rapprochement des religions de l'Inde et de la Grèce sera poursuivi dans notre livre IX et dernier, vol. III. On peut voir, au préalable, dans le § 3 de la note 8 sur le livre V, à la fin du présent volume, quelques nouvelles observations sur les dieux homériques. (J. D. G.)

SECTION DEUXIÈME.

ANCIENNES RELIGIONS DE L'ITALIE,
PRINCIPALEMENT DANS LEUR RAPPORT AVEC LES RELIGIONS
PRIMITIVES DE LA GRÈCE.

CHAPITRE PREMIER.

Coup d'œil sur la population et sur les premières époques historiques de l'Italie; sources diverses et caractères généraux de ses religions.

Plus nous remontons vers l'antiquité, dans l'histoire des religions de la Grèce, et plus nous cherchons à les isoler de l'influence des poëtes épiques, plus elles nous apparaissent semblables aux anciennes religions de l'Italie. C'est que celles-ci dérivent en grande partie des vieux cultes pélasgiques, dont le foyer fut chez les Grecs. Ces derniers exercèrent, à différentes époques, sur les idées et les institutions religieuses des peuples italiens, une action décisive. Toutefois et ces institutions et ces idées sont marquées de certains caractères si originaux, elles ont eu des sources si diverses et en partie si étrangères aux Grecs, qu'il était nécessaire de leur consacrer un traité distinct; d'autant plus que la Grèce primitive des Pélasges ne se révèle peut-être tout entière, et sous ses véritables traits, que dans l'antique Italie des Etrusques et des Latins [1].

[1] Lorsque nous écrivions ces lignes, pour mieux faire ressortir

Un coup d'œil préliminaire sur l'histoire de cette contrée et sur les révolutions des peuples qui y fleurirent avant la domination des Romains, nous montrera qu'au milieu d'un tel mélange de races, des migrations, des colonies qui se succédèrent sur la terre italique, la religion ne pouvait que devenir un tout extrêmement complexe. Suivant les traditions anciennes, confirmées par les recherches des savans de nos jours, l'Italie essuya, dans des temps inconnus du reste, de grandes catastrophes physiques, qui la bouleversèrent et séparèrent la Sicile du continent[1]. Paraissent ensuite, dans le Latium, sous un aspect évidemment mythologique, les Indigètes, les Aborigènes, espèce de sauvages nés du sol, civilisés par les dieux mêmes, Janus, Saturne, Picus, Faunus, rois de l'âge d'or. Les habitans primitifs de l'Italie furent, selon des récits plus détaillés et plus historiques, les Liguriens, les Ombriens, les Sicules, les Ausoniens, Osques ou Opiques, placés en différentes directions dans la Péninsule, depuis les Alpes jusqu'au détroit de Sicile. Survinrent les premières colonies des Pélasges, auxquelles s'attachent les noms mythiques d'OEnotrus et de Peucétius[2], chefs, ou, pour mieux dire, représentans de deux peuplades méridionales, les

---

l'idée qui nous portait à réunir dans un même livre les origines des religions grecques et italiques, nous étions loin de prévoir que M. Creuzer, non content d'approuver notre idée, devait lui donner plus tard une sorte de confirmation publique. *Voy.* sa *récension* déja citée (*ci-dessus*, p. 369), de l'ouvrage de Böttiger, dans les *Heidelberg. Jahrbüch.*, n° 34, 1827, p. 533. (J. D. G.)

[1] Justin. IV, 1. *Conf.* Micali, l'Italie avant la domination des Romains, t. I, p. 4 sq. de la traduct. fr., d'après Dolomien et autres.

[2] Aristot. Polit. VII, 10; Dionys. Halic. Antiq. Rom. I, 11 Reisk.

OEnotriens et les Peucétiens. Ces Pélasges sortis, dit-on, de l'Arcadie, et d'autres après eux de la Thessalie et de l'Épire, dans les dix-septième et seizième siècles avant notre ère, couvrirent une portion de l'Italie, se mêlant partout aux populations antérieures, ou les refoulant les unes sur les autres. Ainsi furent expulsés les Sicules, qui émigrèrent du continent dans l'île dès lors appelée de leur nom, vers le quatorzième siècle [1]. Tandis que les Tyrrhéniens, ou autochthones, ou Pélasges, ou frères des Lydiens, et venus des côtes de l'Asie-Mineure sous la conduite d'un certain Tyrrhénus [2], jetaient dans la Tyrrhénie ou Étrurie les fondemens de la puissance étrusque, de nouveaux Pélasges-Arcadiens, amenés par Évandre et mêlés d'Hellènes, occupaient le Latium et en chassaient les premiers habitans, ou se fondaient avec eux [3]. Des traditions non moins poétiques, quoiqu'elles ne soient peut-être pas tout-à-fait dénuées de réalité, nous parlent ensuite d'une colonie de purs Hellènes, ayant Hercule à leur tête, et qui se fixèrent parmi les Arcadiens d'Évandre, peu avant la prise de Troie [4]; puis de nombreux établissemens formés en diverses parties de l'Italie par les chefs grecs et troyens, dispersés après cet événement mémorable, 1200 années avant Jésus-Christ. De ces établissemens, les plus célèbres étaient celui d'É-

---

[1] Dionys. Halic. I, 22, ex Hellanic. et Philist., coll. Thucyd. VI, 2.

[2] Dionys. Halic. I, 28, *ibi* Xanthus, Hellanicus, Myrsilus; Herodot. I, 94; Timæus ap. Tertullianum de Spectac., cap. 5. *Conf.* Creuzer ad fragm. Histor. Græc. antiquiss., p. 152 sqq.

[3] Dionys. Halicarn. I, 31.

[4] Dionys. 34; Servius ad Virgil. Æneid. VIII, 203 sqq.

née chez les Latins, auquel se rattachait l'origine de Rome, et celui d'Anténor son compatriote, au fond du golfe Adriatique, où il bâtit Patavium [1].

Les Étrusques, comme le peuple le plus anciennement civilisé de l'Italie, et les pères, en grande partie, de la civilisation romaine, méritent une attention singulière. Mélange de la plupart des races que nous avons rencontrées jusqu'ici, des Ombriens, des Sicules, des premiers Pélasges, ils parvinrent, probablement sous l'influence d'une race nouvelle, venue du Nord ou plutôt de l'Orient, et qui subjugua les peuplades antérieures, à un haut degré de culture. Faut-il appliquer à ces conquérans le nom d'Étrusques ou Tusques? Faut-il leur donner celui de Tyrrhéniens ou Tyrrhènes? Ce que nous savons c'est que, dans leur idiome national, les habitans de l'Étrurie s'appelaient *Rasena* [2]. S'étant fixés entre

---

[1] Dionys. Halicarn. I, 45 sqq.; Strab. XIII, p. 607 Casaub.; Tit. Liv. I, 1; Servius ad Æneid. I, 243. Cet exposé rapide, dans lequel nous étendons, rectifions et motivons un peu les indications par trop succinctes et quelquefois inexactes du texte de notre auteur, est conforme en général, sauf les formules dubitatives, aux résultats vulgairement admis sur la foi du grand nombre des traditions, et qui ont été développés chez nous par Larcher, dans sa Chronologie d'Hérodote, M. Raoul Rochette dans son Histoire des colonies grecques (tom. I, p. 225 sqq., 294 sqq., 352 sqq., 368, 391; t. II, liv. III, *passim*, surtout p. 345, 362 sqq.), et d'autres encore. Un érudit de génie, M. Niebuhr, dans sa célèbre Histoire Romaine, est arrivé sur presque tous les points, à l'aide d'une critique aussi vaste qu'indépendante, à des résultats différens, et qui ont été diversement jugés par W. A. Schlegel, Wachsmuth, O. Müller, etc. Notre note 1* sur ce livre, à la fin du volume, § 1, offre un aperçu de ces divers systèmes relativement à l'histoire primitive de l'Italie. (J. D. G.)

[2] Dionys. Halicarn. I, 30. Heyne (Nov. Com. Soc. reg. scien-

l'Arno et le Tibre, soit 1344 ans, soit mille ans environ avant notre ère, ils y formèrent une confédération de douze cités, ayant chacune à leur tête un chef héréditaire ou roi, et quelquefois réunies sous un chef unique, revêtu d'une suprématie temporaire. Véritables villes souveraines, les douze cités dominaient sur le pays entier, et tenaient dans leur dépendance, soit comme colonies, soit même comme sujettes, les autres villes situées dans leurs territoires respectifs. Pareillement, dans chaque cité, le pouvoir était aux mains d'une aristocratie à la fois militaire et sacerdotale, constituée héréditairement et représentant la race conquérante, tandis que la masse des cliens, espèce de serfs, représentait les anciens habitans soumis par la force. Les assemblées publiques de la confédération, qui se tenaient à Vulsinii, dans le temple de Voltumna [1], n'étaient donc qu'un conseil des grands, des

tiar. Gotting., tom. III, hist. et phil., p. 38) explique le nom des *Tyrrhènes* ou *Tyrsènes* par *Tu-Rasena*, et pense que les noms *Tusci* et *Etrusci* n'en sont que des formes altérées. Du reste, avec Fréret et autres, il soutient leur origine celtique ou gallique. Plusieurs, entre lesquels le grand historien J. de Müller, et plus récemment M. Niebuhr, ont rapproché les *Rasena* des *Rhæti*, habitans des Alpes, et ont vu dans ceux-ci les pères des conquérans de l'Étrurie, dominée avant eux par les Pélasges-Tyrrhènes. D'autres séparent également le mot *Rasena* de ceux de *Tyrrhènes*. *Etrusques* ou *Tusques*, mais croient ce dernier d'origine *tudesque*, teutonique ou germanique, aussi bien que la race qui le portait (Zoëga *Abhandlungen*, p. 327, etc.). Schlegel, au contraire, faisant abstraction complète du nom de *Rasena*, rapporte les *Tyrrhènes*, qu'il identifie de tout point avec les *Étrusques*, aux Pélasges, colons antiques de la Grèce et de l'Italie à la fois; Wachsmuth, à l'émigration lydienne ou méonienne dont il a déja été question. *Voy.* plus bas, et *conf.* la même note, à la fin du volume, §§ 1 et 2. (C — R et J. D. G.)

[1] T. Liv. IV, 23, V, 17; Dionys. Halic. III, 61.

Lucumons, nom qui paraît avoir été commun à tous les membres de cette caste dominatrice [1]. Sous cette constitution, qui portait en soi un germe de mort, l'Étrurie fleurit pourtant durant plusieurs siècles par le commerce et par les arts. Non seulement elle s'étendit vers le nord, par de là l'Apennin, sur les deux rives du Pô, où l'on vit s'élever, d'une mer à l'autre, douze puissantes colonies, filles des douze métropoles du centre; mais, sans doute à l'aide de sa marine, elle fonda au sud, en Campanie, une troisième confédération de douze cités, vers 800 avant J. C. Elle couvrit de ses vaisseaux les deux mers, visita la grande Grèce, la Sicile, la Corse, la Sardaigne, et poussa même jusque dans l'Archipel ses courses guerrières ou ses industrieuses entreprises [2]. Deux cents ans plus tard, en 590, la confédération du nord de l'Italie fut démembrée par les Gaulois sous la conduite de Bellovèse: les Étrusques perdirent la plus grande partie de leurs possessions au delà du Pô ; mais ils se maintinrent à Mantoue, à Adria, sur les bouches du fleuve, et dans la Rhétie, pays montagneux, dont la population conserva avec eux de frappans rapports, et où l'on retrouve aujourd'hui encore leurs monumens [3]. Moins de deux

[1] Niebuhr, *Römische Gesch.*, I, p. 136 sq., 3ᵉ édit. On interprète *Lucumons* par *possédés, inspirés* (Festus *s. v.*), ou *prêtres de la lumière* (*ci-dessus*, liv. IV, p. 220).

[2] T. Liv. I, 2, V, 33 ; Euseb. Chronic., p. 36; Herodot. I, 166. Conf. Niebuhr, I, p. 142 sqq., 3ᵉ éd.

[3] T. Liv. V, 33; Plin. H. N. III, 20; Justin. XX, 5. Ces auteurs attribuent de concert l'origine de la nation *rhétienne* à l'émigration forcée des Étrusques ou *Rasena*, nom qui primitivement aurait été propre, selon Wachsmuth, aux habitans de l'Étrurie centrale. Ce savant observe, en opposition avec Niebuhr et autres, que l'existence

siècles écoulés, tandis que les belliqueux Samnites, enfans des vieux Sabins, fondaient sur les ruines de la puissance étrusque, en Campanie, la nation nouvelle des Campaniens, une seconde invasion des Gaulois achevait de bouleverser la Haute-Italie, portait le trouble au sein de l'Étrurie centrale, déja déchirée par ses discordes intestines, et préparait aux Romains imprévoyans la conquête de Véies[1] (444-395). Cent dix ans après la prise de Rome par les Gaulois, et 280 ans avant notre ère, les Étrusques tombèrent sous le joug de cette ville, dont ils avaient peut-être élevé l'enfance.

Une question fort importante pour toute la suite de nos recherches, est celle qui concerne l'origine de la civilisation étrusque. Déja les anciens étaient partagés à ce sujet, les uns regardant cette civilisation comme indigène, les autres la rapportant à une colonie méonienne d'Asie-Mineure, comme nous l'avons vu plus haut. Les modernes ne sont pas moins divisés entre eux. Ceux-ci nient toute influence asiatique, rejettent le récit fabuleux d'Hérodote, et forts du témoignage de Xanthus, l'historien même de la Lydie, confirmé par Denys d'Halicarnasse, ne trouvent aucune analogie de langage, de mœurs, de religion entre les Lydiens et les Étrusques[2].

même de monumens étrusques dans la Rhétie prouve l'établissement d'un peuple déja civilisé, et ne saurait s'accorder avec l'hypothèse qui fait descendre les *Rasena* des *Rhétiens* (*die ältere Geschichte des Römischen Staates*, p. 82 sqq.). — *Conf.* la note citée, § 2.

[1] Nous engageons le lecteur à comparer le récit développé, et non moins intéressant que judicieux, de la plupart de ces faits, dans l'Histoire des Gaulois de M. Amédée Thierry, t. 1er.   (J. D. G.)

[2] Micali, l'Italie, etc., t. I, p. 134 sqq. de la trad. franç.; Niebuhr,

Ceux-là défendent contre Denys l'autorité d'Hérodote, maintiennent le fond de son récit, tout en abandonnant les accessoires, et s'attachent à montrer que les rapports entre les deux nations sont beaucoup plus nombreux et plus certains que les différences [1]. Ils remarquent dans le caractère et dans les institutions des Étrusques une empreinte manifeste de l'Orient, tandis que la plupart de leurs adversaires y reconnaissent les traits distinctifs des populations celtiques ou tudesques des Alpes [2]. Quant à nous, sans méconnaître l'origine septentrionale de l'une des principales souches d'où provint le peuple étrusque, nous croyons qu'il se forma du mélange de plusieurs races diverses, entre lesquelles les Pélasges et les Lydiens, également originaires d'Asie et probablement frères, exercèrent sur sa civilisation, sur sa langue, son culte et ses premiers arts la plus grande influence. La question du moins nous paraît devoir être résolue en ce sens, et le chapitre suivant offrira plus d'une preuve à l'appui de notre opinion [3].

Röm. Gesch., p. 44, 122 sqq.; Schlegel dans sa *récension* de la première édition de cet ouvrage, *Heidelb. Jahrb.*, 1816, n° 54, p. 854. Lanzi (*Saggio di ling. Etr.* I, p. 17, 189; II, p. 51) rejette aussi la colonie Tyrrhénienne, et, comme Schlegel, donne aux Étrusques et aux Grecs une origine commune.

[1] Wachsmuth, *ältere Gesch. d. Röm.*, p. 85 sqq.

[2] *Conf.* p. 392 sq., n. 2, *ci-dessus*, et le renvoi à la fin du volume.

[3] Cette opinion, qui est celle de M. Creuzer et la nôtre à la fois (car nous croyons avoir rendu fidèlement sa pensée, tout en la développant et la précisant plus qu'il n'a fait lui-même), se rapproche à quelques égards, du moins quant aux résultats, du système de M. Raoul Rochette (Hist. des colon. grecq., t. Ier, p. 352 sqq.). On la trouvera dans nos Éclaircissemens, discutée et comparée avec les autres, mais

Pendant que les Étrusques se mêlaient aux peuplades celtiques dans la Haute-Italie, établis au milieu des Grecs-Hellènes en Campanie, et faisant le commerce avec cette nation ingénieuse, qui avait couvert de ses colonies les côtes de la Basse-Italie et de la Sicile, peut-être dès le douzième, et certainement depuis le huitième siècle avant notre ère, ils subissaient l'action de sa supériorité intellectuelle, lui empruntaient ses poétiques traditions, les procédés plus parfaits de ses arts, et modelaient sur son goût leurs ouvrages. Peu à peu l'esprit des Grecs étendait ainsi ses pacifiques conquêtes chez les peuples italiens, et en important parmi eux la langue, les mœurs, les dieux et les héros helléniques, s'emparait de leurs souvenirs nationaux et s'appropriait leur histoire. On a long-temps disputé, et l'on dispute encore sur le plus ou moins de part qu'il faut attribuer aux Hellènes dans le développement de la mythologie et de l'art italiques. Les érudits toscans, jusqu'au milieu du dix-huitième siècle, revendiquèrent d'un commun accord la complète indépendance, à cet égard, de la religion et de la civilisation des Étrusques. Vint enfin Luigi Lanzi, qui prouva par des faits nombreux que la mythologie et même la langue des Grecs dominent dans les monumens de cette nation. Les premiers antiquaires de l'Europe, Heyne lui-même à la fin de sa vie, Eckhel, Barthélemy, Fabbroni, Morelli, Marini, E. Q. Visconti et d'autres se sont réunis à l'opinion du savant italien [1]. En effet,

surtout avec la théorie publiée récemment par O. Müller (*Die Etrusker*, Breslau, 1828, t. I, p. 71 sqq., et *passim*.)   (J. D. G.)

[1] *Voy.* Lanzi, *Difesa del Saggio*, etc., § XXI. *Conf.* Böttiger, *An-*

pour se convaincre à quel point elle est fondée, il suffit de parcourir les recueils connus de monumens étrusques, depuis ceux de Dempster, Gori et Passeri, jusqu'aux ouvrages récens de Lanzi, Micali et Inghirami [1]. Cependant, quelques esprits distingués de nos jours ont de nouveau appelé l'attention sur certains traits originaux ou septentrionaux des institutions de l'Étrurie. Il y a, d'ailleurs, une distinction importante à faire, quand on parle des Grecs et de leur influence sur cette contrée. Celle des Grecs primitifs ou des Pélasges fut bien plus profonde et bien plus étendue que celle des Hellènes. Peut-être cette distinction, développée comme elle mériterait de l'être, concilierait-elle en grande partie les sentimens contraires. Quoi qu'il en soit, tout en reconnaissant avec Lanzi, dans l'élément grec-pélasgique, la véritable base de la religion et de la civilisation des peuples de l'Italie, particulièrement des Étrusques, nous ne pensons pas que cette recherche difficile soit à beaucoup près épuisée, ni le problème complétement résolu. Au contraire, nous estimons avec Vater, que le docte abbé, malgré la sagacité admirable qu'il montre à dégager le fond et les accessoires des langues et des mythes de l'Italie antique, a donné trop peu de place, dans son système purement grec, aux élémens provenus d'une source différente [2].

deutungen zur Archæologie, p. 27; — Raoul Rochette, Cours d'Archéologie, 1828, p. 99 sq. (J. D. G.)

[1] *Conf.* Uhdens *Abhandlung über die Todtenkisten der alten Etrusker* (*Abhandl. der histor. philol. Classe der Berliner Acad. d. Wissenschaften*, 1816, 1817, p. 25 sqq.).

[2] Vater *in* Adelungs *Mithridates*, p. 455 sqq. *Conf. v.* Hormayer, *Geschichte von Tyrol*, I, p. 26 et 127 sqq. Cette question, aussi bien que

Toutefois il nous paraît qu'une grande partie des religions italiques, et surtout de celles de l'Étrurie, doit être rapportée, soit à la Thrace et à l'île sainte de Samothrace, soit à la Thessalie et à Dodone. Jamais la poésie, qui embellit toutes choses, n'exerça sur elles son action magique; si bien que les idées et les images dont elles se composent nous ont été conservées dans toute leur simplicité primitive. Nous y rencontrons les mêmes caractères qui nous ont frappés dans l'étude des religions de l'Asie antérieure, et tout nous indique une étroite alliance, pour ne pas dire une parfaite identité, avec les cultes pélasgiques. Le fétichisme s'y présente, empreint des mœurs du peuple qui l'observe. Pour le Sabin demi-sauvage, une lance plantée en terre est le dieu de la guerre, le tutélaire et redoutable Mamers. Les danses armées des Saliens et des Luperci, prêtres inspirés, nous rappellent celles des Corybantes de Phrygie, des Curètes de la Crète, des Carcines de Lemnos. Le culte du Phallus s'y trouve aussi bien qu'à Samothrace et dans l'Attique; à côté, les autels sanglans, les sacrifices humains, puis le souvenir reconnaissant des étrangers qui essayèrent de mettre un terme à ces excès d'un fanatisme barbare, et ne réussirent pas toujours [1]. Ce souvenir de sages législateurs, de réformateurs bienfaisans, dut produire ici, comme partout ailleurs, un autre genre de culte, celui des héros. Les religions de l'Italie ont leurs

toutes celles qui touchent aux monumens, aux sources, aux caractères divers des religions étrusques et italiques en général, est traitée de nouveau, d'après les recherches et les découvertes les plus récentes, dans la note citée, à la fin du vol., § 3.   (J. D. G.)

[1] *Conf.* liv. IV, ch. V, p. 203.

purifications avec les mêmes idées qui se retrouvent dans la loi religieuse de Moïse, dans le culte asiatique de la lune, et dans les religions cabiriques. Elles ont leurs fêtes de l'année, générales dans tout le monde ancien, surtout les fêtes de la moisson, et plus tard celles des vendanges [1]. Les sacerdoces de certaines divinités sont héréditaires dans certaines familles consacrées, comme on le voit chez les Grecs-Pélasges et en Asie-Mineure. Tout nous reporte vers l'Orient, dont le génie respire sur la terre italique, bien plus que dans la Grèce, telle qu'elle fut métamorphosée par l'épopée. En Italie se retrouvent les traces de nombreuses divinités androgynes. La langue, dans les noms des dieux, dans le nom *Dieu* lui-même, hésite fréquemment entre les deux sexes. On dit le dieu Vénus; et, comme l'Asie antérieure eut son *Aphroditos*, l'Italie ancienne avait son *Venus almus* [2]. Jupiter, le père des dieux, passait aussi pour leur mère. Au reste, le nom de *Jupiter* ne commença guère à se déterminer, à s'approprier au monarque céleste, que sous l'influence des Pélasges de Grèce, et bien plus encore avec la propagation du système crétois. Chez les peuples italiens, il fut long-temps appellatif, et s'appliqua indifféremment aux antiques rois, aux héros bienfaiteurs de la nation, élevés par là jusqu'au rang des dieux [3]. Il en faut dire autant du nom de *Junon*, qui

---

[1] La vigne fut d'abord peu cultivée dans l'ancienne Italie (Plin. H. N., XIV, 12).

[2] Livre IV, ch. III, p. 85 *ci-dessus*.

[3] Ainsi Latinus fut nommé *Jupiter Latialis*; Énée et son fils Ascagne devinrent aussi des *Jupiters*, etc.

ne fut point d'abord celui de la reine du ciel. Il y avait un grand nombre de *Junons*, et les femmes appelaient ainsi leurs génies tutélaires [1].

[1] *Voy.* liv. VI, chapitre de Jupiter, art. V, vers la fin, et chapitre de Junon, art. I et III. — *Conf.* Spangenberg de veteris Latii religionibus domesticis, Gotting. 1806, p. 13 sq. (J. D. G.)

CHAPITRE II.

RELIGION DES ÉTRUSQUES,
CONSIDÉRÉE SOIT EN ELLE-MÊME, SOIT DANS SON IMPORTATION
A ROME ET DANS D'AUTRES PARTIES DE L'ITALIE.

I. Idées sur la civilisation de l'Étrurie, son caractère tout sacerdotal, sources et documens historiques; âges du monde selon les Étrusques, leur Cosmogonie et ses rapports avec l'Orient.

Entre les religions de l'Italie, celle des Étrusques réclame notre principale attention, soit parce qu'elle fut la mère de la plupart des autres, soit parce que cette nation surpassa en culture toutes les nations voisines. Déterminer le degré de civilisation qu'elle atteignit, est une question que l'on a résolue dans les sens les plus opposés; et il en devait être ainsi, puisqu'il ne nous est rien resté de sa littérature, et que même les ouvrages de l'art étrusque ne sont pas encore parfaitement séparés de ceux du plus ancien style parmi les Grecs [1]. Les écrivains de l'antiquité exaltent les services rendus par ce peuple à la science et à la religion [2]. Quelque intimes rapports qui existassent chez lui entre ces deux choses, et quand même sa philosophie de la nature se réduirait à la fameuse discipline étrusque [3], il n'en est pas moins

---

[1] *Voy.* la note 1* sur ce livre, à la fin du vol., § 3.   (J. D. G.)
[2] Diodor. V, 40, d'après Timée ou d'autres anciens auteurs.
[3] Si l'on compare Tite-Live (IX, 36) avec Cicéron (de Divinat. I, 41, § 92; de Leg. II, 9) et Valère-Maxime (I, 1), on sera tenté d'admettre cette restriction. Il résulte de ces passages combinés que les

juste de convenir qu'il eut des connaissances d'un ordre assez élevé, sa littérature, ses annales nationales [1]. Les Étrusques ayant reçu probablement par les Lydiens, et certainement par les Pélasges, les élémens des arts avec les lumières religieuses, ils les cultivèrent non sans succès; et, au moyen de leurs navigations lointaines, ils demeurèrent en communication avec l'Orient, peut-être même avec l'Égypte. Le caractère mélancolique et religieux qui les distinguait, suppose en eux cette profondeur de sentiment qui élève la pensée humaine au dessus des intérêts

grands de Rome envoyaient leurs enfans dans les villes de l'Étrurie, pour les faire élever dans la discipline religieuse, qui comprenait, avec l'art d'interpréter les phénomènes de la nature, divers autres moyens de connaître l'avenir. Görenz (ad Cic. de Leg. *l. l.*, p. 134 de son édit.) croit qu'il s'agit chez Cicéron des enfans des Étrusques, non de ceux des Romains, parce que tous les haruspices, même à Rome, étaient étrusques. Plusieurs autres savans, et récemment M. Moser, qui a résumé tous ses prédécesseurs (ad Cic. de Divinat. *l. l.*, p. 203 sqq.), sont entrés dans la même idée, et se sont vus conduits à corriger en ce sens le passage du *de Divinatione*. M. O. Müller, aux raisons de ces savans, ajoute l'induction qui se tire de Tacite (Annal. XI, 15), se range à l'avis de Görenz, et corrige également Cicéron (*Etrusker*, II, p. 4 et n. 13, coll., p. 346). Mais, indépendamment de l'accord des textes sur le point fondamental, de l'autorité de Wyttenbach (ap. Creuzer. ad Cic. de Leg. p. 216, ed. Moser et Creuzer), et de celle de Niebuhr (*Röm. Gesch.* I, 137, 158, 336, 3ᵉ édit.), ne pourrait-on pas dire que c'est aussi trop restreindre la discipline étrusque, que de la réduire strictement à l'art des haruspices? *Conf.* ch. IV, *ci-après*. (C—ʀ et J. D. G.)

[1] Dionys. Halic. III, 46. Varron (de L. L. IV, p. 14 Scal.) cite un certain Volumnius, auteur de tragédies étrusques, qui dut être peu antérieur à lui. — M. Niebuhr croit qu'il faut lire avec le ms. de Florence, *Volnius*, et que ces compositions, d'imitation grecque fort tardive, furent étrangères à la nation étrusque, ainsi que toute littérature proprement dite (*Röm. Gesch.* I, 152). (J. D. G.)

vulgaires, et la conduit à des vérités nouvelles. Au sein d'un sacerdoce nombreux et fortement constitué, dut nécessairement s'élaborer, avec la prospérité toujours croissante de l'état, un système de notions à la fois théologiques et scientifiques, qui se perpétua par la tradition jusqu'au moment où la connaissance de l'écriture permit de le fixer dans des livres sacrés [1]. Des écoles fréquentées par les enfans des grandes familles [2], devinrent la base d'un patriciat qui ne se fondait pas seulement sur la naissance, mais encore sur les avantages de l'esprit, ce dont l'ancienne Rome nous offre maint vestige. Malgré les révolutions de toute espèce qui avaient bouleversé l'Étrurie, il subsistait, au temps des Romains, soit dans la tradition, soit dans les livres, de précieux débris des doctrines antiques. Ces doctrines, ouvrage des prêtres, étaient, comme en Orient, attribuées à leurs dieux, scribes et écrivains sacrés par excellence. Ainsi les livres sur la connaissance des éclairs avaient, dit-on, pour auteur la nymphe Bygoïs; les livres achéruntiens étaient mis sur le compte du dieu terrestre Tagès, et son élève Bacchès les avait commentés [3]. Les Romains, dans leurs longues dévastations, détruisirent une grande partie de ces monumens du savoir étrusque; et si des motifs religieux leur en firent recueillir quelques restes, par les mêmes motifs ils les couvrirent d'un voile mystérieux. C'est à des renseignemens épars de ce genre que

---

[1] Sur l'écriture et les inscriptions étrusques, ainsi que sur les autres points de controverse touchés ici, *voy.* la note et le § cités. (J. D. G.)

[2] Livius, V, 27. *Conf.* p. 402, n. 3, *ci-dessus.*

[3] *Voy. ci-après,* chap. IV.

se bornent nos connaissances sur la littérature de l'ancienne Étrurie[1].

Heureusement les auteurs grecs et romains nous ont transmis quelques récits détaillés sur le fond de la religion des Étrusques, particulièrement sur leur conception du monde et de la nature sous un point de vue tout religieux. Le caractère grave de cette nation s'annonce d'abord dans le dogme des âges. Un certain nombre d'âges, enseignaient leurs prêtres, ont été assignés aux hommes et aux choses humaines, et le passage de l'un à l'autre est chaque fois annoncé par des apparitions et des signes au ciel et sur la terre. L'histoire de l'Étrurie se classait dans l'une de ces grandes périodes. La volonté divine avait fixé dix siècles inégaux ou âges d'homme à la durée de l'empire étrusque. Des quatre premiers chacun comprenait 105 ans, le cinquième 123 ans, le sixième 119, le septième autant, et ainsi de suite. Les huit premiers formaient ensemble 904 ans. Avec le dixième siècle devait finir l'état des Étrusques, et ce dixième siècle avait commencé durant les jeux de César, suivant la prédiction de l'haruspice Volcatius[2].

---

[1] Tarquin l'Ancien, ou plutôt Tarquitius, avait écrit (ou traduit) un *Ostentarium Etruscum* (Macrob. Saturn. II, 16, III, 7, coll. Lactant. I, 10). — Ce livre rappelle l'opuscule de Lydus, *de Ostentis*, nouvellement publié et si habilement restitué par M. Hase, et où il est aussi question de Tarquitius, cap. 3, p. 8.   (J. D. G.)

[2] Varro ap. Censorin. de die natali, 17; Plutarch. Sylla, cap. 7, Coray; Servius ad Virgil. Eclog. IX, 47. — Lorsque Volcatius vit dans la comète qui parut après la mort de César, le signe de la fin du neuvième siècle, sa prophétie n'avait plus d'application à l'Étrurie, mais seulement à Rome, dit M. Niebuhr (*Röm. Gesch.* I, p. 155, n. 422), réfuté en cela par M. O. Müller (*Etrusker*, II, p. 331 sqq.) Au reste,

Ici se rattache la Cosmogonie des Étrusques et leur doctrine de la grande année. Le Démiurge a créé le monde dans l'espace de six mille ans. Dans le premier millénaire, il a fait le ciel et la terre; dans le second, le firmament; dans le troisième, la mer et les eaux qui sont sur la terre; dans le quatrième, les deux grands flambeaux de la nature; dans le cinquième, les âmes des oiseaux, des reptiles et des autres animaux qui vivent dans l'air, sur la terre et dans l'eau; dans le sixième, l'homme. Le genre humain doit durer autant qu'a duré l'œuvre de la création, en sorte que les deux grandes périodes du monde embrassent un cercle de douze mille ans. C'est la grande année, à l'expiration de laquelle toutes les étoiles se retrouvent dans la même constellation qu'elles occupaient à la fin de la période précédente [1].

Heyne a contesté l'authenticité de cette Cosmogonie. Il y voit un thême astrologique d'une époque fort tardive, et l'attribue même à un chrétien. L'application des âges, qui concernent seulement le peuple étrusque, à la race humaine en général, aussi bien que l'emploi de certaines expressions biblico-hellénistiques, lui paraissent des argumens décisifs en faveur de son opinion [2]: pour nous, il nous est impossible d'y déférer. D'abord

---

l'exposition un peu rapide et incomplète à plusieurs égards que fait ici notre auteur, du système chronologico-théologique des Étrusques, se trouve développée, dans son double rapport avec leur cosmogonie et avec leur histoire, note 2* sur ce livre, à la fin du volume. (J. D. G.)

[1] Suidas, *s. v.* Τυρρηνία.
[2] Etrusca antiquitas a comm. lib. (Comment. Soc. Gott. VII, p. 35 sqq.).—*Conf.* O. Müller, II, p. 39 sq., et la note citée. (J. D. G.)

il est toujours fort délicat de juger d'après des mots isolés : toutes les expressions que l'on est en droit d'appeler hellénistiques, parce qu'elles proviennent d'Alexandrie et de l'époque du grand mélange des langues, ne sont point pour cela empruntées de la Bible. Ensuite, l'on peut voir par le passage de Plutarque cité plus haut, et où il est parlé très positivement d'âges assignés aux hommes, selon la doctrine étrusque, que l'auteur, quel qu'il soit, du récit qui nous occupe, n'a point détourné le sens de la tradition. Heyne avoue lui-même que les anciens Perses avaient une croyance semblable. En effet, rien de plus frappant que le rapport de la cosmogonie des Étrusques avec celle des Parsis. Dans les deux systèmes se retrouvent les douze millénaires, divisés également d'après les douze demeures du soleil; et les douze signes du zodiaque sont les symboles des douze millénaires [1]. Pareillement, chez les Hindous, le monde doit finir avec l'âge dans lequel nous vivons, après douze mille années divines écoulées [2]. Quelle route ont pu suivre, d'Orient en Occident, ces dogmes antiques, répandus jusque dans le nord de l'Europe? Il serait difficile de répondre à cette question d'une manière bien précise. Cependant, en jetant un coup d'œil sur la doctrine des Pythagoriciens, on est tenté d'y voir le moyen de communication. Quoi qu'il en soit, ce sont des croyances appartenant à un

---

[1] *Conf.* vol. Ier, Éclaircissemens du livre II, p. 701 sqq.

[2] Même volume, note 9 sur le livre Ier, p. 625 sqq. Comparez le système égyptien, note 13 sur le livre III, p. 904 sqq., et le chaldéen, note 4 sur le livre IV, à la fin du présent volume. Le monde et les dieux eux-mêmes ont également leur fin, dans la mythologie scandinave.

ordre d'idées presque généralement reçues dans les systèmes sacerdotaux du monde ancien ; et c'est une raison de plus pour ne pas les refuser aux prêtres étrusques, dont les conquêtes dans le domaine intellectuel sont établies par tant d'autres preuves.

II. Divinités étrusques en général, leur classification; doctrine des Démons ou des Génies, Lares, Pénates ; Génies des dieux ou Pénates, tant publics que privés, leurs honneurs et leurs représentations figurées.

Les divinités des Étrusques étaient ou générales et recevaient les hommages de toutes les villes de la confédération, ou particulières et patronnes de telle ou telle ville. Aux premières appartiennent, outre quelques divinités indigènes, les grands dieux pélasgiques, par exemple Jupiter, Junon et Minerve, qui devaient avoir chacun un temple dans chaque cité régulièrement organisée [1]. Jupiter avait un conseil divin formé de six divinités mâles et d'autant de divinités femelles. Ces douze dieux s'appelaient *Consentes* et *Complices*, c'est-à-dire associés, mot qui pourrait bien n'être pas autre chose qu'une traduction de celui de *Cabires* [2]. Ils se nommaient ainsi, dit Varron, parce qu'ils naissent et meurent ensemble [3]. Leurs noms propres, suivant la même autorité, étaient inconnus ; du reste, le nom générique de la divinité se

---

[1] Servius ad Virgil. Æneid. I, 422. Le nom de Minerve est toujours écrit *Menerva* (*Menerfa*, *Mernfa*, ou même *Murfa*) sur les patères étrusques. — *Voy.* pl. CLXI, 610, CCXLV, 658 *a*, etc.   (J. D. G.)

[2] *Conf.* la section précédente de ce livre, ch. II, art. II, p. 287.

[3] Ap. Arnob. adv. gent. III, 40, p. 123 Orell.

disait en langue étrusque *Æsar* [1], qui fut rapproché de César ou *Cæsar*, mais qui rappelle beaucoup plus naturellement les *Ases* des Scandinaves [2]. Ces dieux n'étaient donc que des êtres intermédiaires, employés par Jupiter à titre de ministres dans le gouvernement du monde. Quant à lui, nommé *Tina* en étrusque [3], son rôle en était d'autant plus élevé. Il passait pour l'âme du monde, pour la cause des causes, par conséquent pour la destinée et la providence. Les Étrusques voyaient en lui la nature qui produit toutes choses, le premier souffle qui vivifie toutes choses; il était pour eux le conservateur et le directeur de l'univers [4]. Quoique l'on puisse reconnaître ici le langage des Stoïciens, et que les philosophes de cette école aient souvent donné les interprétations les plus forcées de l'antique mythologie, ce n'est pas une raison pour rejeter le fond de cette exposition. Les mots peuvent appartenir à Sénèque, mais les idées sont bien certai-

---

[1] Sueton. August., 97, p. 229 Wolf.

[2] *Æsar* paraît être employé, aujourd'hui encore, en islandais, comme pluriel de *As*, signifiant dieu. Ce serait donc un nom collectif, le pluriel pour le singulier, ainsi que *Elohim* dans la Genèse (Zoëga, *Abhandl.*, p. 327 sq.). Jupiter étant le dieu par excellence, et, comme on va le voir, la destinée, *Æsar* n'est peut-être pas non plus sans rapport avec le mot grec αἶσα. — M. O. Müller (*Etrusker*, II, 81 sqq.) applique le nom générique *Æsar* à deux ordres distincts de dieux chez les Étrusques, et signale une confusion grave dans le passage d'Arnobe cité plus haut. *Conf. ci-après*, ch. IV, art. III, et la note 3* sur ce livre, à la fin du volume.   (J. D. G.)

[3] *Voy.* pl. XCIII, 337. *Tina* se rapproche de *Dis* (*ci-dessus*, p. 289, n. 2, avec le renvoi indiqué au livre VI), et fait songer au *Tien* des Chinois, qui veut dire le Ciel.

[4] Senec. Quæst. nat. II, 45. — *Conf.* la même note.

nement étrusques. Un sentiment profond de l'infini caractérise cette nation ; ses liaisons avec l'Orient sont plus que vraisemblables, et nous savons positivement que les religions de Samothrace furent transplantées sur le sol de l'Étrurie [1]. Ce que l'Inde ou la Perse ou l'Égypte enseignaient de leurs grandes divinités, les Étrusques ne pouvaient-ils le savoir et le transporter à leur Jupiter et à leur Janus ?

Le même esprit de l'Orient, de l'Égypte et de Samothrace respire dans la doctrine étrusque des démons. Chaque dieu, chaque homme, chaque maison, chaque ville avait son démon ou génie. Les génies des dieux se nommaient *Pénates*, et l'on reconnaissait en général quatre classes de génies, ceux de *Tina* ou de Jupiter, ceux de *Neptune*, ceux des divinités souterraines, et ceux des hommes [2]. C'était un système d'êtres formant une hiérarchie divine, unissant les dieux supérieurs avec les dieux inférieurs, et la divinité avec l'homme. C'était comme une grande pyramide dont la pointe se perdait en Jupiter, le point central du monde, et dont la base immense reposait sur la terre, faisant face aux quatre points cardinaux. Nous avons trouvé en Égypte une conception pareille [3]. Sur chaque individu vivant, sur le caractère et les inclinations de chaque personne, plane et domine en maître un couple de génies, dont l'un veille avec une tendre sollicitude au bien de l'âme

---

[1] Section I de ce livre, ch. II, art. IV, p. 302, 304.

[2] Nigidius ap. Arnob. adv. gent. III, 40, p. 132 Orell., et Append. ad Arnob., p. 44 sq.

[3] *Conf.* liv. III, ch. V, p. 447 sqq. du tom. I.er

qui lui est confiée ; l'autre, véritable esprit de ténèbres, abat sur elle ses ailes menaçantes. Partout où des hommes habitent ensemble, un génie invisible est présent. Ce lien si cher qui nous attache au pays natal, ce sentiment sacré qui fait battre notre cœur au nom de patrie, sont l'un et l'autre sous la protection d'un génie. La maison paternelle et ses tendres souvenirs, ce toit tutélaire qui nous a vus naître, à l'abri duquel nous nous sommes élevés, cette douce habitude, cette familiarité confiante que nous avons avec les lieux connus dès notre enfance, cette paisible jouissance des biens que nous tenons de nos pères, toutes ces idées et leurs moindres nuances sont renfermées dans le mot *Lar*, signifiant *maître* et *seigneur* [1], ou comme qui dirait ici protecteur de la famille. Être sans *Lar familier*, c'est-

[1] *Lar, Lars, Lartes. Voy.* surtout Lanzi, *Saggio di ling. Etrusc.*, II, p. 283-286. *Conf.* Müller de diis Romanorum Laribus et Penatibus, Hafniæ, 1811, p. 53 sqq.; Hempelius de diis Laribus, Zwicc. 1797, p. XIX. On sait que ce mot étrusque se compose avec les noms propres comme titre honorifique des princes et des rois, *Lar-Tolumnius*, *Lar-Porsenna*, etc. Peut-être faut-il le rattacher au nom générique des anciens héros persans, *Arta* (Ἀρταῖοι, *ci-dessus*, p. 146, n. 2, et le renvoi au tom. Ier), qui entre aussi dans la composition des noms propres *Artabanus*, *Artaxerxes*, etc. Lar, *Lartis*, se conserva comme prénom, tandis que Lar, *Laris*, fut appliqué à la divinité. Une foule de mots en sont dérivés dans les idiomes grecs et italiques, *Laertes*, et plusieurs analogues ; *Larissa*, nom commun à nombre de villes pélasgiques, en Thessalie, en Argolide, en Asie-Mineure, en Crète, en Italie; *Larinum*, autre nom de ville dans cette dernière contrée. Les vieux Romains, au lieu de *Lares*, disaient *Lases*, forme conservée dans un chant des Frères Arvales (Marini, *Atti Arval.*, II, p. 602 sqq.), et qui n'aurait pas dû échapper à Zoëga, quand il demandait au grec λᾶς ou λαός l'étymologie des mots *Larissa*, *Lapersa*, etc., et même du nom des *Latins* (*Abhandl.*, p. 327).

à-dire sans patrie, sans foyer domestique, était de toutes les privations la plus affreuse que les anciens pussent concevoir. Aussi lorsque, dans Salluste, l'artificieux Catilina veut jeter le dernier trait de flamme au cœur des conjurés, il compare la fortune des grands de Rome, qui bâtissaient palais sur palais, avec leur propre misère, et s'écrie qu'il ne leur restait plus, dans le monde entier, un Lar familier [1] !

Cette notion des Lares, comme celle des Pénates, avait pénétré fort avant dans les croyances religieuses des Romains. Il y avait cette différence entre les uns et les autres, que, tandis que les Lares passaient pour les protecteurs du foyer domestique, les gardiens et les conservateurs des biens de la famille, les *Pénates* étaient les puissances cachées d'où découlaient ces biens et toutes les prospérités de la maison [2]. Aussi émanaient-ils de Vesta, et avaient-ils leur place dans l'intérieur le plus secret des appartemens. De là peut-être l'étymologie la plus naturelle de leur nom, qui semble vouloir dire *dieux intérieurs* [3]. Du centre mystérieux où ils résident,

---

[1] Sallust. Catil., cap. 20. *Conf.* Cic. Philipp. II, 30, *ibi* interpret.

[2] Platner (*Beiträge z. Kentniss des Attischen Rechts*, p. 94 sq.) pense que les Lares avaient plutôt trait aux rapports intérieurs de l'état et de la famille, qu'ils protégeaient contre les atteintes des puissances ennemies; les Pénates à leurs rapports extérieurs, dont ils assuraient le maintien dans le bonheur et dans la paix. *Conf.* l'art. suiv.

[3] *Penates* quasi *penetrales*, de *penitus*, et ainsi sont-ils appelés par les poëtes; ou bien encore de *penus*, nourriture de toute espèce à l'usage des hommes, car ce sont eux qui l'accordent (Cic. de N. D. II, 27, *ibi* Creuzer). Festus (p. 335 Dacer.) et Servius (ad Virgil. Æn. III, 12) expliquent *penus* comme un lieu secret dans le temple de Vesta, et qui s'ouvrait ou se fermait à certains jours déterminés, vers

comme d'une source féconde et voilée à tous les regards, ils répandent sur la maison toutes les bénédictions imaginables. Voilà pourquoi ils appartiennent aux *grands dieux*, aux *dieux puissans*, identiques avec les dieux de Samothrace, avec les Cabires, causes premières de toute existence, et, comme les Pénates, auteurs de la vie et de la santé [1]. Ce sont des personnifications du pouvoir sacré de la divinité, qui nous garantit le triple bienfait d'une patrie, d'une maison, d'un domaine. Les mêmes idées, les mêmes personnifications se retrouvent et dans l'Orient et chez les anciens Grecs [2]. Quelle que soit la véritable origine des Pénates de Rome, à leur tête figuraient *Jupiter* et *Vesta* sa sœur, les dieux de la

---

l'époque des fêtes de la déesse. Macrobe (Saturn. III, 4) s'exprime ainsi, d'après Cassius Hemina : Sed, qui diligentius eruunt veritatem, *penates* esse dixerunt, *per quos penitus spiramus*, per quos habemus corpus, per quos rationem animi possidemus. Toutes ces idées coexistent dans les Pénates, comme on va le voir.

[1] *Voy.* sect. précéd. du livre, ch. II, p. 287, 304. *Conf.* Nigidius ap. Arnob. adv. gent. III, 41, p. 133 Orell., *ibi* interpret.

[2] Denys d'Halicarnasse, dans le passage important sur les Pénates Romains, que la tradition rattachait à ceux de Lavinium, et par conséquent de Troie, remarque que ces dieux sont appelés en grec θεοὶ πατρῷοι, ou γενέθλιοι, ou κτήσιοι, ou μύχιοι, ou encore ἕρκιοι, suivant leurs divers points de vue (Antiq. Rom. I, 67). En effet, déjà Spanheim (de Vesta et Prytan., § 14, in Gronov. Thes. V, p. 685) les avait très bien retrouvés dans les dieux *secrets* ou *acquéreurs*, ou *distributeurs de la richesse* (πλουτοδόται), chez les Grecs; de même ils s'identifient avec les *dieux de l'enceinte* ou de la maison, dont Jupiter *Herceus* est le premier. Les Grecs, aussi bien que les Romains, avaient leurs Lares et leurs Pénates. — C'est une conception générale dans les religions de l'antiquité, et qui paraît tenir en principe à celles de la Perse et de l'Inde. *Conf.* les développemens de la note 3* sur ce livre, à la fin du volume. (J. D. G.)

patrie par excellence, protecteurs de la ville, qui leur faisait hommage de l'empire du monde [1]. En effet, les Pénates se divisaient en *Pénates publics* ou *grands*, et en *Pénates privés*, *petits* ou *familiers* [2]. Les premiers sont ceux dont la puissance cachée favorise l'accroissement et la prospérité des villes, des sociétés et des nations. Ils avaient des temples, des autels et des sanctuaires, et ils se confondaient avec les dieux tutélaires de la patrie, dont ils se trouvent souvent rapprochés dans les auteurs; quelquefois même ils sont appelés *Pénates de la patrie* [3]. Les Pénates privés étaient honorés dans l'intérieur de la maison, sur le foyer, où le feu brûlait pour eux comme pour Vesta, comprise elle-même au nombre des Pénates. Le foyer est le centre commun d'où la santé et le bonheur se répandent sur tous les membres de la famille. Les Pénates sont les dieux par qui nous respirons; qui régissent notre vie physique et les lois les plus intimes de notre existence; qui nous accordent la nourriture, le revenu, l'avoir; qui étendent sur toute l'enceinte du domaine leur influence féconde; qui allument

---

[1] *Voy.* livre suivant, chap. de Jupiter, art. III, et chapitre de Vesta, *passim*.

[2] *Penates publici* ou *majores*, *Penates privati*, *minores* ou *familiares*. *V.* Müller, *l. c.*, p. 16; Hempelius, p. XXIV; J. F. Gronov. Diatribe in Statium, cap. XLIV, ad Silv. IV, 8, p. 456 sqq. ed. Hand.

[3] *Penates patrii* comme *Dii patrii* (θεοὶ πατρῷοι). *Conf.* Cic. pro Sulla, cap. 31; Stat. *l. c.*, *ibi* Gronovius, p. 449 Hand. La différence, c'est que les dieux de la patrie étaient toujours publics, et révérés par la ville entière comme protecteurs de toute la nation. Voilà pourquoi on les trouve fréquemment aussi opposés aux Pénates en tant que privés et protecteurs des familles.

la flamme du foyer, et par elle nous prodiguent les biens de la plus douce aisance.

Toutes ces notions viennent se réunir dans l'idée de *Vesta*, le premier Pénate, la déesse intime par excellence [1]. Plus tard *Pallas* lui fut associée, en sorte qu'au commencement Rome n'avait que ces deux Pénates, qu'elle tenait des Pélasges et de l'Orient, le feu de Vesta et l'image sacrée de la Pallas troyenne [2]. Dans la suite, elle en admit plusieurs autres, *Jupiter*, *Janus*, *Mars* et *Romulus*, qui, avec Pallas et Vesta, devinrent les Pénates de la ville ou les Pénates publics : Jupiter, qui résidait au Capitole, le grand domicile national; Janus, le principe de toutes choses; Vesta, le commencement et la fin, la substance et l'âme de tous les êtres; Mars, le grand inaugurateur du temps et de l'année, le patron du premier mois, suivant le vieux calendrier romain, le père de Romulus et de Rémus, fondateurs de Rome. *Mercure* aussi paraît avoir été compté parmi les Pénates [3].

---

[1] Le sanctuaire de Vesta, ainsi qu'on l'a vu plus haut, se nommait *Penus*, évidemment analogue à *Penas*. *Conf.* Spanheim, *l. l.*, p. 686.

[2] Le fameux *Palladium*. *Conf.* liv. VI, chap. de Minerve, art. IV.

[3] Servius ad Virgil. Æn. II, 296. Nous avons vu, plus haut, que les Pénates étaient par excellence les génies des dieux : aussi, bien d'autres dieux sont-ils donnés comme Pénates; non seulement *Apollon* et *Neptune*, dont il va être question, mais la *Fortune*, *Cérès*, le *Génie de Jupiter* (*Genius Jovialis*) et *Palès*, être mâle, et ministre ou serviteur de Jupiter (Arnob. *l. l.*, Servius ad Æn. II, 325). Ces derniers formaient une espèce de quaternaire sacré. Varron, suivant Arnobe enseignait que ni le nombre ni les noms de ces dieux, « *qui sunt introrsus atque in intimis penetralibus cœli* », n'étaient connus. Ailleurs, cependant, il parle de douze divinités subordonnées au dieu suprême Jupiter (de R. R., I, 1). D'autres, ajoute Arnobe, voyaient

Nous n'avons de renseignemens précis ni sur le nombre, ni sur les représentations figurées des Pénates. Denys d'Halicarnasse [1] rapporte que les Pénates troyens, qui se voyaient à Rome dans un temple, et qui, selon quelques témoignages, seraient Apollon et Neptune, constructeurs des murailles d'Ilion [2], étaient deux jeunes gens assis et armés de piques, d'un très ancien travail. On les trouvait dans beaucoup d'autres temples, sous la même figure, qui, aussi bien que leur nombre, rappelle naturellement les Dioscures [3]. Tels nous les remarquons, en effet, sur les monumens [4].

III. Génies appelés Lares, leur nature différente de celle des Pénates; doctrine des âmes et des esprits, fond du culte des Lares; classification générale des Lares publics et privés, leurs attributs, leurs fêtes et sacrifices; Mânes, Lémures, honneurs rendus aux morts; diverses représentations figurées.

Si nous examinons de près la nature des Pénates et celle des Lares, nous découvrirons aisément pourquoi dans *Jupiter, Junon* et *Minerve*, les Pénates, auteurs de toute existence et de tout bien, au physique comme au moral. — *Conf. ci-dessus*, p. 408, et la note citée, fin du volume, où sont distingués et classés de nouveau, d'après les récentes recherches d'O. Müller et autres, les élémens divers de la théologie étrusco-romaine.   (J. D. G.)

[1] Antiq. Rom. I, 68, Reisk.

[2] Servius ad Virgil. Æn. *l. l.* Denys parle en outre, d'après Timée, de caducées en fer et en airain, et d'ouvrages troyens en argile (κέραμον Τρωϊκόν, peut-être un vase ou Canope), que l'on montrait dans un vieux temple à Lavinium (A. R., 67 *fin*). — Et ces symboles et les deux Pénates dont il s'agit ici, et que plusieurs regardent comme les vrais Pénates primitifs de Rome, semblent n'avoir rien de commun avec l'Étrurie. *Conf.* même note, fin du volume.   (J. D. G.)

[3] Sect. précéd., ch. II, art. IV, p. 303 sq., 311.

[4] *Voy.* pl. CLI, 580, coll. CCL, 860, avec l'explication.

les premiers sont placés plus haut que les derniers dans la hiérarchie des génies. En effet, les Pénates sont originairement des dieux; ce sont des forces naturelles personnifiées, des puissances dont l'action merveilleuse et secrète produit et entretient, sans que nous sachions comment, tout ce qui est nécessaire à la vie, au bien être, à la prospérité des individus et des familles, tout ce que l'homme ne saurait se donner à lui-même. Il en est tout autrement des Lares. Ceux-ci furent jadis nos semblables, des hommes comme nous, qui vécurent sur cette terre, et qui maintenant, après la mort, devenus purs esprits, aiment encore à demeurer autour de cette maison qu'ils habitaient, à veiller sur elle, à la garder comme le chien vigilant. Ayant partagé l'humaine condition, ils en savent mieux d'où le danger menace, et quels secours réclament les faibles mortels. Ils écartent les périls du dehors, tandis que dans l'intérieur résident les Pénates, versant les biens à pleines mains.

L'idée fondamentale des *Lares* se lie à toute la psychologie et à toute la pneumatologie des anciens Italiens. Suivant Apulée[1], les démons, qui jadis comme âmes avaient habité des corps humains, se nommaient *Lémures* : ce nom désignait donc en général l'esprit séparé du corps. Un tel esprit adoptait-il sa postérité, prenait-il possession avec un pouvoir favorable de la demeure de ses enfans, il s'appelait *Lar familier*. Si au contraire, à cause de ses fautes durant la vie, il ne trouvait dans la

---

[1] De Genio Socratis, p. 50 ed. Francof., tom. II, p. 237 Bip., coll. Serv. ad Virgil. Æn. III, 63 ; Macrob. Sat. I, 3 ; Marcian. Capella, II, p. 40 ed. Grot.

mort aucun lieu où se reposer avec plaisir, il apparaissait comme un fantôme, comme une *Larve*[1], inoffensive pour le bon, redoutable au méchant. Mais, comme on ne pouvait savoir précisément quel sort avait été le partage d'un défunt, d'un *Lémure*, s'il était devenu *Lar* ou *Larve*, on lui donnait le nom indéterminé de dieu *Mâne*[2]. Varron, dans un sens plus étendu, si nous en croyons Arnobe[3], prenait les Lares tantôt pour les Mânes, génies tutélaires des vivans et des morts, et leur donnait en conséquence *Mania* pour mère; tantôt pour les dieux et les héros planant dans les airs; tantôt enfin pour les esprits ou les âmes séparées des corps, pour les Lémures ou les Larves. La mère des Lares s'appelait aussi *Lara* et *Larunda*[4]. Cette conception des Lares, comme âmes des pères, des ancêtres, protectrices de leurs enfans, devait nécessairement faire naître la coutume d'ensevelir les morts dans les maisons[5]. On voulait avoir près de soi ces génies tutélaires, pour être plus sûr de leur appui. Cependant cette coutume fut défendue à Rome, dans la suite, par la loi des Douze-Tables[6]. Elle était générale dans la Grèce primitive, aussi bien que dans l'antique Italie[7].

[1] *Larva*, d'où *larvati*, pour dire ceux dont l'esprit avait été troublé de semblables apparitions. *V*. Festus, p. 200 ed. Dacer., p. 83 Scalig. *Conf.* Bulenger de Prodig. IV, 20 (in Graevii Thes. Antiq. Rom. V, p. 480 sqq.).

[2] *Deus Manis*. — *Voy*. l'étymologie du mot, p. 426, n. 3.

[3] Adv. gent. III, 41, p. 133 Orell., et interpret., tom. II, p. 179. *Conf*. Macrob. Sat. I, 7, p. 232 Bip.

[4] Marini *gli Atti*, etc., II, p. 373.

[5] Serv. ad Virgil. Æn. V, 64, VI, 152; Isidor. Orig. XV, 11. *Conf*. Zoëga de Obelisc., p. 269.

[6] Cic. de Leg. II, 23, 58.

[7] Platon. Min., p. 254 Bekker.

Le sens du mot *Lar* étant par lui-même extrêmement général, avait chez les anciens bien des acceptions différentes [1]. Analogues aux Démons ou Génies et aux Héros des Grecs, les Lares, purs esprits, maîtres et protecteurs invisibles, présens partout, ne bornaient pas plus que les Pénates leur domaine au foyer domestique. Les Étrusques et les Romains, d'après eux, distinguaient les *Lares publics* et les *Lares privés* [2]. Nous l'avons dit, les Lares assistaient à toutes les réunions, à toutes les transactions des hommes, à toutes les affaires les plus importantes de l'état comme des particuliers. Née dans la maison, au sein de la famille, l'idée des Lares en sortit peu à peu pour s'étendre aux chemins, aux rues, surtout aux carrefours, où le péril était plus fréquent et le secours plus nécessaire. Elle s'appliqua aux communautés de toute espèce, aux cités entières, aux campagnes comme aux villes. De là des classes nombreuses de Lares, et des dénominations infiniment diverses [3]. Si chaque individu avait son Lar, son génie, son ange gardien, même l'enfant à la mamelle, les familles, les races, les nations entières étaient également sous la garde de l'un de ces esprits tutélaires. Ici les Lares se confondaient avec les *Héros*, c'est-à-dire avec les âmes de ceux qui, ayant bien mérité de leur patrie sur la terre, continuaient à la protéger du séjour céleste où

---

[1] *Voy.* encore Müller de Diis Romanorum Laribus et Penatibus, p. 60 sqq. *Conf.* Lanzi *Saggio*, etc., *passim*, et Marini, *gli Atti*, II, p. 600 sqq.

[2] Hempel. de Diis Laribus, p. XXIV sq., et XXXVIII.

[3] *Lares viales, rurales, compitales, grundiles, hostiles*, etc. — On trouvera les explications et les détails nécessaires dans la note 3* sur ce livre, fin du volume.   (J. D. G.)

les avaient placés leurs actions [1]. Il se pourrait même que le culte des Lares publics, comme celui des Pénates publics, ne fût pas sans rapport avec les grands dieux nationaux. La preuve que les Lares, de même que les Pénates, n'étaient pas toujours nettement distingués des dieux, ou du moins se rapprochaient beaucoup des Démons et des Héros, se trouve dans l'inscription qui porte : *Les Lares puissans au ciel* [2], c'est-à-dire, selon toute apparence, habitant la région de l'air, d'où ils exercent leur pouvoir. Dans les combats, tant sur terre que sur mer, ces Héros-Lares volaient au secours de leurs compatriotes, et défendaient encore leur pays; car la mer aussi avait ses Lares protecteurs, qui sauvaient les naufragés, et que l'on peut comparer avec les Patæques des Phéniciens [3]. Tout ce que renfermait la maison était confié à la surveillance de ces vigilans génies : ils étaient préposés à la garde de toutes les grandes comme de toutes les petites choses [4]. Aussi l'attribut naturel des Lares était-il le chien, symbole de la vigilance; on le voyait à côté de leurs images, ou même elles étaient couvertes de peaux de chien [5]. C'est, dit Plutarque, que ces gardiens de la

[1] C'étaient des Lares publics, comme le prouve l'inscription publiée et commentée par Boxhorn (Quæst. Rom., n° VI, in Græv. Thes. V, p. 923 sqq.).

[2] *Lares Coilo Potentes. Conf.* Spanheim de Vesta, etc., in Grævii Thes. V, 686 sq).

[3] Aussi bien qu'avec les Dioscures et les Tyndarides des Grecs. *Conf. ci-dessus*, p. 307. (J. D. G.)

[4] D'où l'épithète de *Præstites* qui leur est donnée (Ovid. Fast. V, 128, 133), οἱ προεστῶτες, comme dit Plutarque dans le passage cité plus bas.

[5] *Conf.* Creuzer. Commentat. Herodot., p. 239. Nous verrons dans

maison sont, comme le fidèle animal, hostiles aux étrangers, doux et caressans pour les personnes de la famille; ou bien, si l'on adopte l'interprétation de l'école de Chrysippe, que les Lares, chargés par les dieux de la punition des coupables, mènent le chien à leur suite, pour suivre à la piste et mieux découvrir les méchans [1].

L'autel ordinaire où l'on sacrifiait aux Lares était le foyer. Les victimes consistaient en un porc [2] ou une poule, quelquefois, chez les riches, en un jeune taureau; on offrait les prémices de tous les fruits, on faisait aussi communément des libations de vin. Dans tous les repas de famille, on commençait par jeter sur le foyer, en l'honneur des Lares, une portion de tous les mets [3]. Dans les mariages de l'espèce désignée par le mot *coemtio*, la femme jetait également sur le foyer une pièce de monnaie aux Lares de sa famille, et en déposait une seconde sur le carrefour voisin, comme pour obtenir l'entrée dans la maison de son nouvel époux [4]. Les jeunes gens, après leur quinzième année, consacraient aux Lares la *bulle* qu'ils avaient portée jusque-là en qualité d'enfans [5]. Les soldats, une fois le temps de leur service terminé, dédiaient à ces puissans génies les armes dont ils avaient défendu leur pays [6]. Les captifs et les esclaves rendus à la liberté

---

le livre suivant que Jupiter *Herceus* ou *Custos* avait aussi le chien pour attribut.

[1] Plutarch. Roman. Quæstion. LI, vol. II, p. 132 Wyttenb.
[2] Horat. Od. III, 23, 2 sq., *ibi* Mitscherlich.
[3] *Libare dapes.* Müller, *l. l.*, p. 68 sqq.
[4] Non. Marc. de propr. serm., cap. 12, p. 784 Gothofred.
[5] Persii Sat. V, 31, *ibi* interpret.
[6] Ovid. Trist. IV, 8, 21.

leur faisaient hommage des chaînes qu'ils venaient de quitter [1]. Avant d'entreprendre un voyage, ou après un heureux retour, on saluait solennellement les Lares, on implorait leur protection, ou on les en remerciait [2]. Il paraît même qu'en certains cas on emportait leurs idoles en route ou à la guerre, afin de pouvoir mieux compter sur leur secours [3]. Le nouveau maître d'une maison en couronnait les Lares pour se les rendre propices, coutume qui, du reste, était générale et se perpétua jusqu'aux derniers temps [4]. Le lieu propre où l'on adorait les Lares, où leurs images étaient placées, se nommait *Lararium*, sorte de chapelle domestique, située dans l'atrium, où l'on voyait aussi les bustes ou images des ancêtres. Les riches avaient souvent deux Lararium, un grand et un petit; ils avaient aussi des Maîtres des Lares, des Décurions des Lares, c'est-à-dire des esclaves préposés spécialement à l'entretien et à l'inspection de ces chapelles domestiques. Quant aux pauvres, il fallait que leurs Lares domestiques se contentassent, le plus ordinairement, du simple foyer, où des honneurs non moins simples leur étaient rendus [5].

[1] Horat. Sermon. I, 5.
[2] Ovid. Trist. I, 3, 33, et Müller, p. 70. *Conf.* Ev. Otto de diis vialibus, cap. IX.
[3] Müller, *l. l.*, p. 71.
[4] Plaut. Trinum. I, 2, 1. *Conf.* Creuzer. Commentat. Herodot. I, p. 235, not.
[5] *Voy.* de plus grands détails sur les *Lararia* dans Gutherius de veteri jure Pontificio, III, 10 (Grævii Thes., tom. V, p. 139). Suétone (Caligula, 5) et Valère-Maxime (IV, 5) nous apprennent que des malheureux réduits au désespoir, et se croyant abandonnés par leurs dieux tutélaires, imaginaient de tirer vengeance de cette trahison,

On célébrait encore, en l'honneur des Lares, certaines fêtes publiques appelées *Lararia* et *Compitalia*. L'époque de ces fêtes tombait au mois de décembre, peu après les Saturnales; elles étaient également liées avec des jeux solennels dont la tradition romaine attribuait la fondation à Tarquin l'ancien [1]. Les Lares y étaient révérés comme des dieux propices : aussi avaient-elles un caractère de gaîté, d'allégresse, et formaient-elles une sorte de contraste avec les Lémuries, dont nous parlerons tout à l'heure. Les *Compitalia*, dédiées aux Lares *Compitales*, se célébraient en plein air, dans les carrefours [2], et n'avaient pas de jour fixe. Servius Tullius les introduisit à Rome, et laissa au sénat le soin de déterminer l'époque précise de cette fête. Dans les temps anciens, des enfans y étaient immolés en sacrifice à la déesse Mania pour le salut des familles. Par la suite, on abolit ces rites barbares, et l'on se contenta de suspendre à la porte des maisons autant de pelotons de laine qu'elles renfermaient d'âmes [3]. Chaque famille apportait un gâteau pour offrande; les esclaves jouissaient d'une parfaite égalité avec

---

en mutilant leurs images. Nous verrons, dans le livre suivant (chap. de Jupiter, art. I), que les Arcadiens frappaient de même les images du dieu Pan, quand leurs troupeaux ne réussissaient point.

[1] Plin. H. N. XXXV, 27.

[2] *Ubi viæ competunt, in compitis*. *Voy.*, du reste, Dionys. Halic. IV, 14, p. 671 sq. Reisk.; Gell. N. A. X, 24, *ibi* interpret. *Conf.* Siccama in Fastos Calend. Rom. (Grævii Thes. VIII, p. 69 sqq); Morestellus de feriis Rom. Dial. XI (*ibid.*, p. 803 sq.); Hempelius de diis Lar., p. XLIII sq.

[3] Macrob. (Sat. I, 7, p. 232 sq. Bip.) dit que ce fut Junius Brutus qui, après l'expulsion des Tarquins, introduisit une nouvelle forme de sacrifices, en vertu de laquelle des têtes d'ail et de pavot étaient

leurs maîtres, comme aux Saturnales; c'étaient même des esclaves, et non point des hommes libres, qui assistaient les prêtres dans le sacrifice que l'on faisait, en ce jour solennel, aux génies tutélaires des chemins [1]. En cas de mort dans une maison, on sacrifiait des moutons aux Lares de la famille [2].

Quant aux représentations figurées des Lares, elles se rapprochent souvent de celles des Pénates, telles que nous les avons vues plus haut. Ce sont, comme par exemple sur les monnaies de la famille Cæsia, deux jeunes gens assis, le casque en tête, et armés de piques; à leurs pieds veille le chien [3]. Quelquefois, ainsi que nous l'avons dit ci-dessus, leur tête est couverte ou leur tunique formée de la peau de cet animal [4]. Ailleurs on trouve les Lares sous la figure d'enfans nus, avec la *bulla* suspendue au cou, et toujours accompagnés de l'attribut caractéristique du chien [5].

Les *Mânes*, si souvent confondus avec les *Lares*, formaient comme eux un système, et, pour ainsi dire, une famille réunie en quelque sorte autour d'une mère commune, la déesse *Larunda* des Sabins, invoquée sous le

---

offertes au lieu de têtes humaines, *ut, pro capitibus, capitibus supplicaretur*, selon la réponse de l'oracle d'Apollon.

[1] Dionys. Halic. IV, *ibid. Conf.* Cic. ad Attic. VII, 7; Horat. Od. III, 17, 14, *ibi* Mitscherlich.

[2] Cic. de Legib. II, 22, 55, où il faut lire avec Görenz *verbecibus*. *Conf.* Marini *Atti*, etc., I, p. 373.

[3] *Voy.* pl. CLI, 581.

[4] *Conf.* p. 420, et pl. CLI, 581 *a*.

[5] Même planche, 582. — *Conf.* l'explication des planches, numéros cités. (J. D. G.)

nom de *Mania* dans les chants des prêtres Saliens[1]. Les Mânes avaient leur demeure dans le monde sublunaire, entre la lune et le cercle de la terre. Le monde inférieur leur était assigné également comme résidence, soit en ce sens, soit au sens différent d'une demeure souterraine. Mêmes idées, même équivoque, se retrouvent dans la démonologie des Égyptiens[2]. L'indéterminé, le vague est partout un caractère dominant et naturel de cette doctrine des esprits. Selon la croyance romaine, vraisemblablement dérivée de la discipline étrusque, les Mânes montaient trois fois par an dans le monde supérieur, le 24 août, le 5 octobre, et le 8 novembre. C'étaient des jours religieux, pendant lesquels on ne pouvait entreprendre ou traiter aucune affaire importante[3]. Le peuple se représentait cette migration périodique des âmes par la pierre appelée *manalis* ou des Mânes, qui était placée sur un gouffre, et que l'on prenait communément pour la porte de l'enfer. Le temps durant lequel les esprits étaient supposés monter à la lumière, avait donné lieu à la formule *mundus patet*, ou *le monde est ouvert*. La formule *mundus Cereris patet* paraît à quelques uns[4] avoir été différente, et même s'être introduite beaucoup plus tard, quand le culte de Cérès, comme puissance tellurique, eut pénétré chez les Ro-

---

[1] Varro de L. L. VIII, p. 126 Scal., 142 Bip.; Festus in *Man.*, p. 223 Dac. *Conf. ci-dessus*, p. 418.

[2] *Conf.* livre III, ch. V, tom. Ier, surtout p. 449 sq., 453 sq., et les Éclaircissemens, p. 836 sq., avec l'explication de la pl. XLV, *passim*. (J. D. G.)

[3] Festus ap. Gothofred., p. 122 et 223. *Conf.* Macrob. Sat. 1, 16.

[4] Matthiä, *Bemerkungen über Stellen des Livius*, 1810, p. 19.

mains. Nous ne pouvons partager cet avis. L'idée de l'antique Cérès des Pélasges, de la Cérès cabirique, était certainement celle d'un pouvoir terrestre, d'une divinité souterraine de la mort, en un mot, d'une Cérès tellurique, la même au fond que la *Bonne Déesse*, objet d'un culte mystérieux dans l'Italie ancienne [1]. L'Arcadie, où la religion de Cérès était si profondément enracinée, croyait également posséder dans son territoire le gouffre de l'enfer par où Pluton avait enlevé Proserpine; et les Phénéates en particulier avaient aussi leur pierre sacrée, que l'on soulevait parmi beaucoup de cérémonies, à la fête annuelle de Cérès [2]. Tous ces dieux, tous ces symboles sont dans un même rapport avec l'autre vie, avec la destinée des âmes séparées de leurs corps. A la même sphère d'idées se rattache encore la déesse italique *Mana Geneta*, à qui l'on sacrifiait un chien, en lui adressant la prière : « qu'aucun de ceux qui étaient nés dans la maison ne devînt *bon*. » Plutarque, cherchant le motif de ce singulier usage, finit par conjecturer que, par les *bons*, il faut entendre les morts, en sorte que cette prière avait pour objet d'implorer la conservation des membres de la famille. Du reste, il rapproche la déesse en question, vraisemblablement chargée de veiller à la naissance des corps périssables, de l'Hécate des Grecs, à qui l'on offrait un semblable sacrifice [3].

[1] *Conf.* la sect. précéd., ch. II, p. 315; *ci-après*, ch. V, art. II; et liv. VIII, sect. I, *passim*.
[2] Pausan. VIII, Arcad., 15, coll. II, Corinth., 36.
[3] Plutarch. Quæstion. Rom. LII, p. 277, vol. II, p. 133 Wyttenb. *Conf.* liv. IV, ch. IV, p. 102 *ci-dessus*. — En vieux latin, *manus*, *manuus*, *manis* signifiait *bon*, et de là le nom des *Mânes* (Festus in

Dans ces jours consacrés, où les âmes visitaient la terre, les Romains célébraient des rites mystérieux, dont, pour cette raison même, nous savons fort peu de chose. C'était sans doute une sorte de fête de toutes les âmes ou de *tous les Saints*. Mais il faut en distinguer la fête publique des âmes, qui avait lieu en février, quand le soleil se trouvait dans le signe du Verseau, et qui consistait principalement en libations offertes aux Mânes. Les anciens ont remarqué, comme une singularité digne de mémoire, que Decimus Brutus, en opposition avec la coutume générale, célébrait cette fête en décembre, et par conséquent dans le Capricorne [1]. Ces touchans usages reposaient au fond sur des dogmes empruntés aux écoles égyptiennes-orphiques, source à laquelle puisèrent également Pythagore et les Étrusques [2]. On ne saurait s'empêcher d'admirer le sens profondément moral des croyances qui les enfantèrent. Les âmes des ancêtres étaient divinisées, révérées à l'égal des dieux; elles venaient, à certaines époques, visiter leurs descendans : quel avertissement, pour l'homme simple et grossier de la nature, de se détacher de la terre et de porter ses re-

---

manuos et *manes;* Servius ad Æn. I, 139, III, 63). Ces idées, et surtout celle du *mundus*, sont développées d'après O. Müller (*Etrusker*, II, 95 sqq.), dans la note 3 * sur ce livre, fin du volume. (J. D. G.)

[1] Cic. de Leg. II, 21; Plutarch. Quæst. Rom. XXXIV, p. 272, p. 114 Wytt.; J. Lyd. de Mens., p. 68 Schow., 172 Rœth. Et la règle et l'exception trouveront leur explication dans notre livre VII, chap. de la doctrine des mystères, art. de la transmigration des âmes.

[2] Une autre source, peut-être plus réelle encore, est la religion primitive, commune à la Perse et à l'Inde, dont le calendrier sacré offre des analogies aussi frappantes que nombreuses avec toute cette liturgie étrusco-romaine. *Conf.* la note citée. (J. D. G.)

gards vers le ciel comme vers sa patrie véritable! Et, sous un autre point de vue, quel lien sacré entre les membres de la famille, que le trépas même ne pouvait séparer tout-à-fait! Aussi le peuple romain témoignat-il toujours un grand attachement pour le culte des morts, dont le pieux Énée, suivant la tradition populaire, avait été le premier instituteur. Les familles nobles de l'orgueilleuse Rome ne lui furent pas moins fidèles. La fête des Mânes, la visite annuelle des tombeaux des aïeux, ramenaient les esprits sur le passé et ses grands hommes. Le père de la ville, Romulus lui-même, avait, dit-on, établi les *Lemuralia*, ou la fête des Lémures, pour apaiser l'ombre de son frère Rémus, qui, sous la forme d'un malin esprit, apparaissait dans Rome en lui dénonçant des malheurs [1]. Ce fut, dans la suite, une fête d'expiation générale, solennisée la nuit, pendant trois jours, les 9, 11 et 13 de mai. Entre autres cérémonies destinées à conjurer les esprits malfaisans, on jetait des fèves par la fenêtre, et l'on disait que les Lémures, les spectres menaçans étaient chassés de la maison.

Les monumens étrusques montrent à quel point la doctrine des démons ou des génies avait pris racine chez cette nation éminemment religieuse. Les patères et les reliefs de tout genre, découverts dans les ruines des cités antiques de l'Étrurie, offrent une multitude de représentations figurées qui se rapportent à cet ordre d'idées, et presque toujours sont accompagnées d'in-

---

[1] Ovid. Fast. V, 420-492; Livius, I, 9; Servius ad Virgil. Æn. III, 63. Cette fête semblerait devoir s'appeler proprement *Remuria*. Conf. Siccama, *l. c.*, c. IX, p. 70; et sur l'idée des Lémures, *ci-dessus*, p. 417.

scriptions en caractères étrusques. Par exemple, une urne d'albâtre, dans Micali [1], représente une figure voilée et à cheval. Au devant marche le mauvais génie, à l'aspect redoutable, armé d'un marteau, et conduisant le cheval par la bride : c'est évidemment le guide d'une âme. Suit un jeune homme d'une figure aimable, le bon génie, qui ne veut point abandonner l'âme confiée à ses soins. Ici les deux génies sont sans ailes; ailleurs, et presque toujours, ils sont ailés, comme dans cet autre sujet où on les voit, l'un blanc, l'autre noir, attelés à un char sur lequel est assis un personnage femelle également voilé. Suit un personnage mâle, et derrière celui-ci reparaissent deux noirs génies ailés, dont l'un est placé sur le seuil d'une porte. Tous deux portent aussi des marteaux à la main [2]. Dans le Phèdre de Platon, l'allégorie des deux coursiers, blanc et noir, n'est pas autre chose qu'une élégante traduction de ces antiques symboles en beau style attique. Mais pour les artistes de l'Étrurie, travaillant sous la loi sévère de la religion de leurs aïeux, le beau n'était pas le premier but; comme les vieux Pélasges et les premiers Hellènes, ils cherchaient avant tout à parler aux yeux un langage expressif. Aussi donnaient-ils souvent à leurs génies des ailes semées d'yeux, pour exprimer leur prévoyance vigilante et toujours attentive [3].

---

[1] Planche 26. — *Conf.* notre pl. CLIII, 591.   (J. D. G.)
[2] Micali, pl. 52. — Et notre pl. CLIV, 592.
[3] *Conf.* Micali, pl. 22 et suiv., 41 et suiv.; — notre pl. CLIII, et la note fin du volume, où ces monumens sont examinés de plus près et comparés avec d'autres.   (J. D. G.)

CHAPITRE III.

SUITE DU MÊME SUJET :
PRINCIPALES DIVINITÉS DES ÉTRUSQUES
ET DE QUELQUES AUTRES PEUPLES DE L'ITALIE,
EN PARTICULIER.

I. Janus, ses élémens divers, ses rapports avec l'Inde, la Phénicie, l'Égypte, Dodone et Samothrace; ses différens points de vue, et d'abord comme dieu de la nature, ciel, année personnifiée, soleil, temps, commencement et fin; ses attributs, et entre autres la clef; médiateur et guide des âmes, père et dieu des dieux dans la haute doctrine, Patricius, Curiatius, etc.

Après ces considérations préliminaires sur la théologie des Étrusques en général, examinons en détail leurs principales divinités, et voyons quelle espèce de culte leur était rendu. Parmi les dieux du premier rang, *Janus* vient se placer à côté de Tina-Jupiter, et même, dans la haute doctrine, il s'identifiait avec lui[1]. Son origine paraît remonter jusqu'à l'Inde : Janus avec sa femme et sœur *Camaséné*, au corps de poisson, ne peut guère s'expliquer que par les *avataras*, descentes ou incarnations des divinités de ce pays[2]. Mais, avant qu'il se naturalisât sur le sol de l'Italie, son idée fondamentale

---

[1] Varro ap. Augustin. de Civit. Dei, VII, 10; Procli Hymn. in Hecaten et Janum (*Biblioth. der alt. Lit. u. Kunst*, I, p. 46).

[2] *Voy*. l'incarnation de Vichnou en poisson, livre Ier, ch. III, t. Ier, p. 182 sq., et *compar*. l'Oannès de Babylone et l'Atergatis de Syrie, liv. IV, ch. III, p. 33 sq., 27 sqq., *ci-dessus*.   (J. D. G.)

s'était mélangée de bien des élémens divers, particulièrement phéniciens et égyptiens, ceux-ci tels qu'ils avaient été importés dans les religions de Dodone [1]. D'un autre côté, *Janus* ou *Djanus* se rapproche singulièrement de *Diana*. Ces deux noms se résolvent dans la forme plus simple *Dia*, et cette *Dia* ou la déesse par excellence appartient aux religions communes de Samothrace et de l'Attique : c'est la Cérès pélasgique, qui se rencontre fréquemment sous cette dénomination dans les chants des Frères Arvales [2]. Tandis que le Jupiter de Dodone pénétrait en Italie et dans le Latium avec son épouse Dioné, la même à la fois que Junon et Vénus-Libitina, Dia-Diana et Janus arrivaient par une autre voie en Étrurie, des bords du Pont et de l'île de Samothrace [3]. Pour demeurer en ce moment sur la terre italique, Janus nous apparaît, tantôt comme un roi des anciens jours, comme

---

[1] *Conf. ci-après*, liv. VI, ch. de Jupiter, art. I.

[2] Marini *Atti*, etc., p. XXIII, p. 10, 126 sqq.; et Creuzer ad Cic. de N. D. III, 22, p. 603 sq. *Dia* est la même que Δηώ, nom de Cérès. *Confer.* liv. VIII, sect. I, *ad fin.* et *passim*. Tous ces rapprochemens seront développés et motivés par la suite.

[3] Ainsi M. Creuzer, si nous comprenons bien sa pensée, regarde Jupiter et Janus comme originairement distincts l'un de l'autre, mais diversement amalgamés ensemble, soit depuis, soit peut-être même avant leur venue en Italie. Le système de Dodone et celui de Samothrace, le système latin et le système étrusque, analogues dans le fond des idées, se pénétrèrent mutuellement sans se confondre, en sorte que leurs représentans, Jupiter et Janus, ne furent jamais complétement identiques, si ce n'est sous le point de vue philosophique et sacerdotal. Ovide (Fast. I, 90), au reste, dit que la Grèce n'avait aucun dieu qu'elle pût opposer à Janus. *Conf.* la note 4* sur le liv. V, à la fin du volume, où la véritable origine de ce dieu est recherchée de nouveau. (J. D. G.)

un héros qui aurait illustré son nom par de grands travaux et par des institutions religieuses [1], tantôt comme un dieu de la nature. D'abord il est dit le *Ciel*, suivant la doctrine étrusque [2]. Il est l'année personnifiée, et ses symboles font allusion, soit au nombre des mois, soit à celui des jours de l'année. Le mois nommé d'après lui *Janvier*, commença, depuis Numa, l'année religieuse des Romains. Le premier jour de ce mois, l'on offrait à Janus le *janual*, c'est-à-dire une offrande composée de vin et de fruits; l'on couronnait son image de laurier; le consul montait en procession solennelle au Capitole; et l'on se faisait mutuellement des présens de peu de valeur, coutume qui, pour le mot comme pour la chose, s'est perpétuée jusqu'à nous dans l'usage des *étrennes* [3]. A titre de dieu de la nature, Janus tient la clef; il la tient aussi comme dieu des portes. Il ouvre la carrière de l'année dans le ciel, et chaque porte sur la terre, jusqu'aux portes des maisons, est sous sa surveillance [4]. Ainsi cet attribut lui est donné dans un sens plus ou moins élevé. Il désigne en lui tantôt le génie qui préside aux biens de l'année et qui les dispense [5], qui possède la clef des sources

[1] Arnob. adv. gent. III, p. 147; J. Lydus de Mens., p. 57 Schow., 148 Rœther.

[2] J. Lydus, *ibid.*, p. 146 Rœth.

[3] Ovid. Fast. III, 137; Herodian. I, 16, § 6 sqq.; J. Lydus, p. 58, p. 150. *Conf. ci-après*, art. III.

[4] Spanh. ad Callim. hymn. in Cerer., 45; Lydus, p. 55, p. 144.

[5] Les laboureurs, avant de commencer la moisson, lui faisaient une offrande de gâteaux (*strues*), d'encens et de vin, de même qu'à Junon et à Jupiter; ils immolaient à Cérès un porc. *V.* Cato de re rustic., cap. 134. *Confer.* Gutherius in Grævii Thesaur., tom. V, p. 180 sqq.

fécondes, des eaux rafraîchissantes [1]; tantôt le maître et le souverain de la nature en général, le gardien de l'univers entier, du ciel, de la terre et de la mer [2]. Comme porte-clef, Janus prenait le surnom de *Clusius;* comme chargé de veiller sur le monde, il s'appelait encore *Curiatius* [3].

Ainsi, sous ces rapports et sous plusieurs autres, Janus se révèle à nous absolument semblable aux dieux de l'année que nous avons reconnus en Égypte, en Perse, en Phénicie. Tel qu'Osiris, Sem-Héraklès, Dschemschid, et toutes les incarnations pareilles, il représente l'année personnifiée dans son développement à travers les douze signes du zodiaque, avec son exaltation et sa chute, avec toute la plénitude de ses dons. Et comme la carrière de l'année est aussi celle des âmes parcourant dans leurs migrations les constellations zodiacales, Janus, de même que les autres dieux de la nature, devient le guide des âmes. Pareil en tout à Osiris-Sérapis, il est dit, comme lui, le *Soleil;* la porte de l'orient et celle du couchant sont à la fois sous sa garde [4].

---

[1] Comme Sérapis portant la clef du Nil. *Voy.* liv. III, tom. Ier, p. 414, et les Éclaircissem., p. 818 sq. — *Conf.* notre dissertation sur le dieu Sérapis, p. 23 sq.   (J. D. G.)

[2] Ovid. Fast. I, 117 sqq.

[3] Lydus, p. 55, p. 144. *Conf.* la fin de cet article.

[4] Lutatius ap. Lyd., p. 57, p. 148. *Janus* se montrant ici avec les traits d'un dieu du soleil, nous ne devons point nous étonner de trouver la lune appelée *Jana*, dans Varron de re rustic. I, 37, 3 Schneid. *Conf.* Scaliger de veter. ann. Rom. (Grævii Thes. VIII, p. 311). De même que la déesse-lune est *Deiva Jana, Deiana, Diana*, de même les chants saliens invoquent le dieu-soleil sous le nom de *Deivos Janos*, qui se contracte aussi en *Dianus* ou *Djanus*. Nigidius,

Il conduit également les âmes, des régions supérieures, dans le cercle de la lune; et, en même temps, se rapprochant du Mithras des Perses, il est médiateur entre les mortels et les immortels. Janus porte les prières des hommes aux pieds des grands dieux [1]. On expliquait en ce sens son double visage tourné tout ensemble vers le ciel et vers la terre [2]. De semblables figures à double face

chez Macrobe (Saturn. I, 9), dit plus formellement encore *Apollinem Janum esse*, *Dianamque Janam*, *apposita d litera*. Déja nous avons indiqué plus haut la véritable étymologie de ces noms. On en donne d'autres encore, et Cicéron, par exemple, fait venir *Janus ab eundo*, c'est-à-dire de l'ancien verbe grec et latin *io*, *iao* (de N. D. II, 27, *ibi* Wyttenb., p. 754). Buttmann considérant aussi *Janus* et *Jana* comme les dieux du soleil et de la lune, reconnaît dans ces vieilles dénominations italiques le Ζάν et la Ζανώ des Grecs, formes accessoires de Zeus et de Héré; ou plutôt il y retrouve le nom antique et originairement oriental de la Divinité, *Jah*, *Jao*, *Jova*, *Jovis*, d'où encore *Jom*, le jour. Payne Knight (*Inquiry into the symb. lang.*, § 134, p. 104) pense au nom mystérieux de Bacchus, *Jao*, *Jaon*. — *Conf.* livre suivant, chapitres de Jupiter et de Junon, et la note déjà citée, à la fin du volume, pour le développement de l'opinion de M. Buttmann sur Janus.   (J. D. G.)

[1] Caius Bassus ap. Lyd., p. 57, p. 146.

[2] *Ibid.*, et pl. LX, 243. On donnait aussi de ce symbole, ainsi que de la proue de vaisseau figurée au revers de la double face, des explications purement historiques, et relatives, soit à l'émigration de Saturne ou de Janus, venus par mer de Grèce en Italie, soit à l'établissement du dernier parmi les habitans barbares de cette contrée, et à l'institution de l'agriculture (Plutarch. Quæstion. Rom. XXII, p. 269, vol. II, p. 100 Wytt., coll. XLI, vol. II, p. 123 sq.; Servius ad Virgil. Æn. I, 294, VII, 607, 610, VIII, 357, XII, 147, 198; Ovid. Fastor. I, 299 sqq.; Draco Corcyr. ap. Ath. XV, p. 528 sq. Schweigh.). La tradition nationale des Romains le rapportait à l'alliance de Romulus et de Tatius, à la fusion des deux peuples. *Conf.* Lanzi *Saggio*, etc., II, p. 94 sqq.; Eckhel D. N. V., tom. V, pag. 14 sq., et p. 214 sqq.; Payne Knight, *ubi supra*.

se voient non seulement sur les médailles romaines, mais sur celles de l'Étrurie, de Syracuse et d'Athènes : ainsi était représenté Cécrops [1]. Quelque diverses interprétations que l'on en ait données, il est certain qu'elles sont allégoriques; elles rappellent les figures non moins bizarres, non moins significatives des divinités orientales, et surtout de celles de l'Inde. Janus se voyait même avec quatre visages, absolument comme le Brahmâ indien [2].

De même que les dieux de la nature et de l'année, en Orient, s'élèvent jusqu'au rôle supérieur de dieux du temps, de l'éternité, de l'infini, de même en arrivait-il de Janus. Il est appelé l'inspecteur du temps, puis le *Temps* lui-même; au sens cosmogonique, il passe pour le *Chaos* [3]. Sous ces deux points de vue, on le distinguait de Jupiter, l'ordonnateur suprême, le régulateur universel des choses, tandis que Janus avait spécialement sous son empire le commencement et la fin [4]. Mais toute distinction s'évanouissait dans la haute doctrine. Nous l'avons déjà remarqué, même comme *Clusius* ou porte-clef, Janus était le monarque de l'univers, et la Grèce n'avait aucun être divin qui lui fût comparable [5]. Dans les cérémonies solennelles, dans les chants religieux des vieux Romains, il figurait comme inaugurateur, et il en

[1] Lanzi, cité dans la note précédente; Eckhel, tom. V, p. 216 sq.; Rasche Lexicon rei num. I, p. 1230 sq. *Confér. ci-dessus*, p. 257 et 335.
[2] Servius ad Virg. Æn. VII, 607; Augustin. de Civit. Dei VII, 4. *Conf.* liv. Ier, tom. Ier, p. 243 sq., et les figures indiquées.
[3] Lydus, p. 57, p. 146, 150, *ibi* Ovid.
[4] Cic. de N. D. II, 27.
[5] Ov. Fast. I, 90. *Conf. ci-dessus*, p. 432 sq.

portait le nom [1]; aux fêtes des grands dieux on lui offrait le premier sacrifice [2]. Il était, il s'appelait le *Père* [3]; et les prêtres Saliens, dans leurs cantiques, l'invoquaient comme le *dieu des dieux* [4]. Ce dieu des dieux ils le nommaient encore *Janes* ou *Eanus*; eux-mêmes ils prenaient le nom de *Janes* ou *Eani*, d'après l'usage antique qui assimilait si fréquemment les prêtres à leurs divinités [5].

Mais à quoi bon multiplier les preuves pour établir que le sacerdoce étrusque concevait ses dogmes et les enseignait tout-à-fait dans l'esprit et sous les formes de l'Orient? En Étrurie, comme chez les Orientaux, une série de dieux naissent d'un dieu suprême, et se réfléchissent, aux regards du peuple, dans une dynastie de rois ou de chefs, leurs enfans, leurs héritiers et leurs imitateurs. Janus, le premier monarque, fonde des villes,

---

[1] *Initiator.* Augustin. de Civ. Dei, IV, 11.

[2] Cic. de N. D. II, 27, *ibi* Creuzer, p. 314.

[3] Brisson. de formul. I, p. 45 sqq.; Marini *gli Atti*, etc., II, p. 365 sq., 378.

[4] *Deorum Deus*, Macrob. Saturn. I, 9. *Conf.* Gutberleth de Saliis, cap. 20, Franeq. 1704, et in Poleni Supplem. Thes. antiq., tom. V, p. 729. Merula (ad Ennii fragm., p. 82) veut lire *Divom Deus*, d'après la citation faite par Varron de L. L., VI, p. 76 Scal., d'un chant des Saliens.

[5] Vossius, Inst. Orat. IV, cap. 1, § 7, coll. Serv. ad Virgil. Æn. VII, 610. Ces noms *Janes*, *Eanus*, nous ramènent à l'étymologie donnée plus haut, d'après Cicéron, ab *eundo*. Les Romains invoquaient aussi Janus lorsqu'ils faisaient la *lustration* ou consécration de leurs champs (Cato de re rust. CXLI [142], p. 92, ed. Schneider.), cérémonie à laquelle on a rapporté la formule si fréquente des Frères Arvales : *Jano Patri Arietes II*, attribuée auparavant, comme toutes les formules semblables, aux prêtres Saliens. *Conf.* Marini *Atti*, etc., II, p. 366 et 686.

élève des remparts, des portes; devenu héros, il consacre des sanctuaires, institue le culte des dieux dans les sacrés bocages, détermine l'année religieuse, et règle toute l'ordonnance civile. Ce fils des dieux n'en est pas moins le soleil parcourant la carrière de l'année, ouvrant avec sa clef puissante les réservoirs de l'empire des eaux, abreuvant les hommes et les animaux, réchauffant la terre et mûrissant les fruits par ses rayons vivifians, dominant à la fois sur le lever et le coucher, et veillant aux deux portes du ciel comme chef de l'armée des étoiles. Aussi l'invoque-t-on dans la guerre : et quand la porte de son temple est ouverte ici-bas, c'est le signal des batailles; quand elle est fermée, c'est le gage de la paix. Car Janus est le dieu qui ouvre la nouvelle année au printemps, époque où les troupes entrent en campagne; c'est lui qui ouvre alors la carrière des combats où il appelle les guerriers, dont il est le guide et l'exemple [1]. Voilà pourquoi il se nomme en même temps *Patulcius* et *Clusius*. Il est le défenseur, le combattant par excellence, le grand *Quirinus* [2], et le sénat ne trouva point de

[1] Sous ces mêmes traits, avec la même idée fondamentale, nous apparaîtra, dans le livre suivant, le Jupiter *pluvieux* et à la fois *belliqueux* de la Grèce. Comme dieu des portes, Janus eut pour amante, par une allégorie fort naturelle, une nymphe appelée *Carda* ou *Cardea*, évidemment identique à la *Carna* d'Ovide (Fast. VI, 101), quoiqu'on ait voulu les distinguer l'une de l'autre, en rapportant cette dernière à la chair et à la vie corporelle (Macrob. Saturn. I, 12).

[2] Labeo ap. J. Lyd. de Mens., p. 55 Schow., 144 Rœther. *Quirinus* viendrait ainsi de *curis*, une pique, en langue sabine (Ovid. Fast. II, 477; Macrob. Sat. I, 9; Festus *s. v.*, et alii ap. Rœther ad Lyd.). D'autres pensent à la ville de *Cures* et à la formule antique *Janum Quirinum clusit*, entendue de la porte qui conduisait au nord, sur le

nom plus glorieux à déférer au vaillant Romulus, après qu'il eut disparu de la terre. Il préside aux familles nobles, héroïques, et s'appelle encore en ce sens *Curiatius* [1]. A ce titre il se pourrait aussi que, dans l'acception la plus élevée, il eût été considéré, chez les Étrusques, comme la source divine de la révélation et de la science sacerdotale, par conséquent des lois et du droit, et de toute autorité politique et civile, conformément à l'esprit de leur constitution, qui se fondait sur une aristocratie théocratique [2]. Janus passe pour autochthone et enfant du sol; il est le premier père de tous les fils de la patrie, ce qu'exprime son surnom de *Patricius* [3] : de lui sont appelés *Patriciens*, en ce double sens de pères et

territoire de cette peuplade guerrière des Sabins. Le nom *Curetes* ou *Quirites* dériverait de cette même racine, et serait passé aux Romains aussi bien que le héros Quirinus, identifié avec Romulus, lorsque les deux peuples se furent fondus en un seul (Buttmann *über den Janus, in den Abhandl. der histor. philolog. Classe der Academie der Wissenschaft. zu Berlin*, 1816-1817, p. 142 sqq.; et de là dans son *Mythologus*, t. II, 1828). Au surplus, la syllabe radicale *cur*, qui se retrouve dans *Curiatius*, que nous allons voir, doit avoir eu des sens fort divers. Lanzi (*Saggio*, etc., II, p. 388) compare *Cure* des monumens étrusques au grec κόρος, enfant, jeune homme; l'on pourrait encore songer à κύριος, maître, seigneur. (C—R et J. D. G.)

[1] Lydus *ibid.*, *ex eod*. Cette épithète rappelle et les *Curiaces*, patriciens, ainsi que les Horaces, et les *curions*, chefs des *curies*, où dominaient les patriciens, s'ils ne les composèrent pas d'abord exclusivement (Niebuhr, *Römisch. Gesch.*, tom. Ier, p. 371 sqq., 3e édit.).

[2] *Voy.* le chap. Ier, *ci-dessus*, et la note 1*, § 2, à la fin de ce volume. (J. D. G.)

[3] Labeo ap. Lyd., *ibid*. L'Apollon πατρῷος, dont il a été question dans le livre précédent (chap. IV, p. 123 sq.), et la Minerve ἀρχηγέτις d'Athènes, dont nous parlerons ailleurs, offrent des conceptions tout-à-fait analogues.

d'enfans de la patrie, les membres des anciennes familles de l'Étrurie, d'Albe et de Rome, dépositaires de la doctrine religieuse, des lois divines et humaines, des mystères du culte et de ceux de l'état. Enfin Janus est père dans la plus sublime de toutes les acceptions. La puissance divine rentre dans le sein d'où elle était sortie en se révélant sur la terre par le soleil et les fils du soleil. Retiré en lui-même, le dieu devient Père éternel, source de tous les dieux, foyer rayonnant de tous les êtres, vers lequel tournent leurs regards pleins d'ardeur le soleil et ses enfans, dans lequel, après les temps écoulés, la meilleure partie d'eux-mêmes est recueillie[1].

II. Janus héros, et sa sœur Camaséné, femme-poisson; analogies avec Saturne, avec Évandre et Carmenta, Porrima, Postverta, nymphes des eaux, Muses, prophétesses et Parques : nouveaux rapports avec la Grèce primitive, surtout avec l'Arcadie et Samothrace; Janus, Juturna et Fontus, leur fils, dieux des eaux, bons dieux.

Nous l'avons déja vu, Janus héros a pour sœur *Camaséné*[2], qui lui est associée absolument comme Isis au

---

[1] C'est sous ce point de vue supérieur que Proclus concevait le dieu qui nous occupe, lorsqu'il l'invoquait avec Hécate (Hymn. in Hecat. et Jan., v. 8-12). Ainsi nous ont apparu, dans les religions de l'Égypte et de l'Inde, fondées sur le même principe d'émanation et de rémanation, Osiris devenu Ammon, et Brahmâ exalté jusqu'à Brahm (tom. Ier, p. 241 sq., 407 sqq.). — M. Buttmann, dans la dissertation citée plus haut, a donné de Janus une théorie fort différente, qui a été combattue par notre auteur, et que, pour cette raison, nous croyons devoir reproduire, note 4* sur ce livre, fin du volume. (J. D. G.)

[2] Demophil. ap. Lyd. de Mens., p. 57 Schow., 150 Rœther.

héros Osiris, et Baaltis à Bel-Cronos. D'après un autre témoignage[1], Janus épousa sa sœur *Camisé*, et eut d'elle un fils et une fille, dont les noms sont probablement corrompus aussi bien que celui de leur mère [2]. On parle encore d'un frère de Janus, d'un roi d'Italie du nom de *Camises*, *Cameses* ou *Camesenuus* [3]. Quoi qu'il en soit, nous trouvons ici un mariage du frère et de la sœur, semblable à ceux que nous avons découverts en Égypte et dans toutes les anciennes familles divines dont l'origine remonte à l'Orient. De plus, Camaséné est une déesse ou femme-poisson comme Atergatis, et d'autres déesses phéniciennes et syriennes [4]. En effet, *Cama-*

[1] Draco Corcyræus ap. Athenæum, XV, pag. 692, p. 528 sq. Schweigh.

[2] Æthex (αἴθηκα ou αἴθηϐα) et Olisténé (Ὀλιστήνην). Quant à Camisé (Καμίσην), c'est la conjecture de Canter, suivie par Schweighäuser; mais les anciennes éditions portent Καμισηνον ou Καμισήνον, qui se rapproche de l'orthographe de Lydus, Καμασηνήν.

[3] Casaubon sur Athénée l'appelle *Camises;* toutefois le texte de Caton, qu'il cite, répète plusieurs fois *Cameses* (p. 4 sqq., ed. Basil. 1530), que donne aussi Macrobe (Saturn. I, 7). *Camesenuus* se trouve dans les fragmens de Bérose, à côté de Janus. Un canton de l'Italie tenait de lui la dénomination de *Camesene* ou *Camesena* (Cato et Macrob. ibid.; Sempronius de divisione Italiæ, p. 57 Basil.), qui est pour la *Camasene* de Lydus une confirmation nouvelle. — Un rapprochement peut-être plus que curieux, surtout dans l'analogie générale si frappante des anciens cultes de l'Italie et de la religion de l'Inde, c'est que Brahmâ, entre autres épithètes, porte celle de *Camalasana*, assis sur le Lotus, tel qu'on voit ce dieu s'élevant des eaux primitives sur le sein de Vichnou (tom. Ier, p. 244, coll. 178, et la planche citée). (J. D. G.)

[4] A côté de ces déesses se place aussi le dieu babylonien *Oannès*, qui sort des eaux et qui y rentre, et dont le nom pourrait bien n'être pas sans rapport avec celui de Janus, *Eanus* (ci-dessus, p. 434, et liv. IV, p. 26 sqq., 33 sqq.). (J. D. G.)

sénes signifie, en ancien grec, les *Poissons*[1]. L'eau est le fondement de toutes choses ; c'est du sein des eaux que la terre s'est élevée, que les hommes sont sortis ; auprès des eaux que les premières citadelles, que les premières villes ont été bâties. Le nom même de Janus exprime tout ensemble une montagne et un fleuve[2]. Janus, celui qui va ou celui qui s'écoule, suivant une autre généalogie[3], eut pour femme *Venilia*, la vague qui vient se briser sur le rivage[4] ; de cette union naquit *Canens* ou celle qui chante, mariée à *Picus*, l'oiseau prophétique, fils de Saturne, par où se trouvent naturellement rapprochés ce dieu et Janus, tous deux symboles du temps, tous deux en rapport avec les eaux, avec la mer, tous deux protecteurs de la navigation, et comptant parmi leurs attributs le navire et le dauphin[5]. Le nom de *Canens*, fille de Venilia, et femme de Picus, nous montre clairement que les prophétesses comme les Muses sortent aussi des eaux[6] ; et s'il est vrai que *Camasena* ou *Camesne* soit le même mot au fond que *Casmena*[7], *Carmena* ou *Camena*, nous aurions à la fois, dans cette

---

[1] Empedoclis fragm., p. 606 ed. Sturz.; Antipater in Anthol. gr., tom. II, p. 107 Jacobs. (Anthol. Palat. II, 325).

[2] Ἰανός, Athen., *ubi supra*.

[3] Varro de L. L. IV, 10 ; Ovid. Metam. XIII, 334. *Conf.* Heyn. Excurs. V ad Virg. Æneid. VII, 45 sqq., p. 371.

[4] *Salacia* est, au contraire, celle qui retourne à la mer (Varro ap. Augustin. de Civ. Dei, VII, 22). *Conf.* chap. V, art. II, *ci-après*.

[5] *Conf.* p. 434, n. 2, *ci-dessus*, les auteurs anciens ou modernes cités, et, quant au dauphin, notre pl. LX, 243 *a*.   (J. D. G.)

[6] *Conf.* la sect. précéd., ch. IV, p. 365, et les renvois indiqués.

[7] Forme antique conservée dans Varron de L. L. VI, 3, p. 50 ed. Gothofred., p. 76 Scal.

déesse-poisson, une nymphe des eaux et une nymphe du chant, une Muse; nous aurions une divinité analogue à *Carmenta* ou *Carmentis*, en l'honneur de laquelle les matrones, et en général les femmes romaines, célébraient, les 11 et 15 janvier, la fête dite *Carmentalia* [1]. Une circonstance remarquable de cette fête, qui nous rappelle la pureté du culte antique de la nature, c'est que, pareilles en cela aux prêtres égyptiens, les femmes ne pouvaient y porter dans leurs vêtemens ni peaux, ni laine, ni rien qui eût appartenu au règne animal [2]. De même que Camaséné accompagne Janus, le plus ancien dieu national de l'Italie, de même Carmenta assiste et conseille Évandre, le héros national du Latium, l'auteur de la civilisation dans cette contrée. Elle se nomme tantôt la fille de Mercure [3], tantôt son épouse, et par lui mère d'Évandre [4], avec qui elle vient de l'Arcadie en Italie, où elle obtient un autel, puis un temple, à Rome, devant la porte *Carmentalis*, qui lui était consacrée [5]. Quelques-uns associent Carmenta, comme troisième sœur, aux deux sœurs *Porrima* et *Postverta*, ou plutôt cette déesse se décompose en ces deux déesses, qui, dans Varron [6], sont appelées les deux *Carmentes*, char-

---

[1] Varro de L. L. V, 3; Ovid. Fast. I, 461 sqq.; Virg. Æn. VIII, 336 sqq.

[2] Ovid. Fast. I, 617 sqq. *Conf.* tom. Ier, Éclaircissem. du livre III, p. 796.

[3] Serv. ad Virg. Æn. VIII, 130.

[4] Livius I, 7; Dionys. Halic. I, 31 Reisk.

[5] Plutarch. Quæst. Rom. LVI, vol. II, p. 137 Wytt.; Ovid. Fast. II, 201. *Conf.* Heyn. Excurs. I ad Æn. VIII, 51.

[6] Ap. Gell. XVI, 16.

gécs de veiller à la formation de l'enfant dans le sein de la mère. Les couches doivent-elles être heureuses et l'enfant se présente-t-il par la tête, c'est *Porrima* ou *Prorsa* qui domine ; s'il en est autrement, c'est *Postverta*, la méchante Lilith des rabbins. Mais Prorsa chante aussi les faits du temps passé, et Postverta les faits qui ne sont point encore, les événemens cachés dans le sein ténébreux de l'avenir [1]. Toutes deux inspirées, toutes deux prophétesses, annonçant les arrêts du destin et formant le tissu de la vie humaine, elles se confondent avec les Parques. De là leur nom de *Carmentæ* ou *Carmentes*, du mot *carminare*, qui signifie à la fois peigner, carder le lin ou la laine, et chanter [2]; ce sont par conséquent les *Xantries* des Grecs, nom sous lequel Eschyle avait composé une tragédie [3]. Ce sont encore les deux Sirènes, les grandes, les toutes-savantes déesses de la destinée dans Homère [4]. Que, dès la haute antiquité, Carmenta ait passé pour l'une des Parques, des divinités du destin, c'est ce que prouve un passage remarquable de Plutarque, qui donne en même temps une étymologie nouvelle de son nom [5].

[1] *Quod porro fuerat...... Versurum postmodo quidquid erat*, dit Ovide, Fast. I, 633.

[2] Sidon. Epist. I, 9 : *Veterem Musam votivum quidpiam vel tumultuariis fidibus carminantem*. Les Parques (*dominæ fati*, Ovid. Trist. V, 3, 17) sont, pour le même motif, appelées *Fatæ* ou *Fata* (a *fando*), et ont la quenouille et le fuseau comme attributs. *Conf.* Fronto de Nepote amisso, I, p. 205 ed. princ. Mediol. — Et nos pl. CXLVI, 558, CLVII, 602, CLVIII, 603.   (J. D. G.)

[3] Ξάντριαι de ξαίνειν. *V*. Pollux Onomast. X, 117, *ibi* interpret., p. 1295 sq. ed. Hemsterh.

[4] Odyss. XII, 189 sqq.

[5] Quæst. Rom., *ibid*. Carmenta, selon Plutarque, lorsqu'elle vint

Cette Carmenta si diverse, venue d'Arcadie en Italie, est donc un être général et symbolique, la sage-femme par excellence, la déesse secourable qui favorise l'enfantement et la production, la mère du monde, une nymphe, une muse, une prophétesse, tout-à-fait analogue à la muse primitive Maïa, la première des Pléiades, qui annonce la pluie et le vent de l'orage [1], la fille de Jupiter et de *Moneta* (celle qui avertit), la mère d'Hermès, c'est-à-dire de la poésie et de la force créatrice personnifiées [2]. A cet Hermès et à cette Maïa, originaires de l'Arcadie, nous paraissent correspondre d'une manière frappante, en Italie, Évandre et Carmenta. Tout ce qu'exprime le nom de *Maïa* en grec, est représenté par celui de *Carmenta* dans l'ancien idiome italique. C'est elle qui forme le tissu du voile de la nature, qui tient le fil de notre vie et de nos destinées, qui reçoit et façonne l'enfant dans le sein de la mère. L'enfant,

en Italie, s'appelait *Themis*, d'autres disent *Nicostrate*... D'autres la prenaient pour une Parque... On expliquait le nom de *Carmenta*, qui lui fut appliqué, par *carens mente*, à cause de l'inspiration qui la transportait hors d'elle-même quand elle chantait ses oracles. Ainsi le mot *carmina* dériverait de ce nom, au lieu d'en être l'origine. Il faut comparer Servius ad Virgil. Æn. VIII, 336.

[1] Le 17 janvier, presque immédiatement après la célébration des *Carmentalia*, le soleil entrait dans le signe du verseau. *Conf.* Ovid. Fast. I, 651.

[2] Cette force est double, et concerne le corps aussi bien que l'esprit. *Voy.* Eustath. ad Odyss. XIV, 435. — *Conf.*, sur Maïa et sur Hermès, indépendamment des notes 3 et 5 sur ce livre, à la fin du volume, les livres VI, chap. de Jupiter et de Mercure, et VII, chap. de la religion de Bacchus. Les développemens qui suivent rappellent encore, à bien des égards, les dogmes de l'Inde et la Maya indienne, livre I, chap. V, tom. Ier, p. 268 sqq.   (J. D. G.)

comme le monde, est conçu et se développe au milieu des eaux. Toutes choses y sont primitivement ensevelies. Pour les en tirer et les faire passer à un état nouveau, il faut le concours de l'activité. Or, l'idée de l'activité est particulièrement renfermée dans *Évandre* [1], le dernier des enfans de cette famille de Maïa et de Carmenta, le dernier des Hermès, le défenseur des peuples, avec lequel commence l'histoire du Latium. Nous voilà parvenus au point fondamental qui se découvre dans toutes les religions de l'antiquité : l'union de l'esprit et de la nature assemblés comme par un lien magique ; cette mystérieuse alliance du principe actif et du principe passif, que les sages de l'Italie antique personnifièrent dans la parenté de leur Évandre et de leur Carmenta. Ce qui prouve qu'Évandre est bien l'esprit, l'activité de l'intelligence, c'est qu'il joue absolument dans le Latium le rôle d'Hermès en Égypte [2]. Dans la tradition plus récente des Romains, Numa en rapport avec la nymphe prophétesse Égérie, ou bien avec les Camènes (Muses) [3], reproduit la même alliance des deux grands principes. Enfin, le mythe n'a pas oublié l'opposition nécessaire du bien et du mal. Comme nous l'avons vu, Carmenta s'identifie avec *Postverta*, considérée en un sens comme l'imprudence. Elle vint trop tard pour sacrifier au grand

---

[1] Εὔανδρος, *vir strenuus*.
[2] *Voy.* liv. III, ch. IV, tom. Ier, p. 435 sqq., *passim*. Ce fut, dit-on, Évandre qui, le premier, porta en Italie les lettres cadméennes (J. Lyd. de Mens., p. 3 Schow., p. 6 sq. Rœther.), appelées ainsi de Cadmus, qui est Hermès, comme nous l'avons vu dans la section précédente de ce livre, ch. II, p. 294 *ci-dessus*. (C— R et J. D. G.)
[3] Plutarch. Numa, cap. 4.

dieu solaire, au héros de l'année, Hercule, c'est-à-dire qu'elle laboura la terre trop tard et en porta la peine ; car elle eut la stérilité en place de l'abondance [1].

Pour en revenir à Janus, une autre généalogie le faisant fils de Cœlus et d'Hécate, lui donnait pour femme *Juturna*, fille de Vulturne, de laquelle il eut *Fontus* [2]. Cette généalogie, bien qu'elle porte une couleur italique, laisse entrevoir sa véritable origine, qui est dans les religions de Samothrace [3]. Comme ici, Cœlus y figure à la tête du système, associé à Dia-Cérès chez les Pélasges, à Hécate en Italie. Ici leur fils est Janus, et là c'est Mercure. Nous retrouvons le dogme antique : le Ciel et la Terre engendrent l'esprit de lumière, qui opère l'œuvre de la civilisation des peuples. Mercure s'unit avec Proserpina-Luna, la lune, principe de l'humidité ; Janus avec l'une des nymphes du fleuve Numicius, avec *Juturne*, qui donne son nom à un lac. L'autre nymphe du même fleuve est *Anna* [4], l'année lunaire personnifiée, sur laquelle nous reviendrons plus loin. Le père de Juturne est Vulturne, à la fois dieu du vent de sud-sud-est [5], et dieu d'un fleuve qui se rend dans la mer Tyrrhénienne [6]. Ainsi les Dioscures de Samothrace et les

---

[1] Plutarch. Quæst. Rom. LX, vol. II, p. 140 Wyttenb.

[2] Arnob. adv. gent. III, 29, p. 126 Orell.

[3] *Voy.* la sect. précéd., ch. II, art. III, surtout p. 297 sq., avec la note 2, § 2, sur le livre V, fin du volume. *Conf.* tom. III, liv. VIII, sect. I, *passim*.

[4] Virgil. Æneid. XII, 139, *ibi* Servius. *Conf.* Heyne, Excurs. III ad Æn. VII, 29 sqq., p. 138.

[5] Favorin. ap. Gell. N. A. II, 22.

[6] Virg. Æn. VII, 729, *ibi* interpret.

Anaces de l'Attique sont tout ensemble dominateurs des vents et protecteurs sur la mer [1]. Juturne met au jour avec le grand dieu tutélaire des eaux, avec le premier navigateur Janus, un bon génie des sources, *Fontus*, le même nom que *fonus* et *bonus* [2]. Ainsi encore les dieux de Samothrace et les gardiens sacrés d'Athènes s'appellent les *bons*, les Dieux Bons, et ont au milieu d'eux un bon conseiller, Eubuleus [3]. On le voit, par cette liaison d'idées Juturne s'identifie clairement avec Camaséné, avec Venilia, les autres épouses de Janus, avec Carmenta, la bonne conseillère, la prophétesse qui sort des eaux [4]. Pouvait-elle avoir un autre fils que le bon dieu des sources? Tous deux recevaient en ce sens les hommages des peuples. Ceux qui exerçaient une profession sur l'eau ou auprès de l'eau, célébraient

---

[1] Sect. précéd., ch. II, art. IV, p. 307.
[2] Dans les tables Eugubines se trouve la formule *Fonos seis*, pour *propitius sis*, de l'éolique Φονος, d'où *bonus*, et les formes *fos*, *fons*, au pluriel *fones* (Lanzi *Saggio*, III, p. 749). Quant à *Fontus*, les éditeurs d'Arnobe (*V*. Annot. II, p. 354, coll. Append., p. 42 Orell.) corrigent trop hardiment *Fontis*, d'après Cicéron de Legibus II, 22, 56, *ibi* Gœrenz.
[3] Sect. précéd., ch. II, p. 305 sq. coll. p. 287, n. 3.
[4] Servius (ad Virg. Æn. XII, 139), en dérivant *Juturna* de *juvare*, donne une étymologie fausse en elle-même, mais pourtant conforme au sens mythologique. Quant à Vulturne, son nom vient de *vultur*, vautour, et classe ce dieu-fleuve parmi les *Dii Palici* de la Sicile, qu'un fleuve divinisé, suivant les uns, et, suivant d'autres, Jupiter changé en vautour avait engendrés. Vulturne est le fleuve-vautour, comme le Nil s'appelait le fleuve de l'aigle. Les fleuves et les sources fournissaient les images les plus éminemment propres à figurer la croissance et la décroissance des corps ou phénomènes de la nature. *Conf.* livre IV, chap. V, p. 185 sq. *ci-dessus*.

en l'honneur de Juturne les *Juturnalia*. De même certains métiers qui avaient besoin de l'eau, tels que les foulons et les corroyeurs, solennisaient les *Fontinalia* ou *Fontanalia* [1]. Nous trouvons de plus, dans les formules liturgiques des Ateriati de l'Ombrie et des Arvales du Latium, la preuve que ces colléges de prêtres sacrifiaient aux sources et aux génies des sources, des moutons entre autres offrandes [2].

De ces grands et bons dieux prétendaient tirer leur origine, suivant la coutume générale de l'antiquité, de simples mortels. Sans parler de la légende suivie par Virgile, qui fait de Juturne, déesse indigène du Latium, comme il s'exprime, la fille de Daunus et la sœur de Turnus [3], la famille plébéienne des *Fonteii* portait sur ses monnaies la double tête de Janus et un navire, voulant dire par là qu'elle avait pour auteur Fontus, et par lui Janus [4].

III. Janus comme dieu du premier mois, ses images; fête du premier de l'an, et origine des étrennes.

A Janus, au dieu qui ouvre le temps et l'année, était consacré le premier mois, nommé d'après lui *Januarius* ou janvier [5]. Cette forme d'année, attribuée à Numa, est

---

[1] Marini *Atti Arval.* II, p. 416. La fête tombait à Rome le 13 octobre.

[2] Lanzi *Saggio*, I, p. 361, 374, II, p. 666, 749; Marini *ibid.*, et p. 375. *Conf.* Creuzer ad Cic. de N. D. III, 20, p. 582.

[3] Æneid. XII, 785.

[4] *V.* Eckhel Doctr. Num. Vet., tom. V, p. 214. — *Conf.* pl. LX, 243. (J. D. G.)

[5] Censorinus de die natali, cap. 22, *ibi* interpret. D'autres faisaient

jugée par un ancien la plus naturelle, vu qu'après le solstice d'hiver le soleil paraît avoir accompli sa carrière, et recommence à s'approcher de nous [1]. On peut voir, dans le trésor de Grævius [2], une image de Janvier personnifié et divinisé. C'est un homme âgé, en habit de fête, allumant l'encens sur un trépied. Dans l'autre main, il tient une fleur à trois feuilles. Près du trépied est un coq, symbole de la vigilance et du réveil de la nature ; à côté, un vase renfermant de l'encens [3].

Le premier jour du premier mois, appelé les calendes de janvier, était plus spécialement dédié à Janus. Sans être précisément un jour de fête, il se célébrait avec beaucoup de solennité. Les tribunaux siégeaient, et chacun vaquait à ses affaires ; mais ce n'en était pas moins le jour sacré des grandes divinités Janus et Junon, marqué

venir *Januarius* de *janua*, avec moins de justesse (Porphyr. de antro Nymph., cap. 23, coll. Macrob. Saturn. I, 13 ; Isidor. Orig. V, 33 ; Davis. ad Cic. de N. D. II, 27, p. 314). L'étymologie qui tirait ce nom de αἰών (Αἰωνάριος), paraissait forcée aux Grecs eux-mêmes (Suidas Ἰανουάριος, II, p. 90 Kust.; Eudoc. Violar., p. 233 ; et Tzetz. Posthomer. v. 771 sq., *ibi* Jacobs, p. 175), quoique puisée dans l'idée de Janus, αἰῶνος πατήρ (*conf.* Rœther et Creuzer ad Lyd. de Mens. IV, 1, p. 145 sq.). *Voy.* sur le mois de janvier en général, Lammantinus de anno Roman. in Græv. Thes. VIII, p. 274 ; H. Junius de annis et mensib., *ibid.*, p. 214 ; Morestellus de imposit. nomin. singulis mens., *ibid.*, p. 746.

[1] Plutarch. Quæst. Rom. XIX, vol. II, p. 96 Wytt., coll. Vit. Num., cap. 18, 19.

[2] Tom. VIII, ad fol. 96, d'après un calendrier du temps de l'empereur Constantin.

[3] Nous avons vu le coq, symbole du dieu du feu, Nergal, à Samarie (liv. IV, ch. III, p. 22 sq.), et nous le retrouverons comme attribut de différentes divinités, particulièrement de Mercure et de Minerve.

par de nombreuses cérémonies. Quelque solennel qu'il fût en lui-même, les Romains, constamment dirigés par des vues pratiques, ne voulaient pas que le premier jour de l'année se passât dans l'inaction et l'oisiveté; ils regardaient, au contraire, comme un devoir d'y prendre un avant-goût du travail, afin d'y trouver un heureux présage pour le reste de l'année [1]. Dans ce jour, comme nous l'avons dit plus haut, l'on faisait à Janus une offrande spéciale, consistant en un gâteau formé de farine, de lait et de miel, et qui s'appelait *Janual* [2]. Le matin, de bonne heure, au premier chant du coq, toutes les portes étaient ouvertes et parées solennellement de branches de laurier et de guirlandes. Le consul qui entrait en charge, monté sur un cheval blanc, et vêtu de même couleur, se rendait au Capitole, suivi d'un nombreux cortége, dans le temple de Jupiter Capitolin, à qui le cheval blanc était consacré comme au dieu-soleil. Là, ce premier magistrat des Romains offrait un sacrifice au dieu qui venait de triompher des ténèbres, et qui commençait en vainqueur sa carrière nouvelle. Dans ce même jour, l'on se faisait mutuellement des dons nommés *Strenæ* ou *Étrennes*, et qui furent divers aux diverses époques. Dans les temps les plus anciens, on se donnait des figues sèches, enveloppées dans des feuilles de laurier, et probablement au nombre de trois [3]. Cet usage

---

[1] Herodian. I, 16, *ibi* Irmisch, p. 683 sqq.; Ovid. Fast. I, 165 sqq., 176, 185. *Conf.* Thorlacius *populäre Aufsätze*, etc., *übersetz von* Sander, p. 182.

[2] Festus *s. v.*, p. 177 Dacer.

[3] Herodian. I, 16, 7, *ibi* Irmisch, p. 688 sqq.; J. Lyd. de Mens., p. 58 sq. Schow., p. 152 Rœther.

des étrennes, dit Symmaque[1], était presque aussi vieux que la ville de Rome; il remontait jusqu'au roi Tatius, qui, le premier, cueillit des rameaux de l'arbre heureux, c'est-à-dire du laurier, dans le bois sacré de la déesse *Strenua* ou *la Forte*, comme auspices de la nouvelle année. D'autres donnaient du mot *Strenæ* une étymologie différente; suivant eux, il était sabin d'origine, et signifiait la *santé*[2], idée qui rentre dans celle des vœux de bonheur que l'on s'offrait en cette solennelle circonstance. Festus[3], au contraire, explique *Strena* par *Trena*, c'est-à-dire *Terna*, un présent composé de trois choses, nombre qui nous reporte naturellement aux religions orientales. En effet, le nombre trois est un nombre parfait, et par cela même un symbole de la santé, aussi bien que le triangle quintuple ou le pentagone des pythagoriciens, appelé *Hygie*[4], et qui avait trait non seulement au salut des corps, mais à celui des âmes. Les figues également, cette suave nourriture, cet antique symbole de purification et de consécration, nous ramènent vers l'Orient et la Grèce. Elles figuraient dans le sacre des rois de Perse[5], et, chez les Grecs, nous trouverons un Jupiter aux figues[6] qui, dans les mystères, présidait aux expiations. Bien d'autres idées, comme nous le verrons, se rattachaient à ce symbole des figues, ainsi qu'au lait et surtout au miel, qui entraient dans le gâteau sacré offert

[1] Epist. X, 28.
[2] Elpidianus περὶ ἑορτῶν ap. Lyd., *ibid*.
[3] Pag. 530 Dacer.
[4] *Conf*. tom. Ier, Introduct., p. 53.
[5] Plutarch. Artaxerx., cap. 3.
[6] Ζεὺς συκάσιος. *Conf*. livre suivant, chap. I, art. III.

à Janus le même jour. Lorsque Jean le Lydien avance que les figues données en étrennes étaient consacrées à la Victoire, cette idée se confond avec celle de la défaite de l'hiver: c'est la lutte et le triomphe du soleil; c'est encore un présage de bonheur, un heureux augure de l'année et du temps, du commencement et de la fin de toutes les entreprises. Par où l'on voit que les étrennes n'étaient, dans le principe, qu'un acte de dévotion envers un être supérieur, un dieu suprême, dont les anciens Romains attendaient, en ce premier jour de l'année, appui et protection pour toutes leurs affaires, tant publiques que privées [1].

Plus tard, au lieu de figues, des gâteaux furent donnés en étrennes, et de l'or au lieu de feuilles de laurier. Les Grecs n'avaient pas de mot pour exprimer cet usage; seulement ils employaient le mot ἐπινομίς, et, dans les derniers temps, εὐαρχισμός, pour désigner exclusivement les dons que l'on avait coutume de faire à l'empereur au nouvel an, et qui s'appelaient encore en latin *vota* ou vœux, et la cérémonie *votorum oblatio*, offrande de vœux. Le jour même où elle avait lieu, qui était le 3 après les calendes de janvier, porte le nom de *vœux* dans un ancien calendrier du temps de Constantin [2].

---

[1] La lampe d'*étrennes*, représentée dans notre planche LXI, 244, réunit à l'image de la Victoire et à celle de Janus, les figues, le vase de miel et d'autres symboles encore. *Confér.* l'explication des planches.　　　　　　　　　　　　　　　　　　　　　　　(J. D. G.)

[2] *Voy.* Codex Theodos., lib. VII, Tit. XXIV, tom. II, p. 448 sqq., *ibi* Jac. Gothofred. *Conf.* Sueton. Tiber., cap. 34, Calig., c. 42; Symmach. Epist. X, 28; Libanii Ἔκφρασ. Καλ., vol. IV, p. 1055 Reisk.

IV. Mantus ou Februus, dieu des enfers et du second mois (d'abord le dernier), mois de purification et de deuil. Diverses fêtes : Faunalia, Parentalia, Caristia ; idées de joie et de mort, d'expiation et de réconciliation rapprochées.

Parmi les grands dieux de l'Étrurie, nous en trouvons un qui porte le nom de *Mantus*. Servius[1] le donne pour *Dis* ou Pluton. Un autre nom du dieu des enfers, chez les Étrusques, était *Februus*[2], mot sabin, suivant des témoignages différens[3]. Quoi qu'il en soit, Februus est également reconnu pour Pluton et le même que *Mantus*. Zoëga[4] a rapproché habilement ce *Mantus* étrusque du *Rhadamanthus* égyptien, dans le nom duquel entre le mot *ament*, enfer. Ce Mantus et son épouse, quiconque abandonne cette vie doit les voir, disait la tradition de l'ancienne Italie[5]. Ce dieu était donc une personnification des terreurs de la mort et des ombres du ténébreux séjour ; aussi s'appelait-il encore *Vedius*, c'est-à-dire le mauvais dieu. Nous n'en savons pas davantage sur son compte ; mais il est à croire que, sous un autre point de vue, dans la doctrine sacerdotale, il prenait un aspect moins terrible. Peut-être ramenait-il les âmes, de la sphère inférieure où Janus les avait conduites, dans la sphère supérieure, leur patrie, pareil en cela au noir et bon Sérapis ou Canobus d'Égypte, qui avait donné

---

[1] Ad Virg. Æn. X, 198. *Conf.* Heyn. Excurs., p. 523.
[2] Anysius ap. J. Lydum de Mens., p. 68 Schow., p. 170 Rœther.
[3] Isidor. Orig. V, 23.
[4] De Obelisc., p. 296.
[5] Martian. Capell. II, p. 36, ed. Grot.

son nom à la ville de Canope¹. De même Mantus avait, dit-on, imposé le sien à Mantoue, fondée par Ocnus².

Au dieu Mantus ou *Februus* paraît avoir été dédié le mois *februarius* ou février, mois de purification et d'expiation, soit au physique, soit au moral, du mot sabin *februum*, qui veut dire *purgamentum*, selon Varron³. De là encore le surnom de Junon *Februa*, *Februtis*, ou *Februlis*, à laquelle le même mois était aussi consacré, ce qui fait qu'entre les douze mois seul il avait la figure d'une femme⁴. Selon d'autres, *feber* signifiait deuil, et février était le mois de deuil, parce qu'on y célébrait la fête des morts ou des âmes⁵. Cette fête, qui avait lieu peu après le coucher du Verseau et le milieu de ce mois, s'appelait *Parentalia* ou *Feralia* : entre autres rites symboliques, des libations y étaient versées sur les tombeaux des morts⁶. Quelques jours avant, se célébraient, dans

---

¹ *Conf.* livre III, tom. Ier, p. 414 sqq.

² Servius *ubi sup.* et ad Virg. Eclog. IX, 60. *Conf.* Pignorii Antenor, p. 51; Cluverii Ital. antiq. I, p. 255, et Demster. Etrur. regal. II, cap. 36. — O. Müller (*Etrusker*, II, 99 sq.) reconnaît Mantus dans le mauvais génie de notre pl. CLIII, 591, 591 *a*. (J. D. G.)

³ De L. L., V, p. 48 Scal. Le même (fragm. ap. J. Guther. de Jure Pontif. IV, 2, in Grævii Thes., t. V, p. 179) cite le verbe *februare* dans le sens de purifier, fait confirmé par Lydus, d'après l'autorité des livres pontificaux (de Mens., p. 68 Schow., p. 172 Rœther.). *Februa*, au pluriel, revient à καθάρσια. *Conf.* Gerh. Vossii Etymol. L. L., p. 208, coll. Lennep. Etymol. Gr., p. 904; Morestellus et Hadr. Junius in Grævii Thes. VIII, p. 748 et p. 214.

⁴ Arnob. III, 30, *ibi* not. p. 158 Orell.; Festus, liv. VI, p. 145 Dacer.; Lydus *ibid. Conf.* imag. in Grævii Thes., t. VIII, ad fol. 97, cum Lambec. not. p. 105 D, et *ci-après*, liv. VI, chap. II.

⁵ Labeo ap. J. Lyd. *ubi supra*, cum Rœther. et Has. not.

⁶ *Manibus parentabatur. V.* Ovid. Fast. II, 149, 195, 345, 533-570,

l'île du Tibre, les *Faunalia* en l'honneur des Faunes, et la fête funèbre des trois cents Fabius tombés pour la patrie ¹. Le motif de toutes ces fêtes était le même, il tenait au sens général de ce mois, destiné aux purifications, et où l'homme, par des sacrifices et des offrandes, devait apaiser les mauvais génies, qui envoient des maladies, des fièvres (*febres*), à ceux qui ne leur rendent point hommage ². Ces cérémonies propitiatoires avaient lieu sous le signe du Verseau, dont les pluies abondantes étaient supposées laver tout le vieux limon du temps passé, de l'année qui venait de s'écouler. Chacun se purifiait, à l'exemple de la nature, pour jouir pleinement de cette vie nouvelle qui allait commencer avec le printemps. Alors la naïve imagination du laboureur de l'Italie se représentait les champs, les prairies et les bois, peuplés d'une troupe de génies appelés *Faunes*, d'un nom générique qui, dans les vieux idiomes de la contrée, faisait allusion au retour de la lumière et à ces voix merveilleuses dont semblait retentir de toutes parts la terre ranimée et rajeunie. Cette terre, cette nature, mère féconde, nourrice des hommes, déesse bonne et secourable, se nommait elle-même *Fauna* et *Fatua* ³.

coll. Krebs ad Ovid. Fast., p. XXIII, et H. Junius, *l. c.*, p. 231 sqq.; Lydus, p. 71, p. 176; Macrob. in Somn. Scip. I, 12; Cic. de Leg. II, 21, § 54; Servius ad Virgil. Georg. I, 43; Plutarch. Quæst. Rom., p. 114, ed. Wyttenb. *Conf.* Creuzer. Dionys., p. 292, et *ci-dessus*, ch. II, p. 427.

¹ Ovid. Fast. II, 193 sqq.

² La Fièvre, *Febris*, avait un temple sur le mont Palatin (Cic. de N. D. III, 25, p. 632). *Conf.* de Matthæis *sul culto della dea Febre*, Roma 1814.

³ Φάω et φαύω se confondent, *luceo* et *for*, luire et parler. *Fauna*

Ces noms, ainsi que la fête des *Parentalia*, nous reportent également aux religions pélasgiques, si semblables à celles de l'ancienne Italie. Dans la Grèce primitive, nous trouvons des fêtes pareilles, appelées *libations*[1], par exemple à Athènes, où l'une d'elles tombait le 13 du mois anthestérion, vers la même époque que la fête des morts à Rome. On disait qu'elle avait été fondée en l'honneur d'Hermès-Chthonius, par le petit nombre de ceux qui s'étaient sauvés du déluge, pour rendre le dieu favorable aux mânes de ceux qui avaient péri sous les eaux. Nous renvoyons, sur ce sujet, à la première section de ce livre [2].

Il est une autre fête que nous devons ici d'autant moins passer sous silence, qu'elle était dans une liaison intime avec les *Feralia*, ou avec la fête des morts. C'était les *Caristies* (*Charisties*), célébrées le 22 février, véritable fête de famille, que la religion romaine nous montre sous l'aspect le plus moral et le plus aimable [3]. On revenait des tombeaux, et l'infirmité de la vie humaine, encore présente à toutes les âmes, disposait même les plus insensibles à de meilleurs sentimens. Alors le

---

où *Fatua* est rapprochée de la Bonne Déesse, de *Tellus*, de la Terre, d'*Ops* et de *Maia*, dans Macrob. Saturn. I, 12, d'après Labéon.

[1] Χοαί. Celle d'Athènes se nommait Χύτροι, d'après ces vases dont il a été question *ci-dessus*, p. 327.

[2] Chap. III, art. I, *init.*

[3] Ovid. Fast. II, 617 sqq.; Valer. Maxim. II, 1, 8. On y admettait exclusivement les *cognati* et les *affines*, comme le montre ce dernier passage; et cependant un antiquaire compte cette fête parmi les *sacra gentilitia*, tout en distinguant les *cognati* des *gentiles* (Chladenius de gentilitate, p. 49, 101. *Confér.*, sur l'idée des *gentes*, Niebuhr, *Römische Gesch.* I, p. 339 sqq., 3ᵉ édit.

plus âgé de la famille en réunissait tous les membres existans à un banquet d'amour et de réconciliation, lui qui, dans l'ordre de la nature, devait le premier aller grossir le nombre de ceux que l'on avait perdus. Maintenant il se voyait encore avec bonheur au milieu des siens. Après des jours funèbres, passés dans la tristesse, cette fête ramenait la gaîté et la joie; le nom de *Charisties*[1] l'indique suffisamment, et d'ailleurs l'esprit des religions antiques ne séparait point la joie de la pensée de la mort[2]. C'était donc une occasion favorable pour accorder les dissensions entre les membres d'une même famille. Aussi ce jour était-il particulièrement cher à la Concorde[3]. On faisait en commun des libations aux Lares[4], et chacun devait être plus disposé que jamais à prêter l'oreille aux paroles conciliatrices de celui qui, bientôt, allait se réunir au bienheureux cortége de ces invisibles protecteurs de la famille. C'était dans de tels sentimens que les anciens Romains terminaient autrefois l'année, dont février fut d'abord le dernier mois. Le lendemain et le surlendemain des Charisties, ils visitaient les limites de leurs champs, célébraient les *Terminalia*, ou la fête du dieu Terme, et saluaient l'hirondelle messagère du printemps[5].

---

[1] De χάρις, venant lui-même du verbe χαίρω.
[2] *Conf.* liv. III, ch. VI, tom. Ier, p. 464.
[3] Ovid. Fast. II, 631 sq.
[4] *Ibid.*, v. 633 sq.
[5] *Ibid.*, 639 sq., coll. 853.

CHAPITRE IV.

CONTINUATION.

I. Tagès, dieu ou génie étrusque, enfant et prophète; auteur de la doctrine, des livres et des rites sacrés; intelligence divine en rapport avec la terre et l'agriculture; son élève Bacchès, et leurs analogies avec Bacchus, Silène, Hermès-Camillus, etc.

Dans le nombre des divinités inférieures de l'Italie se distingue le *Tagès* des Étrusques. Sa légende nous transporte au centre même de certaines idées qui pénètrent l'antiquité tout entière. Tandis qu'on labourait un champ près de la ville de Tarquinies, le dieu sortit d'un sillon sous la forme d'un enfant, mais doué de toute la sagesse d'un vieillard [1]. Cet enfant du labourage, ce fils de la terre, apporte avec lui de son sein le don de prophétie, pareil au merveilleux devin de l'ancienne Thrace, à Silène, également sorti des entrailles de la terre, sans le concours d'un père [2]. D'autres faisaient Tagès fils du Génie et petit-fils de Jupiter; ce fut lui, disent-ils, qui instruisit les douze peuples de l'Étrurie dans l'art de pré-

---

[1] Cic. de Divinat. II, 23, *ibi* Davis. (*add*. Creuzer et Moser, p. 379 sq. de leur édition). *Conf*. Isidor. Orig. VIII, 9, p. 374, ed. Arevall.; — et maintenant J. Lydus de Ostentis, p. 6 sqq., ed. Has. Ce document nouveau, entre autres détails du plus haut intérêt, nous apprend que le laboureur était *Tarchon*, fondateur de Tarquinies, et le héros principal de la mythologie étrusque, comme l'appelle justement O. Müller (*Etrusker*, II, p. 26). (J. D. G.)

[2] Nonni Dionys. XIV, 97; XIX, 262.

dire l'avenir par l'inspection des victimes [1]. La forme de ce dieu enfant, sa naissance, ses attributions, tout en lui nous ramène aux divinités telluriques de Samothrace et de Lemnos, aux religions mystérieuses des Pélasges. Comme Sydyk, comme Esmun-Esculape, c'est un prophète annonçant l'avenir du sein de l'abîme ; il se rapproche davantage encore de l'Hermès Cabire [2]. A peine est-il né qu'il commence à enseigner toutes les sciences divines, et l'art d'interpréter le vol des oiseaux, aussi bien que celui de lire dans les entrailles des victimes. C'est à lui, c'est à son disciple Bacchès que les écoles sacerdotales de l'Étrurie devaient les livres achéruntiens, qui formaient une partie importante de la théologie, et renfermaient la doctrine mystique de la purification des âmes et de leur élévation au rang des héros [3]. Tous les rites sacrés, toutes les cérémonies religieuses, par exemple les expiations dans les dangers qui menaçaient, la connaissance des météores, des éclairs, du tonnerre, des tremblemens de terre, consignés dans les livres rituels, comme on les appelait, ou dans d'autres livres non moins révérés, étaient également rapportés aux instructions de Tagès et de son disciple [4]. Ces in-

[1] Festus, p. 557 Dacer.
[2] Proclus, suivant Lydus (de Ostent., p. 10), le comparait à Hermès Chthonius, c'est-à-dire souterrain. *Conf.* la sect. précéd. de ce livre, chap. II et III, surtout p. 285, 289 sq., 297 sqq., 327 sqq., 336 sqq. (J. D. G.)
[3] Arnob. adv. gent. II, 62, *ibi* interpret., t. II, p. 90 Orell., coll. Ammian. Marcellin. XVII, 10, p. 282, ed. Wagner.
[4] *Conf.* l'Introduction, tom. Ier, p. 95. — Labéon (Cornelius et non Antistius), est-il dit (ap. Fulgent. *v.* Manales), avait exposé en quinze volumes les disciplines ou leçons étrusques de Tagès et de Bacchès

structions furent-elles écrites ou simplement orales? Il est probable qu'ayant d'abord été confiées au chant sous une forme rhythmique, par d'anciens prêtres-poëtes, leurs véritables auteurs, elles ne furent que plus tard fixées par l'écriture[1]. Plus tard encore, des Romains traduisirent en prose une partie des livres ou plutôt des oracles de Tagès, primitivement écrits en vers[2].

Ce fut une antique croyance des peuples, qui se remarque à la fondation de la plupart des oracles, que la puissance prophétique avait sa source dans les forces occultes des élémens. Ainsi les oiseaux, habitans des régions éthérées, publient les décrets du destin. Ainsi les flots de la mer vomissent le prophète de Babylone Oannès, l'homme-poisson, si rapproché de Janus[3]. Ainsi

---

(*mieux* Bacchetis). O. Müller pense que *Bacchetis* n'est autre chose que le nom grécisé de la nymphe *Begoe* (plutôt que *Bygois*, ci-dessus, p. 404), dont il est question dans Servius, et à qui l'on rapportait un *Ars fulguritorum* distinct des *libri fulgurales* (*Etrusker*, II, p. 32, coll. 37). (J. D. G.)

[1] Censorin. de die nat., cap. 11; — Lydus de Ostent., p. 12. *Conf.* Lanzi *Saggio*, etc., II, p. 561 sq.

[2] C'est ce que nous apprend Jean le Lydien, dans le fragment sur les tremblemens de terre, à la fin du Traité des mois, p. 130, ed. Schow. (maintenant de Ostentis, p. 190 Has.). Il cite Vicellius (et non Figulus, placé à côté de Vicellius, *ibid.*, p. 12) comme ayant été, avant Apulée, l'un de ces interprètes latins. — Bien d'autres sont cités au commencement du *de Ostentis*, qui est lui-même un extrait fait en grec de ces traditions ou commentaires. On y voit que la forme des écrits attribués à Tagès était celle de la plupart des livres sacrés de l'Orient et de l'Égypte, c'est-à-dire le dialogue. *Conf.* la note 5* sur ce livre, à la fin du volume, où sont analysées les recherches nouvelles d'O. Müller, relativement à la discipline étrusque, considérée soit en elle-même, soit dans ses sources. (J. D. G.)

[3] Chap. précéd., p. 430, 440, notes.

la Terre fut la première divinité en possession de l'oracle de Delphes. Amphiaraüs donne des visions dans sa caverne profonde, et le feu souterrain Esculape des songes salutaires dans ses temples. La science de la nature prit naissance dans de telles idées. De l'observation de la foudre, chez les prêtres, naquit la météorologie; de la croyance à des dieux souterrains aux formes de serpens, provint la connaissance des sources bienfaisantes, et des plantes douées de vertus curatives. En Étrurie, sort du sillon tracé par la charrue, un génie instituteur qui apprend à l'homme des champs le cours des étoiles, les périodes de l'année, la vie sans cesse renouvelée de la terre, la nature des différens sols, l'influence des saisons et de la température sur les occupations de la campagne, et la connexion des signes célestes avec les révolutions terrestres. C'est ainsi que les phénomènes de la nature entière sont mis en rapport avec l'agriculture. La terre vit et enseigne, et le laboureur, en commerce perpétuel avec elle, entend sa voix et suit ses leçons [1]. Voilà pourquoi les premiers agriculteurs, Osiris, Triptolème, Bouzygès, Erichthonius, et tant d'autres, sont les premiers auteurs de la société et des arts les plus nécessaires à la vie. Dans ce nombre se range aussi Tagès; mais ce génie de l'agriculture est encore le génie de la science, il est l'intelligence personnifiée. Sa mission ne se borne point à l'ordonnance matérielle de la terre, il connaît les choses divines et les révèle aux hommes. Dans le système sacerdotal des Étrusques, il paraît aux côtés de Janus, en qualité de Camillus ou d'Hermès,

---

[1] *Conf.* Xenoph. Œconom. XIX, 17 sqq.

c'est-à-dire de ministre et de scribe sacré, absolument comme Thoth accompagne l'Osiris égyptien, et Silène le Bacchus des Thraces ou des Grecs. Les livres de Tagès pour l'Étrurie, comme ceux de Thoth-Hermès pour l'Égypte, renfermaient un trésor de haute sagesse, une doctrine des âmes, de leurs destinées, et de l'être éternel et suprême qui les produisait de son sein et les y recevait de nouveau, après le cours de leurs épreuves et de leurs purifications. Des anciens, considérant Tagès sous ce point de vue, en faisaient un sage, un philosophe, l'associaient à Pythagore et à Platon, et lui attribuaient, ainsi qu'à ces grands hommes, le dogme d'un seul dieu, chef et modérateur de tous les autres dieux [1].

Lanzi, fidèle à son système de rapporter à la Grèce toute l'essence des religions de l'Italie, dérive le nom de *Tagès* du mot thessalien *Tagos*, chef, général d'armée [2]. Il se peut que tel soit le sens de ce nom; Bacchus aussi était le chef, le général par excellence, et nous-mêmes nous avons reconnu l'origine grecque, ou du moins pélasgique, de la divinité étrusque. Toutefois, il nous semble que l'idée qui résulte de cette étymologie est beaucoup trop générale, et que, sans nous éloigner des limites de la Thessalie, nous pourrions découvrir un analogue de Tagès qui nous conduira plus sûrement à la véritable signification de son nom. En effet, nous avons rapproché Tagès de Silène, et Bacchès, son dis-

---

[1] Placid. Lutat. ad Stat. Theb. IV, 516.
[2] Ταγός. Xenoph. Hist. Gr. VI, 1, 6; Pollux, I, 128; Sturz. Lex. Xenoph. IV, p. 238 sq. Lanzi (*Saggio*, II, p. 239) se place dans l'hypothèse de l'origine thessalienne des Tarquiniens.

ciple, se rapproche non moins évidemment de Bacchus, l'élève de Silène, l'inspiré, l'extatique, le prophète et l'astrologue, caractères qui tous rentrent dans le sens du mot *Bacchus*, le même que *Bacchès*, et sous lesquels le dieu était adoré à Dodone dans la Thesprotie, et ailleurs encore [1]. Or, Bacchus, dans les hymnes orphiques, est appelé Ἐφάπτωρ ou Ἐπάφιος, nom que Joseph Scaliger, inspiré lui-même par le génie de l'antiquité, a rendu si heureusement en latin par *Tages* [2]. Ce mot vient donc naturellement de *tago*, tombé en désuétude pour *tango*, je touche [3], sens tout-à-fait d'accord avec l'idée que nous nous sommes faite du dieu Tagès, considéré soit par rapport à la terre, soit par rapport au ciel. Ce dieu, nous l'avons dit, doit être envisagé sous ces deux points de vue. Sorti d'un sillon, ou issu, par le Génie, de Jupiter, le monarque céleste, le père de tout bien et de toute science, le principe fécondant de la terre, ce miraculeux enfant, pareil à Bacchus, *touche* le sein de sa mère, il la bénit et la féconde à son tour [4]; il instruit tout à la fois le laboureur sur sa nature, ses qualités, et sur le cours des astres, les météores, et les influences diverses du ciel relativement à

---

[1] *Conf.* liv. IV, ch. III, p. 87, n. 1 *ci-dessus;* Commentat. Herodot. I, p. 251-260; et liv. VII, chap. de la relig. de Bacchus, tom. III.

[2] Hymn. Orph. L (49), 7, LII (51), 9. *Confer.* Gesner ad Orph. fragm., p. 476, ed. Hermann.

[3] *Tagit* pour *tangit*, Festus, p. 557 Dacer. Le grec θίγειν est analogue.

[4] Les mots *sulcus* et *vomer* pris dans le sens du grec αἰδοῖα (Lucret. IV, 1265), sont des figures agraires du même genre, empruntées aux mystères.

l'agriculture [1]. Le mot qui revient au français *toucher* paraît avoir eu, dans plusieurs langues anciennes, comme il a encore dans quelques langues modernes, un sens mystérieux relatif à la foudre [2]. Les prêtres égyptiens disaient qu'un éclair ayant *touché* une génisse, elle devint féconde et mère d'Apis, que les Grecs, d'après leur coutume de traduire les noms étrangers, appelaient *Epaphus* [3]. Ainsi la terre, dont la vache est un symbole, *touchée* par un rayon du ciel, donne naissance au fils du *toucher*, à *Epaphus*, le même que Bacchus *Epaphios* ou *Ephaptor*, le *toucheur* par excellence, c'est-à-dire *Tagès*. Il faut que le feu sacré de Jupiter pénètre le sein de la terre pour mettre au jour Tagès, comme il faut que Sémélé soit frappée de la foudre pour donner la vie à Bacchus. Tous deux rendent témoignage du ciel et de la terre, dont ils sont les enfans; tous deux fécondent et instruisent par le toucher, nés qu'ils sont de son action mystérieuse [4].

On a voulu voir, et peut-être non sans raison, le *toucheur* Tagès, dans cette figure de bronze représentant un

---

[1] Columelle (de cultu hortorum, X, v. 344 sq., *ibi* interpret., p. 538 Schneider.) rapporte au tyrrhénien Tagès l'usage de placer une tête d'âne dépouillée sur les limites des champs, pour les préserver des influences malignes. L'âne de Silène avait de même son sens météorologique et astronomique (Commentat. Herodot., *ibid.*).

[2] Ammien Marcellin (XVII, 10, 2) emploie, d'après les livres de Tagès, l'expression *fulmine tangendos*, comme on dit en allemand : *vom Donner gerühret*. Le même auteur, plus loin (XXI, 1, 9 et 10), rapproche encore *Tages* et *tangere*.

[3] Herodot. III, 27, 28. *Conf.* liv. III, ch. IX, t. Ier, p. 499.

[4] Les magnétiseurs n'ont pas manqué de reconnaître dans Tagès un des anciens patriarches de leur doctrine, et ils découvriront ici

enfant assis et qui touche la terre de la main droite, trouvée précisément dans les ruines de l'ancienne ville de Tarquinii, sur le territoire de laquelle la tradition faisait naître le prophète étrusque [1].

II. Différentes espèces de divination chez les Étrusques; augures et leur empire dans toutes les affaires publiques et privées.

Avec l'agriculture, avec les fêtes des semailles et des moissons est étroitement liée l'ordonnance régulière de l'année. Les Étrusques avaient déjà un calendrier très perfectionné, et il est à croire que Numa, lorsqu'il voulut réformer l'antique année lunaire des Romains, et la ramener à l'année solaire, emprunta principalement le secours des prêtres de l'Étrurie [2]. Mais un art moins réel,

mainte allusion symbolique à leurs pratiques, à la baguette électrique, au fluide universel, etc.

[1] *Voy.* notre pl. CLII, 583, avec l'explicat. *Conf.* Passeri, Commentatio de puero Etrusco, Rom. 1771, et Lanzi *Saggio*, II, p. 529 sq., qui ne sont ni l'un ni l'autre favorables à cette idée. Les tombeaux souterrains de Tarquinies, aujourd'hui Corneto, témoignent encore, par leur grandeur, de l'importance de la ville antique, et sont couverts de peintures infiniment remarquables. La planche 51 de Micali offre la vue d'une de ces magnifiques excavations. — Les fouilles du baron de Stackelberg, et l'ouvrage qui en est le fruit, doivent répandre de vives lumières sur toute la civilisation de Tarquinies et des Étrusques en général. L'amitié de l'auteur ayant bien voulu nous faire jouir par avance des résultats de ses travaux, nous en avons profité pour enrichir nos Éclaircissemens et nos planches de quelques unes de ces précieuses communications. *Voy.* la note 6*, sur ce livre, à la fin du volume. (J. D. G.)

[2] *Voy.*, sur cette partie de la science étrusque, les recherches approfondies de Niebuhr (*Römische Geschichte*, t. I, p. 291-317, surtout p. 308 sqq., 3ᵉ édit.). — *Conf.*, sur le calendrier et la chronologie

où ces prêtres avaient fait des progrès non moins considérables, c'est la *divination*. Elle se rattachait de fort près à la théologie, et se divisait en des branches nombreuses. Toute la science des augures prenait sa source dans une croyance répandue jadis non seulement en Italie, mais dans la Perse et la Grèce antiques; c'est que les habitans de l'air, les oiseaux, étaient mus par une impulsion divine [1]. De là cette attention singulière à leur vol, à leur chant, à leur manger, à toute leur manière d'être. De même que l'oiseau Éorosch, dans le Zendavesta, est appelé le symbole du temps et l'interprète du ciel, et que beaucoup d'autres oiseaux, réels ou imaginaires, jouent un rôle important dans la religion des Perses [2], de même les Étrusques avaient leur ornithologie sacrée, formant une théorie complète avec ses règles et ses préceptes d'application aux affaires humaines. Pline [3] remarque expressément que, dans la discipline étrusque, étaient dépeints plusieurs oiseaux qui, de son temps, n'avaient plus leurs pareils. Quelques uns pouvaient être des créations purement symboliques : mais il n'en est pas moins certain que les prêtres de l'Étrurie observaient attentivement la vivante économie de la nature dans tous les règnes. Leur pays était riche en plantes salutaires, dont ils surent de bonne heure découvrir et appliquer les propriétés. Aussi le même renom qu'a-

des Étrusques, O. Müller, *Etrusker*, t. II, p. 322 sqq., et la note 2* sur ce livre, à la fin du volume. (J. D. G.)

[1] *Et aves*, dit Sénèque (Quæst. Nat. II, 32), *Deus movit*.
[2] *Conf.* liv. II, ch. III, tom. Ier, p. 341, et les Éclaircissemens, p. 721 sq.
[3] H. N. X, 15.

vaient les Égyptiens en Orient, d'avoir été les inventeurs de la médecine, les Étrusques le possédaient en Occident; et l'Étrurie, ainsi que l'Égypte, passait dans l'antiquité pour la patrie des médicamens [1]. Plusieurs sources de la première de ces contrées étaient fameuses par leurs vertus curatives, et ses habitans en tiraient grand parti [2]. L'art des haruspices formait une autre branche importante de la science du sacerdoce étrusque. On en trouve des traces dans les temps primitifs de la Grèce; mais il ne s'y développa jamais comme en Étrurie, où cet art était devenu la matière d'un véritable enseignement, dont les livres nommés *haruspicini* contenaient les leçons. Il est probable que cette observation si fréquente de l'intérieur du corps des animaux ne demeura pas sans influence sur l'anatomie [3].

[1] Martian. Capella de nuptiis phil., cap. 6, coll. Theophrast. histor. plantar. IX, 15, *ibi* Æschyl. — Ce que l'on a dit de la science médicale des Étrusques (*Sprengel Geschichte der Medicin*, vol. I, p. 248), paraît à O. Müller presque complètement erroné. Ce savant croit que leur renommée en ce genre parmi les Grecs, a sa source dans la fable de Circé, mise en rapport avec les Tyrrhènes (*Etrusker*, II, p. 343 sq.). (J. D. G.)

[2] Dionys. Antiq. Rom. I, 37; Plin. H. N. II, 103, *ibi* laudat. En général les Étrusques étaient habiles à découvrir les sources et à conduire les eaux, ce que les Romains nommaient *aquælicium*, d'où *aquilex* (Varro ap. Nonium, cap. 2, n. 8, *s. v.*; Labeo ap. Fulgent., 4). Les *aquilices* (ou *aquileges* et même *aquilegi* dans les inscriptions) sont encore appelés *aquarum indagatores*, *repertores*, *libratores*, et ils jouissaient à Rome de grands priviléges. *Conf.* O Müller, *ibid.*, pag. 341 sq. (C—R et J. D. G.)

[3] Indépendamment des compilations de Bulenger (de Sort., I, 6, 7, in Grævii Thes. Antiq. Rom., tom. V) et de Peruzzi (Dissertat. Corton., tom. I, part. I, p. 43-53), sur l'haruspicine (*Extispicium*), O. Müller cite comme répandant beaucoup de lumière sur ce sujet

L'on n'attend pas de nous que nous traitions ici en détail de la science des augures chez les anciens Romains, élèves des Étrusques sur ce point comme sur tant d'autres. Les érudits ont rassemblé la plupart des passages des auteurs relatifs à ce sujet[1], et les livres élémentaires sur les Antiquités Romaines renferment ce qu'il y a de plus essentiel dans leurs compilations. Nous nous bornerons donc à quelques observations rapides, propres à caractériser la religion publique ou privée des Romains.

La divination par les oiseaux, tant chez les Étrusques qu'à Rome, est, à n'en pas douter, d'origine orientale, bien qu'elle ait dû subir de nombreuses modifications en passant de contrée en contrée et de peuple en peuple. Cicéron lui-même rapporte cet art aux Arabes, aux Phrygiens, aux Ciliciens; il en trouve la source dans la vie pastorale, et fait remarquer de frappantes ressemblances entre la manière de vivre des habitans de la Pisidie et

---

curieux, le traité de Ph. Jac. Hartmann (de Origine anatomicæ, Berolini, et celui de Cornelius Cuntz, de Græcor. extispiciis, Gotting. 1826. Il en a profité, et nous-mêmes nous donnons un extrait de ses recherches, tant sur l'haruspicine que sur les autres parties de la divination étrusque, dans notre note 5* sur ce livre, à la fin du volume. (J. D. G.)

[1] *V.* Bulenger (de Auguriis, in Grævii Thes., tom. V) et Belli (*ibid.*). — O. Müller, tout en faisant remarquer que les Romains avaient leur discipline augurale, distincte de celle des Étrusques, et que l'art des augures paraît avoir été commun à plusieurs autres peuples de l'Italie, reconnaît cependant aussi que cette discipline, avec les auspices, témoigne d'une sorte d'élaboration scientifique qui ne peut être due qu'à l'Étrurie (*Etrusk.*, II, p. 119 sqq., coll. 188). *Voyez*, au reste, les développemens de la note qui vient d'être citée.

(J. D. G.)

celle des Ombriens [1]. Jean le Lydien nous apprend, dans un passage fort remarquable à tous égards [2], que les magistrats de l'Étrurie et ceux des Romains, dans les premiers temps, étaient, comme en Orient, de véritables prêtres; c'est-à-dire, pour nous en tenir ici à Rome, que les Patriciens furent d'abord des initiés, à ce titre, propriétaires, chefs et interprètes nés des mystères révélés exclusivement à leur caste. Ce monopole spirituel est le trait dominant des constitutions orientales, et il se retrouve dans la législation des rois à Athènes, où les Eupatrides jouirent long-temps de semblables priviléges [3]. Le grand principe de l'ancien droit politique des Romains était pareillement qu'au magistrat seul il appartient d'avoir les auspices, de consulter les oiseaux [4]; et la gradation des diverses magistratures, leur dignité et leurs droits respectifs, véritable hiérarchie sacerdotale, se fondait uniquement sur la gradation du pouvoir religieux. De là les grands et les petits auspices, et le plus ou le moins d'autorité des uns et des autres [5]. Toutefois, une classe spéciale de prêtres, les Augures proprement dits, avait concurremment ses auspices à part, qui se distinguaient de ceux des magistrats [6].

[1] De Divinat. I, 41, 42, p. 205-208, ed. Moser. et Creuzer., coll. de Legib. II, 13, p. 263 eorumd.

[2] De Magistrat. Roman., proœm., p. 1.

[3] Plutarch. Thes., cap. 24, p. 60 sq. Leopold, p. 19 Coray. *Confer.* Ruhnken. ad Tim., p. 110. — *Add.* Welcker, *Æschylische Trilogie Prometheus,* p. 300.   (J. D. G.)

[4] *Auspicium habere, spectionem habere.*

[5] *Majora et minora auspicia; magis rata, minus rata.* Confer. Gell. N. A., XIII, 14; Cic. Philipp. II, 33, *ibi* Abramius.

[6] Cic. de Leg. III, 19, 43 : *Auspicia servanto, auguri parento — quos*

Niebuhr a démontré récemment, dans son Histoire Romaine [1], l'influence de l'art des haruspices étrusques sur la forme suivant laquelle les Romains déterminaient la terre séparée d'un bien commun pour en faire une propriété particulière, et en circonscrivaient les différentes parties d'après des lois invariables. « Cette forme, dit-il, plus ancienne que Rome, et qui n'était en apparence qu'un procédé purement artificiel et périssable, comme tout ce qui est arbitraire, douée pourtant de cette force intérieure dont furent pénétrées toutes les institutions romaines, a survécu près de cinq siècles à la chute de l'empire d'Occident. » Peut-être ne serait-il pas moins intéressant de rechercher dans le Zendavesta et dans les autres monumens, nouvellement découverts, des religions orientales, les élémens épars de la théorie étrusco-romaine des augures. On y trouverait sans doute de nombreux parallèles avec les détails infinis de ce mode de divination, dont nous ne saurions donner ici une simple idée. Les oiseaux étaient divisés en *joyeux*, qui annonçaient la santé et le bonheur, et en *tristes*, qui présageaient le contraire [2]. Ces deux classes avaient plusieurs sous-divisions, par exemple les *volsgræ*, qui se déchiraient entre eux avec leurs ongles et leurs becs; les *remores*, c'est-à-dire ceux dont l'apparition obligeait de

in auspicio esse jusserit, etc. Voy. Gœrenz, *ibid.*, p. 278 (p. 463, ed. Moser et Creuz.); et, sur le collége des Augures, Cic. de Leg. II, 8, II, 12, III, 19, *ibi* interpret., coll. Bulenger, cap. 11, p. 430 sqq.— *Add.* Müller (*Etrusk.*, II, p. 110-119), extrait dans la note citée, fin du volume. (J. D. G.)

[1] II, p. 380 sqq., 1re édit.
[2] *Lætæ*, *tristes* (aves); αἴσιοι, οὐκ αἴσιοι.

retarder une entreprise; les *inhibæ*, *inebræ* ou *enebræ*, qui arrêtaient; les *arculæ*, *arcivæ* ou *arcinæ*, qui détournaient. Les *oscines* et les *præpetes* sont expliqués diversement : cependant les premiers paraissent désigner ceux dont la voix était un présage quelconque, bon ou mauvais; les autres, ceux dont le vol était d'un heureux augure, surtout quand il se dirigeait droit vers l'observateur. Après un tel oiseau s'en montrait-il un second, d'un augure funeste, on l'appelait *altera avis*, et le présage de bonheur demeurait sans effet[1]. Cette science des augures exerçait une immense influence sur le choix des magistrats, et en général sur toutes les affaires publiques[2]. Les formules augurales se rencontrent à chaque instant dans les récits des anciens historiens de Rome[3]. On sait, par exemple, quel fréquent obstacle le vol d'un hibou (*si bubo volasset*) était aux assemblées du peuple. Ce qu'il y a de singulier, c'est que le même oiseau, spécialement consacré à Minerve, passait, chez les Athéniens, pour être d'un heureux présage, tandis qu'il annonçait aux Romains la mort, ou le péril du feu[4]; car ces croyances éminemment populaires avaient soumis à leur empire toute la vie privée non moins que la vie publique, et, de nos jours encore, nous en retrouvons des

[1] Servius ad Virgil. Æn. I, 393, III, 246, 361, 398; Festus, p. 366 Dacer., p. 8, p. 439, *ibi* interpret.

[2] Cic. de Divin. I, 16 et 17. Sur le pronostic de l'année, qui avait lieu en janvier, par le moyen de l'οἰωνοσκοπία, et que les consuls déféraient aux empereurs, il faut voir J. Lydus de Mens., p. 62 sq. Schow., p. 160 Rœther., coll. Has. ad Leon. Diacon. l. X, p. 255.

[3] *Aves, spectio, de cœlo servare*, etc.

[4] Servius ad Virgil. Æn. IV, 462.

traces autour de nous. L'aigle, au contraire, oiseau de Jupiter, était toujours un augure de bonheur chez les Étrusques et les Romains; quelquefois même il présageait la dignité royale [1], ce qui nous ramène encore une fois aux idées de la Perse antique. En effet, comme nous l'avons vu dans notre second livre, les monarques d'Iran avaient choisi le même oiseau pour un symbole de leur rang suprême [2].

III. Théorie des éclairs et des foudres, leur classification, distinctions infinies; influences politiques et morales, causes physiques et locales de toutes ces superstitions.

Entre les livres sacrés des Étrusques, ceux qui portaient le nom de *fulguraux* renfermaient la théorie religieuse des éclairs et des foudres. On y trouvait des observations extrêmement exactes, plus exactes que n'en avait probablement alors aucun autre peuple de la terre [3]. Les anciens ont fait cette remarque, et nous savons que l'opinion commune attribuait même, aux Étrusques, l'art de tirer à volonté la foudre du ciel [4]. Des modernes en ont voulu conclure que ce peuple, attentif aux phénomènes de l'électricité, était parvenu à la connaissance du fluide électrique, et qu'il avait pu s'avancer jusqu'à la découverte du paratonnerre. Ils ont vu un symbole

---

[1] Bulenger, II, 5, p. 415 sqq.
[2] Tom. Ier, p. 341, n. 1. — *Conf.* Müller (*Etrusk.* II, 189 sq.), et la note citée, fin du volume. (J. D. G.)
[3] Cæcinna ap. Senec. Quæst. Natur. II, 49, coll. 39; Plin. H. N. II, 52; Diodor. V, 40.
[4] Plin. H. N. II, 53. Le Naturaliste en cite des exemples, d'après les Annales de l'Étrurie.

de ce grand fait dans le *Jupiter Elicius*, auquel Numa dédia un temple sur le mont Aventin [1]. Ce qu'il y a de certain, c'est que la *méthode fulgurale*, comme on la nommait, occupait une place importante parmi les sciences sacerdotales de l'Étrurie. En effet, le présage donné par la foudre passait avant tout autre présage, et même l'annulait; celui-là, au contraire, était regardé comme immuable, et rien ne pouvait le détourner [2]. Pour faciliter les observations célestes d'où résultait ce genre de divination, les Augures étrusques avaient divisé le ciel en seize parties [3]. Quant aux foudres ou aux éclairs, ils en reconnaissaient des classes nombreuses relatives soit à

---

[1] Livius, I, 20. *Conf.* Micali (l'Italie, etc., t. II, p. 250 sqq. de la trad. fr.), qui rapporte les opinions de plusieurs modernes, et penche lui-même à croire que le Jupiter dont il s'agit n'était autre chose qu'un symbole de la foudre, comme pouvant être attirée du ciel sur la terre par le moyen d'un art mystérieux. Les passages des anciens rassemblés par Bulenger (de terræ motu et fulmin. l. V, c. 14, in Grævii Thes. Antiq. Rom., tom. V, p. 537 sq.) prouvent que cet art consistait seulement en prières et en cérémonies conjuratoires. De même les devins étrusques prétendaient attirer la pluie à l'aide d'un sacrifice à Jupiter *pluvius*, où certaines pierres (*lapides manales*, qu'il ne faut pas confondre avec le *lapis manalis* dont il a été question plus haut, p. 425) jouaient un grand rôle. Cette opération se nommait *aquælicium* (Festus, *s. v.*, p. 34 Dac.), et de là encore le *Tuscus Aquilex*, quoique ces mots désignent plus fréquemment un acte d'un tout autre genre. — *Conf.* l'art. précéd., p. 467, n. 2, et Müller (*Etrusk.*, II, p. 174 sq., p. 340). (J. D. G.)

[2] Cæcinna ap. Senec. Quæst. Nat. II, 34.

[3] Cic. de Divin. II, 18, coll. I, 17, p. 362, p. 82, ed. Moser. — Sur cette division, et sur l'idée du *Templum* (tout espace destiné aux auspices, et notamment le ciel entier), il faut voir les excellentes recherches d'O. Müller (*Etrusk.*, II, p. 124 sqq.), dont notre note 5*, sur ce livre, contient un extrait. (J. D. G.)

la signification, soit à l'importance, soit à la durée supposée de l'influence de ces phénomènes. Indépendamment de cette classification symbolique ou théologique, il y en avait une autre toute physique ou scientifique, qui se rapportait à leur nature et à leurs effets réels [1]. On distinguait soigneusement les foudres *publiques*, qui concernaient l'état tout entier, et les foudres *privées*, qui n'avaient d'effet que sur la destinée des individus. Les premières n'étendaient pas leur influence au delà de la trentième année, les autres au delà de la dixième, excepté celles toutefois qui survenaient au jour de la naissance ou au jour du mariage [2]. Les foudres qui intéressaient toute la durée de la vie s'appelaient *familières* [3],

---

[1] Sénèque, dans un passage capital (Q. N. II, 40), pose lui-même cette grande division : *Primo omnium non sunt fulminum genera, sed significationum.* Précédemment, il avait reconnu avec Cæcinna trois genres de foudres par rapport à l'homme : *fulmen consiliarium, f. auctoritatis, f. status* (II, 39). Maintenant il poursuit en ces termes : *Nam fulminum genera sunt illa, quod terebrat, quod discutit, quod urit*, etc. Ces trois derniers genres, purement physiques, se retrouvent, chez Pline (II, 52), sous les noms de *siccum* (*discutiens*), *fumidum* (ou *fuscans*, variété de *urens*), et *clarum* (*terebrans*), qui correspondent aux σκηπτὸς ou καται-βάτης, ψολόεις et ἀργής des Grecs, auxquels il faut ajouter le ἑλικίας ou *serpentant*. *V.* Pseudo-Aristoteles de Mundo, IV, 18, p. 131 Kapp.; Aristotel. Meteorol. III, 1, p. 790 F; Suidas, *v.* κεραυνός; J. Lydus de Mensib., p. 53 sq. et p. 127 sq., ed. Schow. (p. 138 et 294 Rœth.); de Ostentis, p. 170 Has. *Conf.* P. Valerianus de fulmin. significat., in Grævii Thes. Ant. Rom., t. V, p. 600; Bulenger *ibid.*, p. 424 sqq. *Add.* Ukert *Geogr.* II, 1, p. 130 sqq.; O. Müller, *Etrusker*, II, p. 175 sqq. Ce dernier penche à rapporter aux Grecs l'origine de ces observations plus ou moins scientifiques, mais qui jamais ne s'élèvèrent jusqu'à la connaissance des causes. (C—r et J. D. G.)

[2] Senec. Quæst. Nat. II, 48; Plin. H. N. II, 53.

[3] Plin. et Senec., *ibid.* Celles-ci rentraient dans la classe plus géné-

Les distinctions de détail, qui allaient jusqu'à l'infini, et donnaient lieu à une multitude de termes techniques sur le sens desquels les auteurs Romains ne s'entendent pas toujours, doivent être nécessairement renvoyées dans une note[1]. Remarquons seulement ici, d'après Pline, que les Étrusques faisaient mention expresse de foudres parties du sein de la terre, et qu'ils nommaient *infernales*[2]. Les éclairs qui brillaient du côté gauche, aussi bien que les oiseaux volant dans la même direction, passaient pour un heureux présage[3]. Voilà pourquoi les images des divinités de l'Étrurie portaient la foudre dans la main gauche, selon la remarque de Buonarotti, con-

rale des *fulmina perpetua*, par opposition avec les *finita*, qui se rapportaient à une époque déterminée, et avec les *prorogativa*, dont l'effet pouvait être prorogé. Parmi les *perpetua* se rangeaient aussi certaines foudres publiques, celles par exemple qui éclataient au jour de la fondation d'un état, d'une colonie, etc. (J. D. G.)

[1] Quoique la foudre fût un signe supérieur à tout autre, *auspicium maximum*, les foudres pouvaient se neutraliser entre elles, ce qu'on nommait *peremtalia*; quand elles se confirmaient mutuellement, elles s'appelaient *attestata*. Sur les *postulatoria, monitoria, pestifera, fallacia, deprecanea, atterranea, obruta, hospitalia, auxiliaria*, tous noms relatifs aux sens ou aux effets particuliers des foudres, il faut voir et comparer Pline, Sénèque et Festus. Les foudres qui tombaient sur la place publique ou sur l'un des principaux lieux d'assemblée d'une cité libre se nommaient *regalia*, parce qu'ils lui dénonçaient la tyrannie (Senec. II, 49, coll. Mitscherlich ad Horat. Carm. I, 2, 3 sq.), ce que Müller (*Etrusk.* II, 164) regarde comme une fausse interprétation du mot. Il y voit une très ancienne expression de la discipline étrusque, qui se rapporte au temps où les villes de l'Étrurie étaient encore gouvernées par des rois. Lydus (de Ostent., p. 176) dit que ces sortes de foudres annonçaient les guerres civiles, les séditions, le renversement de l'état. (C—R et J. D. G.)

[2] *Inferna*. Plin. H. N. II, 53.
[3] Plin. II, 54.

firmée par Lanzi¹. Les interprètes de ces différentes espèces de foudres et de leurs effets formaient une classe à part, appelée *fulguritores*². Les secrets de l'art qu'ils professaient étaient, dit-on, consignés dans un livre qui avait pour auteur la nymphe *Begoë* ou *Bygoïs*³, espèce de sibylle étrusque, comparable aux prophétesses sacrées de divers autres peuples.

La coutume de consacrer par le sacrifice d'une brebis de deux ans (*bidens*) et par une clôture, la place où un homme avait été frappé de la foudre, était également d'origine étrusque⁴. Franchir un *bidental* (c'est ainsi que l'on nommait cet enclos consacré), ou en écarter la clôture, passait pour un sacrilége⁵. Là était enterré le mort, dont il n'était pas permis de brûler, selon l'usage, la dépouille mortelle⁶ : d'autres disent qu'il ne pouvait même être enterré⁷. Les lieux atteints de la foudre, et presque aussi sacrés, s'appelaient *obstita*,

---

¹ *Saggio*, etc., II, p. 239.

² Appul. de Deo Socrat., p. 45 Elmenh. — Vulgairement *fulguratores*. Cic. de Divinat. II, 53, *ibi* Moser, p. 487.   (J. D. G.)

³ *Ars fulguritorum*, distinct des *libri fulgurales*. Servius ad Virg. Æn. VI, 72. *Conf.* ci-dessus, p. 460, 404.

⁴ *Voy.* à ce sujet, les passages des anciens, rassemblés, il est vrai, sans ordre ni critique par Bulenger, *ibid.*, p. 532 sqq. — *Conf.* O. Müller, *Etrusker*, II, p. 170 sqq.   (J. D. G.)

⁵ *Movere bidental*, Horat. Art. poet., 471, *ibi* interpret.

⁶ Plin. H. N. II, 55, etc.

⁷ J. Lyd. de Mens., p. 54, p. 140 Rœth. — Cette assertion de Lydus, qui paraît avoir mal compris la loi de Numa rapportée dans Festus, p. 300, est rejetée par O. Müller, citant Dirksen, *Versuche zur Critik*, p. 325. Le mode primitif de sépulture chez les Romains, fut l'inhumation. *Conf.* Creuzer, *Abriss der Römischen Antiquit.*, § 299 et suiv., p. 373 sqq.   (J. D. G.)

fulgurita[1]. En général, c'était toujours à Rome un présage funeste, qu'un être humain eût été tué d'un coup de foudre. Lorsque le cas se présentait, le collège des pontifes, après avoir consulté les livres rituels, décrétait un sacrifice et des prières pour apaiser les dieux irrités[2]. Le prêtre chargé des expiations, c'est-à-dire l'haruspice, couvrait avec de la terre les traces de la foudre[3] : ces cérémonies avaient leurs formules comme toutes les autres[4].

La foudre annonçait aux mortels les volontés des dieux[5], qui étaient censés y prendre part en divers sens. Tantôt il est question de neuf divinités de la foudre; tantôt il est dit que les douze dieux sont convoqués lorsqu'elle doit être lancée; tantôt Jupiter la lance de son propre mouvement. Les neuf dieux de la foudre, chez les Étrusques, avaient peut-être rapport aux neuf sphères

---

[1] Ils étaient généralement considérés comme abominables, et par conséquent expiés (J. Lyd. de Ostent., p. 174). Chacun de ces lieux devenait donc un *bidental* (ou *puteal*, à cause de la forme). Les Grecs, sans avoir les mêmes cérémonies, révéraient également les endroits frappés par la foudre, et les nommaient ἠλύσια ou ἐνηλύσια, à cause de Zeus καταιβάτης, à qui ils étaient consacrés (Schol. ad Aristoph. Pac., v. 42; Hesych. et Etymol. M. *v.* ἐνηλ.). *Conf.* la note 5*, fin du volume. (J. D. G.)

[2] C'est ce que l'on nommait *procurare fulmina*. Cette *procuration* s'étendait à d'autres prodiges.

[3] *Fulmen condebat*. Les lieux ou les objets atteints s'appelaient *tacta* ou *attacta*. *Conf.* ci-dessus, p. 464.

[4] *V.* Bulenger, p. 536 sq. *Confer.* Marini *gli Atti*, etc., II, p. 678 et 687 sq.

[5] La foudre était entre autres un présage d'hymen (Bulenger, *ibid.*, p. 539). C'est dans un sens analogue qu'elle se voit au dessus de Jupiter, sur la médaille romaine figurée dans notre pl. LXXII, 275 *a*. *Conf.* l'explication des planches.

célestes qui se rencontrent dans les religions de plusieurs peuples anciens [1]. Les Étrusques reconnaissaient douze espèces de foudres, dont trois appartenaient au seul Jupiter [2]. Les Romains, au contraire, n'en connaissaient que deux, celles qui brillent pendant le jour, nommées *foudres de Jupiter*, et celles qui brillent la nuit, foudres de *Summanus*, divinité mystérieuse dont nous parlerons plus loin. Quoi qu'il en soit, Jupiter était, dans son caractère le plus élevé, le maître de la foudre; c'est lui qui la lance sur la terre, et l'aigle, son fidèle ministre, lui présente cette arme terrible. On trouve même dans des formules antiques et dans des inscriptions un *Jupiter fulgur* [3]. Ce dieu porte trois foudres dans sa main droite, chacune avec un sens différent; elles s'appelaient, dans la langue des augures, *manubiæ* [4]. La première foudre, qu'il lance de son propre mouvement, est inoffensive, et ne fait qu'avertir. La seconde, délibérée dans le conseil

---

[1] Plin. H. N. II, 52. Le nombre 9 se retrouve en Italie dans les 9 livres que la Sibylle Amalthée vendit à Tarquin l'Ancien (Servius ad Virgil. Æn. VI, 72). Lydus (de Mens., p. 79 Schow., p. 192 Rœther) parle de trois seulement.

[2] Pline dit *onze* espèces et non *douze*, parce qu'il comprend Jupiter au nombre des neuf dieux; mais Arnobe (III, 38) l'en distingue, et Servius aussi, comptant douze espèces, paraît admettre dix dieux de la foudre (ad Æn. I, 46). *Conf.* Müller, *Etrusk.* II, p. 84, p. 165, et notre note 3* sur ce livre, fin du volume. (J. D. G.)

[3] Marini *gli Atti*, etc., p. 687, 696. *Conf.* Creuzer ad Cic. de N. D. II, 25, p. 308. Nous verrons chez les Grecs, dans le livre suivant, un Ζεὺς καταιβάτης ou κεραύνιος, également identifié avec la foudre qu'il lance.

[4] Les *Manubies* de Jupiter étaient rouges et sanglantes, celles des autres dieux noires et blanches (Acro ad Horat. Od. I, 2). *Conf.*, du reste, Bulenger, *ibid.*, p. 528.

des douze dieux, peut quelquefois produire du bien, mais non sans mélange de mal. La troisième, lancée en vertu d'une délibération des grands dieux, des dieux cachés, détruit et change la situation de l'existence publique comme des existences privées [1]. Jupiter, par une notion commune aux religions de l'Italie et à celles de la Grèce [2], était donc le dieu du conseil par excellence, et entre autres moyens de manifester aux hommes ses avertissemens, il employait la foudre. Les prêtres étrusques s'emparant de cette notion l'avaient développée à leur manière: ils distinguaient, dans leur théorie fulgurale, une foudre *conseillère*, qui encourageait ou dissuadait l'exécution d'un projet conçu; une foudre *d'autorité*, qui, après l'exécution, en présageait le bon ou le mauvais succès; une foudre *d'état*, celle qui survenait au moment où l'on ne projetait ni n'exécutait rien [3]. Dans cette théorie étrusque étaient renfermées d'importantes leçons politiques et morales. Le pouvoir suprême, Jupiter, seul et sans conseil, n'envoie que de paisibles avertissemens; un arrêt sévère a besoin d'être autorisé par le conseil entier des dieux; un coup terrible, irréparable, doit avoir été pesé d'avance dans le cercle étroit des majestés secrètes. Sénèque lui-même, que nous suivons, fait l'application de cette doctrine aux grands de

---

[1] Senec. Quæst. Nat. II, 41; *Festus, s. v.*, p. 226 Dac.
[2] *Conf.* livre VI, chap. I, art. III. Ζεὺς βουλαῖος.
[3] Cæcinna dans Sénèque, déjà cité plus haut, p. 474, n. 1. — Remarquons ici, en finissant, cette *trichotomie* ou division par le nombre trois, dont nous avons vu tant d'autres exemples dans le cours de cet article.

la terre[1]. Nul doute que le sacerdoce de l'Étrurie n'ait eu des vues semblables, et que, fidèle au génie de l'Orient, il n'ait montré le ciel aux rois et aux chefs pour leur faire voir dans le soleil et dans la lune, aussi bien que dans le chœur des planètes, les invariables modèles de leur conduite et de leur gouvernement.

Tout porte à croire que cette discipline des augures prit naissance au sein même de l'Étrurie. C'était un pays chaud, un climat accablant. Un air épais, selon l'expression des anciens, pesait sur ses habitans. Si le climat doux et riant de l'Ionie, si son ciel léger vit croître une race mobile et poétique qui le peupla de créations non moins légères, non moins riantes, il n'en fut pas de même de la Toscane antique; elle nourrit des hommes d'un caractère grave, d'un esprit méditatif. Cette disposition morale fut puissamment secondée par les fréquentes aberrations du cours ordinaire de la nature dans cette contrée. Les météores, les tremblemens de terre, les déchiremens subits du sol, les bruits souterrains, les naissances monstrueuses dans l'espèce humaine aussi bien que dans les animaux, tous les phénomènes les plus extraordinaires s'y reproduisaient fréquemment[2]. La plupart s'expliquent par la nature de l'atmosphère chargée de vapeurs brûlantes, et par les nombreux volcans dont on

---

[1] *Ibid.*, cap. 43. — On sait que les anciens employaient divers préservatifs contre la foudre, la peau de veau marin, une couronne de laurier, des ceps de raisin blanc plantés autour de la maison. *Voy.* les passages de Sénèque et de Pline cités dans Bulenger, p. 540.

[2] Cic. de Divinat. I, 41 sq. *Confer.* Bulenger in Grævii Thes. V, p. 475 sqq., 515 sqq., 539 sq.

a découvert les traces[1]. Il est plus difficile de rendre compte des apparitions de monstres dont il est parlé dans les auteurs, par exemple de cette *Volta*, qui ravagea la ville et le territoire de Volsinii jusqu'à ce que les prêtres fussent parvenus à la tuer en évoquant la foudre[2]. Mais ce que l'on comprend, c'est l'influence d'une telle nature et de tels phénomènes sur le caractère du peuple étrusque. La mélancolie et l'exaltation du sentiment religieux en formaient les traits fondamentaux. Aussi les Pères de l'Église nomment-ils l'Étrurie la mère des superstitions[3]. Un dédale de rites et de formes de toute espèce emprisonnait l'esprit de cette nation; un appareil pompeux de cérémonies l'éblouissait. Le nom même de *cérémonies* paraît à quelques uns avoir pris son origine de la ville étrusque de Céré[4]. Presque toutes les pompes dont les Romains entouraient chez eux l'état et la religion, ils les avaient empruntées des Étrusques[5]. Ce peuple superstitieux jeta un regard sombre et triste sur le monde qui l'environnait. Il n'y voyait que funestes présages, qu'indices frappans de la colère céleste, et des plaies dont elle allait frapper la terre. De là ces fréquentes

---

[1] *V.* Sickler, plan topographique de la campagne de Rome, Rome 1811; Leopold Gmelin, Observat. oryctognost. et chem. de Hauyna, Heidelberg, 1814, surtout cap. 1.

[2] Plin. H. N. II, 53, 54.

[3] Arnob. VII, 26, p. 291, p. 246 Orell. *Conf.* Lampredi *del Governo civile degli antichi Toscani*, Lucca 1760, p. 21 sq.

[4] *Cære*, d'où *cœrimonia* (G. Vossii Etymol. L. L., p. 88). — Le vrai nom toscan de cette ville paraît avoir été *Cisra* (Müller, *Etrusk.*, I, p. 87, n. 40.) (J. D. G.)

[5] J. Lydus de Magistrat. Roman. I, 7, p. 20 sqq., I, 32, p. 54 sqq., coll. de Mensib., p. 9 Schow., p. 24 Rœth.

et quelquefois terribles expiations qu'il s'imposait ; de là ces larves, ces monstres, ces furies, ces esprits infernaux si souvent reproduits sur ses monumens [1]. Les livres de divination des Étrusques pénétraient de crainte et d'horreur ceux qui les lisaient [2]. Un jour les prêtres de Tarquinies apparurent devant l'armée romaine, semblables à de vivantes furies, avec des torches flamboyantes et des serpens dans les mains [3]. C'était encore de l'Étrurie que les Romains avaient pris l'usage des jeux sanglans dans les cérémonies funèbres. Après des faits pareils, faut-il s'étonner de trouver chez les anciens que, dans une ville étrusque, à Faléries, des jeunes filles étaient immolées en l'honneur de Junon [4] ?

Quels moyens les prêtres employaient-ils pour satisfaire ou pour calmer ces accès de mélancolie religieuse auxquels le peuple était en proie? Nous manquons de renseignemens positifs sur ce point important. Ce qu'il y a de sûr, c'est que plusieurs de leurs règlemens témoignent d'un caractère de moralité et de sagesse qui nous autorise à penser que jamais ils ne cessèrent d'interpréter les symboles de leur religion dans un sens utile aux mœurs. Par exemple, ils voulaient, au rapport de Vitruve [5], que les temples de Vénus, de Mars et de Vulcain

---

[1] *V.* Gori Museum Etrusc. I, tab. 12, III, 4, 10, etc.; Micali, tab. XXVI, XLVII, et autres ; Inghirami *Monumenti Etruschi*, t. I, tab. VII et suiv., XXVII et suiv., etc., etc. — *Conf.* les notes 3* et 6* sur ce livre, fin du volume, avec les pl. CLIII et suiv.   (J. D. G.)

[2] Cic. de Divinat. I, 12.

[3] Livius VII, 17.

[4] Plutarch. Parall. Gr. et Rom., c. 35, p. 287 Wyttenb.

[5] I, 7, p. 19 sq., ed. Schneider.

fussent bâtis hors des villes, et ils en donnaient des raisons toutes morales et politiques. On éloignait des murs la demeure de Vénus pour soustraire les jeunes gens des deux sexes aux attraits de la volupté; celle de Vulcain pour engager les citoyens à préserver du feu et la ville et les habitations; enfin, on reléguait au loin le temple de Mars pour bannir avec lui du sein de la cité la discorde et la violence des armes. Ce témoignage prouve au moins que les Romains avaient une haute opinion de la sagesse étrusque, opinion qui est d'un grand poids à cause des relations intimes des deux peuples. D'ailleurs, tout ce que nous savons du caractère national des anciens Toscans vient à l'appui. S'il n'avait point cette harmonie qui rend à la fois aimable et heureux, il n'en était que plus ferme, plus solide, et plus profondément enraciné dans la foi religieuse.

IV. Dernier coup d'œil sur les divinités étrusques, et sur leurs rapports avec les cultes pélasgiques ou helléniques; caractères généraux des symboles et de l'art religieux en Étrurie.

Jetons, en finissant, un coup d'œil rapide sur quelques divinités étrusques moins connues, sur les divinités patronnes des villes, et sur les rapports des dieux nationaux de l'Étrurie avec les dieux pélasgiques ou helléniques. Quant aux deux premiers points, l'antiquité ne nous a guère laissé que des noms propres. Nous avons déjà cité *Voltumna*, déesse dans le temple de laquelle se tenaient les assemblées générales de la confédération étrusque[1]. Cette divinité, dont le nom et

[1] Chap. I, *ci-dessus*, p. 393.

le caractère rappellent une épithète et une attribution communes de Jupiter et de Minerve[1], paraît avoir été la même que la *Conso* des Romains, déesse des conseils publics et protectrice des sénateurs. Une autre divinité importante, adorée également dans toute l'Étrurie, était *Nortia* ou *Nursia*, déesse du bonheur, espèce de Fortune[2], qui avait à Volsinii, aujourd'hui Bolsena, son temple, dans la muraille duquel un magistrat enfonçait, chaque année, un clou, pour faciliter au peuple le calcul du temps. On sait que cette coutume passa aux Romains[3]. A Fiesole, l'ancienne Fésules, on adorait une déesse nommée *Ancaria* ou *Ancharia*[4]. *Alesus*, dieu de Véies, passait pour être de la race de Neptune[5]. Parmi les divinités dont on ne peut aujourd'hui localiser le culte, était *Vertumnus*, en grande vénération

---

[1] Βουλαῖος et βουλαία, de βουλή, *consilium*, d'où βουλευτής, qui, avec la terminaison passive en ουμενα (*umna*, comme *pilumnus* de *pilum*) aurait formé *Voltumna*. Conf. Lanzi *Saggio*, II, p. 108.

[2] Marcian. Capella de nupt. phil. I, 18, 9. D'après un passage de Tertullien (Apologet., 24), on a voulu distinguer *Nursia* de *Nortia*. *V*. Ruperti ad Juvenal. Sat. X, 74, I, p. 216, et II, p. 567.

[3] Cincius Alimentus ap. Liv. VII, 3. — *Clavus annalis*. Le nom de *Nortia* se rencontre fréquemment dans les inscriptions (Reines. cl. I, 131; Gori, t. II, p. 17, coll. 303, etc.). C'est une véritable Fortune, maîtresse du temps et des années, semblable à la déesse de Préneste et à celle d'Antium, qui avait le clou pour attribut. *Conf.* O. Müller, II, p. 54 sq., p. 329-331, *ibi* citat.   (J. D. G.)

[4] Tertullian., *ibid*. Il faut lire dans son texte *Fæsulanorum*. Le nom de la déesse se trouve encore dans les inscriptions romaines (Reines. cl. II, 23 ; Gori, II, p. 77, coll. 88). Un grand nombre d'inscriptions étrusques portent *Ankari*. — *Ancarius* dans un vers de Lucile, cité chez Nonius, est expliqué par quelques uns *bellonarius* (Turneb. Advers. XVII, 24). *Conf.* O. Müller, II, 62.   (J. D. G.)

[5] Servius ad Virgil. Æn. VIII, 285. *Conf.* Passeri Paralip., p. 229.

chez les Romains, qui l'avaient reçu du corps auxiliaire étrusque venu de Volsinii, sous la conduite de Cœlius : son temple se voyait dans le quartier Toscan[1]. Il est appelé dieu de l'automne; on lui donne *Pomone* pour épouse, et pour fils *Cœculus*. L'allégorie est évidente. Vertumnus, ainsi nommé de la conversion du soleil au solstice, recherche Pomone, personnification des fruits de nos jardins; mais il ne l'obtient que quand elle a vieilli, et que déjà Priape et les Satyres sont parvenus à la séduire; alors naît d'eux un fils aveugle, qui tire son nom du ténébreux hiver. Voilà les trois saisons de l'année[2]. D'autres noms de divinités peu connues étaient *Volumnius*, *Muthur*, *Lapiveithei*, etc.[3]

Un grand nombre de noms divins dont il n'est point mention dans les auteurs, se rencontrent sur ces coupes d'airain, appelées patères étrusques, que l'on trouve dans les musées, et dont la plupart ont conservé leurs

---

[1] *In vico Tusco.* Varro de L. L. IV, 18, p. 14 Scalig.; Propert. IV, 2, *init.* — *Conf.*, sur la colonie ou l'établissement étrusque à Rome, dont il est ici question, Niebuhr, *Römische Gesch.*, I, p. 422 sqq., 3ᵉ édit.; O. Müller, *Etrusk.*, I, p. 115 sqq.   (J. D. G.)

[2] Müller se fondant sur le caractère indécis de Vertumne, sur sa forme équivoque, et qui flottait, pour ainsi dire, entre les deux sexes, sur les parures si variées qu'on lui donnait, enfin sur ses nombreuses métamorphoses, qui l'assimilaient successivement à tous les autres dieux, voit en lui un symbole de la variété infinie des apparitions et des productions de l'année, un emblème de la fécondité toujours nouvelle et toujours diverse du printemps, de l'été et de l'hiver. Il remarque, en outre, que l'art étrusque semble l'avoir modelé sur le Dionysus ou Bacchus des Grecs. Ses fêtes avaient lieu au mois d'octobre. (*Etrusker*, II, 52 sqq.). *Conf.* pl. CXXIX, 597, et la note 3* sur ce livre, à la fin du volume.

[3] *Conf.* Spangenberg de vet. Latii religion. domestic., p. 34.

droits à cette origine. Les plus remarquables sont : *Tina*, *Thalna*, *Turan*, *Sethlans*, *Thana*, *Tinia*, *Turms*, *Ethis*, *Eris*, etc. Il est probable que presque tous ces noms désignent des divinités pélasgiques ou helléniques. En effet, les Étrusques étaient dans l'habitude de comparer les dieux étrangers dont ils admettaient le culte chez eux à ceux de leurs anciens dieux nationaux qui leur ressemblaient, et, quand l'identité paraissait évidente, de leur imposer les noms de ces derniers. C'est ainsi qu'ils appelaient Hephæstus ou Vulcain *Sethlans*, Hermès ou Mercure *Turms*, Athéné *Menerva*, Zeus ou Jupiter *Tina*, Dionysus *Tinia*[1]. Ce fut de très bonne heure que les divinités des Pélasges trouvèrent accès dans l'Étrurie, et non seulement les Cabires, mais d'autres dieux encore. Myrsile de Lesbos compte expressément parmi ceux-ci Jupiter et Apollon [2]. Nous avons entendu plus haut Vitruve citer les temples de Vulcain, de Mars et de Vénus,

---

[1] On sait que Lanzi (*Saggio*, I, p. 61 sqq., II, p. 191, 201, 226, 510 sqq.) tire du grec la plupart de ces noms et des précédens, par des étymologies souvent forcées, comme *Thalna* pour Θάλινα, Vénus marine ou Aphrodite; *Turan* pour τὸ Ἄραν, Arès ou Mars, ou bien encore τὰ Οὐρανίς, Vénus-Uranie, etc. *Turms* est bien Hermès, quoique ici le prétendu article τὸ ou *tu* n'ait que faire. Ce dieu, aussi bien que *Sethlans*, Vulcain, se trouve sur les monumens avec le double nom. Quant à *Tina*, *Dina*, son rapport avec le dorien Δήν pour Ζήν est manifeste. — O. Müller, qui reconnaît ce dernier fait, croit que *Tinia* n'est qu'une variante de *Tina*, et désigne également Jupiter, sur les monumens. *Thana*, sur une patère, paraît se rapporter à la figure de Minerve, et rappelle Ἀθάνα (*Etrusk.* II, 43 sq., 48). Il ne faut pas oublier *Kupra*, nom que Junon portait en Étrurie, au rapport de Strabon (V, p. 241 Cas.). *Conf.* pl. XCIII, 337, et la même note à la fin du volume. (J. D. G.)

[2] Ap. Dionys. Halic. A. R. I, 23. — Neptune aussi figure entre les

bâtis au devant des villes étrusques. C'étaient probablement les trois grands Cabires de Samothrace, Axieros, Axiokersos et Axiokersa [1]. Les Camilles des Romains étaient dérivés de la même source, au rapport de Denys d'Halicarnasse [2]. Nous avons vu le mystérieux voyage de Bacchus ou Dionysus en Étrurie [3], et de même les divinités helléniques suivirent les pélasgiques dans cette contrée. Mais si, à aucune époque, les cultes de la Grèce ne cessèrent d'agir sur les religions étrusques, il y eut quelquefois réaction de celles-ci sur ceux-là, comme le prouve un passage remarquable de Platon [4]. Quoi qu'il en soit de ce dernier point, avec les dieux antiques des Pélasges, la sévère Étrurie dut accepter les formes de leur culte. On y retrouvait sans doute les idoles magiques, les amulettes, les divinités vases, ventrues et à figure de nains, les serpens sacrés, voire même le symbole du phallus [5]. Les orgies s'y introduisirent-elles à sa

---

les dieux de l'Étrurie (Servius ad Æn. VIII, 285 ; Nigidius ap. Arnob. adv. gent. III, 40). *Conf.* Müller, II, 55. (J. D. G)

[1] *Conf.* la sect. précéd. de ce livre, chap. II, art. III, p. 293 sqq.
[2] *Ibid.*, II, 22.
[3] Sect. précéd., même chap., art. IV, 302 sqq.
[4] De Leg. V, p. 398, 8 Bekker. — Les Athéniens, dit Platon, reçurent de l'étranger les mystères et les rites Tyrrhéniens. Suivant O. Müller, il ne peut être question ici, comme dans les passages cités plus haut, que des Pélasges-Tyrrhènes avec lesquels ont été si souvent confondus les Étrusques. Ce savant refuse absolument aux derniers le culte des Cabires, et conteste même le rapport d'origine du *Camillus* romain avec le *Cadmilos*-Hermès des Pélasges, quoique ceux-ci aient habité l'Étrurie (*Etrusker*, II, 70 sqq.). *Conf.* la note 3*, fin du volume. (J. D. G.)
[5] *Voy.* pl. CLII, CLV, CLVI, avec l'explication. *Conf.* sect. précédente, chap. déjà cité, p. 308 sqq. (J. D. G.)

suite? C'est une question que nous ne saurions décider [1].
Toutes les villes étrusques avaient des théâtres, et l'on y
jouait jusqu'à des comédies. Loin de représenter seulement des objets terribles, les bas-reliefs des urnes funéraires étrusques figurent encore des danses, des jeux, des
scènes de mariages, de festins, etc. [2]. La rudesse, l'austérité
natives furent donc tempérées, dans certaines occasions,
par les plaisirs qui font le charme de la société. Les historiens nous ont même laissé des récits presque incroyables du luxe, des voluptés et des excès de tout genre
auxquels étaient livrés les habitans de l'Étrurie [3]. Mais
ces récits doivent s'appliquer en grande partie à l'époque
de la décadence [4]. L'esprit national, grave et rigide comme
l'avaient fait de concert la nature et les institutions primitives, demeura infiniment plus fidèle que ne le furent les
Grecs, au sens de l'antique langage des symboles. Quelques

[1] O. Müller n'en trouve pas de traces dans la religion nationale de l'Étrurie; mais elles y vinrent, selon lui, avec le culte de Bacchus, pris par les Étrusques sous son aspect extérieur et tout sensuel (II; 76 sqq.). (J. D. G.)

[2] *Voy.* Fea et les éditeurs allemands de Winckelmann, Hist. de l'Art, I, p. 381 sqq. (t. Ier, p. 228 sq. de la trad. fr. — *Conf.* l'ouvrage de M. le baron de Stackelberg sur les tombeaux de Tarquinies, tout couverts de peintures de ce genre, et notre note 6* sur ce livre, fin du volume. (J. D. G.)

[3] Plin. H. N. XXXIV, 7, 17; Athenæus, IV, p. 153, p. 98, et surtout XII, p. 517, p. 422 sqq. Schweigh. Il est même question, dans ce dernier passage, de la communauté des femmes.

[4] C'est l'opinion de Niebuhr, qui fait remarquer d'ailleurs, avec beaucoup de raison, la vaste extension du nom des *Tyrrhènes* chez les écrivains Grecs (*Röm. Gesch.* I, 159, 3e éd.). — D'autres méprises ou d'évidentes exagérations de ces écrivains ont été signalées par O. Müller (*Etrusk.* I, 275 sqq.).

emprunts que les théologiens étrusques aient faits à ce peuple, toujours ils rejetèrent avec dédain ces histoires longuement développées des amours des dieux, où se plaisait l'épopée des Hellènes. Toutefois il sera difficile de porter sur la symbolique de l'Étrurie un jugement positif de tout point, tant que l'on n'aura pas distingué avec certitude ce qu'il y a de vraiment étrusque, et ce qu'il faut rapporter aux anciens Grecs dans les monumens [1].

[1] *Conf. ci-dessus*, chap. Ier, p. 397 sq., avec le renvoi indiqué aux Éclaircissemens. (J. D. G.)

CHAPITRE V.

COUP D'OEIL SUR LES CULTES
DE QUELQUES AUTRES PEUPLES DE L'ITALIE ANCIENNE,
ET RÉCAPITULATION GÉNÉRALE.

I. Quelques divinités des Ombriens, analogie de leur religion et de leur civilisation en général avec celles des Étrusques; barbarie des Sabins, aperçu rapide de leurs nombreuses divinités, tant supérieures qu'inférieures et locales, fétichisme et sacrifices sanglans, usage du *ver sacrum*, oracle de Picus.

Les Ombriens sont un des plus anciens peuples de l'Italie, et long-temps ils demeurèrent dans la dépendance politique des Étrusques [1]. Il y avait entre les deux nations communauté de mœurs, de langage, d'écriture et de science [2] : leurs dogmes et leur culte religieux n'é-

---

[1] Suivant Hérodote (I, 94, coll. IV, 49, *ibi* interpret.), ce fut dans le pays des Ombriens, *Umbri*, nommés par les Grecs Ὀμβρικοί, que s'établirent les Tyrrhènes, leurs vainqueurs, et l'Ombrie, dans la suite, fut souvent comprise avec le territoire Étrusque (Livius V, 34). Sur la puissance antique des Ombriens et sur ce peuple en général, il faut voir Niebuhr, *Röm. Gesch.*, I, p. 160 sqq., 3ᵉ édit.; Wachsmuth (*Æltere Gesch. des Röm. St.*, p. 79), qui les croit Celtes d'origine, — aussi bien qu'Amédée Thierry (Hist. des Gaulois, I, p. 12 sqq., d'après Fréret); et O. Müller (*Etrusker*, I, p. 102 sqq.), qui les rapproche, au contraire, avec Niebuhr, des populations du centre et du sud de l'Italie. *Confér.* la note 1* sur ce livre, § 1, à la fin du volume.   (J. D. G.)

[2] Livius IX, 36. *Conf.* Spangenberg, p. 39 sqq., et surtout Micali I, p. 80 sqq. — Quoique les Ombriens aient subi l'influence de la civilisation étrusque, et qu'ils tinssent des Étrusques leurs lettres, il ne faut pas se hâter d'en rien conclure quant à leur langue, qui paraît

taient pas moins semblables. Les Ombriens donnaient à leurs villes des noms sacrés; par exemple, Eugubium ou Ingubium, aujourd'hui Gubbio, se nommait *Ikuveina*. On connaît les fameuses tables Eugubines trouvées dans cette ville vers le milieu du quinzième siècle [1]. Lanzi a démontré qu'elles appartiennent aux tables rituelles des Étrusques, et qu'elles ont rapport à des observances et fonctions religieuses [2]. Micali ajoute que l'on y lit clairement le nom de *Tusci* [3]. La plupart des noms divins qui s'y rencontrent, *Seritu*, *Sata*, *Sepses*, etc., sont aujourd'hui inconnus; mais nous connaissons par les écrivains latins la déesse *Rupinie*, nommée dans ces tables [4], et qui revient au *Robigus* ou à la déesse *Robigo* des Romains. La fête des *Robigalia* était d'origine ombrico-étrusque; on y sacrifiait une truie rousse pleine; plus tard ce fut un chien. Le chien était sans doute un symbole de Sirius, des chaleurs de la canicule et de la rouille du

---

avoir eu beaucoup d'analogie avec les idiomes osque et latin. *Conf.* Niebuhr, p. 163, et Müller, p. 45 sqq., avec la note qui vient d'être citée, fin du volume. (J. D. G.)

[1] *Voy.* Gruter. Inscript., t. I, p. 142, et les ouvrages de Dempster, Gori, Passeri (Paralipom. ad Dempster.), Lanzi, qui ont donné différentes copies et explications de ces tables. — On sait que cinq d'entre elles sont écrites en caractères étrusques, et les deux autres en caractères latins. *Conf.* les excellentes remarques d'O. Müller, d'où résultera quelque jour, nous l'espérons, une interprétation nouvelle et vraiment philologique de ce précieux monument. (J. D. G.)

[2] *Saggio*, III, p. 657 sqq.

[3] Ce nom s'y trouve à différens cas, sous les diverses formes *Tursce*, *Tuscer*, *Tuscom* (tab. VI et VII, lat.), et *Turskum* (tab. IV, etrusc.). *Conf.* Müller, p. 71, n. 2. (J. D. G.)

[4] VI, lin. 26. *Conf.* Virgil. Georg. I, 150, *ibi* interpret.; Gell. N. A., V, 12.

blé. Le parallèle des mythes égyptiens sur Typhon et ses funestes influences se présente ici naturellement [1]. Le Pluton des Ombriens s'appelait *Juvie*, et encore *Akeruniamen*, c'est-à-dire le destructeur [2]. On trouve aussi une déesse *Valentia*, adorée à Ocricolum, et un dieu *Viridianus* à Narnia [3].

La religion des Sabins était et dut être l'expression du génie national, rude et sauvage comme lui. Ici plus de trace de la civilisation étrusque, tout annonçait la barbarie complète : le gouvernement était un despotisme brutal, image de l'état de la famille, où les femmes méprisées, réduites à l'esclavage, se voyaient condamnées aux services les plus bas. Tels furent les Sabins jusqu'à la domination romaine [4]. Un grossier fétichisme était leur culte de prédilection ; ils offraient de sanglans sacrifices à leur redoutable *Mamers*, dignement représenté par une lance [5]. Ils avaient un grand nombre de divinités. Leur dieu national, l'auteur divin de leur race, était *Sabus* ou *Sabinus* [6]. Ils adoraient le Soleil et la

---

[1] *Conf.* liv. III, ch. III, tom. Ier, p. 417 sqq., 430 sq., avec les Éclaircissemens, p. 806, etc. (J. D. G.)

[2] Fragm. Carm. Saliar. ap. Fest., *v.* Matrem Matutam, p. 230 Dac.

[3] Tertullian. Apolog., cap. 24. — *Conf.* sur tout ceci les rectifications, développemens, additions de la note 7* sur ce livre, fin du volume. (J. D. G.)

[4] *Conf.* Spangenberg, p. 42 sq. ; Micali, I, p. 179 sqq. — Ces deux auteurs n'envisagent pas, il s'en faut, sous le même point de vue, l'état moral et politique des Sabins. On peut comparer les résultats des recherches beaucoup plus approfondies de Niebuhr et autres, dans la note 1* sur ce livre, § 1.

[5] *Voy.* page 495 ci-après, et la note 8 au bas.

[6] Cato in Origin. ap. Dionys. Hal. II, 49. Entre autres étymologies

Lune[1]. *Sancus-Semo* passait, selon quelques uns, pour un roi déifié[2]. On l'identifiait avec Hercule, et il portait trois noms, *Semo*, *Fidius* et *Sancus*[3]. Ce dernier mot signifiait, dit-on, en langue sabine, le Ciel[4]. *Soranus* était un dieu de la mort, appelé aussi *Februus*. Nous en avons parlé plus haut[5]. Quant aux *Novensiles*, ils sont expliqués diversement[6]. Pison y voyait une neuvaine de divinités propres aux Sabins, tandis que Granius les prenait pour les neuf Muses. Manilius les regardait comme les neuf dieux auxquels seuls Jupiter avait accordé le pouvoir de lancer la foudre. En ce cas, ne seraient-ils

---

du nom de *Sabinus*, Jean le Lydien l'explique σπορέα καὶ φυτευτὴν οἴνου (de Mensib., p. 2, p. 4 Rœther.). Micali (II, p. 44) confond *Sabus* avec *Sancus*, dont il va être question. (C—R et J. D. G.)

[1] Varro de L. L., IV, p. 18 Scal.

[2] Pour le premier roi des Sabins (Augustin. de Civ. Dei XVIII, 19).

[3] Varro de L. L., IV, p. 16 sq.; Propert. IV, 10 *fin.*; Ovid. Fast. VI, 213 sqq.

[4] J. Lydus de Mensib., p. 107 Schow., 250 Rœther. — On trouve aussi les formes *Sanctus* et *Sangus*, d'où l'oiseau appelé *Sangualis*, espèce d'aigle qui avait un rôle élevé dans la divination, et qui était consacrée au dieu dont il s'agit (Festus *s. v.*; Plin. H. N., X, 3). *Sancus*, au premier abord, paraît se rattacher au *Sandacus* de Cilicie et au *Sandon* lydien, qui étaient également des Hercules (liv. IV, ch. VI, p. 214 *ci-dessus*. *Confér.* notre Dissertation à la fin du tom. IV des OEuvres de Tacite par M. Burnouf, p. 425 et n. 2). Le nom *Semo* rappelle, d'un autre côté, le *Sem* ou *Som* d'Égypte. On verra plus loin ce qu'étaient les *Semones* du Latium. (J. D. G.)

[5] Servius ad Virgil. Æneid. XI, 785; Isidor. Orig. V, 23. *Confér.* chap. III, art. IV, p. 453 sq. — O. Müller (*Etrusk.*, II, p. 67 sq.) pense que ce dieu passa des Sabins aux Étrusques, et qu'en général il y eut échange de plusieurs divinités entre les deux peuples. *Conf.* la note 7* sur ce livre, fin du volume. (J. D. G.)

[6] Arnob. adv. gent. III, 38, 39, p. 131 sqq. Orell., *ibi* not., t. II, p. 169 sqq.

pas identiques avec les neuf divinités de la foudre, chez les Étrusques, dont il a été question dans le chapitre précédent[1]? Ceci nous conduit naturellement à *Summanus*, le dieu des foudres nocturnes, comme Jupiter était celui des foudres qui éclataient durant le jour[2]. Il est souvent mention de ce dieu chez les anciens, et Saint-Augustin assure que les Romains des premiers temps lui rendaient de plus grands honneurs qu'à Jupiter lui-même[3]. Quelques uns voyaient en lui l'étoile polaire, d'une si haute importance pour les augures. Dans les cantiques des frères Arvales, il est nommé le Père, et ce nom a justement fait songer au *Dis Pater* de Cicéron, le pouvoir souterrain[4]. Il se pourrait donc que, pareil au plus ancien Jupiter des Grecs, Summanus eût été d'une part le maître du pôle céleste, et de l'autre part le souverain de l'abîme, le principe de la vie terrestre. D'autres divinités supérieures des Sabins étaient *Vacuna* avec sa fille *Menerva* ou Minerve[5], et *Feronia*, la déesse de la liberté. Celle-ci avait un temple sur le mont Soracte, ou près de Trebula : des épreuves par le

---

[1] Pag. 477 sq., *ci-dessus*. — O. Müller (II, p. 84, n. 10) laisse également cette question indécise. (J. D. G.)

[2] Chap. précéd., *ibid*. — Varron de L. L. IV, p. 19 Sc., compte *Summanus* parmi les divinités apportées par Tatius à Rome, quoique ce dieu semble appartenir en principe à l'Étrurie (O. Müller, II, p. 60 sq.) (J. D. G.)

[3] De Civit. Dei IV, 23. *Conf.* Cic. de Divinat. I, 110; Ovid. Fast. VI, 729 sqq.; Plin. H. N. II, 53, *ibi* interpret.

[4] Marini, p. 686 sq., p. 696.

[5] *Vacuna* est présentée sous des aspects fort divers (Ovid. Fast. VI, 307; Schol. Horat. Ep. I, 10, *fin.*; Varro citat. *ibid.*). Quant à *Menerva*, sa fille, elle est donnée comme telle par Denys d'Halic. I, 32 sq.,

feu s'y célébraient [1]. Dans son autre temple de Terracine, les esclaves devenaient libres et consacraient leur chevelure [2]. On la nommait encore Proserpine et Junon, et quelquefois elle est appelée déesse de l'agriculture [3]. Son fils *Herilus* aux trois corps passait pour un ancien roi de Préneste [4]. Parmi les divinités inférieures on cite *Terminus, Panis* (Cérès), *Cloacina* [5], *Larunda* et les *Lares*, ses enfans, sur lesquels nous nous sommes étendus ailleurs [6]. On cite encore les nymphes (*Viræ*) *Commotiæ* et *Velinia* [7]. Dans le nombre des divinités tutélaires des villes sabines, se distingue le dieu de Cures, *Mars*. Aussi était-il nommé le Père *Curis* ou *Quiris* et *Quirinus*. Nous avons déja dit que son idole, véritable fétiche, était une lance [8]. On parle aussi d'une Junon *Curitis* dont

et Arnobe, III, 31. — Quoique Varron tire le nom de cette déesse de la langue des Sabins, O. Müller (II, p. 48) ne l'en croit pas moins étrusque d'origine. *Conf. ci-dessus*, ch. II, art. II, p. 408, et liv. VI, chapitre de Minerve.   (J. D. G.)

[1] Dionys. Halic. III, 32, coll. II, 49; Strab. V, p. 226; Heyne ad Virg. Æn. VII, 800; Fabretti, Inscript., p. 452.

[2] Livius XXXII, 1; Servius ad Virgil. Æn. VIII, 564.

[3] Isidor. in Glossis. — Les temples de *Feronia* et de *Soranus* étaient rapprochés au mont Soracte, comme leurs cultes liés par des cérémonies communes. O. Müller compare ces deux divinités à *Mania* et *Mantus*, chez les Étrusques (*Etrusk.*, II, 65 sqq., 68). *Conf.* ch. II, p. 424 sq., III, p. 453 sq. *ci-dessus*.   (J. D. G.)

[4] Virgil., *l. c.*

[5] Ovid. Fast. II, 645 sqq.

[6] Chap. II, art. III, p. 416 sqq., *ci-dessus*.

[7] Varro de L. L. IV, p. 18 Sc.

[8] *Conf. ci-dessus*, chap. I, p. 399, ex Varron. ap. Clem. Alexandr. Protreptic., IV, p. 41 Potter.; et chap. III, p. 437, n. 2, où nous avons vu que *curis*, en sabin, signifiait une pique. Ce serait à la fois l'étymologie de *Cures, Quirinus, Quirites*, etc., la racine étant *cur, queir*, d'où

l'image reposait sur une lance [1]. Mars ou *Mamers*, dont le culte fut, dit-on, introduit à Rome par Tatius, avait pour femme *Neriene*, c'est-à-dire la force, la virilité [2]. Les Romains l'invoquaient également. Elle était fêtée avec son époux, au printemps, à l'occasion de la consécration des trompettes, signal de la double ouverture de l'année et des combats [3]. Quant au dieu fétiche de la guerre, à Mamers, le Sabin barbare faisait couler le sang sur ses autels. A l'époque d'une disette, on lui vouait le produit entier d'un printemps, en plantes, en animaux et en hommes. Le vœu exaucé, tout était sacrifié à Mars l'année suivante. Plus tard, cette sauvage coutume fut adoucie : on se contenta de consacrer au dieu tout ce qui avait pris naissance du premier mars au premier

---

l'on fait venir les mots français *cri*, *guerre*, et l'allemand *Krieg*, qui a ce dernier sens. (C—R et J. D. G.)

[1] La déesse était adorée sous ce nom, soit chez les Sabins à Tibur, soit chez les Étrusques à Faléries, où Mars-Quirinus recevait lui-même des hommages. *Voy.* Dionys. Hal. I, 21, II, 48; Plutarch. Romul. 28; Servius ad Virg. Æn. I, 16; Ovid. Fast. VI, 49; Tertullian. Apolog., 24. *Conf.* O. Müller, *Etrusker*, II, 45 sq., et *ci-après*, notre livre VI, chap. de Junon, art. III. (C—R et J. D. G.)

[2] *Virtus*. Du même mot sabin l'on dérivait le nom de famille *Nero*, qui était comme le masculin de *Neriene*, *Nerine* ou *Neria* (*Nara*, en sanscrit, est *vir*, l'homme par excellence). *Conf.* Cn. Gellius et Varro ap. A. Gellii Noct. Att. XIII, 22; Plauti Truculentus, II, 6, 34; Livius XXVII, 41 sqq.; Sueton. Tiber., cap. 1, et surtout J. Lydus de Mensib., p. 85 Schow., p. 206 Rœther. (C—R et J. D. G.)

[3] Lydus *eod. loc.*, et *ibi* citata. Cet auteur nous apprend que *Nerine* était prise tantôt pour une Vénus, tantôt pour une Minerve. — La fête des trompettes paraît, en effet, avoir été en rapport avec cette dernière déesse, et d'origine étrusque ou pélasgique. *Conf.* O. Müller, II, p. 50 sq., et *ci-après*, livre VI, chap. de Minerve, art. XI.
(J. D. G.)

mai; mais, quant aux garçons et aux filles, on attendit qu'ils fussent devenus grands, et on les envoyait voilés, hors des limites de la patrie, fonder des colonies au loin. C'est ce qu'on appelait un *printemps sacré*[1]. Mêlés de bonne heure aux Pélasges, les Sabins sacrifiaient encore des victimes humaines à d'autres divinités. Hercule, suivant une tradition, fit prévaloir des rites moins cruels[2]. On parle aussi d'un oracle de Mars chez les Sabins; il n'était pas sans quelque ressemblance avec celui de Dodone. Un oiseau, un pivert, inspiré par le dieu, y rendait, dit-on, ses réponses du haut d'une colonne[3].

II. Religion des Latins (y compris les Romains), ses élémens divers, caractère national de ces peuples, leur constitution, état de leur civilisation. Divinités du Latium, classées selon l'ordre de leur importance : Saturne, Jupiter-Anxur, Libitina, Anna Perenna, Palès, Picus, Faunus, Fauna et la bonne déesse Marica, etc.; rapports multipliés des religions latines avec celles de l'Étrurie et de la Grèce; culte de la Fortune originaire de Samothrace.

Les élémens et les sources des religions latines sont en grande partie, mais non pas exclusivement étrusques. De bonne heure on y aperçoit le mélange des cultes pélasgiques et helléniques. Des cultes sabins y furent également admis, ainsi qu'une foule de mythes étrangers[4]. La population du Latium se composait de petites na-

---

[1] *Ver sacrum* (Strab. V, p. 250; Livius XXII, 9, 10; Dionys. I, 16, *ibi* interpret.; Festus, p. 218, p. 587 Dacer.). — *Conf.* Niebuhr *Röm. Gesch.* I, p. 102 sq., 3ᵉ édition.   (J. D. G.)

[2] *Voy.* livre IV, chap. V, p. 203 *ci-dessus.*

[3] Dionys. Hal. I, 14; Ovid. Fast. III, 37. *Conf.* l'art. suivant, et livre VI, chap. I, art. I et V *ad fin.*

[4] *Voy.* Heyne de fabul. græc. ab etrusc. art. frequent., Nov. Com-

tions pleines d'énergie, qui, d'abord séparées, se réunirent ensuite pour former ensemble la confédération latine, analogue à celle des Étrusques, et fondée comme elle sur la religion [1]. Quant au caractère national des Latins, ces peuples tenaient le milieu entre la haute civilisation des Étrusques et la profonde barbarie des Sabins. D'abord presque aussi rudes que celles de ces derniers, leurs mœurs furent adoucies par l'introduction de l'agriculture et par les prescriptions légales qui en assurèrent la pratique. Chaque ville avait ses magistrats, ses pontifes, ses colléges de prêtres. Des rois, et plus tard deux dictateurs annuels exerçaient le pouvoir suprême. En général, il régnait parmi les Latins un sentiment national qui eut une heureuse influence sur la destinée politique de ces peuples, aussi bien que sur leurs religions. Pour les arts et les sciences, l'on ne saurait établir aucune comparaison entre eux et les Étrusques. Ce fut de ceux-ci et des Grecs qu'ils reçurent tout ce qu'ils possédèrent par la suite de lumières supérieures, même dans les connaissances pratiques. Leurs fêtes religieuses furent originairement réglées sur une année cyclique de dix mois, que les Romains paraissent avoir conservée long-temps encore après la domination des rois. Les Fastes ou le calendrier religieux d'Ovide, joints

---

ment. Soc. Gotting. III, p. 52. — *Conf.* Spangenberg de vet. Latii religion. domest., *passim*, et surtout p. 53 sq. (J. D. G.)

[1] Sur les peuples Latins, leur origine, leur constitution, etc., il faut voir P. M. Conradini, de prisc. antiq. Lat. pop., Rom. 1748; Vulpii Latium vetus, et Micali, I, chap. XII, p. 191 sqq. — *Conf.* Niebuhr, *Römische Gesch.*, I, p. 87 sqq. et *passim*, 3e édit., avec la note 1*, § 1, sur ce livre, à la fin du volume. (J. D. G.)

aux fragmens d'antiques calendriers latins, forment ici nos sources principales [1].

Parmi les divinités du Latium figure au premier rang *Saturne*, également admis chez les Étrusques. De bonne heure il se confondit avec le dieu grec Cronos, et d'officieuses étymologies ou généalogies l'introduisirent dans le système des dieux de la Crète, de même que sa femme *Ops* fut identifiée avec Rhéa [2]. L'idée de Saturne, le grand dieu de la nature chez les Latins, se rapproche beaucoup de celle de Janus, telle que nous l'avons exposée plus haut. C'est le dieu qui se suffit à lui-même, le dieu rassasié, *Satur*, étymologie probable de son nom; le principe fondamental, soit physique, soit métaphysique de la réalité [3]. La planète de Saturne lui fut consacrée aussi bien que le nombre sept [4]. *Neptune*, c'était la mer des côtes personnifiée : nous examinerons, dans

---

[1] Calendaria ap. Grævii Thes. Antiq. Rom., vol. VIII; Fasti Prænestini cum Commentar. Foggini, Rom. 1781, et ap. Wolf. Sueton. III, 21 sq., IV, p. 315-355. *Confér.* Niebuhr, I, p. 304 sqq., 3ᵉ édition.

[2] *Latium, latere, Latia. Conf.* Saxii Onomastic. tab. II, nᵒ 3, et la sect. précéd. de ce livre, *ci-dessus*, p. 362, 364.

[3] *Conf.* livre IV, chap. compl., p. 229, et la sect. I du livre V, p. 362, 368 sq., avec la note indiquée à la fin du vol.   (J. D. G.)

[4] J. Lydus de Mens., p. 25 sq. Schow., 70 sqq. Rœther. — Saturne, dieu du temps, était par cela même en rapport avec le soleil, régulateur du temps, comme le montre l'antique fête italique dont il a été question dans le chapitre d'Hercule, livre IV, p. 173 *ci-dessus*. Ce dieu, sans doute, fût d'abord conçu, chez les Latins, sous un aspect fort naïf et tout physique. Selon Niebuhr (*Röm. Gesch.*, I, p. 94), Saturne et Ops, sa femme, sont très vraisemblablement le dieu et la déesse, le principe vivifiant et le principe concevant ou productif, de la terre.   (C—n et J. D. G.)

le livre suivant, ses rapports avec Poseidon, que les Grecs reçurent de la Libye [1]. Ses femmes, suivant la généalogie latine, étaient *Salacia* et *Venilia*, invoquées par les Romains [2]. *Ferentina* avait son bois sacré au pied du mont Albain : la confédération générale des Latins y tenait ses assemblées avec des foires annuelles [3]. C'est ici le lieu de parler de *Vejovis* et de Jupiter, surnommé *Axur* ou *Anxur*. Déja les anciens étaient divisés sur le sens et sur la figure de ces dieux qui n'en font qu'un. C'était ou simplement Jupiter jeune, ou d'une manière complexe Jupiter jeune, mais en même temps mauvais, auquel on sacrifiait des chèvres [4]. On le trouve représenté et sur les médailles et sur les pierres gravées [5]. Ici revient d'elle-même l'une des idées dominantes de l'antiquité, celle du courroux ou de l'obscurcissement périodique des divinités de la nature.

[1] *Conf.* chap. complém. du livre IV, p. 244 sqq. *ci-dessus*, et les Éclaircissemens du livre III, tom. Ier, p. 847.   (J. D. G.)

[2] Gell. N. A., XIII, 22.

[3] *Feriæ Latinæ*, *Latiar*. Livius I, 50, VII, 25. *Conf.* Niebuhr, I, p. 388.

[4] *Comparez* Ovid. Fast. III, 437, et Gell. V, 12; Servius ad Virgil. Æn. VII, 800. Thorlacius (Prolus. et opuscul. Academ. XVIII, p. 237, 253 sqq., coll. not. ad Cic. de N. D. III, 24, p. 630 sq. et p. 788) a solidement démontré l'identité de *Vejovis* et de Jupiter *Axur* ou *Anxur*, dont la ville actuelle de Terracine portait le nom. — *Vejovis* ou *Vedius*, formé de la négation contradictoire *ve*, exprime sans aucun doute l'idée d'un Jupiter malfaisant; on le comptait aussi au nombre des divinités souterraines, ainsi que le remarque O. Müller (*Etrusker*, II, p. 59 sq.).   (J. D. G.)

[5] *Voy.* Rasche Lexicon rei num. *s. v.* Anxur; Schlichtegroll Dactyllioth. Stosch. I, n° 20, p. 93 sqq. — *Conf.* nos pl. LXXI, 261, LXIX, 262, avec l'explication.   (J. D. G.)

Quant aux divinités inférieures des Latins, l'une des plus célèbres fut *Lubitina* ou *Lubentina*, qui a de grands rapports avec *Volupia*, la déesse du plaisir, avec Vénus et Aphrodite [1]. Nous développerons son idée, soit dans le livre suivant, en parlant de Junon, soit dans le huitième livre, où il sera question de Proserpine. *Anna Perenna*, que nous avons déja citée [2], fut impliquée par les Romains dans la mythologie des dieux de la Grèce et dans la généalogie héroïque qu'ils se donnèrent à eux-mêmes. Elle fut associée à Mars et à Énée. La clef des divers mythes que l'on raconte sur elle [3], doit se trouver dans les rites et les cérémonies de sa fête, la même que celle de Mars, et fixée au 15 du mois de ce nom. C'était une fête de l'année et du printemps, et les hymnes que l'on y chantait portaient, à ce qu'il paraît, le caractère libre et joyeux des chants orgiastiques. On y priait Anna Perenna de faire que l'année entière pût s'écouler dans la santé et le bonheur [4]. Or cette année nouvelle, cette année pleine de fraîcheur, de bienfaits et de jours que l'on invoquait, n'était autre qu'Anna elle-même, personnification de l'antique année lunaire [5]. Elle est appelée la

---

[1] *V.* Macrob., Sat. I, 12, et Varro de L. L. V, p. 53 Scal. *Confér.*, sur le culte et le temple de cette déesse à Rome, Dionys. Hal. IV, 15; Spangenberg, p. 57 sq.

[2] Chap. complém. du liv. IV, p. 248.

[3] Ap. Ovid. Fast. III, 523 sqq., 680 sqq.; Virgil. Æn. IV, 9, 421, 500; Sil. Italic. VIII, 79.

[4] *Ut annare perennareque commode liceat* (Macrob. Sat. I, 12).

[5] *V.* Hermann et Creuzer, *Homerische Briefe*, p. 135. Anna est le même mot que *annus, anus*, suivant l'orthographe romaine primitive, en grec ἔνος ou ἕνος, d'où l'expression ἔνη καὶ νέα, qui prouve que ce mot emporte l'idée accessoire d'antiquité, de vétusté; ἔτος paraît lui-

lune par excellence, et c'est elle qui conduit les lunes ses sœurs, qui en même temps régit la sphère humide : aussi repose-t-elle à jamais dans le fleuve Numicius, et coule-t-elle éternellement avec lui. Elle est le cours des lunes, des années et des temps : de là le compte par les coupes, aux vœux de nouvelle année que l'on se faisait à sa fête; de là sa mort au sein des flots. C'est elle qui donne les fleurs et les fruits, qui fait croître les moissons; la provision annuelle de blé (*annona*) est placée sous la garde d'Anna, la mère-nourrice par excellence [1]; tous les biens viennent d'elle, et la liberté entre autres. *Matuta*, dont la fête s'appelait *Matralia*, et son fils *Portunus* furent identifiés avec Leucothée et Mélicerte des Grecs [2]. *Albunea* était, comme l'on sait, la Sibylle de

même analogue à *vetus. Conf.* Lennep. Etymol. gr., p. 210 sqq.; Valckenaer ad Ammon., p. 196, 197.

[1] Suivant la tradition romaine, c'était elle, c'était une vieille femme du nom d'*Anna*, qui avait nourri le peuple retiré sur le mont Aventin, près de Bovilles; elle passait aussi pour avoir donné à Jupiter la première nourriture (Ovid. Fast. III, 660 sqq.) L'on a justement comparé *Anna Perenna* ou *Annona* avec *Anna Pourna Dévi* ou *Annada*, la déesse de l'abondante nourriture, forme bienfaisante de Bhavani, dans la religion de l'Inde. Les traits caractéristiques paraissent être les mêmes. *Voy.* Paterson et Colebrooke dans les *Asiatic Researches*, vol. VIII, p. 69 sqq., et 85. — *Conf.* notre tom. Ier, Éclaircissemens, livre Ier, p. 624 sq. (J. D. G.)

[2] Ovid. Fast. VI, 473 sqq., *ibi* interpret. Quelques mss. ont *Portumnus*, que rejette Oudendorp ad Appul. Metam., p. 307 sq. *Conf.* Cic. de N. D. II, 26, p. 310 sq., *ibi* Creuzer. — *Matuta* ou *Mater Matuta* était rapprochée non seulement de Leucothée, mais, à ce qu'il semble, d'Ilithyia (Strab. V, p. 226, coll. Diodor. XV, 14, p. 14, *ibi* Wesseling). Elle paraît avoir été, à Rome du moins, plutôt encore la déesse du matin, la mère du jour, et par là même celle qui met au jour, qui aide à la naissance, qu'une divinité de la mer. Et

Tibur[1]. *Palès*, divinité des champs, nous ramène, soit pour le nom, soit pour l'idée, au culte du Phallus[2] : elle était souvent conçue sous la forme d'androgyne, et rapprochée de Vesta. Sa fête, sur laquelle nous reviendrons plus loin, se nommait *Palilia* ou encore *Parilia*[3]. Quant à *Silvain*, en rapport avec Pan et les autres divinités rustiques, sa fable est d'une origine douteuse, tant Valéria, sa mère, ressemble à la Myrrha du mythe grec[4]. *Meditrina* était une déesse de la médecine, dont la fête portait le nom de *Meditrinalia*[5]. *Mutunus*, *Tutunus* était un Priape latin[6]. Les *Semones* passaient pour des hommes déifiés, fort nombreux dans la religion des Latins[7]. *Fauna*, appelée encore *Fatua* et *Fatuella*, était l'épouse de *Faunus*, fils de *Picus*, ou de cet oiseau prophétique, consacré à Mars, dont nous avons parlé plus haut. Un jour, dit la fable, le roi Numa, avec l'aide de la nymphe Égérie, parvint à saisir les deux devins Martius Picus et son

pourtant elle avait un grand et riche temple à Pyrgi, port de Céré ou Agylla, en Étrurie. Son fils Portumnus avait aussi une chapelle dans le port du Tibre, et passait pour le protecteur de la navigation. *Conf.* Spangenberg, p. 60; O. Müller, II, p. 55 sq., I, p. 198. (J. D. G.)

[1] Horat. Od. I, 7, 12, *ibi* Mitscherlich et Fea.

[2] *Conf.* Zoëga, de Obelisc., p. 213 sqq.

[3] Ovid. Fast. IV, 721 sqq.; Virgil. Georg. III, 1, *ibi* interpret.

[4] Virgil. Æneid. VIII, 600 sqq., *ibi* interpret.; Plutarch. Parall. min. 22, coll. Ovid. Metamorph. X, 310 sqq. *Conf.* Spangenberg, p. 61, et nos planches CXXXIX, 540, CL, 599, CLXXXIII, 598, avec l'explication, n°s cités. (J. D. G.)

[5] Varro de L. L. V, cap. 3, p. 48 Scal.; Festus *in v.*, p. 234 Dac.

[6] Augustin. de Civ. Dei, VI, 9; Tertullian. ad. nat. II, 11.

[7] Fulgentius de prisco sermone, p. 172 ed. Muncker. Leurs noms, dont quelques uns suivent, sont groupés en table généalogique chez Spangenberg, p. 62.

fils Faunus, et il les força de lui dévoiler l'avenir [1]. Les traditions relatives à Fauna ne sont pas moins remarquables [2]. Elle était en rapport avec la Bonne Déesse, dont les hommes ne devaient pas même savoir le nom, et qui avait ses fêtes toutes mystérieuses : d'autres en ont traité avec plus de détail [3]. Un fils de Faunus était *Sterculius*, nommé aussi *Pilumnus*. Trois divinités veillaient sur les femmes enceintes, *Pilumnus*, *Intercidua* et *Deverra* [4]. *Daunus*, fils de Pilumnus, eut à son tour pour enfans Turnus et Juturne [5].

Au nombre des divinités locales du Latium, nous citerons *Maïus*, adoré à Tusculum [6], *Delventius* à Cassino [7], *Carna* ou *Cardea* à Albe [8], *Natio* ou *Nascio* à Ardée. Le nom de cette dernière indique suffisamment ses fonctions; elle favorisait les enfantemens [9]. Sur le

[1] Valerius Antias ap. Arnob. adv. gent. V, 1, p. 483. *Conf.* Heyne Excursus V ad Æneid. VII, et Ruperti ad Juvenal. VIII, 131.

[2] *Voy.* Servius ad Virgil. Æn. VII, 47; Macrob. Saturn. I, 12; Moser ad Nonni Dionys. XIII, 328, p. 278.

[3] *Conf.* Middleton dans la Vie de Cicéron; Matthiæ *über Livius*, etc., p. 21; Creuzer, Dionys., p. 214 sq., et *ci-dessus*, chap. II, art. III, p. 425 sq.

[4] Augustin. de Civ. Dei, VI, 19; Dalechamp ad Plin. H. N. XVIII, 3, p. 811; L. Gyrald. Hist. Deor. Syntagm. I, p. 56; Cœlius Rhodigin. Lect. antiq. XXIV, cap. 6.

[5] Ovid. Fast. I, 160 sqq.

[6] L'on y connaissait aussi une *Maïa* ou *Majesta*, épouse de Vulcain, à laquelle était consacré le mois de mai (*maïus*). Macrob. Sat. I, 12. *Conf.* Spangenberg, p. 66. (J. D. G.)

[7] Tertullian. Apolog., 24.

[8] Ovid. Fast. VI, 101 sqq.; Macrob. *ibid. Conf.* chap. III, *ci-dessus*, p. 437, n. 1. (J. D. G.)

[9] Cic. de N. D. III, 18, cum interpret., et Moser. not. p. 569, Wyttenb. p. 784.

rivage de Minturnes, au bord du fleuve Liris, on voyait le bois sacré d'une déesse appelée *Marica*. Elle passait tantôt pour Vénus, tantôt pour Circé [1]; et ces deux interprétations ne sont point contradictoires, car elles reposent sur la notion commune du cercle magique de la vie terrestre, notion que nous développerons ailleurs, en traitant plus au long de Circé. Une généalogie gréco-italique faisait *Latinus* fils de Faunus et de Marica, ou de Télémaque et de Circé [2]. Outre ces divinités, les Latins en avaient encore une foule d'autres dont nous ne connaissons point l'origine; divinités fort nombreuses de l'agriculture [3]; divinités de la naissance et de la mort, les *Parques* et *Morta*; divinités de l'hymen, etc. [4]. En accueillant les dieux ou les héros étrangers, qui trouvèrent un si facile accès dans le Latium, les Latins firent comme les Étrusques; ils nationalisèrent ces héros et ces dieux en changeant leurs noms, en leur donnant des femmes tirées de leurs généalogies divines ou héroïques

---

[1] Servius ad Virgil. Æneid. VII, 47; Mitscherlich ad Horat. Carm. III, 17, 7; Lactant. de falsa relig. I, 21, p. 142 Bünem. Le nom *Maricane* se rencontre dans les inscriptions étrusques, suivant Lanzi (*Saggio*, I, p. 240; II, p. 422).

[2] Servius *ibid.*; Hygin. fab. 127, p. 230 Staver. *Conf.* Heyn. Exc. V ad Æneid. VIII, 45 sqq.; *Homerische Briefe*, p. 221 sqq. — Hésiode, qui déja, dans sa Théogonie (1009 sqq.), parle de *Latinus*, d'*Agrius* et de *Télégone*, comme d'antiques rois des Tyrrhènes, les donne pour enfans d'*Ulysse* et de *Circé*. Quant à celle-ci, il nous paraît probable, ainsi qu'à Spangenberg (p. 67) et à Niebuhr (*Röm. Gesch.*, I, p. 94, n. 257), qu'elle représente dans cette tradition une déesse indigène de la contrée de *Circeii*. (J. D. G.)

[3] Tertullian. ad nat. II, 15.

[4] Augustin. de Civ. Dei, VI, 9. — *Conf.* les développemens et additions de la note 7* sur ce livre, à la fin du vol. (J. D. G.)

indigènes, en les mêlant de toute manière à leur propre mythologie. Nous en avons déjà vu[1], et nous en verrons par la suite de nombreux exemples. C'est ainsi que le héros grec Hippolyte fut identifié avec un héros national, *Virbius*[2]. Terminons par un mot sur le culte de la *Fortune*, adorée à Antium, à Préneste, et sur toute la côte du Latium. Ce culte provenait des religions de Samothrace; au moins la tradition parlait-elle de trois Cabires étrusques venus de Lemnos, et que l'on nommait *Cérès*, *Palès* et la *Fortune*[3]. Cette Fortune, sous son nom grec, fut également introduite dans le système des Orphiques, comme en font foi plusieurs passages des hymnes attribués à Orphée[4]. L'idée originelle de *Tyché* ou de la Fortune se liait à l'adoration de la lune; cette déesse présidait au

---

[1] *Ci-dessus*, p. 444 sqq., Évandre et Nicostrata sa mère, devenue Carmenta, associés à Porrima, etc., et liv. IV, p. 192, Hercule à Faula et Acca Larentia; Énée, Anna, dont nous parlions tout à l'heure; la Vesta troyenne et le Janus d'Étrurie, diversement modifié et interprété, etc. — *Conf.* Spangenberg, p. 71 sqq. (J. D. G.)

[2] Ovid. Fast. VI, 733 sqq., Metam. XV, 544; Virgil. Æn. VII, 761 sq. *Conf.* Méziriac sur les Épîtres d'Ovide, I, p. 383. — *Virbius* était honoré à Aricie, dans le temple de Diane, où furent transportés les mythes d'Oreste et d'Iphigénie, d'Hippolyte et de Phèdre, et qu'ensanglantait un usage digne de la Tauride, le combat à mort que livrait au prêtre, pour le remplacer, celui qui avait brisé un rameau de l'arbre sacré de la déesse. On l'appelait *rex nemorensis* (Servius ad Virgil. Æn. VI, 36, VII, 136; Sueton. Caligul., 35). *Conf.* Spangenberg, p. 72 sq.; Zoëga, *Bassirilievi*, IX, n° 49, etc. (J. D. G.)

[3] Schol. Apollon. I, 608; Servius ad Æn. II, 325. Ces trois divinités figuraient en même temps parmi les Pénates. *Voy. ci-dessus*, chap. II, p. 415, coll. 413, et la sect. précéd., ch. II, p. 315, 303 sq. — *Conf.* les distinctions et les éclaircissemens nécessaires, dans nos notes 2, § 2, et 3*, sur ce livre, à la fin du volume. (J. D. G.)

[4] Hymn. LXXII (71), et fragm. XXXIV.

mariage et à la naissance, à la position et à la direction de la nativité; aussi était-elle comparée, soit à Ilithyia, soit à Artémis-Lune, soit à Junon. Elle était censée assister aux noces, chez les anciens, et c'est en un sens tout-à-fait analogue que les génies des femmes s'appelaient *Junons* dans l'antique Italie. Plus tard, l'idée de la Fortune reçut de grands développemens, des applications nouvelles, et les représentations figurées de cette déesse se multiplièrent sur toutes les espèces de monumens [1].

III. Institution des prêtres Saliens, de même origine; leur organisation sous les rois de Rome, leur costume, boucliers sacrés; culte de Mars et sa fête, jadis l'ouverture de l'année et des combats; chants saliens.

C'est également vers Samothrace, vers l'île de Crète et l'Asie-Mineure, c'est aux plus antiques institutions de la Grèce que nous reporte l'institut remarquable des prêtres *Saliens*; nous en avons pour garans non seulement des analogies d'une évidence parfaite, mais des témoignages positifs de l'antiquité. Rappelons-nous ces prêtres qui, par leurs danses armées, cherchaient à figurer le cours des astres et la carrière des planètes [2]. Les Saliens ne sont autre chose que les Corybantes, les Cu-

---

[1] *Voy.* Pausan. IV, 30, IX, 16; Plutarch. de Fortun. Roman., t. VII Reisk., *passim. Confér.* Montfaucon, Ant. expliq., I, 2, tab. 196-198; Museo Pio-Clem., II, tab. 12; Acta Academ. Palat., I, tab. 1, p. 193; Hirt *Mythol. Bilderb.*, p. 95, tab. XII, 8; Rasche Lexic. rei num. s. Fortuna; Wilde sel. Gemm. antiq., p. 160, tab. 46. — *Add.* notes 3* et 7* sur ce livre, fin du volume, et pl. LXXXIII, 304, LXXXIX, 320, etc., etc., avec l'explication. (J. D. G.)

[2] Sect. précéd., ch. II, p. 278 sqq.

rètes, les Telchines et les Dactyles de l'ancienne Italie. Le dieu au culte duquel ils se consacraient, c'était Mars, le grand Axiokersos des mystères de Samothrace [1]. Le nom même de ces prêtres venait, dit-on, d'un certain *Salius*, originaire de l'Arcadie ou de Samothrace, et leur instituteur en Italie, où il aborda à la suite d'Énée [2]. Mais, suivant l'étymologie vulgaire, ce nom paraît dériver plutôt du verbe latin *salire*, danser, sauter, et s'applique ainsi naturellement aux danses que formaient les prêtres de Mars [3]. Le savant Denys d'Halicarnasse les appelle des *danseurs* célébrant dans leurs hymnes les dieux armés, et n'hésite pas à représenter leur nom de *Saliens* par le nom grec de *Curètes* [4]. Il ajoute que les Ancilies ou les boucliers sacrés que portaient les Saliens, ressemblaient à ces autres boucliers dont s'armaient en Grèce ceux qui solennisaient les mystères des Curètes. Enfin, suivant les auteurs copiés par Servius, c'était Dardanus lui-même qui avait établi les Saliens dans le Latium, et les avait chargés de desservir le culte des

---

[1] *Ibid.*, p. 293 sqq.

[2] Polemo ap. Festum, *s. v.*, p. 474 Dacer., coll. Plutarch. Num., 13. Critolaüs, également dans Festus, cite *Saon* (*ci-dessus*, p. 318), au lieu de *Salius*.

[3] *Voy.*, sur les différentes étymologies données par les anciens du nom de *Salii*, les passages rassemblés par Gutberleth, de Saliis, cap. II, p. 6 sqq., ed. Franeq. 1704, et in Poleni Supplem. Thes. Antiq., vol. V, p. 793. *Conf.* Lanzi *Saggio*, II, p. 139.

[4] Les Grecs, dit-il, ont nommé ces prêtres d'après leur âge (κοῦρος, jeune homme), les Romains d'après leurs sauts et leur danse (*salire*). Antiq. Rom. II, p. 129 sq. Sylb., p. 384 sqq. Reisk., cap. 70, 71. *Conf.* Plutarch. Num., 13. Lanzi (*Saggio*, II, p. 503), entre autres remarques, observe que les Saliens étaient divisés en trois chœurs, les enfans, les jeunes gens et les hommes.

dieux de Samothrace[1]. Le même écrivain nous apprend que Tibur et Tusculum eurent leurs prêtres Saliens longtemps avant Rome. Une tradition qu'il rapporte donne à croire qu'il en fut de même de Véies[2].

D'après la tradition dominante à Rome, les Saliens étaient les prêtres à la garde desquels Numa confia les boucliers sacrés tombés du ciel. Dans des temps plus anciens, ils avaient desservi les autels d'Hercule[3]; Numa changea leur mission et les fit prêtres de Mars[4]. Suivant l'ordonnance de ce roi, ils étaient au nombre de douze, et du mont Palatin, où ils célébraient le culte de leur dieu dans son temple, ils portaient le nom de *Palatini*. Tullus Hostilius accrut leur nombre de douze autres, qui s'appelèrent également, d'après leurs demeures respectives, *Collini*, *Quirinales*, et encore *Agonales*. On parle en outre de Saliens *Albani* ou du mont Albain[5]. Le premier des Saliens se nommait *Præsul* ou président; c'était lui qui conduisait les danses armées et réglait tout ce qui pouvait y avoir rapport. Venait ensuite le *Vates* ou chantre inspiré, dont la fonction principale était de

---

[1] Servius ad Virgil. Æn. VIII, 285. Ailleurs (ad Æn. II, 325), il donne les Saliens pour les prêtres des dieux Pénates portés par Dardanus à Troie, et de là par Énée à Rome. — *Confér*. pag. précéd. et n. 2; sect. précéd., ch. II, p. 288, 304, 314, avec les éclaircissem. de la note 2, § 2, sur ce livre, fin du volume.

[2] Ad Æn. VIII, 285. Lanzi (*ibid.*) n'a pas manqué de mettre à profit ce passage pour appuyer son opinion de l'origine étrusque des Saliens.

[3] Servius, *ibid. Sunt autem Salii Martis et Herculis*, etc.

[4] Servius dans un autre passage (ad Æn. VIII, 663), s'exprime ainsi en parlant des Saliens : *Qui sunt in tutela Jovis, Martis, Quirini*.

[5] *Voy.*, sur tout ceci, les auteurs et les inscriptions dans Gutberleth, cap. XVI et V-VII.

chanter les hymnes sacrés. Le maître du collége des Saliens avait l'inspection suprême sur tous ces prêtres sans exception [1]. Pour être admis dans leur collége, il fallait prouver une origine patricienne, condition qui paraît s'être maintenue jusqu'à la fin de la république [2]. Il fallait de plus avoir son père et sa mère encore vivans à l'époque de la réception [2].

Le vêtement des Saliens était une tunique brodée de diverses couleurs; leur coiffure un bonnet en pointe nommé *apex*, qui ressemblait beaucoup à un casque, ou bien encore ils avaient la tête voilée, d'après la coutume de Gabies. Ainsi les voyons-nous sur une de nos planches, portant les Ancilies [3]. Ce n'est point ici le lieu de traiter en détail de l'*invention*, de la forme et de la structure de ces boucliers sacrés, non plus que des cérémonies auxquelles ils donnaient lieu, et des diverses étymologies de leur nom; d'autres l'ont fait avec étendue [4]. Sans vouloir rien spécifier sur leur véritable origine, la tra-

---

[1] Le même, cap. VIII. *Conf.* Marini, *Atti*, etc., p. 596.

[2] Dionys. Hal., *ubi supra*; alii ap. Gutberleth, cap. IX. C'est en un sens analogue que Jean le Lydien les appelle πρυτάνεις (de Mensib., p. 56 Schow., 146 Rœther.). On sait que, dans plusieurs cités grecques, le grand prêtre avait le titre de πρύτανις.

[3] Pl. XCV, 359, coll. 360, avec l'explicat. Il faut lire et comparer Gutberleth, cap. XI et XVII.

[4] *Voy.* Gutberleth, cap. XII-XIV. Le culte de Junon Argienne, dans le livre suivant, chap. II, nous offrira des rites analogues. Le bouclier y jouait aussi un grand rôle; mais c'était le bouclier rond d'Argos, différent pour la figure du bouclier long et échancré des Saliens. L'un et l'autre furent peut-être apportés de l'Asie-Mineure, s'il est vrai que Pélops ait introduit dans la presqu'île de son nom les usages de la Phrygie et de la Lydie, et que les prêtres Saliens soient venus à Rome de l'Étrurie colonisée par des Lydiens.

dition qui en faisait tomber un du ciel, leur nombre de douze, et la complète analogie de la danse des Saliens avec les danses astronomico-mimiques des prêtres de l'Asie-antérieure, de ceux des îles de Crète et de Samothrace, permettent de conjecturer que ces boucliers eux-mêmes pourraient bien avoir eu un sens astronomique et calendaire. D'ailleurs Jean le Lydien ne nous apprend-il pas que les douze Saliens de Numa célébraient Janus d'après le nombre des mois italiques [1] ?

Le dieu lui-même dont les Saliens étaient les prêtres et les ministres, suivant l'ordonnance de Numa, s'appelle, comme nous l'avons déja remarqué, *Mars*, *Mars Gradivus*, le dieu de la guerre, qui marche aux combats d'un pas ferme et rapide [2]. C'est ainsi qu'on le voit représenté sur les médailles romaines [3]. Sa fête tombait au premier du mois qui lui était consacré, et qui portait son nom, *Mars*. Ce mois, comme l'on sait, ouvrait la plus antique année romaine, et ce fut Numa qui lui substitua janvier, le mois de Janus [4]. Les vieux Romains célé-

---

[1] De Mensibus, *ibid.*

[2] *Gradivus*, *a gradiendo in bella*, ou du verbe grec κραδαίνειν, parce qu'il brandit sa lance, ou bien encore *quia gramine sit ortus*, ce qui expliquerait la couronne militaire faite de gazon. Festus *s. v.*, p. 164 ed. Dacer., *ibi* Servius ad Æn. III, 35. — *Krapufi*, en caractères étrusques, et *Grabovi* en lettres latines, est une épithète appliquée non seulement à Mars, *Marte* ou *Marti*, mais à Jupiter, *Jufe* ou *Jove*, et à un autre dieu probablement, *Fuphiune*, dans les tables Eugubines. *Conf.* O. Müller, *Etrusker*, I, p. 50 sqq., qui n'en fait point le rapprochement avec *Gradivus*. (J. D. G.)

[3] Ap. Gutberleth, cap. IV. — *Conf.* notre planche XCVI, 366, avec l'explication. (J. D. G.)

[4] *Voy.* Cic. de Legib. II, 21; Ovid. Fast. II, 47-54, *ibi* Gierig, *id.*

braient donc la nouvelle année au premier mars; c'était alors que les Saliens formaient leurs danses guerrières et faisaient retentir leurs chants religieux[1]. Le même jour les matrones solennisaient les *Matronalia*, ou la fête des femmes, avec des rites qui se rapportaient également à la nouvelle année[2]. On suspendait dans les temples de fraîches guirlandes; on éteignait le feu sur l'autel de Vesta, et l'on en allumait un nouveau. On adressait des prières à Junon-Lucine pour en obtenir la fécondité et la bénédiction des mariages. Les hommes recevaient des présens de leurs femmes, et, pour que chaque membre de la famille prît part à cette grande solennité, l'on s'offrait mutuellement des fèves et l'on en mangeait. C'était là l'un des aspects de cette double fête, qui annonçait le réveil de la nature et de ses forces, et les espérances de l'année nouvelle, aux champs comme dans le sein du foyer domestique. Sous un autre aspect, elle était toute martiale, elle était comme le prélude de l'entrée des troupes en campagne. Au premier mars, les prêtres du dieu de l'année, du dieu qui ouvre à la fois la carrière du temps et celle des combats, commençaient leurs exercices guerriers dans le Champ-de-Mars. Les

---

ad III, 155, et *ci-dessus*, chap. III, p. 432, 448 sq. *Conf.*, sur l'année romaine, Petav. Doct. temp. II, cap. 74; Ideler, *astronom. Untersuch. der Alten*, p. 349-356.

[1] Tibull. III, 1, 1; Ovid. Fast. III, 259 sqq.

[2] *V.* Ovid. Fast. III, 167-258, *ibi* Gierig; J. Lydus de Mensib., p. 76 Schow., p. 186 Rœther. *Conf.* Dempsteri Calendar. Rom. in Grævii Thes. Antiq., tom. VIII, p. 116 sq. Comparez encore, dans le même vol. (ad fol. 98, et p. 105), l'image et les attributs significatifs du mois de mars divinisé.

Saliens formaient leurs chœurs armés; ils parcouraient la ville fondée par les fils de Mars, en portant leurs boucliers sacrés, qu'ils frappaient et secouaient à la manière des Curètes. Animés d'un saint enthousiasme, ils exécutaient leurs danses belliqueuses en faisant retentir les airs de chants religieux.

Les hymnes que chantaient les prêtres Saliens renfermaient les louanges des dieux immortels et des mortels illustres qui, par leurs actions héroïques, avaient mérité de figurer à côté d'eux dans ces cantiques nationaux. Ils se nommaient *Axamenta* [1]. Ces vénérables monumens des anciennes religions latine et romaine sont aujourd'hui perdus, à un petit nombre de fragmens près. Gutberleth en a recueilli les débris authentiques, et il faut compléter son travail par celui de Marini, qui a rendu vraisemblable que, sous le nom de *chants saliens*, les anciens comprenaient ceux des frères Arvales [2]. Le vieux et rude mètre poétique que l'on appelait *vers saturnin*, paraît avoir été, dans l'origine, propre à ces cantiques sacrés [3]. Dans la suite, ils devinrent à peu près ininte-

---

[1] Festus *s. v.*, p. 46 Dacer. Ceux (des hymnes saliens) qui étaient chantés en l'honneur de telle ou telle divinité prenaient son nom et s'appelaient, par exemple, ou *Janualii*, ou *Junonii*, ou *Minervii* (*versus*). *Conf.* Gutberleth, cap. XIX. — La manière dont s'exprime Festus porte à croire que le nom d'*Axamenta* était réservé à ceux de ces chants qui avaient, en général, les hommes pour objet (*in universos homines componebantur*, mieux *canebantur*). (J. D. G.)

[2] Gutberleth, cap. XXI et suiv.; Marini, *Atti*, etc., *passim*, et, pour le dernier point, II, p. 597. — *Confér. ci-dessus*, chap. III, art. I, p. 436, n. 5. (J. D. G.)

[3] Servius ad Virgil. Georg. II, 384 sqq. *Conf.* Marini, *Atti*, etc., II, p. 596.

ligibles aux prêtres mêmes qui les chantaient [1]. Les somptueux banquets des Saliens n'étaient pas moins célèbres, et il est également question de festins des frères Arvales [2].

Pour revenir à la fête de Mars, on doit maintenant en saisir le sens; on voit quelle en était la pensée fondamentale. Mars y est pris comme le principe de toutes choses, comme le premier ordonnateur du chaos, qui donne naissance au temps, qui commence la petite année de même qu'il a commencé la grande année du monde; comme le dieu suprême de la nature, comme le fécondateur de la terre, en même temps comme le premier lutteur et le premier combattant. C'est Hertosi, c'est l'Axiokersos des mystères de Samothrace, qui, en qualité de guerrier, d'ami de la discorde, s'unissant à Axiokersa ou Vénus, le principe de toute union, produit l'ordre du monde, en devient le père, et enfante tous les biens [3]. Aussi le second mois de l'année, avril, était-il consacré à Vénus comme le premier à Mars [4]. C'est pourquoi encore la fête de la nouvelle année alliait aux idées de l'hymen et de la fécondation le bruit des armes et le tumulte de la guerre. Cette conception de l'antique Italie, qui voyait en Mars le dieu de la nature, se manifeste dans l'un des vieux cantiques des frères Arvales, que l'on chantait à la fête champêtre des Ambarvalies,

---

[1] Quinctilian. Institut. Orat. I, 6, 40, p. 167, *ibi* Spalding.
[2] Cic. ad Attic. V, 9; Horat. Carm. I, 37, 2 sqq. *Conf.* Marini, p. 204, 590, et Fea ad Horat. Carm. IV, 5, 34, p. 172 sq. ed. Both.
[3] *Conf.* la sect. précéd. de ce livre, ch. II, p. 293, 296 sqq.
[4] Ovid. Fast. I, 39, *ibi* Gierig.

le 29 mai. Mars y est invoqué sous trois noms différens, avec les Lares et les Semones. Voici ce cantique littéralement traduit :

« Lares, secourez-nous, et toi, *Marmar* (Mamers), ne permets pas qu'un fléau destructeur attaque nos moissons en fleur, fais qu'elles donnent un pur froment, ô *Mars!* arrête le funeste souffle qui vient de la mer, grand dieu (*Berber*)! invoquez alternativement tous les Semones (héros déifiés). Toi aussi *Mamor* (Mamurius)[1], viens à notre secours! triomphe! triomphe! triomphe! triomphe! »[2].

IV. Influence de la vie pastorale et agricole sur les religions du Latium; fête de Palès et ses rapports avec la fondation de Rome sous le signe du taureau; légendes relatives à cet événement, noms mystérieux de Rome, idée de la ville Éternelle.

Une autre fête appelle maintenant notre attention; une fête pastorale, à laquelle se rattachait celle de la fondation de Rome : nous voulons parler de la fête de *Palès* ou des *Palilies*. La divinité qui en fut l'objet était un être mystérieux, de sexe équivoque, appelé tantôt la grande Mère, tantôt Vesta, mais se liant d'une manière certaine à la religion du Phallus. Nous y reviendrons

[1] Suivant la légende, le nom de Mamurius Veturius avait été placé à la fin du chant des Saliens, en récompense de l'art avec lequel il avait fabriqué les onze Ancilies, sur le modèle de celui qui était tombé du ciel (Ovid. Fast. III, 259 sq., 385 sqq.). La simple mention du nom d'un mort dans un de ces hymnes, passait pour une sorte d'apothéose. On peut voir dans Tacite (Annal. II, 83), le vœu du peuple romain au sujet de Germanicus.

[2] *Conf.* le morceau original dans Lanzi *Saggio*, tom. I, p. 142, et Marini, p. 600 sqq.

dans le livre suivant, à l'article de Pallas, qui se rapproche à quelques égards de Palès. Cette déesse, aux yeux des peuples pasteurs de l'Italie ancienne, était spécialement la divinité tutélaire qui faisait prospérer à la fois les troupeaux et leurs gardiens. De là sans doute l'étymologie que l'on donnait d'une autre forme du nom de sa fête, appelée aussi *Parilia*, du verbe *parere*, enfanter [1]. C'est dans Ovide qu'il faut lire la description de cette fête avec les légendes qui se liaient à ses moindres circonstances [2]. On sait que ce poëte a reproduit cette partie des religions patriarchales de ses aïeux, avec une sorte d'amour et un véritable sentiment de la simplicité des mœurs pastorales. Les traits principaux qu'il nous a conservés des antiques Palilies, nous les représentent comme une fête propitiatoire des troupeaux et des pasteurs. On y allumait de grands feux, en prononçant toutes sortes de formules d'exorcisme [3]. D'autres ont déja comparé avec ces feux de Palès les feux allumés en l'honneur d'Ostera, ou les feux de mai des anciens Germains [4].

Quant à l'origine et au sens primitif des Palilies, Denys d'Halicarnasse ne s'en exprime qu'avec hésitation; il ne sait si cette fête fut antérieure à la fondation de Rome, et choisie à dessein comme un jour heureux pour cette

---

[1] *V.* Interpret. ad Virgil. Georg. III, 1; Ovid. Fast. IV, 677, 820; Plutarch. Romul., cap. 12, p. 42 Coray (avec sa note, vol. I, p. 370), p. 110 sq. et *ibi* Leopold.

[2] Fast. IV, 721 sqq.

[3] Ovide, *l. c.*, 781 sq., coll. 727, 805 sq.

[4] Interpret. ad Virgil. Georg. III, 1, et Niebuhr, *Röm. Gesch.* I, p. 250 sq., 3ᵉ édit.

grande œuvre, ou si au contraire elle ne prit naissance qu'avec la ville elle-même, à l'inauguration de laquelle on dut nécessairement appeler les divinités pastorales aussi bien que les autres [1]. Mais Plutarque affirme positivement que la fête des pasteurs était célébrée dans le Latium long-temps avant la fondation de Rome. Le même auteur nous apprend que, suivant une tradition, cet événement tomba le jour d'une éclipse de soleil [2]. Quoi qu'il en soit, la fête en question était une antique fête du printemps, réglée sur l'ordonnance du ciel et d'après le calendrier zodiacal. Au 20 avril, le soleil faisait son entrée dans le signe du taureau; le 21, Rome solennisait son jour natal et les Palilies à la fois [3], quand le printemps était dans toute sa force, quand s'opérait la grande conjonction cosmique du taureau céleste et de la génisse, quand le roi des troupeaux de l'Italie, le taureau de la terre commençait à brûler de tous les feux, et que la vie renouvelée multipliait de toutes parts ses plus belles productions. La fondation de Rome célébrée sous le signe du taureau, est donc à nos yeux un nouvel exemple de cette espèce d'hiéroglyphes astronomiques et agraires, communs à tous les peuples de la haute antiquité, et dont nous avons déjà rencontré d'éclatans témoignages [4]. Le nom même d'*Italie* n'est peut-être pas

---

[1] Dionys. Hal. Antiq. Rom. 1, 88, p. 229 Reisk.
[2] Plutarch. Romul., cap. 11, *ibi* Coray et Leopold.
[3] XII Kal. Maj. *Sol in Taurum abit*; XI Kal. Maj. *Palilia Romæ natalis*: d'après les Fastes romains. *Conf.* interpret. ad Plutarch., *ibid.*, et Gierig ad Ovid. Fast., t. II, p. 544. *Add.*, sur l'ère de la fondation de Rome, Niebuhr, I, p. 291 sqq.
[4] *Conf.*, entre autres passages, ce qui a été dit de la fondation de

tout-à-fait étranger à cet ordre d'idées. Quelques diverses étymologies que l'on en ait données [1], nous savons que le pays qui le porte encore fut jadis célèbre pour la richesse de ses pâturages, et pour celle des troupeaux de bœufs qu'ils nourrissaient [2]; nous savons, de plus, qu'en étrusque le mot *italos* signifiait un taureau [3]. Les tables Eugubines ont *vitlu* pour dire bœuf, et les monnaies italiques, particulièrement celles des Samnites, montrent l'image d'un bœuf avec l'inscription osque *viteliu* [4]. Le latin *vitulus* a conservé le même mot; parmi les anciens noms de l'Italie, Servius compte celui de *Vitalia* [5], et ce nom n'est autre qu'*Italia* sous la forme éolique, venant d'*italos*, le même que *vitulus*, et signifiant la terre du taureau ou des taureaux [6]. Ici se représente naturel-

---

Mycènes, liv. IV, chap. V, art. I, p. 157 sqq. *ci-dessus*. Les plus anciennes médailles d'Athènes ont aussi le taureau : Eckhel D. N. V., tom. II, p. 207, et Beck ad Aristophan. Av. 1106, coll. Walpole's *Memoirs*, p. 427 sq.

[1] *V.* Dionys. Hal. I, 35, *ibi* interpret.; Hesych. II, p. 82 Alberti; Bochart, Geogr. sacr., pag. 595 sqq.; Sickler de Monum. Dionys., p. 16, etc., etc.

[2] Timæus ap. Gell. N. A. XI, 1, et Piso ap. Varron. de re rust. II, 1.

[3] Apollodor. II, 5, 10, et fragm. p. 450, *ibi* Heyne; Muncker et Staver. ad Hygin. fab. 127, p. 230 sq. — Apollodore dit, en tyrrhénien; Timée, cité plus haut, en ancien grec, ce qui paraît revenir au même, à cause des Pélasges-Tyrrhènes. *Conf.* la note 1*, § 1, sur ce livre, fin du volume. (J. D. G.)

[4] A. W. Schlegel dans les *Heidelb. Jahrbüch.*, 1816, p. 848; Micali, I, p. 69 de la traduct. fr.; — et notre pl. CLI, 600. (J. D. G.)

[5] Ad Virgil. Æn. VIII, 328.

[6] Ϝιταλός, Ϝιταλία. *Conf.* Lanzi *Saggio*, II, p. 109 sq. — Niebuhr (*Röm. Gesch.* I, p. 16 sq.) rejette absolument cette étymologie, qui lui paraît une invention des Grecs; il fait venir le nom du pays (*Viteliu*,

lement, pour celui qui connaît le langage allégorique des anciens peuples, la tradition d'Hercule traversant l'Italie avec les bœufs de Géryon [1]. Elle nous reporte au signe zodiacal du printemps, et contribue à nous dévoiler le motif religieux et calendaire de la fondation de Rome sous la constellation du taureau. Tout annonce, en effet, que, dans ces conceptions antiques, la réalité physique, c'est-à-dire la fécondité du sol de l'Italie, et l'intuition idéale, qui faisait des contrées et des villes les images des cieux, viennent en quelque sorte se donner la main.

Touchons encore en passant quelques légendes relatives à la fondation de Rome, où se retrouvent des symboles analogues. Romulus trace un sillon autour de sa ville nouvelle avec un bœuf et une vache attelés ensemble [2], l'un du côté extérieur, l'autre du côté intérieur, pour marquer, dit un ancien [3], que les hommes devaient être redoutables à ceux du dehors, et les femmes fécondes pour ceux du dedans. Ce couple, attelé sous un seul joug, était en même temps un emblème de l'hymen. L'institution de la solennité des noces, chez les anciens Romains, roulait tout entière sur des images ainsi empruntées à l'agriculture. De là la cérémonie appelée *con-*

Vitalium, *Vitellium*, comme *Samnium*, *Latium*), de celui du peuple qui l'habitait, et le rapproche de *Vitellius*, fils de Faunus, et de la déesse *Vitellia*, adorée dans plusieurs contrées de l'Italie (Sueton. Vitell. 1). *Conf.* la note citée, à la fin du volume. (J. D. G.)

[1] Apollodor. *l. c.*; Arrian. Exped. Alex. II, 16; fragm. Hecat. Miles., p. 50 sqq., ed. Creuzer.

[2] Ovid. Fast. IV, 825 sq.

[3] J. Lydus de Mensib., p. 98 Schow., p. 232 Rœther.

farreatio[1]; de là encore l'antique formule du mariage, expression solennelle du lien indissoluble formé entre les époux : *ubi tu Cajus, ego Caja*. Ici *Cajus* ou plutôt *Gajus* signifiait primitivement le taureau propre au labourage et tout ensemble à la guerre; *Caja* ou *Gaia*, la vache féconde, utile, qui partage ses travaux, et en même temps la terre[2]. La terre reposant éternellement sur elle-même, suivant la conception antique, la terre toujours fertile et nourricière, et les soins associés de l'homme et de la femme pour cultiver son sein, tels étaient les symboles et à la fois les garanties de la durée et de la conservation, soit de la cité, soit de l'union civile et domestique. C'est dans le même sens que Romulus, selon la légende, invita Mars et Vesta à présider à la fondation de sa ville nouvelle[3]. Cette ville maintenant, il fallut lui donner un nom ou plutôt des noms : on sait, en effet,

---

[1] *Voy.* les Institutes de Gaïus, I, § 112, et le fragment IX d'Ulpien. — *Conf.* Dionys. Hal. II, 25 ; Plin. H. N. XVIII, 3 (*quin et in sacris nihil religiosius confarreationis vinculo erat; novæque nuptæ farreum præferebant*); Tacit. Annal. IV, 16. On peut consulter sur la *confarréation*, la plus solennelle des trois formes de l'espèce de mariage qui mettait la femme sous la puissance du mari (*conventio in manum*), les indications de M. Creuzer, *Römisch. Antiquit.*, cap. IV, p. 62 ; la note de M. Ducaurroy, Institutes expliquées, 858, et les éclaircissemens de M. Burnouf sur le passage cité de Tacite, t. II, p. 401 sq. de sa traduction.   (J. D. G.)

[2] Plutarch. Quæstion. Roman., 30 ; Hesych. I, p. 791 Alb. (Γαῖος ὁ ἐργάτης βοῦς). *Conf.* Dornseiffen, vestig. vit. nomad. in morib. et legib. Roman., Traject. ad Rhen. 1819, p. 139 ; et, dans notre livre VI, le chap. de Junon, où sont remarqués les usages et les idées analogues des Grecs. — *Add.* Etymolog. M., p. 203 (Γαῖον τὸν ἐργάτην βοῦν), coll. p. 188 ; et Creuzer, *Heidelberg. Jahrbüch.*, 1827, p. 539 sq.   (J. D. G.)

[3] Ovid. Fast. IV, 827 sq.

quelle vertu secrète les peuples de l'antiquité attachaient à des noms plus ou moins mystérieux [1]. Voilà pourquoi Romulus imposa plusieurs dénominations à sa ville, l'une tout-à-fait mystérieuse : *Amour*, en latin *Amor* (anagramme de *Roma*), pour exprimer l'union sainte qui devait régner entre les citoyens; l'autre sacerdotale : *Flora*, d'où la fête appelée Floralies; la troisième civile et vulgaire : *Roma* [2]. Au nom sacerdotal, *Flora*, se liait une légende bien connue. Tarquin l'Ancien voulant bâtir sur la colline Tarpéienne, depuis le mont Capitolin, il fallut que les dieux qui avaient des autels sur cette colline consentissent à céder la place. Les Augures obtinrent cette faveur de la plupart sans difficulté; mais le dieu Terme et la Jeunesse résistèrent obstinément. Alors les Augures en tirèrent cet heureux présage, que jamais les limites de Rome ne seraient déplacées ni sa grandeur abattue [3]. Ainsi elle devait être véritablement *Flora*, la florissante, et *Valentia* ou *Roma*, la forte, la puissante par excellence. Quant à ce dernier nom, donné comme

[1] *V.* Platon. Cratyl., p. 117 Bekker; Origen. contr. Celsum, V, 45, p. 45 de la Rue; Jamblich. de Myster., VII, 5, p. 154 Gal.

[2] J. Lydus de Mens., p. 98 Schow., p. 230 sqq. Rœther. Cet auteur voit dans l'Amaryllis de Virgile (Eclog. I, 5, *ibi* Probus et Servius), allégorie de Rome, suivant quelques interprètes anciens, une allusion au nom mystérieux de cette ville, qu'il écrit en grec Ἔρως, et sans faire remarquer l'anagramme. Les seuls pontifes, dit-il, pouvaient proférer ce nom dans les sacrifices; c'était un crime que d'entreprendre de le révéler au peuple. (*Conf.* Plin. H. N. III, 5; Macrob. Saturn. III, 5; Solin., cap. 1, *ibi* Salmas.). Münter a fait de nouvelles recherches sur ce point, dans sa dissertation *de occulto urbis Romæ nomine* (*Antiquar. Abhandl.*, n° 1), — dont on trouvera un extrait dans la note dernière sur ce livre, à la fin du vol. (C--n et J. D. G.)

[3] Dionys. Hal. III, 69, p. 586 Reisk.

la traduction grecque du mot latin *Valentia*[1], les anciens en avaient des étymologies fort différentes[2]. Quelques uns rattachaient *Roma* à *Ruma*, qui, chez les vieux Latins, signifiait *mamelle*, et nous rappelle le figuier *ruminal*, sous lequel furent nourris Romulus et Rémus[3].

Indépendamment de ses noms magiques, Rome avait encore d'autres garans de sa force et de sa durée. Une divinité tutélaire, soigneusement cachée, veillait sur elle. Le Capitole renfermait un bouclier consacré sur lequel était gravée cette inscription : « Au génie de la ville de Rome, qu'il soit mâle ou femelle[4]. » S'il faut en croire Macrobe[5], cette mystérieuse divinité aurait été diversement désignée dans les livres antiques, tantôt comme Jupiter, tantôt comme Junon, tantôt comme la déesse

---

[1] Tel avait été, dit-on, le premier nom de Rome, changé par Évandre en *Roma* (Ῥώμη); d'autres y voyaient le nom mystérieux de la ville (Solin. *l. c.*; interpret. ad Plin., *ibid.* Münter (*Antiq. Abh.*, p. 38) observe très bien que *Valentia* est une forme récente; les anciens Romains auraient dit *Valeria* ou *Valesia*. (C—R et J. D. G.)

[2] On les trouve réunies dans Festus, p. 453 sqq. ed. Dacer.

[3] Diocles Pepareth. ap. Fest. *ibid.* A. W. Schlegel adopte sans balancer cette étymologie, en la rapportant à la position topographique de Rome, groupe de collines au milieu d'une plaine fertile, et l'expliquant par le οὔθαρ ἀρούρης d'Homère (*Heidelb. Jahrbüch.*, 1816, p. 879 sq.). Quant au figuier, symbole universel de fécondité, on verra dans le livre suivant, chap. de Minerve, art. III) que cet arbre paraît avoir été, chez les anciens peuples de l'Italie, un signe caractéristique et sacré des cités nouvelles. *Confér.* les développemens de M. Burnouf dans sa note aussi savante que judicieuse, sur le chap. LVIII du livre XIII des Annales de Tacite, tom. III, et quelques éclaircissemens nouveaux sur les traditions relatives à la fondation de Rome, dans la note qui vient d'être citée, fin de ce vol. (C—R et J. D. G.)

[4] Servius ad Virgil. Æn. II, 293-296.

[5] Saturn. III, 5.

Angerona : lui-même y voit *Ops Consivia*, la même que cette *Dia Dea* dont nous avons parlé ailleurs[1]. On sait, du reste, que la piété timorée des vieux Romains se hasardait d'autant moins à prononcer sur de telles questions, que l'importance en paraissait plus haute à leurs yeux. Enfin, sept gages sacrés, espèces de talismans, assuraient, selon la foi nationale, une durée éternelle à la ville. C'étaient la pierre conique, le char d'argile de Jupiter venu de Véies, les cendres d'Oreste, le sceptre de Priam, le voile d'Hélène ou d'Ilione, les Ancilies et le Palladium[2]. Cette croyance à l'éternité de Rome, ainsi défendue par toutes sortes d'influences merveilleuses, produisit un effet plus merveilleux encore, soit sur les Romains, soit sur les peuples étrangers. Fidèle à la pensée de ses ancêtres, nous entendons Virgile lui-même répéter de son temps ces grandes promesses du Destin[3]. Tandis que la nouvelle Rome, la cité de Constantin, croyait trouver dans le nom de *Flora*, qu'elle emprunta à Rome ancienne, la garantie d'une jeunesse sans fin[4], celle-ci fut toujours la *ville éternelle* par excellence. Aucune épithète ne lui est plus fréquemment donnée sur les médailles et dans les inscriptions[5]. C'est sous

---

[1] Chap. III, p. 431 *ci-dessus. Conf.* Marini, p. 10 sq.

[2] *Voy.* Cancellieri, *le sette cosi fatali di Roma antica*, § 1 et 5, sur les variantes relatives à la pierre conique et au nom d'Hélène ou d'Ilione. Quant à Oreste, son corps était pour Sparte également un gage de victoire et de salut : Herodot. I, 67 sq. *Conf.* Creuzer. Commentat. Herodot. § 23, p. 298 sqq.

[3] Æneid. I, 277 sq.

[4] J. Lydus de Mens., p. 99 Schow., p. 234 Rœth.

[5] *Voy.* Gruter, Eckhel et autres. *Conf.* Heyne ad Virgil. *l. l.;* Cancellieri, p. 4 sqq.

l'inspiration de la même idée qu'une antique poétesse aborde en ces termes l'éloge de Rome :

« Salut, ô Rome, fille de Mars, reine belliqueuse au diadème d'or, qui habites sur la terre un magnifique Olympe, un Olympe inviolable.

« A toi seule l'auguste Destinée a départi le royal honneur d'un empire inébranlable, afin que, douée d'une force souveraine, tu marches à la tête des cités[1]. »

V. Considérations générales sur le caractère propre des religions de l'Italie ancienne, et spécialement de celle des Romains, dans leur contraste avec les religions helléniques; importation de celles-ci à Rome, et leurs effets.

Jetons un dernier coup d'œil sur les religions de l'Italie ancienne, et particulièrement sur celles de Rome. Rien de plus différent, nous ne saurions trop le répéter, que les antiques traditions italiques, simples et grossières, quelquefois même obscènes quant à la forme[2], mais d'un sens profondément expressif, et les histoires divines de l'épopée grecque, où domine un anthropomorphisme élégant mais purement extérieur. Le sentiment religieux des vieux Romains était bien au dessus de cette facile et conteuse éloquence qui avait envahi la reli-

---

[1] *Voy.* Erinna, ou plutôt Melinno, dans l'Ode bien connue, conservée par Stobée, Sermon. VII, p. 87. *Conf.* Brunck. Analect. t. II, p. 59; Welcker, dans les Meletem. de Creuzer, II, p. 18 sqq.; le même dans l'édition allemande des *Bassirilievi di Roma* de Zoëga, avec la dissertation de celui-ci, XXXI, p. 237-258.

[2] *Voyez*-en des exemples dans le récit sur la reine Tanaquil (Arnob. adv. gent. V, 18, *ibi* Elmenhorst, p. 300 Orell., coll. Dionys. Hal. IV, *init.*); et dans le trait de Volumnius (Varro ap. Nonium, *in voc.*).

gion des Grecs. C'est une justice que rend aux premiers Denys d'Halicarnasse, grec lui-même, et par conséquent peu suspect de partialité en leur faveur. Dans un passage remarquable de ses Antiquités Romaines [1], il s'attache à faire ressortir le contraste des deux religions, après avoir reconnu leurs analogies. Toutes deux, suivant lui, avaient en commun les institutions et même les doctrines fondamentales ; mais les innombrables mythes reçus chez les Grecs, tous ces récits blasphématoires des combats, des mutilations, des blessures, de la mort et de la captivité des dieux, la religion romaine les dédaignait et les rejetait sans pitié. Ce fut là du moins son caractère primitif et original. Les Romains admirent en grande partie les religions pélasgiques, et s'y tinrent long-temps. C'était un certain nombre de divinités antiques que l'on avait coutume de porter en procession dans la pompe du cirque [2]. Ils reçurent en même temps certains rites fort anciens et très significatifs, les augures, l'art de consulter les entrailles des victimes et d'autres encore, rites de bonne heure tombés en Grèce dans un oubli presque général, au moins pour ce qui concernait le culte public. En Grèce la mythologie, telle que l'avaient développée les poëtes épiques, exerça sur les esprits un empire irrésistible ; et sur les ruines des vieilles croyances, d'un sentiment religieux profond, s'éleva la majesté sensible et toute humaine du brillant Olympe. En Étrurie et à Rome, au contraire, jamais l'élément poétique ne remporta, dans la croyance des peuples, une telle vic-

[1] II, 18 sq., p. 273 Reisk.
[2] Dionys. VII, 72.

toire sur l'élément mystique, parce que jamais les poëtes et les artistes n'obtinrent une aussi grande influence sur la religion de l'état, confiée à la garde d'un sacerdoce vénérable. Ces génies élevés et austères de l'Étrurie antique ne pouvaient se laisser captiver aux liens magiques de l'épopée ionienne. Leur regard franchissant les étroites limites de l'Olympe tel que l'avaient fait les poëtes, pénétrait dans les profondeurs du ciel et de la terre. Les pieux et dignes pères de ce vieux Latium, séjour de paix, de bonheur et de vertu, ne pouvaient non plus être ravis par la mobile imagination des chantres hellènes, aux habitudes de leur religion aussi simple que leurs mœurs [1]. Durant cent soixante-dix années, les Romains servirent les dieux de leurs ancêtres sans éprouver le besoin d'images [2]. Alors même que les idoles eurent pris place dans les niches sacrées, le culte de la grande Vesta perpétua le souvenir de la simplicité primitive. Une pure flamme brûlant dans son temple saint et silencieux, ne cessa pas de suffire à la déesse, qui ne voulut ni statue ni représentations d'aucune espèce. Lorsque, dans un tremblement de terre, le mystérieux pouvoir des forces cachées de la nature se faisait ressentir avec toute son horreur, le Romain repliant son âme sur les croyances obscures mais d'autant plus profondes de ses pères, n'invoquait au-

---

[1] *Voy.*, sur le caractère tout patriarchal des peuples latins, fruit de leur vie agricole, les réflexions de Posidonius dans Athénée, VI, p. 274, p. 548 sqq. Schweigh. (Posidonii Rhodii reliq., p. 169 sqq. ed. Bake). *Conf.* l'écrit de Dornseiffen cité plus haut, cap. 2, § 10, p. 53 sqq.

[2] Plutarch. Num., cap. 8, p. 116 Coray, p. 287 Leopold; Augustin. de Civit. Dei, IV, 31.

cun dieu déterminé, aucun dieu connu [1]. Mais au lieu de rester fidèle à l'antique foi nationale, au lieu de retenir ses penchans sous ce joug sacré, si bien nommé la *religion*, il aima mieux courir après des divinités étrangères, imiter les Grecs, et en les imitant n'emprunter d'eux qu'une surface plus ou moins brillante. Aussi avec l'indifférence pour la religion si auguste, si pure et si morale des vieux Romains, prévalut bientôt, chez leurs descendans, le mépris des mœurs et des idées anciennes, de tout ce qu'elles avaient de simple, de grave, de vraiment religieux. Denys d'Halicarnasse y voit avec raison, dans une foule de passages, l'une des causes principales de la décadence de la république [2].

Cependant, en Grèce même, les esprits d'une certaine trempe ne s'en tenaient point à la mythologie épique, devenue populaire. Ce monde des dieux si animé, si brillant, si poétique pouvait suffire aux âmes vulgaires;

---

[1] Gell. N. A., II, 28, coll. Dionys. Hal. Excerpt. XVI, 10, p. 91, ed. princ. Mediolan.

[2] Antiq. Rom. II, 6, p. 248 sq. Reisk., 11, p. 260, 14, p. 265, 24, p. 284, 34, p. 308, 74, p. 398; III, 21, p. 464 sq.; V, 60, p. 989; VII, 35, p. 1389; VIII, 37, p. 1592; X, 17, p. 2033 sq. Peut-être faut-il distinguer ici l'imitation des Grecs de l'admission à Rome des divinités étrangères, dans laquelle entra pour beaucoup la politique (*ci-dessus*, liv. IV, ch. III, p. 74). La tolérance passa dans les mœurs romaines jusqu'au point de permettre les congrégations, les rites, les usages religieux les plus divergens, alors même qu'en des points essentiels ils contrariaient les lois de l'état, par exemple en fait de mariage. Mécène, le favori tout-puissant d'Auguste, ne put réussir à changer cet ordre de choses, tant il s'était identifié avec le génie national (Dio Cassius, LII, 36; Euseb. Præp. Evang. VI, 8). *Conf.* Cornel. van Bynkershoek de cultu religion. peregrin. ap. vet. Roman., p. 244 sqq.

mais il fallait autre chose aux âmes fortes et sérieuses. Elles trouvèrent un asile pour le sentiment et pour la pensée dans le sein des mystères, centre de réunion de toutes les natures supérieures, que les âges primitifs avaient vu fonder, et que d'antiques races sacerdotales surent conserver au milieu de l'anthropomorphisme dominant sur la Grèce. Ces institutions devinrent pour les Romains eux-mêmes, dans des temps de révolutions ou de servitude politique, des lieux où l'âme, fatiguée de la lutte, trouva consolation, repos et salut. Mais avant de traiter des mystères qui formeront le couronnement de tout notre sujet, il nous faut examiner de près les grandes divinités populaires que Rome emprunta de la Grèce, sonder les origines de leurs cultes respectifs, développer les idées qui constituent ces êtres symboliques, expliquer leurs fonctions, leurs attributs et leurs images. Plus d'une fois, sous le voile éblouissant de la poésie, sous le magique ciseau de la sculpture, nous parviendrons à découvrir ces conceptions naïves et profondes en même temps qui, chez les Grecs comme chez les Romains, servirent de base à la religion nationale.

FIN DU LIVRE CINQUIÈME.